Wilfried Westphal

Ein Weltreich für den Kaiser – Geschichte der deutschen Kolonien

WILFRIED WESTPHAL

EIN WELTREICH FÜR DEN KAISER

GESCHICHTE DER DEUTSCHEN KOLONIEN

PARKLAND VERLAG

2001 Lizenzausgabe für Parkland Verlag, Köln

Die Originalausgabe erschien 1984
unter dem Titel
»Geschichte der deutschen Kolonien«

Umschlagentwurf: Klaus Dempel
Umschlagbild: Wochenmarkt an der Lagune in Togo –
Archiv für Kunst und Geschichte, Berlin
Druck und Bindung: GGP Media, Pößneck

ISBN 3-88059-997-1

Printed in Germany

Meinem Vater, der die Zeit noch miterlebt hat

INHALT

DRITTER TEIL:
AUF DER HÖHE DES RUHMES 251

VIERTER TEIL:
FÜR DIE FREIHEIT DER VÖLKER 303

EINFÜHRUNG

»Wohlan denn, dapffere Teutschen, machet, daß man in der Mapp neben neu Spanien, neu Frankreich, neu Engelland, auch ins künftige neu Teutschland finde.« So forderte es schon 1657 Johann Joachim Becher, ein Vertreter des Merkantilismus, der sich rühmte, der erste gewesen zu sein, »welcher öffentlich im Druck die hochteutsche Nation dazu animiret habe«, Kolonien zu erwerben.

Die Ermahnungen Bechers fielen auf fruchtbaren Boden, denn Friedrich Wilhelm von Brandenburg, der Große Kurfürst, der in seiner Jugend in den Niederlanden gewesen und dort Zeuge des wirtschaftlichen Aufschwungs der Holländer geworden war, verkündete: »Seefahrt und Handlung sind die fürnehmsten Säulen eines Etats.« Und so legte der Große Kurfürst nicht nur den Grundstein für das spätere Preußen, er war es auch, der den ersten Versuch unternahm, Bechers Forderung in die Tat umzusetzen. Im Verein mit einem holländischen Reeder, Benjamin Raule, der sich auf den Kaperkrieg verlegt hatte, gründete er 1682 eine afrikanische »Compagnie« und schickte noch im gleichen Jahr eine Expedition aus, die an der Westküste Afrikas eine Handelsstation errichten sollte.

Anführer des Unternehmens war ein Militär, Major von der Gröben, und mit militärischer Präzision wurde die Order ausgeführt. In »Tres Puntas«, einem Kap an der Goldküste, ging man an Land, rekognoszierte das Gelände und entschied sich, auf einem Berg, der »Mamfro« hieß, eine Festung zu errichten. Gröben, der eine »Orientalische Reisebeschreibung« hinterließ, berichtet: »Also zogen wir nach Lösung fünf Stücken mit Pauken und Schalmeien ans Land und erfuhren bei unsrer Ankunft, daß 2 Capiscirs [Häuptlinge] aufm Berge wären, worauf ich mit fliegender Fahne und Pauken und Schalmeien mich zu ihnen hinauf begeben, da sie mir entgegengekommen und mich in eine alte aufgeworfene Hütte gebeten, allwo ich ihnen mein Vornehmen zu verstehen gegeben und sie mit wenig Worten zu meinem Willen gebracht. Noch denselben Tag habe ich sechs dreipfündige Stücke durch einen engen Steig oben auf die Spitze gezogen und geschleppet, so ohne der Naturellen Hülfe unmöglich hätte geschehen können, weil der Berg zu hoch und der Weg zu rauhe war; auch ließ ich mir noch selbigen Tag ein Zelt von einem Schiffsegel aufschlagen und blieb die Nacht über am Lande.

Den folgenden Tag, als den ersten Januarii Anno 1683 brachte Capitän Voß die große Churf. brandenburgische Flagge vom Schiffe, die ich mit Pauken und Schalmeien aufgeholet und mit allen im Gewehr stehenden Soldaten empfangen und an einem hohen Flaggenstock aufziehen lassen, dabei mit 5 scharf geladenen Stücken das neue Jahr geschossen, denen jedes Schiff mit 5 geantwortet, und ich wieder mit 3 bedanket. Und weil Sr. Chf. Dl. Name in aller Welt groß ist, also nennete ich auch den Berg: Den Großen Friedrichs-Berg.

Diesen Tag baueten sich unsere Soldaten ihre Baraquen, und ich ließ durch die Nägers vor mich und meine Officirer auch eine lange Baraque aufrichten. Indessen berief ich meine Officirer nebst den zween Capiscirs zu mir ins Zelt, gab ihnen mein Vornehmen abermal zu verstehen und begehrte mich ihrer Treue durch einen Eid zu versichern. Worauf sie geantwortet: Daß ich daran nicht zu zweifeln, dafern ich mit ihnen Fetisie [rituelles Getränk] saufen wollte, daß wir es gleichfalls treu mit ihnen meinen, sie nie verlassen und wider ihre Feinde vertheidigen wollten. Welches, da ichs eingewilliget, ward eine Schale mit Branntwein herbeigebracht und mit Schießpulver durchgerühret. Daraus mußte ich die unangenehme Gesundheit anfangen, die beiden Capiscirs folgeten mir nach und beschmierten mit dem Rest den gemeinen Schwarzen die Zunge, damit sie auch getreu bleiben möchten. Nach Verrichtung dieser herrlichen Ceremonien beschenkete ich sowohl die Capiscirs, als auch die umbstehende Schwarzen reichlich, der Meinung, ich würde nicht mehr nöthig haben Praesenten auszutheilen. Aber die Zeit hat mich nachmals viel ein anderes gelehret. Selbigen Tag brachten wir noch 2 sechspfündige Stücke auf den Berg. Den folgenden Tag aber ward von denen Ingenieurs das Fort abgestochen, von denen Schwarzen Pallisaden angeschafft und von meinen Soldaten gesetzet.«

Die Feste »Groß-Friedrichsburg«, wie die Handelsstation des Kurfürsten schließlich genannt wurde, steht noch: ein massiver Festungsbau, mit Zinnen und Kanonen, einem Herrenhaus und Kasematten, nur wenige Autostunden von Accra, der Hauptstadt Ghanas, zu der heute die einstige Goldküste gehört, entfernt. Doch der große Traum des Kurfürsten, es den Holländern gleichzutun, erfüllte sich nicht: Zwar gelang es den Brandenburgern, auch in Westindien Fuß zu fassen, auf der Insel St. Thomas, und damit am lukrativen Sklavenhandel, der damals zwischen Afrika und der Neuen Welt florierte, teilzuhaben, doch brachte das unlautere Geschäftsgebaren Raules, des ehemaligen Kaperfahrers, die afrikanische Kompanie in Mißkredit, und als schließlich Friedrich Wilhelm I., der »Soldatenkönig«, den Thron Preußens bestieg und ein Regime der Zucht und Ordnung einführte, machte er der »Chimäre« seines Großvaters ein Ende und verkaufte 1717 die afrikanischen Besitzungen an die holländische Westindien-Kompanie, der die Aktivitäten der Deutschen schon lange ein Dorn im Auge gewesen waren. Der Kaufpreis: 6000 Dukaten und zwölf Sklaven, davon »6 wohlgemachte junge Neger mit goldenen Halsbändern«. Dafür mußte Preußen sich bereit erklären, nie wieder an den Küsten Afrikas Kolonien zu errichten oder Handel zu treiben ...

»An der Goldküste begegnet uns ein Punkt, bezeichnet mit ›Fort Brandenburg‹, oder, wie wir selbst ihn nennen: ›Fort Gr. Friedrichsburg!‹ Wer sollte sich bei dem Blick auf dasselbe nicht der edlen Fürsorge, des Schaffensdranges des Großen Kurfürsten Friedrich Wilhelm erinnern, welcher hier am 1. Januar 1683 die deutsche Colonisation zu begründen versuchte. Unter dem Schutze von Fortifikationen, wie Feldschanzen, Blockhäusern und Reduits waltete 4 Jahre hindurch in dieser Ansiedlung und weit über deren Grenzen hinaus der Geist und Einfluß brandenburgischer Thätigkeit unter den Negern. Die sich hier ansiedelnden Stämme lernten, wie Richard Oberländer in seinem ›Deutsch-Afrika‹ berichtet, den ihnen bisher völlig unbekannten europäischen Ackerbau auf eine Weise betreiben, daß derselbe ihnen bald einen bedeutenden Nutzen abwarf. Die Folge war, daß sich unter ihnen bald keine Spur mehr von der schlimmen Trägheit der umwohnenden Völkerschaften zeigte: Alles soll in rastloser Thätigkeit aufgelebt, und selbst die Frauenwelt dazu ihr Theil in Anspruch genommen haben. Die Stämme organisierten sich zu Gemeinden nach brandenburgischem Vorbilde und nahmen unsere Bestimmungen über öffentliche Ordnung und Sicherheit an. Die Folge war eine allgemeine Umwandlung dieser von den Brandenburgern beeinflußten Neger. Ihr Sinn für Ordnung brach überraschend hervor. Ihre ganze Denk- und Handlungsweise schlug vollständig um und hob sich dann auf lange Zeiten hinaus unverkennbar gegen die der Nachbarstämme der Guineaküste vortheilhaft ab. Die Bildungsfähigkeit der Schwarzen unter deutscher Anleitung wäre hiermit bewiesen. Die schönste Errungenschaft aber war eine den deutschen Bestrebungen nachgetragene Dankbarkeit und Treue, welche ebenso dem Charakter des betreffenden Negerstammes, wie geistiger deutscher Bildekraft gutzuschreiben ist: Gegen die fortgesetzten Anstürme der Holländer waren – nach langer, tapferer Gegenwehr – die Grenzbefestigungen gefallen; Groß-Friedrichsburg wurde blockirt; die Colonie wurde preußischer Seits aufgegeben und sich selbst überlassen. Da hielt der Negerfürst der Colonie, treu seinem dem Könige von Preußen geleisteten Eide, die Feste Groß-Friedrichsburg gegen drei holländische Kriegsschiffe fest, indem er ausrief, Groß-Friedrichsburg sei ihm von Preußen zur Vertheidigung übertragen, er werde den Platz behaupten. Und er führte dies glänzend durch! Dann zog er ein 20000 Mann starkes Heer zusammen und vertheidigte auf eigene Hand das Fortbestehen des ›Rothen Adlers im weißen Felde‹ noch Jahrzehnte lang, bis zum Jahre 1725! Das war eine Negertreue auf *deutsche* Wohltaten!

Möge die in diesen Erfahrungen liegende bewundernswerthe deutsche Fähigkeit, zu erziehen, sich in unseren *heutigen* Colonialgebieten unter dem mächtigen Schirm des deutschen Reiches um so glänzender bewähren, und mögen die deutschen Colonien dann auf das Wohl des Heimathlandes ihre segensreichste Rückwirkung ausüben!«

Mit diesen Worten rühmte Major Beelitz, Bataillonskommandeur im 3. Westfälischen Infanterieregiment, anläßlich eines Vortrages vor dem Offizierskorps der Garnisonen Köln-Deutz am 5. Februar 1885 den ersten deutschen Kolonisationsversuch in Afrika. Und mehr noch, er stellte ihn als Vorbild dar, an dem sich die zukünftige Kolonisationsarbeit der Deutschen inspirieren sollte.

1885, zweihundert Jahre nach dem Unternehmen des Großen Kurfürsten, hatten die Deutschen einen zweiten Versuch unternommen, in Afrika Kolonien zu errichten. Die Holländer hatten sich inzwischen zurückgezogen, begnügten sich mit ihren Besitzungen in Asien, und nachdem die Engländer und Franzosen und sogar die Belgier zum Sprung nach Afrika angesetzt hatten, wollten die Deutschen, die seit 1871 immerhin ein geeintes Reich und damit die Vormacht in Europa erlangt hatten, nicht nachstehen. »Wir Deutschen fürchten Gott, aber sonst nichts in der Welt!« So formulierte es schließlich Bismarck.

Und wahrlich, die Deutschen, so spät sie kamen, gingen dafür um so tüchtiger ans Werk: nicht nur in Afrika, im Westen, im Süden und Osten, auch in der Südsee und schließlich sogar in China suchten sie teilzuhaben am großen Kuchen der Welt, der nun, im Zeitalter des Imperialismus, dem Höhepunkt der kolonialen Expansion Europas, endgültig aufgeteilt wurde. Und nicht nur fiel für die Deutschen ein tüchtiger Brocken mit ab, sie schwangen sich auch – zur gleichen Zeit, da Major Beelitz seine Rede hielt – zum Schiedsrichter im Wettlauf um die Kolonien auf und gingen auch, als die Kolonisierten sich wehrten, mit so viel Schneid gegen die Eingeborenen vor, daß schließlich der Ruf erscholl: »The Germans to the front!«

Das vertrug sich freilich nicht mit dem hohen Auftrag, von dem Major Beelitz spricht: Zivilisation und Christentum hinaus in die Welt zu tragen, den Preis für den Lohn zu zahlen, den man aus den Kolonien zieht. Aber wie der Große Kurfürst und seine Nachfolger es schon nicht sehr ernst nahmen mit ihrer Mission – Sklaven mit und ohne Halsbänder reservierten sie sogar für sich selbst –, so war auch das Sendungsbewußtsein des Deutschen Reiches nicht mehr als ein Lippenbekenntnis: »Die Deutschen haben sich ihres zivilisatorischen Auftrages nicht würdig erwiesen!« So lautete der Schiedsspruch am Ende des Ersten Weltkrieges, der auch das Ende des deutschen Kolonialreiches war.

Freilich hatten die, die diesen Schuldspruch fällten, es gerade nötig, sich abfällig über die deutschen Kolonialpraktiken zu äußern: Sie standen alle, ob Engländer oder Franzosen, Amerikaner oder Japaner, nicht mit reineren Westen da – die Engländer hatten Indien, die Franzosen Indochina, die Amerikaner die Indianer und die Japaner Korea unterjocht –, doch sie waren die Siegermächte und fürchteten – zu Recht – das Weltmachtstreben der Deutschen, also brauchten sie einen Vorwand, so scheinheilig er auch war, um die Deutschen nicht nur in Europa, sondern auch in Übersee zu schwächen.

Die »Koloniallüge«, über die die Deutschen sich bitter beschwerten, war dennoch keine Lüge: Greuel im Namen des Kaisers begingen die Deutschen in unvorstellbarem Maße, nur brauchen wir uns deshalb nicht mehr zu verstecken als andere. Die Eroberung der Welt durch die Europäer ist ein dunkles Kapitel der Geschichte, und die Schuld trifft alle, die daran teilnahmen. Was es hingegen festzuhalten gilt, ist die Tatsache, daß *auch* die Deutschen an der Plünderung der Erde beteiligt waren und daß es nicht angeht, einfach zu sagen – und damit den Spieß umzudrehen: Das Elend in der Dritten Welt ist nicht unser Problem, es ist die Schuld der *anderen*! Namibia ist nur das deutlichste Beispiel, das diese *deutsche* Heuchelei widerlegt.

Doch soll es im folgenden nicht darum gehen, die Vergehen der Deutschen aufzuzählen, um daraus eine Verpflichtung zur Entwicklungshilfe abzuleiten. Das wäre zwar auch ein sinnvolles Unterfangen – bedenkt man, wie wenig die Bundesrepublik, gemessen an ihren Möglichkeiten, sich für die Belange der Dritten Welt einsetzt –, doch handelte es sich dann eher um ein Plädoyer für die Kolonisierten als um eine Deutung des Kolonialherren. Und den gilt es zunächst zu bestimmen, seine Motive und Ziele zu erläutern und die Umstände und Zwänge seiner Zeit zu beleuchten, ehe man darangehen kann zu messen, wo er fehlte. Wir wollen uns also nicht nur fragen, wie es war, sondern auch, *warum* es geschah. Denn immerhin waren seit dem Zeitalter der Konquista, wo man ganze Landstriche entvölkerte, fast vierhundert Jahre vergangen, und noch immer führte man Vernichtungskriege in den Kolonien und behandelte die Menschen dort wie Ware. Mit anderen Worten, es war offenbar seit Pizarro und Cortés und selbst seit dem Kurfürsten kein nennenswerter Fortschritt erzielt worden, es sei denn in der Technik, und damit wären wir schon bei einem der Gründe angelangt. Sie systematischer zu untersuchen, soll das eigentliche Ziel dieser Arbeit sein.

Dabei wird es freilich nicht genügen, den Blick nur auf den Kolonialherren zu beschränken. Auch die Kolonisierten agierten, und nicht nur passiv. Wer waren sie, was dachten sie, und warum mußten sie unterliegen? Waren es nur ihre Waffen, die sie unterlegen machten, oder war auch ihre Kultur, ihre Gesellschaft den Weißen nicht ebenbürtig? War es dann nicht doch ein Naturgesetz, daß der Mächtigere, im Sinne Darwins der »Geeignetere«, den Sieg davontrug, auf dem Wege zu Zivilisation und Fortschritt? Wäre ein Robert Koch aus der afrikanischen Tradition hervorgegangen? Und waren es nicht die Weißen, die, nachdem sie lange davon profitieren, den Sklavenhandel, den sie – in Afrika – immerhin nicht erfunden hatten, schließlich abschafften?

Nicht nur Untaten begingen sie, die Weißen, in Übersee. Auch ihr segensreiches Wirken soll dort, wo sie es versuchten, nicht verschwiegen werden.

So geht es letztlich auch – neben dem Wie und Warum – um die Frage: Welche Auswirkungen hatte die deutsche Kolonialherrschaft? Was wäre geschehen, wenn die Deutschen *nicht* erschienen wären? Und wäre Deutschland auch Großmacht *ohne* die Kolonien geworden? Ja, hätte dann womöglich auch der Erste Weltkrieg vermieden werden können? Und wie der Erste so der Zweite, der schließlich nur eine Folg des Versailler Vertrages war?

Die deutschen Kolonien, so kurz sie auch währten, waren mehr als nur eine Episode: Anders als die tastenden Versuche des Großen Kurfürsten rückten sie die Welt in das Bewußtsein des deutschen Volkes und schufen damit nicht nur auch bei den Deutschen jene Überheblichkeit gegenüber dem Rest der Menschheit, der bislang nur die Briten gekennzeichnet hatte, sondern forderten auch zur Reaktion gegen diese Haltung heraus, die den Grundstein legte für die Erkenntnis, die den Deutschen, da sie mit dem Problem bislang nicht konfrontiert gewesen waren, fremd war, daß alle Menschen, auch die Schwarzen, gleich sind und gleiche Rechte haben. Zwar sollte diese Erkenntnis noch einmal einen empfindlichen Rückschlag erleben – vielleicht, *weil* die Deutschen nur so kurze Zeit dem Kontakt mit fremden Völkern ausgesetzt waren –, doch ist sie heute, zumindest unter der Jugend, zu einem Allgemeingut geworden, derart, daß man sich nicht nur exotisch kleidet, sondern auch für die Belange derer eintritt, die man sich zum neuen Vorbild setzt. Das ist ein langer Weg, den Wilhelm II. sich niemals hätte träumen lassen, der jedoch in eine heilere Welt führt als jene, die er heraufbeschwor.

ERSTER TEIL

UNTER DEN SCHUTZ DES REICHES

I. SÜDWEST

Deutsch oder englisch?

Die deutsche Kolonialherrschaft – die zweite – begann dort, wo sie bis heute noch immer nicht beendet ist: in *Namibia*. Namibia hieß damals Südwestafrika und war im wesentlichen – was es auch heute noch ist – ein Wüstenstreifen, der der Aufmerksamkeit der Kolonialmächte entgangen war. Doch er war nicht unbewohnt, und deshalb gab es Probleme, als ein cleverer deutscher Kaufmann, dem zu Ohren gekommen war, daß die öde Steinwüste Diamanten barg, daranging, den vergessenen Küstenstreifen zu erwerben.

Der Kaufmann hieß Lüderitz und war der Sohn eines Tabakhändlers. Mit 20 Jahren war er nach Nordamerika gegangen, kehrte jedoch bald in seine Heimatstadt Bremen zurück und übernahm 1878 das Tabakgeschäft seines Vaters. Da zu befürchten stand, daß durch ein Tabakmonopol der Regierung seine Geschäfte beeinträchtigt wurden, weitete Lüderitz seine Beziehungen nach Afrika aus, wo er 1881 in Lagos eine Faktorei gründete. Doch auch das befriedigte ihn nicht, und als er von einem Kapitän erfuhr, daß es weiter südlich an der Westküste Afrikas, in Angra Pequena, einen geeigneten Ort gäbe, der als Tor zu einem Hinterland dienen könnte, wo es nicht nur Kupfer gab, sondern man auch Gold und Diamanten vermutete, faßte er den Plan, diesen Ort zu erwerben. In Christian Vogelsang, einem Landsmann, der auf seiten der Engländer im Kaffernkrieg gekämpft hatte, ehe er für ein anderes deutsches Handelshaus, der Gebrüder Vietor, nach Togo gegangen war, fand er einen geeigneten Agenten, der das Unternehmen durchführen sollte.

Vogelsang machte sich auf den Weg, nahm Kontakt mit einem Vertreter der Rheinischen Missionsgesellschaft auf, die seit längerem unter den Eingeborenen tätig war, und schloß am 1. Mai 1883 mit einem gewissen Josef Fredriks, Häuptling der Nama, einen Vertrag, in dem dieser dem Haus Lüderitz die Bucht von Angra Pequena und fünf Meilen des umliegenden Landes abtrat. Für das ihm wertlos erscheinende Land erhielt der Nama-Häuptling 200 Gewehre und 100 Pfund Sterling, das

Geld in Waren ausbezahlt, deren Wert festzusetzen im Belieben des Agenten stand.

Wenngleich bereits dabei der Häuptling schon den kürzeren zog - denn was wußte er schon, was der Tand, den Vogelsang ihm als Gegenleistung bot, tatsächlich kostete -, so gab es doch die eigentliche Mißstimmung erst, als der zweite Vertrag am 25. August 1883 geschlossen wurde. Dieser sah nämlich vor, daß die Nama für 500 Pfund und 60 Gewehre einen Gebietsstreifen abtraten, der vom 26. Grad südlicher Breite bis zum Oranje und von jedem Punkt der Küste 20 Meilen ins Inland reichte. Fredriks, der Häuptling, meinte, daß er damit nur den Küstenstreifen einbüßte, also den südlichen Ausläufer der Namib, doch Vogelsang und Lüderitz hatten etwas anderes im Sinn: Sie waren schließlich Deutsche und dachten an eine *deutsche* oder geographische Meile und nicht an eine englische, wie Fredriks, dem nur diese geläufig war. Der Unterschied machte über hundert Kilometer aus und enthob Fredriks praktisch seines ganzen Besitzes.

»Lassen Sie Joseph Fredericks aber vorläufig in dem Glauben, daß es 20 englische Meilen sind«, schrieb Lüderitz beschwichtigend an seinen Agenten. Doch als er dies tat, hatte er bereits schon andere Hebel in Bewegung gesetzt, denn am 24. April 1884, kaum einen Monat, nachdem er diesen Brief geschrieben hatte, erging ein Telegramm an den deutschen Konsul in Kapstadt, in dem es hieß:

Nach Mitteilung des Herrn Lüderitz zweifelten die Kolonialbehörden, ob seine Erwerbungen nördlich des Oranje Anspruch auf deutschen Schutz haben. Sie wollen amtlich erklären, daß er und seine Niederlassungen unter dem Schutz des Deutschen Reiches stehen.

gez. v. Bismarck

Das rote Volk

Ich, Josef Fredriks, rechtmäßiger Besitzer von Bethanien, erkläre hiermit in Übereinstimmung mit meinem Rathe das Folgende:

1. Die ursprünglichen Einwohner des Gebietes von Bethanien waren die Hei-Khau oder das ›Rothe Volk‹.

2. Vor ungefähr 100 Jahren kam aus der Colonie, welche damals noch holländisch war, ein gewisser Mann genannt Kobus Fredriks nach diesen Gebieten. Dieser Kobus Fredriks war un-

ter den holländischen Bauern groß geworden. Er hatte dort das Arbeiten gelernt; besonders hatte er, außer der Kenntniß von Ackerbau, auch Kenntniß von Schmiedearbeiten. Als er hierher kam, wurde er der Gegenstand allgemeiner Bewunderung. Einen Menschen mit Kleidern hatten die ursprünglichen Einwohner noch nie gesehen. Ihre Verwunderung stieg aber aufs Höchste, als sie die Messer und Beile und andern Sachen sahen, welche Kobus Fredriks vor ihren Augen verfertigte. Erst wohnte er in Kurutabes und nachher zog er nach Bethanien und begann hier das Land zu bearbeiten.

3. Das ganze Grundgebiet, begrenzt im Norden durch den Tsontab- und Useb-Fluß, im Süden durch den Oranje-Fluß, im Nordosten durch den Gawa-Gam-Fluß, im Südosten durch den Fischfluß und im Westen durch den Kuibes, wurde durch den damaligen Häuptling des Rothen Volkes Tsaomab zum Bewohnen für ihn und seine Nachkommen angewiesen. Für dies Grundgebiet gab Kobus Fredriks Messer, Beile, Harpunen, Eisenringe etc.

4. Dies, vom Häuptling Tsaomab gekaufte Grundgebiet vergrößerte Kobus Fredriks, indem er das ganze Küstenland zwischen Kuibes und dem Meere hinzufügte, was er dadurch erreichte, daß er Freundschaft mit den Buschmännern schloß, welche als einzige Besitzer dieser Sandgegenden damals noch in zahlreichen Schwärmen das dürre Land durchzogen. Auf diese Weise ist der alte Kobus Fredriks, der Stammvater der gegenwärtigen Atmas, rechtmäßiger Besitzer des ganzen Landes geworden, so wie es heute noch von dem jetzigen Häuptlinge Josef Fredriks beherrscht wird.

5. Durch den Häuptling des Rothen Volkes Cornelius Oaseb wurde das Land, welches der alte Kobus Fredriks von dem Häuptlinge Tsaomab gekauft hatte, in der Versammlung der Häuptlinge zu Hoaxas im Jahre 1856 ausdrücklich als Eigenthum von David Christian Fredriks und seinem Volke erklärt.

Von Cornelius Oaseb wurde auch die Grenze von Davids Christianas Lande damals festgestellt und zwar wie folgt: im Norden der Tsontab- und Useb-Fluß, im Süden der Oranje-Fluß, im Nordosten der Gawa-Gam-Fluß, im Südosten der Fischfluß und im Westen das Meer.

Die jetzigen Amas oder Fredriks sind demnach die rechtmäßigen und alleinigen Besitzer des genannten Grundgebiets . . .

Mit dieser Erklärung, die Josef Fredriks am 31. Dezember 1883 abgab und die in den Akten des ehemaligen Reichskolonialam-

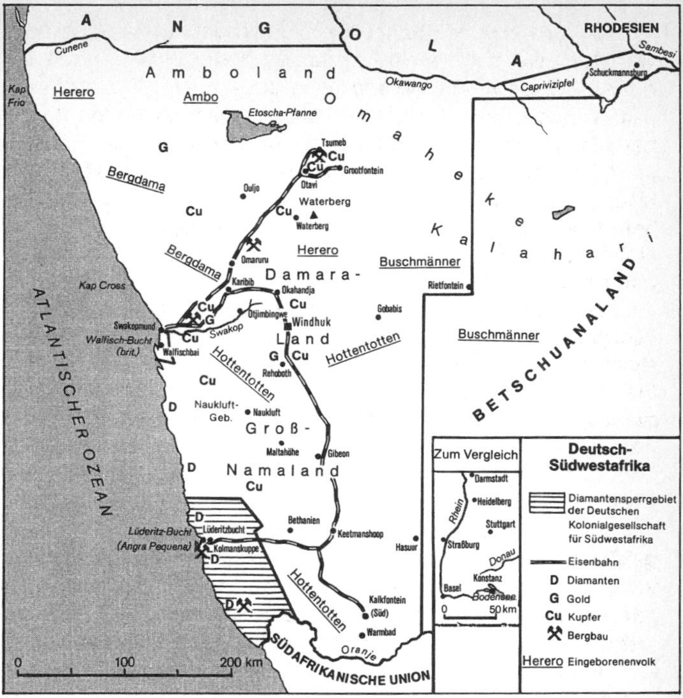

tes erhalten blieb, versuchte der Häuptling der Bethanier, wie man sein Volk auch nannte, die Gültigkeit seines Rechtsanspruches auf den südwestlichen Teil dessen nachzuweisen, was nun als *Deutsch*-Südwestafrika auf den Landkarten erscheinen sollte. Bislang hatten die Deutschen nur an der Küste Fuß gefaßt, doch allmählich schoben sie die Grenzen im Osten bis zur Kalahari vor und im Norden bis zum Kunene, dem Grenzfluß zu Angola.

Die Kolonie »Südwest« umfaßte damit ein Territorium, das weit über das Gebiet der Bethanier hinausragte und nicht nur eine vielfältigere Landschaft, sondern auch eine differenziertere Bevölkerung einschloß. Die Namib war nur ein schmaler Küstenstreifen, 1500 km lang, doch kaum mehr als 100 km breit. Den weitaus größten Teil des Landes nahm das Hochland ein, das sich als Randgebirge an die Namib anschließt und – während es hier, zur Küste hin, steil aufragt – gegen die Kalahari, die sich im Osten anschließt, seicht abfällt. Das Hochland, wenngleich auch hier die Niederschläge gering sind, ist das eigentliche Siedlungsgebiet Südwestafrikas, wobei der Ackerbau jedoch nur auf den nördlichen Teil beschränkt ist, wo im sogenannten Caprivi-Zipfel die höchsten Regenwerte gemessen werden. Auch im Ovambo-Land, das - an Angola grenzend - zahlreiche Niederungen, darunter die Etoscha-Pfanne, aufweist, gibt es genügend Feuchtigkeit, die den Feldbau ermöglicht. Im eigentlichen Hochland jedoch, das aus Tafelbergen besteht, die eine Höhe von 2600 m erreichen, herrscht die Viehzucht vor, die extensiv betrieben wird, indem man von Wasserstelle zu Wasserstelle zieht.

Flüsse, die ganzjährig Wasser führen, gibt es nur wenige, und die Buschmänner, die in der Kalahari leben, die - wiewohl keine Wüste, sondern eine Steppe - praktisch abflußlos ist, sind gezwungen, nach Wasser im Boden zu graben, es mit Straußenfedern zu filtern und in Eierschalen aufzubewahren, die sie in kühle Felsspalten stellen. Südwestafrika, ob Namib, Hochland oder Kalahari, ist eine der unwirtlichsten Gegenden der Erde, trocken und heiß, öde und zerrissen, und niemand, der sich ursprünglich hier niederließ, tat dies freiwillig.

Die Buschmänner sind die ältesten Bewohner der Region: Doch auch sie siedelten ursprünglich in fruchtbareren Gegenden, im heutigen Südafrika, aus dem sie abgedrängt wurden durch die Holländer, die vom Kap in das Innere des Landes zogen. In den kargen Randgebieten im Norden und Westen verkümmerte ihre Kultur - wie auch ihre physische Erscheinung, denn den Felsbildern nach zu urteilen, die sie überall im südlichen Afrika hinterließen, waren sie einst von stattlicher Statur, die dem Wild, das sie erlegten, ebenbürtig war. Der Kalahari-Löwe, mit seiner schwarzen Mähne die schönste Unterart des Löwen in Afrika, vermag auch heute sie nicht zu schrecken, doch wo ihnen Robustheit und Körperkraft fehlen, da gelingt ihnen die Jagd mit Ausdauer und List: Ihre Pfeile sind vergiftet, und wenn sie sich einer Beute nähern, so tun sie dies in einer Maske verhüllt, die das Wild, das es zu erlegen gilt, über ihre Anwesenheit täuscht.

Die Buschmänner haben sich ihrer Umwelt angepaßt wie kaum ein anderes Volk der Erde; sie leben in kleinen Sippenverbänden und schaden weder der Natur noch ihren Mitmenschen. Doch nicht nur der Weiße, die Buren, auch die Hottentotten und die Bantu machten Jagd auf sie, die einen unfreiwillig, denn auch die Hottentotten mußten vor den Holländern fliehen und schoben die Buschmänner vor sich her, die anderen mutwillig, denn sie waren ein kriegerisches Volk, das selbst den Engländern noch zu schaffen machte.

Auch im Südwesten waren die Buschmänner fast ausgestorben, als die Deutschen Ende des vorigen Jahrhunderts kamen, und so trifft sie nicht eigentlich die Schuld, auch am Niedergang dieses Volkes beteiligt zu sein. Anders verhält sich dies bei den Hottentotten und den Herero, die die eigentlichen Herren des Landes waren. Die Hottentotten, ein Volk hellerer Hautfarbe, das sprachlich und rassisch mit den Buschmännern verwandt ist, wanderten seit dem 18. Jahrhundert nach Südwestafrika ein, wo sie nicht nur auf die Buschmänner stießen, sondern auch auf die Herero, die - ein großwüchsiges Bantu-Volk - aus Angola einwanderten, wo sie von den Portugiesen abgedrängt wurden. Aus dem Zusammenprall der Hottentotten und Herero, die beide Viehzüchter und ständig auf der Suche nach Weideplätzen waren, ergaben sich blutige Kriege, die das ganze 19. Jahrhundert lang andauerten.

Da die Hottentotten, wie die Erzählung Josef Fredriks zeigt, der ein Angehöriger dieses Volkes war, von den Buren Güter und Fertigkeiten übernommen hatten, die sie den Herero überlegen machten, schickten sie sich - unter ihrem legendären Führer Jonker Afrikaaner - an, eine Hegemonialstellung zu erlangen, die - wäre sie nicht von Missionaren unterlaufen worden - es den Deutschen schwer, wenn nicht gar unmöglich gemacht hätte, ihre Herrschaft in Südwest aufzurichten. Die Hottentotten, auch Nama genannt, blieben in zwölf Stämme zersplittert, zu denen noch, außer den Herero, die Ovambo kamen, wie die Herero Bantu, doch seßhafte Ackerbauern, die an der Grenze Angolas zurückgeblieben waren, sowie das kleine Volk der Damara, die - ähnlich wie die Buschmänner in der Kalahari - als Jäger und Sammler in den Bergen lebten und - obwohl ihrem Ursprung nach Bantu - von den Nama die Sprache übernommen hatten.

So lebte in Südwestafrika, einem Rückzugsgebiet, ein buntes Völkergemisch, das vom Wildbeutertum bis zur Stammeskultur reichte und bereits indirekt ein Produkt des Kolonialismus war, noch ehe dieser sich auch hier festsetzte.

Die Rheinische Mission

Die Deutschen waren natürlich nicht die ersten Weißen, die ins Land kamen. Da waren zunächst die Portugiesen gewesen, die auf der Suche nach einem Seeweg nach Indien an der Küste Station gemacht hatten: Von ihrem Besuch zeugt noch heute der Name »Kap Cross«, denn hier, nördlich der Mündung des Swakop-Flusses, errichtete der portugiesische Seefahrer Diogo Cão 1485 einen steinernen Pfeiler, der mit einem Kreuz versehen war und – wie überall an der Küste Afrikas – den Vormarsch der Portugiesen nach Asien markieren sollte. Ja, nur zwei Jahre später, 1487, stellte Bartolomeu Diaz, dem die Umschiffung des Kaps der Guten Hoffnung gelang, an jenem Ort ein Kreuz auf, wo 400 Jahre später Lüderitz seinen ersten Landkauf tätigen sollte: in Angra Pequena.

Doch obwohl diese Landungsmerkmale zugleich auch ein Hoheitszeichen waren, erhoben die Portugiesen keinen Anspruch auf die ungastliche Küste und segelten schließlich, als die Route nach Osten erkundet war, direkt um das Kap und errichteten statt dessen – wie in Angola – auch an der Gegenküste, in Mozambique, ihre Handelsstationen. Erst gegen Ende des 18. Jahrhunderts tauchten neue Seefahrer auf, diesmal Amerikaner und Engländer, die auf Walfang aus waren. Wale, die im Winter an die Küste des südlichen Afrika zogen, hatten schon die Portugiesen gesichtet, und sie waren es auch, die aufgrund ihrer Beobachtungen der Walfischbai, die sie »Bahia das Baleas« nannten, ihren Namen gaben.

Der Walfang ging jedoch Anfang des 19. Jahrhunderts zurück – die Preise sanken, und die Tiere blieben aus –, und anstelle des Trans war es nun Guano, der die Küste Südwestafrikas attraktiv machte. Guano, das in der aufstrebenden Landwirtschaft Europas guten Absatz fand, lag in meterdicken Schichten auf den der Küste vorgelagerten Inseln, auf denen Vögel in großen Scharen nisteten, und allein im Sommer 1844 ankerten vor der Insel Itschabo, nördlich der Bucht von Angra Pequena, 300 Schiffe mit 6000 Mann. Bis 1845 hatte man insgesamt 7,5 Millionen Zentner Guano abgetragen.Damit waren die Bestände einstweilen erschöpft.

Inzwischen aber hatte man im Innern des Landes andere Schätze entdeckt, die größere Gewinne versprachen: Bereits im Jahre 1681 brachten Eingeborene aus dem Nama-Land dem holländischen Gouverneur der Kapkolonie kupferhaltiges Erz als Geschenk, worauf dieser eine Expedition aussandte, die kupferreiche Lagerstätten im Gebiet des Oranje entdeckte. Doch es dauerte noch ein Jahrhundert, ehe man an eine systematische Erkundung des bis dahin isolierten Südwestafrika ging. 1761 drang eine Expedition bis nach Keetmannshoop vor, wo weitere Lagerstätten gefunden wurden, und 1791 erreichten die Holländer, über Land, die Walfischbai, wo sie zwei Jahre später ihre Flagge hißten.

Doch war dies ihr letzter Triumph, denn wenig später traten

die Engländer auf den Plan, die zwar schon zu Beginn des 17. Jahrhunderts am Kap gelandet waren und vorsorglich »alles Land bis zum nächsten christlichen Fürsten« als ihren Besitz erklärt hatten, aber dann den Holländern, die 1652 am Kap eine Kolonie gründeten, hatten weichen müssen, bis sie nun, 1814, sich revanchierten und die holländische Kolonie am Kap annektierten. Die Buren, die holländischen Siedler, vor sich herschiebend, dehnten die Engländer, getreu ihrem ursprünglichen Leitspruch, ihren Machtbereich allmählich bis nach Rhodesien aus, das sie 1888 okkupierten.

An Südwestafrika waren die Engländer nicht interessiert; hier überließen sie das Feld Missionaren, die 1805 erstmals ins Land kamen. Anfangs unter der Leitung der London Mission Society, ging das Bekehrungswerk schließlich in die Hände der Rheinischen Missionsgesellschaft über, die sich in Südwest einen zweifelhaften Ruhm erwarb. Nicht nur, daß sie ein florierendes Geschäftsunternehmen war, das mit Waffen, die sie an die Eingeborenen verkaufte, schwunghaften Handel trieb, sie wiegelte auch die Eingeborenen, die sie mit den Waffen versorgte, zum Krieg untereinander auf und plädierte dann, als der Krieg auch ihre Interessen bedrohte, offen für die Errichtung einer Kolonialherrschaft.

In einem »Bericht über die Lage der Deutschen Handelsunternehmungen in Damara- und Namaqualand« schreibt der Missionar C. G. Büttner am 12. November 1879 an den deutschen Konsul in Kapstadt: »Diese Actiengesellschaft [gemeint ist die Handelsgesellschaft der Rheinischen Mission, die 1869 gegründet worden war], zuerst mit einem Capital von 60 000 Thalern, welches später auf 708 000 Mark erhöht wurde, arbeitend, übernahm nun die Packhäuser und Waarenlager in Walfisch Bay und Otyimbingue, welche früher der Rheinischen Mission gehört hatten, und ging, sobald es gelang, passende Agenten in Deutschland zu engagieren, mit der Gründung weiterer Waarenlager in Okahandja und Rehoboth vor, und das Geschäft machte in ersten Jahren die besten Fortschritte.

Eingeführt wurden zunächst vor allem Gewehre und Munition, aber auch Proviant, Kleider und Kleiderzeuge, Schuhe und andere Lederwaaren, Wagen, Nutzholz usw.

Kurz alles, was die Eingeborenen und Europäer brauchten, da wie gesagt eine inländische Industrie hier nicht vorhanden ist.

Natürlich lag es im Interesse der Deutschen Gesellschaft, so viel wie möglich sich von den Zwischenhändlern in Capstadt und in England los zu machen und so viel wie möglich deutsche

Waaren einzuführen, wie denn auch besonders deutscher Blaudruck von den Eingeborenen allem anderen Frauenkleiderzeug vorgezogen wird. Man versuchte auch schon, um den hohen Transitzöllen der Capkolonie zu entgehen, direct von Europa die Waaren nach Walfisch Bay einzuführen.

Diese Waaren wurden am Anfang von den Eingeborenen vor allem mit Straußenfedern und Elfenbein bezahlt, und nur weniges wurde für Vieh verkauft. Auch die Detailhändler, welche sich aus den Engroslagern der Missions-Handels-Gesellschaft mit neuen Waaren versahen, brachten dafür vor allem Federn und Elfenbein. So lange nun diese leicht verführbaren Produkte überwogen, war der Handel ohne weiteres jeder Ausbreitung fähig, als aber das Wild ausgerottet wurde, und die Eingeborenen fast nur mit Vieh, vor allem Ochsen bezahlen konnten, zeigten sich aber bald einige Schwierigkeiten, den Handelsverkehr am Leben zu erhalten.

Zwar bot die Capkolonie einen guten Markt für die Schlachtochsen, die man in Damaraland zu kaufen Gelegenheit hatte, und die Missions-Handels-Actien-Gesellschafft säumte nicht, in Klein Namaqualand bei den Kupferminen Waarenlager, Schlächtereien und Gerbereien anzulegen, um Ihre Producte gut absetzen zu können.

Dazu mußten aber die Ochsen, da ein Seetransport per Segelschiff zu langwierig, per Dampfer zu kostspielig ist, über Land durch Groß Namaqualand transportiert werden. Die climatischen Verhältnisse machen nun dergleichen Transporte nur in gewissen Monaten möglich, immerhin ließen sie sich gut bewerkstelligen, zumal wenn an einigen am Wege liegenden Missionsstationen auch noch Agenturen und Waarenlager angelegt worden wären, wie solches auch schon im Warmbad versucht wurde.

Während dieser ganzen Zeit bis 1876 konnte der Handelsverkehr ohne äußere Störung vorgehen ...«

Soweit über die Geschäfte der Handelsgesellschaft der Rheinischen Mission, wobei anzumerken ist, daß die Missionare letztlich auch für die Ausrottung der Tierwelt verantwortlich zu machen sind: Um den christlichen Glauben verbreiten zu können – ein zweifelhafter Segen, denn auch die »Heiden« hatten eine Religion – und um ihnen »Sitten und Anstand« beizubringen, verleitete man sie, abgesehen von den Waffen, auch zum Kauf von Kleidern, mit denen sie ihre Nacktheit bedecken sollten und wofür sie nicht nur das freie Wild, sondern auch ihr Vieh opfern mußten. Nicht erst Lüderitz, schon die Rheinische Mission band die Eingeborenen an den Weltmarkt.

Doch wäre Lüderitz und seinen Nachfolgern der Schutz des Reiches nicht so leicht zuteil geworden, wenn die Missionare nicht auch schon militärisch den Weg geebnet hätten: Sie duldeten, wie der Gott, den sie propagierten, niemand neben sich, der ihnen ihre Stellung streitig machen konnte, und so war jener Jonker Afrikaaner, der versucht hatte, ein einheitliches Reich zu gründen, das dem Anprall der Kolonialherren hätte widerstehen können, ihr erstes Opfer geworden. Auf seiten der Herero hatten die Missionare gegen die Hottentotten gekämpft, dann, als ihr Widersacher 1861 gestorben war, auf seiten der Hottentotten gegen die Herero, und letzteres taten sie noch im Jahre 1876, als die Herero die Engländer am Kap um Hilfe baten.

Wenngleich dies auch dem Nationalgefühl der Missionare zuwiderlief, so erkannten sie doch, daß selbst eine britische Ordnungsmacht besser war als gar keine. Friedrich Fabri, der Leiter der Rheinischen Missionsgesellschaft, schrieb am 3. Juni 1880 an das Auswärtige Amt: »Im Jahre 1876 erfolgte unerwartet eine Änderung in den Verhältnissen des Landes. Die britische Regierung, der unter dem Tory-Ministerium eingeschlagenen Richtung auf Ausbreitung ihrer colonialen Macht folgend, that Schritte, auch das Namaqua- und Herero-Land sich zu unterwerfen. Die mit Ausführung der Sache betraute Capische Colonial-Regierung entsandte als Special-Commissioner einen mit den Verhältnissen des Landes nicht unbekannten Mr. W. Coates Palgrave, dessen Aufgabe es war, mit den Häuptlingen des Landes Verträge abzuschließen, in denen sie die Oberhoheit der britischen Regierung anerkannten, die Bestellung britischer Beamten zugaben und einen Theil ihres Landes als Kronländereien an die britische Regierung zu freier Verfügung abtraten. Da letztere dieses ganze Unternehmen möglichst ohne jeden Kosten-Aufwand und vor allem mit Vermeidung jedes kriegerischen Zusammenstoßes mit den Eingeborenen durch Überredung und Versprechungen durchzuführen gedachte, so mußte nach Lage der Verhältnisse die Ausführung der betr. Transaction wesentlich von der Haltung der deutschen Missionare abhängig sein. Dieselben erbaten sich vom Vorstande Instructionen. So bedauerlich es erscheinen konnte, daß eine seit Jahrzehnten mit lediglich deutschen Arbeitskräften unter Schweiß und Mühe und bedeutenden Geldopfern durchgeführte Pionier-Arbeit auf dem Gebiete der Cultur nur die Vorarbeit für eine mühelose englische Besitz-Ergreifung werden sollte, so erschien ein Antrag an die deutsche Reichsregierung um Protektion des Landes nach Lage der Verhältnisse doch aussichtslos, und der Vorstand der Gesellschaft achtete die Besitzergreifung durch England, wenngleich manche Lasten bringend, als eine für das Gesammtwohl des Landes und seine Entwickelung im Ganzen förderliche Thatsache. So wies derselbe die Missionare an, sich in der vorliegenden Frage soweit wie möglich neutral zu halten, von den Häuptlingen um Rath gefragt, sich in einer der Absicht der britischen Regierung entgegenkommenden Weise auszusprechen, auch dem britischen Commissar auf dessen Wunsch die ihm unentbehrlichen Dolmetscher- und sonstigen Vermittler-Dienste zu leisten. Unter dieser Mithülfe gelang es denn auch dem britischen Commissar, mit den Häuptlingen des Landes Verträge in oben bezeichneter Richtung abzuschließen.«

Mit anderen Worten, die Rheinische Missionsgesellschaft machte sich zum Helfershelfer der britischen Kolonialherren, um jene Unruhen zu unterdrücken, die sie geschürt hatte. Doch die britische Regierung war keineswegs so erpicht darauf, ihre Herrschaft auf Südwest auszudehen, denn sie hatte alle Hände voll zu tun, sowohl die Buren als auch die Zulu im Osten, die sich ihrem Machtanspruch widersetzten, in Schach zu halten. Sie begnügte sich mit der Annexion der Walfischbucht und eines Stück Landes im Umkreis von 15 *englischen* Meilen, was 1878 geschah, und legte dem Rest des Landes Steuern und Einfuhrbeschränkungen auf, überließ es aber sonst weiter seinem Schicksal.

Damit waren die deutschen Missionare vom Regen in die Traufe gelangt: Nicht nur, daß die Unruhen im Lande andauerten, die Missionare wurden auch in ihrem Handel eingeschränkt. »Ein Beamter«, schrieb Fabri weiter in seinem Brief, »erschien an der Walfischbai und erhob zunächst wenigstens für einen der Haupt-Einfuhr-Artikel: Gewehre und Munition, (soweit derselbe nicht etwa bereits in Capstadt errichtet war) einen sehr hohen Zoll. (Ein £ Sterling für jeden Gewehrlauf). Als Diebereien mit Einbruch in den Stores der Bai vorkamen, erklärte er sich außer Stande, die Sache zu verfolgen, und wurde darüber mit den dort stationirten Agenten der Handels-Gesellschaft in Differenzen verwickelt. Zu dem Oberhäuptling im Herero-Lande wurde ein untergeordneter Beamter ›als Rathgeber‹ gesandt, der allen im Lande Handel treibenden Europäern eine Licenc-Gebühr auflegte, so der Handels-Gesellschaft eine solche von £ 65 pro 1878, welche auch von ihr bezahlt worden ist. Obwohl nun die mit den Häuptlingen geschlossenen Verträge die Jurisdiction über Europäer unter sich wie in Streitfällen mit den Eingeborenen den britischen Beamten zusprechen, erklären diese, wenn angerufen, sich entweder von vornherein außer Stande, etwas zu thun, oder im Falle sie eine Rechtsprechung versuchten, zeigte sich, daß sie dieselbe nicht auszuführen vermögen.«

Die Missionare sahen sich das eine Zeitlang an, dann schritten sie, die nie müßig gewesen waren, zur Tat: Sie wiegelten die Eingeborenen gegen die Engländer auf, was diese veranlaßte, das Feld – bis auf die Walfischbai – zu räumen, wobei sie sogar die erhobenen Steuern zurückzahlten, damit ihnen daraus nicht später erneut eine Verpflichtung erwachse, und riefen nun, da die Engländer versagt hatten, die deutsche Regierung um Hilfe an.

»Nach diesen Darlegungen«, schreibt Fabri am Schluß seines Briefes, »erlaube ich mir, im Namen und Auftrag der Deputation der Rheinischen Missions-Gesellschaft wie im Namen und Auftrag des Aufsichtsrathes der Missions-Handels-Aktien-Gesellschaft zu Barmen an Ein Hohes Auswärtiges Amt die gehorsame und dringende Bitte zu richten: Hochdasselbe wolle unter thunlichster Beschleunigung den schwer gefährdeten Interessen der deutschen Mission und ihrer Angehörigen wie der deutschen Handels-Niederlassungen, ihrer Angestellten und ihres Eigenthums im Hererolande seinen Schutz nachdrücklich gewähren.«

Dieser Gedanke war nicht neu, denn nicht nur hatte Fabri bereits im Jahre 1868 ein ähnliches Gesuch an den preußischen König gerichtet, er hatte auch 1879 eine Arbeit veröffentlicht, in der er die Frage stellte: »Braucht Deutschland Kolonien?«

Bismarck, an den die Frage letztlich gerichtet war, hatte – wie wir noch sehen werden – sie verschiedentlich verneint und tat dies auch im Falle Fabris, aufgrund dessen Agitation er bereits am 13. Mai 1880 in einer Note an das Auswärtige Amt erklären ließ: »Der Reichskanzler hat nicht viel Vertrauen in Herrn Fabri und dessen Pläne.«

Dennoch versäumte es die Reichsregierung nicht, kaum daß die Engländer das Feld geräumt hatten, 1881 eine Expedition nach Südwestafrika zu schicken, die eine systematische Erkundung der Erzlagerstätten vornehmen sollte. Und als die englische Regierung, die inzwischen von Disraeli, einem Wortführer des Imperialismus, auf den gemäßigteren Gladstone übergegangen war, 1882 die Kapregierung, die nach wie vor für eine Expansion plädierte, anwies, den Oranje als nordwestliche Grenze anzuerkennen, mußte selbst Bismarck, der stets um einen Ausgleich mit England bedacht war, dies als ein Signal ansehen, daß Großbritannien endgültig auf Südwestafrika verzichtete. Es bedurfte nur noch eines Anstoßes, den Lüderitz gab, um dem

Druck, den Fabri – und andere Kolonialschwärmer – entfachte, nachzugeben: Deutschland hatte, mehr unfreiwillig als freiwillig, seine erste Kolonie.

Eine neue Chimäre

Die Reaktion Englands auf Bismarcks offizielle Schutzerklärung war jedoch ablehnender, als man hätte erwarten können. Vor allem im Colonial Office, dem Kolonialministerium, regte sich Widerstand, und zusammen mit der Kapregierung, die den Schiedsspruch des Mutterlandes nicht anerkannt hatte, traf man Vorbereitungen, wie im Osten auch im Westen das Gebiet bis zur portugiesischen Grenze zu annektieren. Da zeigte Bismarck zum ersten Mal die Zähne: Nachdem er sich in London beschwert hatte, daß man das Deutsche Reich nicht »auf dem Fuße der Gleichheit« behandle und England eine »Monroe-Doktrin in Afrika« verfolge, gab er Order, daß Kriegsschiffe das umstrittene Gebiet anliefen, um dort die deutsche Flagge zu hissen. So dampfte am 7. August 1884 die Korvette »Elisabeth«, gefolgt von der Fregatte »Leipzig«, in die Bucht von Angra Pequena und zog am Strand die kaiserliche Flagge auf, während das Kanonenboot »Wolf« Anweisungen hatte, die Küste im Norden, bis Angola, in Besitz zu nehmen.

Mit diesem Akt, der geheiligter Tradition entsprach, gab sich England zufrieden und begrüßte am 22. September offiziell das Deutsche Reich als Nachbarn seiner Kolonie im Süden. Doch was den Osten anging, wohin die Deutschen weiter den Arm ausstreckten, so schob man hier ihrem Expansionsstreben sogleich einen Riegel vor: Um eine Achse Südwest–Südost, wie sie Lüderitz vorschwebte, zu verhindern und statt dessen der Forderung seines Gegenspielers Cecil Rhodes, der die Linie Kap-Kairo propagierte, nachzukommen, besetzte England nicht nur das Betschuana-Land, sondern auch die Bucht von Santa Lucia, an der Grenze zwischen Natal und Mozambique, wo Lüderitz mit den Zulu einen Vertrag ausgehandelt hatte. Damit war den Deutschen, zumindest im Süden, der Griff nach Innerafrika verwehrt.

Doch trotz der hochfliegenden Pläne Lüderitz' galt es zunächst überhaupt erst einmal festen Boden in *Südwest* unter die Füße zu bekommen. Denn bislang hatte man nicht viel mehr getan, als die Küste mit Flaggen zu bespicken, und wenn dies auch ausreichte, um England zur Anerkennung der deutschen Oberhoheit zu bewegen, so waren doch die Eingeborenen, die eigentlichen Besitzer des Landes, damit keineswegs einverstanden. Nicht nur, daß Josef Fredriks, der Nama-Häuptling, sich von Lüderitz betrogen fühlte, die anderen Stämme waren gar nicht erst bereit, den Deutschen irgendwelche Rechte abzutreten. So berichtete der Missionar Büttner, den wir bereits oben erwähnten und der die Verhandlungen mit den Bondelswart, einem Nama-Stamm am Oranje, führte, in einem Schreiben an Bismarck, das vom 28. Juni 1885 datiert: »So wurde ich denn am 27. vormittags zu der in der Schule abgehaltenen Ratsversammlung berufen. Der Kapitän [gemeint ist der Häuptling] und etwa 15 vornehme Namaqua waren anwesend. Ich trug nun meinen Auftrag vor, zeigte meine Vollmacht und las ihm zur Kenntnisnahme den mit Bethanien geschlossenen Vertrag vor.

Ich fragte ihn, ob er meine Sache verstanden hatte, er sagte: Ja; was er dazu zu sagen hätte? Er antwortete, er würde sich auf nichts einlassen.

Als ich ihn bat, die Gründe der Abweisung anzugeben, verweigerte er jede Auskunft. Ich forderte ihn auf, mir denn doch wenigstens mitzuteilen, was in dem vorgelesenen Entwurf ihm nicht gefalle, aber es wurde mir immer wieder und wieder ein bloßes Nein zur Antwort. Er säße hier nicht vor seinem Richter, daß er mir Antwort schuldig wäre. Ich wies ihn darauf hin, daß England ja selbst erklärt hätte, wie weit sein Protektorat ginge, und daß ihr Gebiet außerhalb desselben liege. Wilhelm Christian antwortete, davon wisse er nichts, im Gegenteil man hätte ihn ja noch kürzlich nach dem Kap kommen lassen; im übrigen seien sie nicht Englands Untertanen und würden auch in dem Falle, daß meine Aussage sich bestätige, mit dem Deutschen Reiche keinen Vertrag abschließen. Auf meine Frage, was ich denn nun meinem Herrn, dem Kaiser, über diese Verhandlung berichten solle, hieß es, das sei meine Sache, er bleibe bei seinem Nein. So war denn das Ende der halbstündigen Verhandlung, daß Wilhelm Christian seinen Hut nahm, grüßte und fortging.«

Und wenn schon die Nama oder Hottentotten nicht am »Schutz« des Deutschen Reiches interessiert waren, so waren die Herero, die mit den Engländern sympathisierten, es noch viel weniger. Sigmund Israel, der im Auftrag Lüderitz' mit Kamaherero, dem Oberhäuptling der Herero, einen Vertrag abschließen sollte, berichtete in einem Artikel der »Cape Argus« vom 7. Februar 1885: »Es war unser Ziel, eine Abtretung Damaralands oder so viel davon zu erreichen, daß es einen Weg nach Zentralafrika ermöglichte. Wir rückten in nordöstlicher Richtung von Walfischbay nach Otjimbingwe und Okahandja vor und eröffneten Verhandlungen mit dem mächtigen Häuptling Kamaherero. Unsere Erwartungen, an die wir phantastische Visionen geknüpft hatten, wurden völlig enttäuscht. Unsere Bemühungen, mit dem Häuptling einen Vertrag abzuschließen, scheiterten gänzlich. Kamaherero war jeglicher Überredung gegenüber taub. Er wollte nichts von deutscher Schutzherrschaft wissen und weigerte sich, auch nur das geringste Stückchen Land zu veräußern. Nicht einmal Bergbaurechte wollte er Herrn Lüderitz abtreten.«

Deutlicher kann man es nicht sagen: Im Falle Südwestafrikas wollten die Kolonisierten nicht kolonisiert werden! Die Besitzergreifung durch das Deutsche Reich geschah *gegen* ihren Willen.

Und so kann es nicht verwundern, daß mit der Flaggenhissung allein und der Ernennung eines Reichskommissars für Südwest im Mai 1885, dem man noch einen Sekretär und einen Polizeimeister beigab, die Kolonie noch nicht gewonnen war. Ja, Dr. Göring, der Kommissar – er war der Vater des späteren Reichsmarschalls –, erlitt sogar die peinliche Schlappe, daß man ihm nicht nur ein Pferd, sondern auch die deutsche Flagge raubte.

Es war alles ein wenig skurril am Anfang, in Südwest: Die deutsche Herrschaft war Fiktion, und die Geschäfte, die man erhofft hatte, blieben aus. Lüderitz, dem es immerhin gelang, auf den Spuren des Kanonenbootes die gesamte Küste bis zum Kap Frio, an der Grenze nach Angola, zu erwerben, wofür er insgesamt 1070 Pfund Sterling und 260 Gewehre aufwendete, mußte schließlich, da seine kolonialen Pläne insgesamt weit mehr gekostet hatten und die Küste sich nach wie vor als wertlos erwies, seine gesamten Besitzungen in Südwestafrika an eine Gesellschaft verkaufen, die – auf Bismarcks Betreiben – eigens zu dem Zweck gegründet wurde, des Kanzlers allzu forsches Debüt in der Kolonialpolitik nicht zu gefährden. Nach zähen Verhandlungen, bei denen Lüderitz am Ende damit drohte, seine Interessen an die Engländer zu verkaufen – womit das Ganze *ad absurdum* geführt worden wäre –, trat er für eine halbe Million Mark sein südafrikanisches Unternehmen an die Deutsche Kolonialgesellschaft für Südwestafrika ab, die am 5. April 1885 ins Leben gerufen worden war. Damit schied der Pionier der deutschen Kolonialbewegung aus der Geschichte aus, was ihn dennoch nicht hinderte, im folgenden Jahr selbst auf die Suche nach Diamanten zu gehen. Bei dieser Suche kam er im Oktober 1886 zu Tode: Er blieb verschollen im Mündungsgebiet des Oranje. Die einen sagen, er sei ertrunken, die andern, von den Eingeborenen erschlagen. Als Vergeltung für das Unrecht, das er an ihnen begangen hatte.

Die Deutsche Kolonialgesellschaft für Südwestafrika, kurz DKGfSWA genannt, war von Anfang an, wiewohl von potenten Geschäftsleuten und Banken getragen, ein rachitisches Unternehmen, das binnen Jahresfrist in Passivität versank und schließlich - wie sein Vorgänger - seine Mittel erschöpfte, ohne die erhofften Schätze gefunden zu haben. Sie wurden erst 1908 entdeckt, zu einer Zeit, als die deutsche Phantomherrschaft schon beinahe zu Ende war.

II. KAMERUN UND TOGO

Geschenke für den Sultan

Am 29. März 1884 erhielt der deutsche Generalkonsul in Tunis, Dr. Nachtigal, die Order, sich nach Westafrika zu begeben, um die Handelsmöglichkeiten in diesem Gebiet zu erkunden und Verträge mit Eingeborenen zu schließen, die den deutschen Handel in diesem Gebiet sichern sollten. Zur Entgegennahme weiterer Instruktionen sollte er zuvor nach Berlin kommen, um sich dann auf dem Kanonenboot »Möwe« einzuschiffen.

Nachtigal, erst seit kurzem im Staatsdienst, hätte diese Mission als eine Auszeichnung ansehen können, denn obgleich er nur vage Vorstellungen von dem hatte, was man von ihm erwartete, bedeutete es doch eine Anerkennung, daß man ihn, der anfangs Mühe gehabt hatte, überhaupt in den diplomatischen Dienst aufgenommen zu werden, mit dieser Mission betraute. Er hatte sich durch sorgfältige Berichte, die das Auswärtige Amt als Muster an alle anderen Gesandtschaften weiterleitete, ausgezeichnet und galt allgemein als einer der besten Kenner afrikanischer Verhältnisse. Aber gerade dies war es, was ihm die Annahme des Auftrages schwermachte.

Nachtigal war einer der großen Afrika-Forscher, der bedeutendste, den Deutschland, das nicht unwesentlich zur Entschleierung des schwarzen Kontinents beitrug, hervorgebracht hatte. Dabei war er eigentlich auch für diese Rolle nicht prädestiniert, es sei denn, daß er sich schon von Jugend an für diesen Erdteil interessierte. Der frühe Tod seines Vaters und auch der seiner Brüder, die alle an Tuberkulose starben, war wohl entscheidend dafür, daß er nicht seinen Neigungen nachging, sondern den Arztberuf wählte. Doch das gleiche Leiden, das seine Angehörigen dahingerafft hatte, ereilte auch ihn, und so mußte er 1861 die Stelle eines Militärarztes in Köln aufgeben und eine Reise antreten, die ihm zum Schicksal werden sollte: Denn das Ziel dieser Reise war Nordafrika, wo er hoffte, seine kranken Lungen, die die Tuberkulose befallen hatte, in dem trockenen Wüstenklima auskurieren zu können. Er glaubte, er wäre in einem halben Jahr wieder geheilt, doch die Krankheit erwies sich als hartnäckiger, und so blieb er schließlich 14 Jahre.

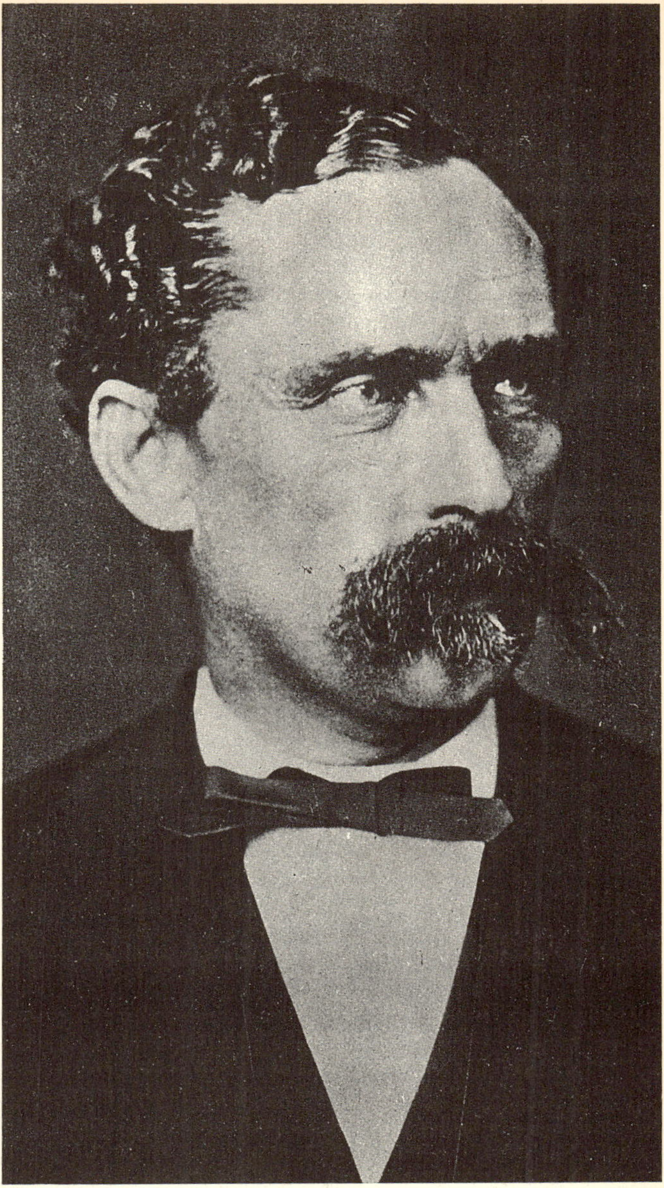

Gustav Nachtigal

Zunächst ging er nach Algier, dann nach Tunis, wo er – nachdem er sich bei einem Feldzug gegen Aufständische ausgezeichnet hatte – in den Dienst des Bei trat, der ein Vasall des türkischen Reiches war. Die Mißwirtschaft im Lande ernüchterte ihn jedoch bald, und er traf schon Vorbereitungen, zumal er endlich kuriert war, Tunis zu verlassen, als er Kunde davon erhielt, daß sein Landsmann Rohlfs, der bereits das war, was er erst werden sollte – ein berühmter Afrika-Forscher, auf der Suche nach jemandem sei, der dem Sultan von Bornu, einem Herrscher im Innersten Afrikas, Geschenke überbringe, die der König von Preußen ihm sandte als Dank für die Aufnahme und Freundschaft, die er den deutschen Afrika-Reisenden gewährt hatte. Neben Rohlfs, der 1865 die Sahara von Nord nach Süd durchquert hatte, waren auch Barth und Overweg beim Sultan von Bornu gewesen, ersterer auf dem Wege nach Timbuktu, letzterer zur Erkundung des heutigen Tschad, wo er einem Fieber erlag. Rohlfs war auf dem Weg zur Oase Siwa, am Rande der Libyschen Wüste, und wollte selbst die beschwerliche Reise nach Bornu, die er schon kannte, nicht noch einmal antreten.

Doch für Nachtigal, der inzwischen mit dem orientalischen Leben vertraut war und das Arabische erlernt hatte, war dies eine Chance, die er nie erhofft hatte, und er griff zu, als wüßte er, daß sie seinem Leben eine entscheidende Wende geben sollte. Er übernahm die Geschenke, stellte eine kleine Expedition zusammen und brach im Februar 1869 von Tripolis aus, wohin er Rohlfs gefolgt war, auf und nahm den Karawanenweg nach Süden, der in das noch immer dunkle und gefährliche Innere Afrikas führte.

Daß es tatsächlich noch immer ein Wagnis war, in die Sahara vorzustoßen, erkannte Nachtigal nicht nur, als er sich, in einem Abstecher, in das unwirtliche Gebiet des Tibesti wagte, das bislang noch kein Europäer betreten hatte und wo die Tibu, die Ureinwohner der Sahara, ihm mit offener Feindschaft begegneten. Er mußte auch, kaum daß er nach Mursuk, dem Ausgangspunkt seines Abstechers, zurückgekehrt war, erfahren, daß eine junge holländische Reisende, Alexandrine Tinné, die ihn ein Stück des Weges begleitet hatte, dann aber zu den Tuareg aufgebrochen war, unter grauenvollen Umständen von den Wüstenbewohnern ausgeraubt und ermordet worden war. Dennoch gelang es ihm, der im Gegensatz zu ihr keine Reichtümer besaß und es außerdem verstand, den Menschen, denen er begegnete, sich in bemerkenswerter Weise anzupassen, wohlbehalten Bornu zu erreichen.

Kuka, der Sitz des Sultans, war eine eher dürftige Wüstenstadt, die auf Nachtigal keinen besonderen Eindruck machte. »Als das frühere Kûka«, erklärt Nachtigal, »zu Ende der vierziger Jahre durch den König Mohammed Scherîf von Wadâi zerstört worden war, hat es Scheich 'Omar in Gestalt zweier Städte wieder aufgebaut, von denen er mit seinen Beamten und Sklaven vorwaltend die östliche bewohnt, während die westliche vorzugsweise dem Volke und den Fremden zum Aufenthalte dient. Man muss gestehen, dass der Gründer der Hauptstadt, der Vater Scheich 'Omar's, der in der Sûdân-Welt so berühmte Scheich Mohammed el-Amîn el-Kânemî, der im Andenken des Volkes als der ›grosse Scheich‹ lebt, keinen hohen Grad von Schönheitssinn in der Wahl des Ortes bekundet hat. Ohne die reichen Baumzierden und das rege, gefiederte Leben in ihnen würde auch in nächster Nähe der über alle Beschreibung todte und monotone Eindruck, den Kûka aus der Entfernung macht, nicht schwinden.«

Das Reich von Bornu war einst ein mächtiger Staat gewesen, der vom Sklavenhandel lebte. Seine Grenzen hatten im Norden bis weit in die Sahara hineingereicht, und im Süden hatte es jenes Gebiet berührt, das nun einem anderen Reich, dem deutschen, anheimfallen sollte. Doch davon war freilich noch keine Rede, als Nachtigal am 6. Juli 1870 in Kuka einzog. Er war nur ein Gesandter des Königs von Preußen, der dem Sultan den Dank seines Herrn abstatten sollte.

Dieser empfing ihn denn auch zunächst herablassend, denn was wußte der Sultan, auch wenn sein Vater ein berühmter Feldherr gewesen war, schon von Preußen? Erst als er den ältlichen Herrn in Turban und Pantoffeln darüber aufgeklärt hatte, mit wem er es eigentlich zu tun habe – »dem mächtigen Herrn von Norddeutschland« –, wurde er zugänglicher und drängte, daß man ihm die Geschenke, die der König ihm schicke, nun auch überreiche.

Nachtigal, der damit seine eigentliche Aufgabe erfüllte, gab dem Drängen nach und berichtet darüber: »Schon am Tage darauf sollte die feierliche Ueberreichung der Geschenke König Wilhelm's stattfinden. Ich hätte gern die officielle Uebergabe derselben noch um einen Tag hinausgeschoben, um die einzelnen Gegenstände, welche ich seit meiner Abreise von Tripolis ihrer sorgfältigen Verpackung wegen nicht mehr untersucht hatte, einer genauen Prüfung zu unterziehen. Doch die Neugierde des Scheich duldete keinen Aufschub; ich fand nur grade Zeit genug, die Kisten zu öffnen und mich durch einen oberflächlichen Blick von dem intacten Zustande ihres Inhalts zu überzeugen. Nur die Zündnadelgewehre nahm ich heraus, um sie einzuölen und um Giuseppe Valpreda [Nachtigals Diener], der bei der Uebergabe ihren Gebrauch erläutern sollte, in ihrer Handhabung zu üben. Das unförmliche Gehäuse, welches den Glanzpunkt der ganzen Sendung, den Thronsessel, barg, wagte ich überhaupt nicht zu öffnen, um seinen Transport in den Königspalast nicht zu erschweren, und war also der Befürchtung nicht überhoben, dass die Motten, welche in Fezzân während meiner Reise nach Tibesti eine vollständige Vernichtung meiner wollenen Kleidungsstücke angerichtet hatten, dieses wichtige Geschenk geschädigt haben möchten. In Verlegenheit setzte mich der Zustand des Harmoniums, das wir in Tripolis den von Berlin gekommenen Geschenken hinzugefügt hatten und das in Folge dessen weniger gut verpackt gewesen war. Dasselbe hatte durch den langen Transport und die trockene Wüstenluft so gelitten, dass man ihm nur ganz vereinzelte, heisere Töne zu entlocken vermochte. Wenn ich auch nicht zu befürchten hatte, dass die künstlerischen Anforderungen Scheich 'Omars sehr hochgehende sein würden, so zweifelte ich doch sehr, ob Giuseppe's Geschicklichkeit hinreichen würde, das Instrument für die königlichen Ohren auch nur leidlich functionsfähig wieder herzustellen. Ein weiteres Bedenken bezog sich auf die lebensgrossen Bildnisse Sr. Majestät des Königs, Ihrer Majestät der Königin und Sr. Königl. Hoheit des Kronprinzen, welche mit den Anschauungen des Islâm einigermassen in Widerspruch standen, und besonders auf eine Stutzuhr, deren Hauptzierde, eine wenig bekleidete allegorische Figur, unzweifelhaft in den Augen strenggläubiger Mohammedaner für eine sündhafte Darstellung gelten musste.

Am Nachmittage beluden wir einige Kamele mit den oberflächlich wieder verschlossenen Kisten und begaben uns zur Ueberreichungs-Audienz. Wie der Scheich an diesem Tage dem officiellen Litâm [Gesichtsschleier] entsagt hatte, so waren auch die Bodenteppiche und stoffenen Wanddecorationen, die eiserne Bettstelle und der hölzerne Lehnstuhl verschwunden. Ich stellte Giuseppe, der sich schon verletzt gefühlt hatte, dass er nicht mit zur ersten Audienz genommen war, dem Könige als einen sehr geschickten, in allen Handwerken wohlerfahrenen Mann vor, der ihm sicherlich bei seiner Vorliebe für die Erzeugnisse europäischer Kunstfertigkeit in der Folge von höchstem Werthe sein werde, und befahl demselben, die Kisten zu öffnen. Mit einer gewissen Aufregung folgte ich der Auspackung des Thronsessels und hatte die grosse Freude, ihn in seiner ganzen ursprünglichen Pracht und Herrlichkeit seinem jahrelangen Gefängnisse entsteigen zu sehen. Seine vortreffliche Polsterung in Sitz und Lehne, der schöne Ueberzug aus rothem Sammet, die reiche Vergoldung der kunstvoll geschwungenen Füsse und Armlehnen gewannen die vollste Bewunderung des Fürsten. Demnächst wurden die königlichen Bildnisse herausgenommen, und ich konnte mit grosser Genugtuung wahrnehmen, dass, trotzdem meine Besorgniss nicht ungerechtfertigt gewesen war, in dem feinfühlenden Fürsten Stolz und Rührung über die religiösen Bedenken die Oberhand gewannen. Als ich ihm auseinander setzte, wie mein König und Herr, unserer heimathlichen Sitte folgend, auf diese Weise die in Folge der grossen Entfernung unmögliche persönliche Bekanntschaft habe ersetzen wollen, half er mir in liebenswürdigster Weise über meine Sorge vor allzu strenger Auffassung hinweg, indem er sagte: ich selbst wisse wohl, dass der Islâm nur diejenige Nachbildung menschlicher Formen verurtheile, welche einen Schatten zu werfen im Stande, also als Statuen oder Reliefbildungen dargestellt seien, dass aber das auf flachem Papier oder ebener Leinwand erzeugte Gemälde nicht in den Bereich der Sünde gehöre. Damit war freilich der allegorischen Figur der Stutzuhr das Urtheil gesprochen.

Nächst dem Thron erregten die Zündnadelgewehre die grösste Freude und Bewunderung des hohen Herrn. Unzählige Male mussten wir ihm die Handgriffe zur Oeffnung und Schliessung der Kammer, die Zündnadel selbst und die Patronen zeigen und erklären. Obgleich der Königspalast eine verhältnissmässig reiche Sammlung der verschiedensten Gewehrsysteme enthielt, so gab es doch noch kein preussisches Zündnadelgewehr in derselben. – Das Harmonium hatte, wie schon erwähnt, seine Functionen gänzlich eingestellt, weniger zu meinem Bedauern, der ich ihm bei meiner geringen musikalischen Begabung doch keine Harmonien hätte entlocken können, als zu dem des braven Scheich, der natürlich voraussetzte, dass Jeder die in seinem Vaterlande gebräuchlichen musikalischen Instrumente zu spielen verstehe. Ich vertröstete ihn auf die Kunstfertigkeit Giuseppe's und nahm es wieder mit in meine Wohnung.

Von den wollenen, seidenen und sammetnen Stoffen, den Shawls, Mützen und Burnussen, den Uhren, Fernröhren und anderen Dingen, welche der Bornû-Herrscher auch sonst durch die nordischen Kaufleute häufig genug empfängt, nahm derselbe nur noch ein stark versilbertes Theeservice, eine goldene Taschenuhr mit Kette und ein Fernrohr in speciellen Augenschein, sprach mir seinen Dank aus für die grosse Menge Rosenessenz, die ihm, wenn auch nicht zu persönlichem Gebrauche, so doch für die Frauen und Töchter seines ausgedehnten Haushaltes von wirklichem Werthe sein musste, und erfreute sich dann ausschliesslich des kunstvoll geschriebenen königlichen Begleitschreibens, das ich ihm mit der beigefügten arabischen Uebersetzung in zierlicher Kapsel überreichte. Wohl ein halbes Dutzend Male musste ich dasselbe in deutscher Sprache vorlesen, wobei ich durch kraftvolle Betonung und declamatorischen Vortrag zu ersetzen suchte, was dem Hörer an Verständniss abging, und als ich den Inhalt dann übersetzte, soweit meine Kenntniss des Arabischen es gestattete, während er die schriftliche Uebertragung mitlas, war der liebenswürdige Negerfürst sichtlich bewegt. Die dankbare Erwähnung der materiellen Unterstützungen, welche er Moritz von Beurmann und Gerhard Rohlfs hatte angedeihen lassen, erfüllte ihn mit Rührung und Beschämung und bestärkte ihn in seiner wohlwollenden Beurtheilung des Charakters der Europäer. Es war ihm in gleicher Weise erstaunlich, sowohl dass diese Herren voll Dankbarkeit seine Grossmuth und Biederkeit in Schrift und Wort in ihrer Heimath gerühmt hatten, als dass ein mächtiger europäischer König in so anerkennender Weise seine ihm so natürlich erscheinenden Handlungen als Edelmuth pries.«

Prophetische Worte

Es entbehrt nicht einer gewissen Ironie, daß der gleiche Mann, der hier einen afrikanischen Fürsten ehrte, dazu ausersehen war, im Namen des gleichen Königs, der ihn geschickt hatte, doch inzwischen Kaiser geworden war, die Flagge des Deutschen Reiches in jenem Gebiet aufzurichten, das einmal bis an die Grenzen Bornus reichen sollte. Denn die Mission, die man Nachtigal 1884 auftrug, zielte letztlich darauf ab, die Herrschaft der Deutschen auch in Westafrika zu sichern.

Nachtigal hatte von Kuka seine Reise in den Sudan fortgesetzt und war schließlich über Kairo nach Deutschland zurückgekehrt, wo man bald die außergewöhnlichen Leistungen seiner Forschungen anerkannte. Er schrieb ein zweibändiges Werk über seine Reise, das bis heute ein Klassiker unter der Afrika-Literatur geblieben ist, und wurde in der Nachfolge eines anderen großen Forschungsreisenden, der uns noch beschäftigen wird – Ferdinand von Richthofen –, zum Vorsitzenden der Gesellschaft für Erdkunde in Berlin gewählt. In dieser Funktion war er maßgeblich an weiteren Forschungen beteiligt, doch behagte es ihm auf die Dauer nicht, nur andere ausreisen zu sehen, und so bemühte er sich, selbst wieder nach Nordafrika zu gehen, das ihm eine zweite Heimat geworden war.

Der diplomatische Dienst bot eine Chance, und als es ihm schließlich gelungen war, nach Tunis entsandt zu werden, obwohl er lieber nach Marokko gegangen wäre, denn Tunesien war inzwischen – 1881 – von den Franzosen besetzt worden und es tobte dort ein Freiheitskampf, fand er sich doch recht bald in seiner alten Umgebung zurecht. Es gab viel zu tun, und gewissenhaft erledigte er seine Arbeit. Nur zu einem kam er nicht: einen dritten Band seines Reisewerkes zu vollenden.

Auch das mag einer der Gründe gewesen sein, weshalb Nachtigal, als er im März 1884 die erwähnte Order erhielt, nur ungern die neue Aufgabe übernahm. Auch die politischen Implikationen seines Auftrages, auch wenn er sie anfangs noch gar nicht überblicken konnte, werden ihn mit Unbehagen erfüllt haben. Was jedoch im Vordergrund stand, war die einfache Tatsache, daß Nachtigal sich vor der langen Seereise fürchtete. Er wußte aus Erfahrung, daß er die ganze Zeit über seekrank sein würde. Doch »wie kann ich eine so lächerliche Krankheit vorschützen, um abzulehnen?« schrieb er in einem seiner letzten Briefe.

Er, der sein großes Reisewerk »Seiner Majstät dem Deutschen Kaiser ... allerunterthänigst gewidmet« hatte, empfand es als eine patriotische Pflicht, den Auftrag auszuführen, selbst dann, als er kurz vor seiner Abreise im Mai erfuhr, daß der wahre Zweck des Unternehmens der Schutz »der Deutschen und ihres Verkehrs« an der Westküste Afrikas war.

»Ich komme, um Ihnen Lebewohl zu sagen. Und Ihnen zugleich meinen baldigen Tod anzuzeigen. Ich habe heute morgen mein Testament gemacht. Ich reise nach Guinea und weiß, daß ich von dort nicht mehr wiederkehre.«

Mit diesen Worten verabschiedete sich Nachtigal von dem französischen Kardinal Lavigerie, mit dem er in Tunis verkehrt hatte. Und als der Kardinal, den diese Worte erschreckten, ihm anbot, sich für ihn zu verwenden, antwortete der Deutsche: »Es ist meine Pflicht, und ich will keinen Versuch machen noch machen lassen, mich ihr zu entziehen.«

Das Erbe Preußens und der Fatalismus des Islam, beides vereinigte sich in Nachtigal, und es war dies, was ihn zum Vollstrecker eines Werkes werden ließ, das auch seinen Ruhm schmälern sollte. In Abänderung seiner ursprünglichen Instruktionen nach Lissabon beordert, ging er dort an Bord des Kanonenbootes »Möwe« und trat eine Reise an, von der er nicht mehr zurückkehren sollte.

Ein lukratives Geschäft

Das Reiseziel war die Westküste Afrikas, am Golf von Guinea. Hier hatten deutsche Kaufleute seit der Mitte des 19. Jahrhunderts Faktoreien errichtet, die sich bald als äußerst rentabel erwiesen. Man handelte – wie in Südafrika – mit Schnaps, Schießpulver und Waffen und tauschte dafür Palmöl ein, das in der Industrie Verwendung fand. Allein der Handel mit Gabun erbrachte im Jahre 1883 einen Reingewinn von fast einer Viertelmillion Mark.

Die größten deutschen Handelshäuser, die an diesem Geschäft beteiligt waren, waren die Firmen C. Woermann, Jantzen & Thormählen und Wölber & Brohm. Sie hatten ihren Sitz in Hamburg und waren ursprünglich aus dem Liberia-Handel hervorgegangen, wo Carl Woermann, der Gründer dieses Hauses, 1854 eine erste Faktorei errichtet hatte, die den anderen Firmeninhabern, die sich später selbständig machten, als Lehrstelle gedient hatte. Von Liberia aus hatte man den Handel bis zum Kongo ausgeweitet, wobei das Haus Woermann – unter den deutschen Kaufleuten – seine Vormachtstellung bewahren konnte: 1884 verfügte die Firma Woermann über zwei Dutzend Faktoreien an der Westküste Afrikas, davon sieben in Liberia, fünf im Gebiet des späteren Kamerun und zwölf in den südlich angrenzenden Gebieten. Jantzen & Thormählen unterhielten zu dieser Zeit zwölf Faktoreien, vier größere in Kamerun und acht Filialen bis zum Ogowe, in Gabun. Wölber & Brohm hatten sich 1879 an der Sklavenküste, dem Gebiet des heutigen Benin und Togo, niedergelassen, wo sie die Nachfolge einer Bremer Firma, des Hauses Vietor, antraten, das seit 1856 in dieser Gegend tätig war.

Doch die Deutschen waren nicht die einzigen, die in dieser Gegend Handel trieben. Die Holländer, denen sie einst hatten weichen müssen – mit dem Versprechen, »nie wiederzukehren« –, waren zwar ihrerseits verdrängt worden, doch deren Nachfolger, die Engländer und Franzosen, hatten allmählich damit begonnen, die Küste am Golf von Guinea unter sich aufzuteilen. Im Westen hatten die Engländer eine beherrschende Stellung in Ghana erlangt und im Osten die Franzosen in Dahomey. Auch im Kongo waren die Franzosen aktiv, seit de Brazza dieses Gebiet erforscht hatte, und in Kamerun gelang es dem britischen Konsul Hewett, die Duala, einen größeren Stamm an der Küste, durch Verträge, die den Engländern eine Aufsichtsfunktion einräumten, an Großbritannien zu binden.

Noch war die Herrschaft der Rivalen nicht gesichert – in

Ghana machten den Engländern die kriegerischen Aschanti zu schaffen, und im Kongo verfolgten auch die Belgier Eroberungspläne –, doch es stand zu befürchten, daß die deutschen Kaufleute, die keinen offiziellen Schutz genossen, ihr lukratives Geschäft einbüßen würden, und sei es nur, daß man ihren Handel mit diskriminierenden Zöllen belegte. Dies war bereits in Ghana geschehen, wo die Engländer, um den Kampf gegen die Aschanti finanzieren zu können, die Zölle auf jene Produkte, die die Deutschen einführten, erhöht hatten. Damit waren die deutschen Kaufleute letztlich sogar gezwungen, zu ihrem eigenen Niedergang beizutragen.

War die Expansion der Engländer und Franzosen auch die größere Gefahr, so gab es doch noch einen anderen Grund, weshalb die hanseatischen Handelshäuser auf den Schutz des Reiches drängten: Ihnen war auch der Zwischenhandel der Eingeborenen ein Dorn im Auge, und sie erhofften sich, daß – ähnlich wie dies in den britischen Kolonien geschah – auch das Deutsche Reich ihnen einen direkten Zugang zu den eigentlichen Quellen des Reichtums verschaffen würde, die man im Innern des Kontinents vermutete.

In dieser Erwartung waren sich nicht nur die Kaufleute einig, sondern auch ein so renommierter Afrika-Forscher wie Gerhard Rohlfs stimmte ihnen zu, wenn er sagte: »Um im Inneren des Landes herrschen zu können, ist es unbedingt notwendig, Küstenstriche zu besitzen.«

Bismarck tat sich dennoch schwer, denn nicht nur wollte er es sich weder mit den Engländern noch den Franzosen verderben, er verharrte auch auf dem Standpunkt, den einst die Kaufleute selbst vertreten hatten, daß Staat und Handel zwei verschiedene Dinge seien und der eine sich nicht mit dem anderen belasten sollte. Doch es kam hinzu, daß der vielversprechende Ansatz des jungen Reiches durch eine Wirtschaftskrise gefährdet war und daß auch die anderen europäischen Mächte, die unter den gleichen Symptomen zu leiden hatten, das Prinzip des Freihandels allmählich aufgaben.

So willigte denn Bismarck widerstrebend ein, zumal auch das Auswärtige Amt dem Anliegen der Kaufleute wohlwollend gegenüberstand, und erteilte Nachtigal jenen Auftrag, der ihn nicht nur nach Westafrika, sondern auch nach Südwest beorderte – überall dorthin, wo deutsche Kaufleute vertraglich Land erworben hatten. Denn das war die Krux der Einwilligung: Bismarck wollte auch jetzt das Reich noch nicht in die Verantwortung nehmen – er gab sich der Illusion hin, daß es genügen würde, dem deutschen Handel in Übersee lediglich den Schutz des Reiches angedeihen zu lassen. Alles andere, Kosten und Verwaltung, solle zu Lasten der Gesellschaften gehen, die schließlich auch den Nutzen davon hatten.

Das Vorbild war England, wo die Ostindische Kompanie auf diese Weise einen ganzen Kontinent dem britischen Handel geöffnet hatte. Doch daß dieses Modell schließlich gescheitert war – an dem gleichen Umstand, an dem auch der deutsche Versuch scheitern sollte –, übersah Bismarck: Seit dem Großen Aufstand, 1857, war Indien direkt der englischen Krone unterstellt.

Aber nicht nur Bismarck, auch die Engländer selbst hingen noch dem Trugbild des »indirect rule« nach, und allein dieser Kongruenz ist es zu verdanken, daß die Deutschen Kolonien auch in Westafrika erlangten. Denn zur gleichen Zeit, als die deutschenKaufleute, unter der Führung von Adolf Woermann, dem Sohn des Firmengründers, der der Hauptförderer des Planes war, Bismarck zur Errichtung eines Stützpunktes auf der Insel Fernando Poo und zur Übernahme der gegenüberliegenden Küste, in Kamerun, drängten, legte der nicht minder rührige Konsul Hewett der englischen Regierung einen Gegenplan vor, der die Annexion der Küste zwischen der Mündung des Kamerun-Flusses und dem Niger-Delta vorsah. Der Plan wurde gebilligt, noch bevor Bismarck seine Entscheidung getroffen hatte, aber er gelangte nie zur Ausführung: Die britischen Handelsfirmen, die dahinterstanden, zögerten, die Kosten zu übernehmen, und so liefen ihnen die Deutschen den Rang ab.

Bantus und Neger

»In Bezug auf staatliches Organisationstalent steht der seßhafte Neger weit hinter dem seßhaften Indianer zurück; Staatenbildungen wie das Inka-Reich von Peru und die Azteken-Monarchie von Mexico sind dem Neger niemals geglückt. An der langgestreckten Küste zwischen Senegal und Congo gibt es teils unumschränkte Despotieen, wie z. B. Dahome, Aschanti und Porto-Novo, teils bloß dem Namen nach bestehende, aber ganz machtlose Königreiche, wie z. B. Togo, Klein-Povo, Ague und Groß-Povo, innerhalb deren Grenzen jede Ortschaft eine republicanische Unabhängigkeit genießt, teils endlich ausgedehnte Gebiete, wie z. B. das Kamerun-Gebirge, wo in jeder größeren Ortschaft die Ausübung der Macht zwischen einem sogenannten König, einem oder mehrern Häuptlingen und der Volksversammlung aller freien und erwachsenen Männer geteilt ist.«

King Bell

Was Hugo Zöller, ein deutscher Forschungsreisender, der 1884 Westafrika besuchte, ganz richtig beobachtet hat, war einer der wesentlichen Gründe, weshalb es den Deutschen - wie auch den anderen Europäern - auch in Westafrika gelang, Kolonien zu gründen. Nicht daß die Inka oder die Azteken dem Anprall der Spanier widerstanden, aber eine leichtere Beute noch als die zentralisierten Staaten des alten Amerika waren die zersplitterten Stämme und Häuptlingstümer im Gebiet des Golfes von Guinea. Allein die despotische Monarchie in Dahomey vermochte sich den Fremden zu widersetzen: Doch auch sie erlag schließlich der Übermacht der Franzosen.

Togo und Kamerun, die Gebiete, die uns hier interessieren, waren am Vorabend der deutschen Eroberung von einer Vielzahl unterschiedlicher Stämme bewohnt, wobei im ersten Fall eine ursprüngliche Bevölkerung, zu der auch die Togo gehörten, von aus dem Osten einwandernden Sudan-Negern überlagert wurde, während in Kamerun, einem ungleich größeren Gebiet, die autochthonen Pygmäen von den Bantu verdrängt wurden, die jedoch ihrerseits wiederum in zwei größere Gruppen zerfielen: die Pangwe, die im Grenzgebiet zwischen Kamerun und Gabun siedelten, und die sogenannten Küstenstämme sowie deren Verwandte im östlichen Teil des Landes.

Die Bantu sind jene Völkerfamilie, die uns auch schon in Südafrika begegnet ist. Ihre Heimat ist die Savanne im Grenzgebiet zwischen Nigeria und Kamerun, wo sie einst Hackbauern waren. Von diesem Ursprungsland weiteten sie sich allmählich nach Osten und Süden aus, so daß sie heute über etwa ein Drittel des afrikanischen Kontinents verbreitet sind.

Das Gemeinsame ist die Sprache, die jedoch - entsprechend des weiten Verbreitungsgebietes - eine große Familie bildet, die in mehrere hundert Einzelsprachen zerfällt. Unterschiedlich ist die Kultur, wobei nicht nur die Umwelt, sondern auch der Kontakt mit anderen Völkern, namentlich der Urbevölkerung, differenzierende Wirkungen hatte. So gibt es trotz sprachlicher und auch rassischer Unterschiede zahlreiche Parallelen in der Kultur der Sudan-Neger in Togo und der Bantu in Kamerun. Die feuchtheißen Waldgebiete an der Küste und in der Äquator-Nähe erlauben den Anbau von Knollenfrüchten wie Taro und Yams, und auch die Banane ist ein wichtiger Nahrungslieferant. In der Religion steht der Ahnenkult im Mittelpunkt, und Geheimbünde - darunter der berüchtigte »Leopardenbund« - waren sowohl in Togo als auch in Kamerun verbreitet. Bei diesen Bünden handelte es sich um kultische Vereinigungen, die der Sonne, dem Mond oder einem Totemtier gewidmet waren und ihren Mitgliedern, zu denen auch Frauen gehörten, gesellschaftliches Ansehen und materielle Vorteile sicherten. Geschlechtliche Ausschweifungen und zum Teil terroristische Praktiken ließen sie in Verruf kommen.

Der Kontakt mit den Europäern seit dem 16. Jahrhundert ließ unter den Küstenstämmen in zunehmendem Maße den Handel in den Vordergrund treten. Waren es zunächst Sklaven, die man als Zwischenhändler exportierte, so verlegte man sich im Laufe des 19. Jahrhunderts, als der Sklavenhandel mit der Neuen Welt versiegte, auf die nicht minder lukrative Ausfuhr von Palmöl und Elfenbein. Entscheidend dabei war die Monopolstellung, die man sich gegenüber den Stämmen des Hinterlandes, aber auch gegenüber den Weißen bewahrte. Zöller berichtet: »Das vielbesprochene und der Entwicklung des Landes sehr schädliche Handelsmonopol der Küstenstämme ist zu einem vollständigen System entwickelt worden, welches man füglich als das ›System der Buschleute‹ bezeichnen könnte. Jeder Küstenplatz hat seine Hintermänner oder Buschleute, die man mit allen Mitteln der List und Gewalt von jedem directen Handelsverkehr mit den Weißen fernzuhalten sucht. Diese Buschleute aber haben wieder die ihrigen, und so geht es ins unendliche weiter bis vielleicht tief ins Herz von Africa hinein. Woher die große Menge des Palmöls eigentlich kommt, d. h. wo die Producenten sitzen, die das Oel nicht erst von ihren Buschleuten kaufen, kann betreffs vieler Gegenden bloß geahnt werden, ohne daß man einstweilen des genauern darüber Bescheid wüßte. König Bells Handelsgebiet ist Abo, Wuri, Quaqua, Dembombari, Bomano sowie vor allem das Mungo-Land. König Acqua handelt hauptsächlich mit Debamba und Donga sowie nebenbei mit Quaqua, Debombari und Bomano. Jim Equalla, der auch König Dido genannt wird, beherrscht den Handel mit Abo und steht außerdem mit Wuri in Verbindung. Lock Prisso, unter König Bells Vasallen der mächtigste, hat seit alter Zeit den Mungo-Fluß bis nach Mbundju aufwärts ausgebeutet. Um wie große Summen es sich hierbei handelt, mag daraus entnommen werden, daß König Bell während meines Aufenthaltes in Kamerun für 60 – bis 80000 M. Waren im mittleren Flußgebiet aufgehäuft hatte und an einem Tage 11 Elefantenzähne im Gesamtwert von 7 – bis 8000 M. zum Verkauf anbot.«

Inwieweit das Handelsmonopol der Küstenstämme auch für die anderen Stämme schädlich war, die schließlich alle etwas verdienten, sei dahingestellt. Auf jeden Fall war der Zwischenhandel, durch den sich das Produkt für den Endabnehmer verteuerte, für die Europäer ein Ärgernis, zu dem sich noch – wie

Zöller weiter berichtet – jene Abgaben gesellten, die den Weißen den Handel überhaupt erst ermöglichten: »Eine andere Frage ist diejenige der Ablösung jener Kumi (englisch *Coomie*) genannten Abgaben, welche zur Zeit noch immer an König Bell, König Acqua, Jim Equalla und den Häuptling Lock Prisso bezahlt werden müssen. Die in dieser Form von den acht Kaufmannshäusern des Kamerun-Flusses entrichteten Summen sind gar nicht unbedeutend, wie man schon daraus entnehmen kann, daß die Firma C. Woermann für ihre Factorei bei Bells Dorf 80 Kru [Waren im Wert von insgesamt etwa 1000 Mark] an König Bell und 10 Kru an König Acqua, für die Factorei bei Acquas Dorf 80 Kru an König Acqua, für die Faktorei bei Dido-Dorf 50 Kru an Jim Equalla sowie außerdem noch 10 Kru an Lock Prisso und 50 Kru an die Bimbia-Häuptlinge zu zahlen hat.«

Verglichen mit den an anderer Stelle genannten Gewinnen nur eine geringe Einbuße, die die Firma Woermann durch ihre Abgaben erlitt, doch im Verein mit dem Zwischenhandel und den drohenden Zöllen ihrer Rivalen ein hinreichender Grund, um endlich zur Tat zu schreiten.

King of Hamburg

Den ersten Akt der Piraterie hatte allerdings schon im Februar 1884 das Haus Wölber & Brohm begangen, als es – vermittels eines Agenten in Togo – das deutsche Kriegsschiff »Sophie«, das Bismarck als Vorhut der anrückenden Macht des Reiches entsandt hatte, dazu veranlaßte, Truppen an Land zu setzen und den Häuptling von Anecho, der angeblich mit den Engländern konspirierte, gefangenzunehmen. Man forderte ihn auf, ein Gesuch an den Kaiser zu richten, in dem er ihn um den Schutz des Reiches bat, und als er sich weigerte, schickte man zwei Geiseln voraus, dem nun das Gesuch ohne weiteren Widerstand folgte.

Doch Bismarck, der das Gebiet von Anecho unter französischem Einfluß wähnte, lehnte das Gesuch ab und schickte die Geiseln zurück, zusammen mit Nachtigal, dessen erste Station auf seiner offiziellen Mission nach Westafrika die Küste von Togo war. Er gedachte, die Geiseln nur abzusetzen, doch Randad, der Agent von Wölber & Brohm, schilderte ihm die Gefahr, die nicht von den Franzosen, sondern von den Briten drohe, in so überzeugender Weise, daß Nachtigal, obwohl er keinerlei diesbezügliche Instruktionen hatte, sich bereit erklärte, das Gebiet westlich von Anecho, das an die britische Kolonie an der Goldküste grenzte, unter den Schutz des Reiches zu nehmen.

Die Häuptlinge von Lome und Bagida waren denn auch tatsächlich bereit, ihre Souveränität an das Deutsche Reich abzutreten, doch die Sache hatte einen Haken: Sie waren eigentlich nur Unterhäuptlinge. Der eigentliche Herr dieses Gebietes war der Häuptling von Porto Seguro, und dieser sah keine Veranlassung, seine Hoheitsrechte aufzugeben. Also überging man ihn stillschweigend und beförderte die Unterhäuptlinge zu Oberhäuptlingen, womit sie freilich noch nicht zufrieden waren: Ihr eigentliches Motiv waren die Abgaben, die die Kaufleute bislang an den Häuptling von Porto Seguro entrichtet hatten. Für diese, die die Deutschen nun ihnen zu zahlen versprachen, waren sie bereit, die deutsche Hoheit über ihre Dörfer anzuerkennen.

Am 5. und 6. Juli 1884 hißte Nachtigal in seiner Eigenschaft als Kaiserlicher Kommissar in Bagida und Lome die deutsche Flagge und schenkte damit dem Deutschen Reich – nach Südwestafrika – die zweite Kolonie. Zwar war bislang nur ein schmaler Küstenstreifen erobert, der im September durch die Annexion von Porto Seguro abgerundet wurde, aber die Deutschen hatten damit auch in Westafrika Fuß gefaßt.

Um ein Haar wäre es der einzige Fuß gewesen, den sie hier in der Tür behielten. Denn einen Tag bevor die »Möwe« in Kamerun anlangte, war dort das britische Kanonenboot »Goshawk« eingetroffen, und als ersteres gerade in die Mündung des Kamerun-Flusses einbog, dampfte letzteres schon wieder hinaus. Dr. Buchner, der Nachtigal auf der »Möwe« begleitete und der erste Reichskommissar für Kamerun wurde, berichtet: »11. Juli 1884. Am Morgen ist rechts die Insel Fernando Po in Sicht, eine hohe vulkanische Bergform, durch Wolken halb verschleiert. Ihr gegenüber der Kamerunberg bleibt aber völlig unsichtbar, und es regnet wieder.

Gegen Abend wird geankert. Wir sind bereits im Kamerunfluss, obgleich davon wenig zu merken ist. Rings die weite Wasserfläche ist ruhig wie ein See, nach dem Land zu eingefasst von den dunklen wagrechten Strichen niedriger Mangroven. Unsere Stimmung ist ebenso düster wie die Natur und die Gegend. Denn neue Sorgen sind entstanden.

Gerade als wir den Eingang suchten, war ein kleines englisches Kanonenboot aus ihm uns entgegengekommen und flink an uns vorübergefahren, nach Fernando Po hin. Sollten wir uns verspätet haben? Sollte dieser eilige Engländer uns die Beute genommen haben?

Noch ehe es völlig dunkel war, kam ein anderer kleiner Dampfer, aber deutsch beflaggt. Es war die ›Pongwe‹ von Gabun. An Bord sind drei sehr wichtige Herren, Konsul Schulze von Gabun, der dortige Hauptagent für Woermann, Herr Eduard Schmidt, der Agent des gleichen Hauses oben in Kamerun, und Herr Eduard Woermann, der als Forschungsreisender hier ist, ein jüngerer Bruder des Herrn Adolf Woermann. Sie sind in Bimbia drüben gewesen, um dort Präliminarverträge mit den Häuptlingen zu besorgen. Herr Schmidt weiss nur, dass der eilige Engländer, der uns so wenig gefallen hat, die ihm bekannte ›Goshawk‹ ist. Fünf Monate später sollte diese nämliche ›Goshawk‹ an der anderen Seite von Afrika, in der Santa Lucia-Bai, trotz der Bemühungen des Herrn Einwald ihre englische Flagge hissen.

Erst am folgenden Morgen des 12. Juli, als wir uns anschickten, den Fluß noch weiter hinauf zu fahren, kam ein Lotse angerudert. Es war ein Schwarzer namens Bottle Beer. Er gehörte natürlich zur deutschen Partei und brachte die Nachricht, es sei weiter nichts passiert, die Engländer hätten an Bord der ›Goshawk‹ nur eine lange Besprechung gehabt, und die ›Goshawk‹ sei abgegangen, um den englischen Konsul zu holen, der in Bonny oder Benin sei. Wir atmeten auf.«

Die Engländer waren eben etwas langsam gewesen, denn gewisse Formalitäten galt es zu wahren: anders als im Zeitalter der Konquistadoren konnte man nicht mehr einfach in fremde Länder einfallen und Häuptlinge absetzen, man mußte mit ihnen verhandeln, und zwar nach bestimmten diplomatischen Regeln. Der Kommandant eines Kanonenbootes reichte da nicht, es mußte schon ein Konsul – oder ein Reichskommissar – sein, um den heiligen Akt zu vollziehen: die Flaggenhissung, die nicht nur den Eingeborenen, sondern auch der übrigen Welt anzeigte, daß dies nun ein exklusives Schutzgebiet war.

Und so hatten die Engländer in Kamerun keine Chance, denn die Deutschen waren gleich mit beidem gekommen: einem Kommissar *und* einem Kanonenboot, das zudem wesentlich größer war als die »Goshawk«. Letzteres war nicht unbedeutend, denn obgleich Herr Nachtigal in seiner ruhigen und verbindlichen Art auch das Vertrauen der Bantu gewann, fürchteten diese doch die Vergeltung der Engländer, die versprochen hatten zurückzukehren, und es war erst das Erscheinen der »Möwe«, die immerhin mit fünf Kanonen bestückt war, was den Ausschlag gab.

Freilich war da noch ein anderes Problem: die »Könige« am Kamerunfluß, King Bell und King Akwa, wollten die Zusicherung, daß sie ihre Funktion als Zwischenhändler behielten. Auch meinten sie, daß »Schutz« nicht vonnöten sei: sie wollten sich vielmehr *irgendeiner* europäischen Macht anschließen, um in den Genuß einer zivilisierten Verwaltung zu kommen; vor allem an Schulen sei ihnen gelegen. Im übrigen solle man nichts an ihren Heiratsregeln ändern – »wir werden heiraten, wie wir es bisher getan haben«, womit die Polygamie gemeint war –, und auch Zölle dürften nicht eingeführt werden.

Konsul Schulze, unter dem Zwang, schnell zu handeln, denn die Gefahr, die von seiten der Engländer drohte, war noch nicht vorüber, stimmte diesen Bedingungen schriftlich zu, und damit stand dem eigentlichen Vertrag, den man noch am gleichen Tag, dem 12. Juli 1884, schloß, kein weiteres Hindernis mehr im Wege. Hier der Wortlaut des Vertrages, mit dem die Könige Bell und Akwa ihre Hoheitsrechte dem Deutschen Reich abtraten:

Wir, die unterzeichnenden unabhängigen Könige und Häuptlinge des Landes Kamerun am Kamerunfluss, welches begrenzt wird im Norden vom Fluss Bimbia, im Süden vom Fluss Quaqua und sich erstreckt bis zu 4° 10′ nördlicher Breite, haben heute in einer Versammlung in der deutschen Faktorei an King Aquas Strand aus freien Stücken beschlossen, was folgt:

Wir treten mit dem heutigen Tage unsere Hoheitsrechte, die Gesetzgebung und Verwaltung unseres Landes vollständig ab an die Herren Eduard Schmidt und Johannes Voss als Vertreter der Firmen C. Woermann und Jantzen & Thormählen in Hamburg, welche seit vielen Jahren an diesem Flusse Handel treiben.

Wir haben unsere Hoheitsrechte, die Gesetzgebung und Verwaltung den genannten Firmen übertragen unter folgendem Vorbehalt:

1. Die Rechte Dritter sollen unverletzt bleiben.
2. Alle früher mit anderen Mächten abgeschlossenen Freundschafts- und Handelsverträge sollen in Kraft bleiben.
3. Das jetzt von uns bewirtschaftete Land und der Grund und Boden, auf welchem Städte erbaut sind, sollen Eigentum der jetzigen Besitzer und ihrer Rechtsnachfolger bleiben.
4. Der Kumi [die Faktoreisteuer] soll jährlich den Königen und Häuptlingen wie bisher gezahlt werden.
5. Für die erste Zeit nach Einrichtung der neuen Verwaltung sollen unsere Landessitten respektiert werden.

Kamerun, den 12. Juli 1884

Es folgen die Namen der Vertragspartner - Schmidt und Voss für die deutschen Firmen, König Akwa und König Bell mit ihren Unterhäuptlingen. Als Zeugen fungierten: Eduard Woermann, der Bruder des Firmenchefs, und ein gewisser O. Busch.

Der feine Unterschied, der eine Farce war, daß sie nämlich ihr Land nicht an den Kaiser, sondern an die deutschen Firmen verschacherten, wird den biederen Häuptlingen und Königen vermutlich gar nicht bewußt gewesen sein, denn Woermann, der Firmeninhaber, galt allgemein als »King of Hamburg«. Im übrigen waren nur diese, die Handelshäuser, in der Lage und bereit, die Schmiergelder zu bezahlen. Denn ohne die ging es nicht; so sehr war man an Schulen nicht interessiert: 27000 Mark ließen sich die beiden Handelshäuser, Woermann und Jantzen & Thormählen, das Geschäft kosten, wobei jeder die Hälfte zahlte. Eine kleinere Summe gestand man König Dido zu, mit dem man schon am 11. Juli einen Vertrag geschlossen hatte. Der vierte König, King Priso, widersetzte sich den Annäherungsversuchen der Deutschen und mußte schließlich mitansehen, wie sein Dorf - am 28. August 1884 - gewaltsam besetzt wurde.

Inzwischen hatte - am 14. Juli, nur zwei Tage nachdem die Verträge ausgehandelt worden waren - die feierliche Zeremonie der Flaggenhissung stattgefunden, der - die Farce des Ganzen entlarvend - die Übertragung der frisch gewonnenen Hoheitsrechte durch die Firmen an das Reich vorausgegangen war. Buchner, der auch Zeuge dieses Ereignisses wurde, berichtet: »14. Juli. Der glorreiche Tag der Flaggenhissung. Eigentlich wäre auch schon gestern alles hiezu bereit gewesen. Aber da gestern Sonntag war, hatte King Bell sich ausgebeten, man möchte damit warten. Das ist ein frommer englischer Einfluss. Oder war die Ziffer des Datums, die Zahl 13, das verzögernde Motiv?

Es regnet ein wenig. Trotzdem muß heute der Akt vor sich gehen. Dr. Nachtigal hat seine Uniform an und ist mit seinen Orden behangen. Auch die Herren Offiziere der ›Möwe‹ haben sich in Gala geworfen, und die Zahl der Zivilisten ist so feierlich als möglich. Ein Kommando Matrosen landet, unter Führung eines Leutnants mit zwei Trommlern und drei Pfeifern, einige Gewehrgriffe rasseln, auch die Kruboys [Kulis] müssen sich aufstellen, dann verteilt man sich in die Boote, um zunächst nach Belltown zu fahren.

Vorher hat in der Faktorei noch etwas anderes stattgefunden. Herr Voss als Nestor deutscher Nation überreichte die ersten Verträge an den Generalkonsul. Nach diesen Verträgen haben die Herrscher von Kamerun ihre Souveränität an die beiden

Flaggenhissung in Kamerun

Hamburger Firmen zur freien Verfügung abgetreten, und diese Souveränität soll nun auf das Deutsche Reich und den Kaiser übergehen.

Belltown, Akwatown, Didotown. Das sind die drei vorzüglichsten Dörfer, deren jedes eine Flagge erhalten soll. Diese Dreiheit scheint zunächst das, was sich Kamerun nennt, zu umfassen. Wir werden aber später sehen, daß es besser gewesen wäre, das hier geltende Staatsgebilde nur als eine Zweiheit zu nehmen oder auch gleich als eine Vierheit.

An vordersten Punkten der drei Dörfer sind bereits Flaggenmasten errichtet, und an jedem vollziehen sich nun wesentlich die gleichen Manöver: Landen der Boote, Hinaufmarschieren, Aufstellung nehmen und Präsentieren. Dr. Nachtigal hält eine Rede, zuerst englisch und dann deutsch, die Flagge steigt gravitätisch empor unter einem dreifachen Hoch, die Trommler trommeln, die Pfeifer pfeifen, und drei Gewehrsalven des Kommandos enden jeden einzelnen Akt. Nachdem dies zweimal wiederholt also dreimal vollzogen ist, fällt auch noch die ›Möwe‹ ein, indem sie einundzwanzigmal aus ihren grössten Geschützen schiesst, und wie ein kleines schmächtiges Echo lässt sich zugleich ein Böller vernehmen, der viel besser geschwiegen hätte.

Ganz Kamerun ist festlich erregt. Auch die Engländer haben geflaggt, wie das an Festtagen üblich ist, obwohl sie sonst sich nicht beteiligen. Und die schwarzen Kameruner fahren wieder kreuz und quer mit ihren langen Kähnen. Auch King Bell, King Akwa und Dido, jeder mit einem Stab seiner Leute und jeder an seinem Flaggenmast, haben der Hissung beigewohnt.«

Fern von der Heimat

Die Engländer, getreu ihrer Devise eines *fair play*, machten gute Miene zum bösen Spiel und begnügten sich, das Gebiet westlich der nunmehr deutschen Besitzungen, das an Nigeria grenzte, wo sie an der Küste Niederlassungen hatten, zu annektieren. Im übrigen versäumten sie nicht, sogleich im Rücken der Deutschen Verträge mit den Stämmen des Binnenlandes abzuschließen, wodurch sie schließlich dennoch nicht nur die Deutschen, sondern auch die Häuptlinge an der Küste austricksten. Denn was den Deutschen nicht geglückt war, das war ihnen gelungen: Sie hatten sich direkten Zugang zu den Erzeugerzentren verschafft.

Nachtigal wandte sich zunächst nach Süden, bis in die Gegend des heutigen Gabun, kehrte dann, als er dort auf die Franzosen stieß, nach Kamerun zurück und beabsichtigte, das Gebiet westlich des Kamerun-Flusses unter den Schutz des Reiches zu stellen. Obwohl Bismarck es mit niemandem verderben wollte, weder mit den Franzosen noch mit den Engländern, setzte er letztlich doch auf Frankreich, da England durch das Vordringen der Deutschen in Westafrika mißtrauisch geworden war. Und da sie deshalb auch schon in Kamerun aktiv geworden waren, mußte Nachtigal auch hier seinen Plan, der ihm von den hanseatischen Kaufherren eingegeben worden war, die Besitzungen der Deutschen zu erweitern, aufgeben und wandte sich schließlich seinem letzten Ziel zu: Südwestafrika.

Aber auch hier gab es eigentlich nur noch wenig zu tun, denn der entscheidende Akt, die Flaggenhissung, war bereits – aus der Sorge, die Briten könnten auch hier den Deutschen zuvorkommen – vollzogen worden. Bis hinauf an die Grenze nach Angola hatte das Kanonenboot »Wolf« die Küste von Südwest für das Reich in Besitz genommen. So blieb dem kaiserlichen Emissär nur noch, die Kaufverträge des Herrn Lüderitz zu bestätigen und sie in offizielle Schutzerklärungen umzuwandeln. Dabei entging ihm nicht der Betrug, den man Josef Fredriks, dem Häuptling der Bethanier, angetan hatte, und er zögerte nicht, ihn wiedergutzumachen:

»Mit Rücksicht auf den Einspruch der Bethanier«, schrieb er am 9. Dezember 1884 an Bismarck, »habe ich von der Bezeichnung ›geographische Meilen‹ in dem Vertrage absehen zu sollen geglaubt.«

Es war eine seiner letzten offiziellen Handlungen, die freilich jene anderen, deren Auswirkungen er nicht vorhersehen konnte, nicht aufwog. Von der langen Seefahrt geschwächt und von der Malaria geschüttelt, starb Nachtigal am 20. April 1885 auf der »Möwe«, die den Kurs gen Heimat angetreten hatte. Es war ihm nicht vergönnt gewesen, seinen Traum, der ihm seine Mission erleichtert hatte, zu verwirklichen: von der Küste Guineas in das Innere des Kontinents vorzustoßen und vielleicht jenen See, den Tschad, zu erreichen, den er von Norden her erkundet hatte, und damit die Durchquerung der Sahara von Tripolis bis Kamerun zu vollenden.

Denn im Grunde war er immer Entdecker geblieben, Eroberer wurde auch er nur unfreiwillig.

Man begrub ihn auf Kap Palmas, dort, wo der Atlantik den Golf von Guinea ablöst, und ehrte sein Andenken mit einem Gedicht, in dem es heißt:

Fern von der Heimath, fern vom Strande selbst,
Im schwankenden Fahrzeug starbst Du auf hohem Meer,
Getödtet von dem neidischen Dämon,
Welcher mit giftigem Hauch Dich anblies.

Schlaf' süß am Ufer, wo sie gebettet Dich,
Wo Meeresrauschen tönet zu Dir hinauf;
Wo über Deinem Grabe wehen
Palmen, im glühenden Licht der Sonne.

Gesehen hast Du, freudigen Stolzes, doch
Die Flagge Deutschlands über der Erde weh'n,
Die nun für alle Zeit Dich festhält,
Ihren Bezwinger zuletzt bezwingend.

III. OSTAFRIKA

Der letzte Schliff

»Wir waren neun Geschwister, von denen ich selbst der Zweitjüngste bin. Mein ältester Bruder besuchte bereits die Universität, als ich noch ein Knabe von 8 – 9 Jahren war. Ob ich selbst zu dieser Zeit schon kolonialpolitische Velleitäten [Ambitionen] verspürt habe, weiß ich nicht. Alte Frauen in Neuhaus sollen heute erzählen, ich hätte bei meinem ersten Geographieunterricht nach einem Blick auf die Weltkarte den Lehrer gleich gefragt: ›Warum haben wir denn keine Kolonien?‹ Auch soll ich in mysteriöser Weise überall die Form des Erdteils Afrika hingezeichnet haben. Dies glaube ich indes nicht. Wohl aber erinnere ich mich aus meiner frühesten Kindheit, daß mein Vater Livingstones Reisen mit leidenschaftlichem Interesse verfolgte. Die Karte Afrikas lag immer offen auf seinem Sofatisch, und oft, wenn ich ihn zum Essen rufen mußte, wies er auf das ostafrikanische Seengebiet hin und sagte: ›Dort liegt die Zukunft Afrikas.‹«

Er war schon früh von sich und seiner Mission überzeugt, Carl Peters, wiewohl der eigentliche Anlaß für sein späteres Wirken weniger in seinem Elternhause zu suchen ist als in der Umgebung seines Onkels, der in England lebte. Der Vater war – wie der Nachtigals – Landpfarrer, der gleichfalls früh verstarb. Das Ende nahend, hatte er seinen Sohn auf eine Klosterschule geschickt, ein Internat in Ilfeld am Harz, wo ein Verwandter Rektor war. Die Leistungen des jungen Peters waren gut, doch mit dem Verhalten, da mangelte es von Anfang an: »In meinen Leistungen blieb ich ziemlich an der Spitze«, schreibt Peters in seinen »Lebenserinnerungen«, »besonders stets in Mathematik und deutschem Aufsatz; aber mein trotziges Betragen kostete mich die Gunst manchen Lehrers und trug mir viele Wochen Klosterarrest ein. Es handelte sich für mich nicht so sehr darum, was die Lehrer über mich dachten, sondern mehr um meine Stellung unter den Schülern. Ich könnte manche Anekdote erzählen, welche dies erhärtet. So zum Beispiel, als ich nach Prima versetzt war, erschien der Ordinarius von Obersekunda an der Tür der ersten Klasse, welcher dort eigentlich nichts zu tun hatte, da er nicht mehr unser Lehrer war. Ich saß auf der Fensterbank am geöffneten Fenster und unterhielt mich mit meinen Kameraden. ›Sie da,‹ rief er mir in einer Tonart, welche wir in Ilfeld nicht gewöhnt waren, in hessischem Dialekte zu, ›machen Sie mal das Fenster zu!‹ ›Sie da,‹ antwortete ich ruhig, ›da an der Tür, was wollen Sie hier eigentlich?‹ ›Das ist doch eine Unverschämtheit,‹ brüllte er in die Klasse. ›Ich bin zwar im allgemeinen ein sehr höflicher Mensch,‹ antwortete ich, ›aber wenn ich mit Flegeln zu tun habe, bemühe ich mich, auf ihre Tonart einzugehen.‹«

Die Schilderung des Vorfalls mag übertrieben sein, doch auch darin verrät Peters seinen Charakter: Er war so sehr von sich eingenommen, daß er es gar nicht merkte, wie peinlich oftmals seine Selbstbeweihräucherungen wirkten. Er lebte zwar in einer chauvinistischen Zeit – und eine natürliche Veranlagung wurde durch den Triumph der Deutschen über die Franzosen, 1871, und den Aufenthalt in England, das Weltmacht war, noch verstärkt –, doch empfanden selbst seine Zeitgenossen ihn als einen *Fauxpas*, und Herbert von Bismarck, der Sohn des Kanzlers, meinte sogar: »Peters ist ein ganz übler Bursche!«

Das war freilich, als das Schicksal, von dem er sich ausersehen wähnte, ihn bereits mit jener Mission betraut hatte, die ihm angeblich schon in seiner Jugend verheißen worden war. Zunächst hatte es allerdings nicht danach ausgesehen, als ob da große Dinge seiner harrten. Zwar bescheinigte man ihm in seinem Reifezeugnis, daß er für eine wissenschaftliche Laufbahn geeignet sei, und während seines Studiums, das er in drei Jahren absolvierte, wurde er wiederholt für seine Leistungen mit einem Preis ausgezeichnet, doch am Ende seiner Ausbildung stand zunächst nur die Aussicht, sich seinen Lebensunterhalt als Lehrer in einer privaten Töchterschule zu verdienen. Er tat dies, einen Monat, dann ging er nach England, wohin ihn sein Onkel rief. Und hier nahm sein Leben eine Wende.

Der Onkel war ein angesehener Musiker, der in eine wohlhabende englische Familie eingeheiratet hatte. Als seine Frau, im Herbst 1880, starb und ihm ein reiches Vermögen hinterließ, lud er seinen Enkel, den Sohn seiner Schwester, nach London ein, damit »ich ihm«, wie Peters schreibt, »nach dem Tee von 5 bis 6 Uhr nachmittags, wenn er auf dem Flügel sich erging, Gesellschaft leiste und nachher mit ihm spazierengehe.« Der Onkel fürchtete sich vor der Einsamkeit in dem fremden Land, und Peters, dem die Unterweisung junger Damen nicht als Lebenszweck erschien, zögerte nicht lange, die Gelegenheit beim Schopf zu packen. Der Onkel richtete ihm ein eigenes Bank-

Dr. Carl Peters

konto ein und machte ihn mit Verwandten bekannt, die zu den höchsten Kreisen der englischen Gesellschaft zählten. Peters erhielt nun seinen Schliff zum Gentleman, weniger einem Edelmann als einem Herrenmenschen, so erkannte er, im Umgang mit seinen neuen Bekannten und aus dem Studium der Geschichte, dem er sich nun widmen konnte. Und er zog daraus die Lehre, die sein weiteres Leben bestimmen sollte: »Ich muß gestehen«, schreibt er, »daß mir dieser Londoner Aufenthalt eine Reihe ganz anderer Kenntnisse und Anregungen brachte, als wie dies eine Tätigkeit als deutscher Referendar oder Schulamtskandidat hätte tun können. Der Unterschied zwischen englischen und deutschen Lebensformen und Anschauungen mußte sich mir täglich aufdrängen, und wenn ich der Sache auf den Grund ging, so mußte ich mir sagen, daß die größere Unabhängigkeit jedes einzelnen in der Gesamtheit das eigentlich Entscheidende in dem Charakter zwischen Angelsachsen und Deutschen sei. Wenn ich aber darüber nachdachte, so erkannte ich schon damals, daß die großartige Weltstellung der Briten, vornehmlich auch die gewaltige Kolonialpolitik dieses Volkes, die Grundlage war, welche es jedem Engländer ermöglichte, sich eine wirtschaftliche Unabhängigkeit, frei von Fremden, frei von seinem eigenen Staate und seiner eigenen Regierung, irgendwo auf der Erde zu erwerben. Wenn ich meine eigenen Freunde in Deutschland mit meinen Freunden und Verwandten in England verglich, so sah ich, daß die ersteren nach den paar Jahren akademischer Freiheit meist ins Philistertum einbogen und gebückt vor Gönnern und Vorgesetzten die Elastizität ihrer Seelen verloren, während die letzteren unabhängig nach oben und rücksichtsvoll gegen ihresgleichen und nach unten als geborene Herren über die Erde wandelten.«

Abschlägiger Bescheid

Zur gleichen Zeit, als Peters in England sich Gedanken über den Aufschwung dieses Landes machte, regten sich in seiner Heimat die ersten Ansätze zu einer kolonialen Bewegung. 1882 wurde in Frankfurt am Main ein Kolonialverein gegründet, der es sich zur Aufgabe machte, das Interesse der deutschen Öffentlichkeit an kolonialen Fragen zu wecken und geeignete Maßnahmen zu ergreifen, um konkrete Projekte zu fördern. 1883 dann erwarb Lüderitz die ersten Besitzungen in Südafrika, und das Reich traf Anstalten, auch in Westafrika den deutschen Handel zu festigen. Der Augenblick schien günstig, und Peters entschloß sich, nach Deutschland zurückzukehren.

Es war kein leichter Entschluß, denn er gab ein sorgloses Leben auf und schlug selbst den Vorschlag seines Onkels in den Wind, als Engländer sein Erbe anzutreten: Einerseits fühlte er sich dem englischen Wesen – und mehr noch seinem Anspruch auf Weltherrschaft – verwandt, und da ihm Tür und Tor offenstanden, hätte er sicher eine glänzende Karriere gehabt; andererseits war er doch zu sehr seinem eigenen Volk verhaftet, in der Zeit der Reichsgründung aufgewachsen und Zeuge der ersten Siege geworden, daß in ihm letztlich doch der nationale Stolz überwog und die Überzeugung, zur Größe seines Vaterlandes das Seine beizutragen. »Ich bin Deutscher«, schrieb er in seinen Lebenserinnerungen, »und ich lehnte es ab, dieser Tatsache entgegenzuhandeln.« Doch er fügte, in der Rückschau, hinzu: »Ich entschied mich damit für ein Leben des Leidens und Elends im Gegensatz zu äußerem Erfolg und Glanz.«

Er hatte jedoch, noch ehe er nach Deutschland zurückkehrte, bereits in England den ersten Versuch unternommen, die Lehren aus den Erfolgen der Engländer zu ziehen. Im Sommer 1883 lernte er einen Amerikaner kennen, einen Mr. Stacy, der gerade aus dem südlichen Afrika zurückgekehrt war, wo er im Mashona-Land, dem späteren Rhodesien, Gold gefunden hatte. Er suchte einen Teilhaber, um die Goldfelder im großen Stil auszubeuten. Das war die Chance: »So wandte ich mich denn«, berichtet Peters, »an Mr. Stacy mit dem Vorschlag, gemeinsam ein Kolonialunternehmen südlich des Sambesi, im heutigen Rhodesia, auszuführen, nach Art der alten englischen *adventurers* [Handelskompanien], von denen ich gelesen hatte. Er sollte die Mineralschätze, besonders das Gold, von den zu erwerbenden Ländern haben, ich wollte die Gebiete selbst für Deutschland nehmen. Als Stacy erfuhr, daß es sich um die schwarzweißrote Flagge handele, lehnte er seine Teilnahme sofort ab. Damit wollte er nichts zu tun haben. Ich mußte erkennen, daß der Kanonendonner von Sedan, auf welchen ich mir soviel zugute tat, auf der Erde doch nicht die Wirkung getan hatte, wie ich dachte. Indes war dieser Plan der eigentliche Beziehungspunkt, welcher mich 1883 im November wieder nach Deutschland zurückführte.«

Ein demütigendes Erlebnis, das sicher nicht unwesentlich dazu beitrug, daß Peters sein Leben lang für die Weltgeltung Deutschlands kämpfte. Im Zeitalter des Imperialismus, das in England ein Pendant - Cecil Rhodes - hervorbrachte, ein durchaus verdienstvolles Unterfangen. Was nicht besagt, daß seine - wie Rhodes' - Exzesse entschuldbar seien, nur erklärbar, aus der Zeit, die nicht nach Recht oder Unrecht fragte, sondern von einem blinden Chauvinismus beseelt war.

Und dieser überwog zunächst noch mehr in England; erst Peters brachte ihn nach Deutschland, und es ist bezeichnend - und widerlegt den späteren Vorwurf, den die Siegermächte gegen die Deutschen erhoben -, daß er hier nicht nur nicht mit offenen Armen empfangen wurde, sondern schließlich auch mit Schimpf und Schande vertrieben wurde, dorthin, woher er gekommen war - nach England.

Doch das ist ein Vorgriff. Zunächst hatte er dennoch Erfolg, und das Reich war keineswegs - wiewohl es sich anfangs sträubte - abgeneigt, sich diesen Erfolg zunutze zu machen. Nach seiner Rückkehr aus London versuchte Peters zunächst, die Kolonialbewegung, die während seiner Abwesenheit entstanden war, für seine Zwecke zu nutzen. Doch es war ein vergeblicher Versuch: Er fand nicht nur nicht Verständnis mit seinem Plan, im südlichen Afrika ein Goldland zu erobern, er eckte auch überall an. Bismarck betrachtete das Gebiet südlich des Sambesi als britische Einflußsphäre, und der »Deutsche Kolonialverein« ließ ihn wissen, daß er noch nicht soweit sei, praktische Politik zu betreiben. »Ich bin der festen Überzeugung«, reagierte Peters in einem Zeitungsartikel, »daß das Stammtischleben in Deutschland mit seinem philiströsen Geschwätz über alle möglichen und unmöglichen Dinge eine der Ursachen für die Verschlammung ist, in welche politische Dinge, falls sie nicht von Männern wie Fürst Bismarck mit ihrer kühnen Energie aufgenommen werden, so leicht geraten. In derartigen völlig fruchtlosen Wortgefechten verpufft sich meistens das bißchen Interesse, welches allgemeinen Fragen überhaupt entgegengebracht wird.«

Er zog die Konsequenz und gründete einen eigenen Verein, doch nicht zum Reden, sondern zum Handeln - und tatsächlich: Ein halbes Jahr später war er auf dem Wege nach Afrika.

Der Verein erhielt den Namen »Gesellschaft für deutsche Kolonisation« und diente dem Ziel, zwecks Gründung »deutscher Ackerbau- und Handelskolonien«

- ein entsprechendes Kapital zu beschaffen
- geeignete Gebiete zu erwerben
- die deutsche Auswanderung in diese Kolonien zu lenken.

Peters war zwar die treibende Kraft dieses Vereins, doch wäre ihm schwerlich Erfolg beschieden gewesen, wenn Peters nicht in einem anderen Verein - es ging eben doch nicht ohne ihn - einen Mann kennengelernt hätte, der nicht nur seine Anschauungen teilte, sondern auch über gute Kontakte verfügte. »Für den ... eigentlichen Zweck meines Berliner Aufenthaltes«, schreibt Peters in seinem Werk über »Die Gründung von Deutsch-Ostafrika«, »wurde eine Bekanntschaft folgenreich, welche ich alsbald im Konservativen Klub machte, die des Grafen Felix Behr-Bandelin, Kammerherrn Seiner Majestät des Kaisers und Königs. Dieser war damals, wenn ich nicht irre,

Vorsitzender des Klubs, und ich fiel ihm wohl als einer der seßhaftesten Mitglieder auf. Genug, wir spielten alsbald Billard zusammen, und ich erzählte ihm von meinen Plänen. Als ich ihm mitteilte, ich beabsichtige eine deutsche Kolonie am Sambesi zu gründen, sagte er: ›Bin dabei, mein guter Doktor.‹ Ich fand in ihm einen rührigen, energischen und loyalen Freund, und er hat sich um unsere Sache sehr verdient gemacht. Freilich zog er uns von vornherein den Haß der Linken zu. ›Der berüchtigte Agrarierhäuptling Graf Behr-Bandelin‹ stempelte uns sofort als Reaktionäre. Es war kennzeichnend für den staatsmännischen Geist der damaligen Liberalen, daß sie sich die Sache selbst gar nicht ansahen, sondern wie der Bulle aufs rote Tuch kritiklos auf den Namen des Grafen Behr losgingen, der in der ganzen Angelegenheit bewußterweise doch immer nur eine Nebenrolle spielte.«

Der Dritte im Bunde war Herausgeber einer Zeitung, die zu ihrer Hauspostille wurde: der in Berlin erscheinenden »Täglichen Rundschau«. Es war ein Journalist – Friedrich Lange –, der sich schließlich – 1904 – mit seinem Buch »Reines Deutschtum«, in dem er sich als Antisemit und Kriegshetzer entpuppte, einen berüchtigten Namen erwerben sollte, was ihn freilich nicht minder geeignet machte als Graf Bendelin, sich mit Peters, dessen in England geweckter Rassismus dadurch neue Nahrung erhielt, an einen Tisch zu setzen.

Dieses saubere Trio begann nun, nachdem sie am 28. März 1884 ihre Gesellschaft gegründet hatten, das deutsche Volk mit Aufrufen zu traktieren, in denen man darauf hinwies, daß es an Absatzmärkten und Arbeitsplätzen fehlte und dadurch dem Reich nicht nur Wohlstand vorenthalten bliebe, sondern es auch – durch die Abwanderung nach Übersee – in seiner völkischen Substanz bedroht sei. Dem könne man nur Abhilfe schaffen, indem man eigene Besitzungen in Übersee erwerbe, und dies könne nur gelingen, indem man tatkräftig die Kolonialbewegung unterstütze. »Jeder Deutsche«, hieß es am Schluß eines solchen Traktats, »dem ein Herz für die Größe und die Ehre unserer Nation schlägt, ist aufgefordert, unserer Gesellschaft beizutreten. Es gilt, das Versäumnis von Jahrhunderten gutzumachen; der Welt zu beweisen, daß das deutsche Volk mit der alten Reichsherrlichkeit auch den alten deutsch-nationalen Geist der Väter überkommen hat!« Der selige Johann Joachim Becher, der als erster die »dapfferen Teutschen« aufgefordert hatte, hätte seine helle Freude gehabt.

Durch Spenden und Anteilscheine, die man – eingedenk der frühen englischen Kolonialgesellschaften – zu je 5000 Mark zeichnen ließ, hatte man bald das nötige Startkapital beisammen. Schwieriger gestaltete sich die Wahl eines geeigneten Kolonisationsprojektes: zunächst dachte man, da Bismarck den Sambesi-Plan verworfen hatte, an eine Siedlungskolonie in Südamerika, dann an das Kongo-Gebiet, wo jedoch schon der König der Belgier am Werke war. Schließlich verfiel man auf den Gedanken, im Hinterland von Mossamedes, im südlichen Angola, einen Stützpunkt zu gründen, um von dort aus ins Innere Afrikas vorzudringen. Und dieser Plan fand die Billigung der Geldgeber; doch das Auswärtige Amt meldete Bedenken an: Angola sei portugiesischer Besitz, und auch dort könne man mit einem Schutz des Reiches nicht rechnen.

Nun war man wirklich in der Klemme: Das Reich versagte seinen Schutz, und das Geld war für ein Projekt bestimmt, das ohne diesen Schutz keine Aussicht auf Erfolg hatte. Da hatte Graf Pfeil, ein anderes führendes Mitglied der Gesellschaft, der bereits in Südafrika sein Glück versucht hatte, den Einfall, jenes Gebiet zu wählen, wo einst Stanley Livingstone getroffen hatte: das östliche Afrika, zwischen der Küste und den Seen, das eigentlich herrenlos war.

Nominell unterstand dieses Gebiet dem Sultan von Sansibar, und dieser wiederum stand unter dem Einfluß des britischen Konsuls. Doch die Briten begnügten sich mit ihrer Tradition des »indirect rule«, denn es gab – anders als in Westafrika, wo nicht nur die Deutschen, sondern auch die Franzosen und die Belgier Ansprüche erhoben – keinen Rivalen, der ihnen ihre Beute streitig machen konnte. Zwar waren auch hier deutsche Handelshäuser tätig – die Hamburger Firmen O'Swald und Hansing –, doch der Handel war lukrativ genug und die Engländer in ihrer Zollpraxis hier weniger restriktiv, so daß für beide Seiten genügend abfiel. Jedenfalls sahen sie sich nicht genötigt – wie Woermann oder Thormählen –, das Reich um Hilfe anzugehen, und der Anstoß ging hier eher von Bismarck aus, der – nachdem der Stein des Kolonialismus einmal ins Rollen gekommen war – dem Handel nun auch an der Ostküste Afrikas eine gesicherte Stellung verschaffen wollte. So war er es, Bismarck, der sich an den renommierten Afrika-Forscher Rohlfs wandte, den man schon verschiedentlich mit einer diplomatischen Mission betraut hatte, und ihn bat, als offizieller Vertreter des Reiches nach Sansibar zu gehen und dort einen formellen Handelsvertrag zu erwirken.

Rohlfs willigte nicht nur ein, er ging sogar noch einen Schritt weiter: Man solle das Gebiet unter den Schutz des Reiches stellen. Doch Bismarck – immer darauf bedacht, die Briten, die in

Südwest und in Guinea eine Schlappe hatten hinnehmen müssen, nicht über Gebühr zu reizen – winkte ab: Die Sicherung des Handels sei alles, worauf es ihm ankomme.

Am 27. September, 1884, wurde Rohlfs zum Generalkonsul für Sansibar ernannt – genau elf Tage, nachdem Peters und Genossen vom Vorstand ihrer Gesellschaft in einer in aller Verschwiegenheit anberaumten Sitzung damit beauftragt worden waren, nicht in Angola, sondern in Ostafrika ihre »Ackerbau- und Handelskolonie« anzulegen. Diskretion und Eile waren geboten gewesen, nicht weil man fürchtete, daß das Reich ihrem Plan zuvorkommen würde – der eine ahnte nichts von den Vorbereitungen des anderen –, sondern weil die Förderer des Unternehmens in dem Glauben gelassen worden waren, es ging nach Mossamedes und nicht nach Sansibar. Man wollte den neuen Plan nicht an die große Glocke hängen und dadurch womöglich das Unternehmen gefährden: Denn nicht nur stand zu befürchten, daß die Geldgeber bei einer Änderung des Plans ihre Einlagen zurückziehen könnten, man wollte auch vermeiden, daß die Engländer etwas von dem Projekt erfuhren.

So rüstete man denn eine Expedition aus, die – neben Peters und Pfeil – aus einem Juristen, Karl Jühlke, und einem Kaufmann, August Otto, bestand, der begierig war, als erster Geschäfte in der neuen Kolonie zu tätigen, und schiffte sich am 1. Oktober 1884 in Triest auf einem Dampfer des Österreichischen Lloyd ein. Einen Monat später erreichte man Sansibar, und hier wurden sie sogleich von einer Hiobsbotschaft empfangen: »Es sei der Regierung zu Ohren gekommen«, gibt Peters den Inhalt der Botschaft wieder, »daß ein gewisser Dr. Peters sich nach Zanzibar begeben habe, um im Gebiet Sr. Hoheit des Sultans von Zanzibar eine deutsche Kolonie zu gründen. Falls der ›p. p. Peters‹ wirklich in Zanzibar eintreffen solle, so wolle der deutsche Konsul ihm eröffnen, daß er dort Anspruch weder auf Reichsschutz für eine Kolonie noch eine Garantie für sein eigenes Leben habe. Gehe er dennoch mit seinem Plan vor, so geschehe dies lediglich auf seine eigene Gefahr und Verantwortung.«

Die Anweisung, im Namen Bismarcks unterzeichnet, war an den deutschen Interimskonsul, William O'Swald, ergangen, der sie am 8. November Peters eröffnete. Es war eine niederschmetternde Nachricht, denn obwohl man es vermieden hatte, nach den abschlägigen Entscheiden bezüglich Rhodesien und Angola die Regierung hinsichtlich des neuen Planes zu konsultieren, so hatte man doch insgeheim mit ihrer Unterstützung gerechnet. Jetzt schien alles verloren – die Geldgeber geprellt und vom

Reich verlassen –, und es ist verständlich, wenngleich auch nicht ohne Melodramatik, wenn Peters schreibt: »Als wir das O'Swaldsche Haus verließen, legte Jühlke seinen Arm um meine Schulter und sagte: ›Dann laß uns zusammen sterben, Peters.‹«

Doch Peters ließ sich nicht entmutigen: er hatte sich bereits, als er die Heimat verließ, mit Cortés, dem spanischen Konquistadoren, verglichen, der seine Schiffe verbrannte, damit es keinen Weg zurück mehr gab, und als er nun die Absage erhielt, setzte er sich hin und beantwortete »das amtliche Schreiben noch am selben Abend etwa dahin:

daß ich mir nicht bewußt sei, um deutschen Reichsschutz an der Zanzibarküste nachgesucht zu haben, und bitte, in Zukunft mit dem Abschlagen einer Sache zu warten, bis ich um etwas bitte.«

Schwarzes Elfenbein

Als Peters mit seiner kleinen Expedition in Sansibar eintraf, war die Insel noch immer ein wichtiger Umschlagplatz für den Handel zwischen Ostafrika und Asien. Denn anders als Westafrika war Ostafrika stets unter dem Einfluß der Araber gewesen, zumindest seit Mohammed im 7. Jahrhundert seinen neuen Glauben verkündet hatte, und als die Weißen sich hier niederließen – zuerst die Portugiesen, dann die Engländer und schließlich die Deutschen –, hatte dieser Teil Afrikas schon eine lange Geschichte der Ausbeutung hinter sich gehabt.

Doch es war nicht nur die Expansion der Araber, die Ostafrika an den Orient band. Nicht minder bedeutsam waren geographische Faktoren, die dieses Gebiet nach Osten ausrichteten. Da waren zum einen die großen Grabeneinbrüche – der Ostafrikanische und der Zentralafrikanische Graben, die eine Fortsetzung des Äthiopischen Grabens darstellen. Sie bilden eine Seenkette, die durch Flußläufe vervollständigt wird. Vom Awash in Äthiopien, der bis an das Rote Meer reicht, bis zum Sambesi in Mozambique legt sich in einem weiten doppelten Bogen eine Reihe von Seen um das östliche Afrika, die – im Verein mit sie überragenden Gebirgsketten – Ostafrika vom Rest des Kontinents abschließen. Die größten dieser Seen sind der Tanganjika-, der Njassa- und der Victoria-See, wobei letzterer – mit einer Fläche von 68 000 qkm so groß wie Bayern – das Bekken zwischen den beiden südlichen Gräben ausfüllt.

Westlich der Seenkette liegt das Regenwaldgebiet des Kongo, das eine weitere Barriere bot, östlich – zwischen den Seen und

Häuptling der Wahima, Ostafrika

der Küste – hingegen ein trockenes Hochland, das nur an der Küste, den Seen und den Luvseiten der Gebirge höhere Niederschläge aufweist. So ist die vorherrschende Vegetationsform in Ostafrika die Savanne, eine mit Gräsern, Dorngestrüpp und vereinzelten Bäumen bestandene offene Landschaft, die Mensch und Tier – im Gegensatz zum Kongo – als Durchgangsschwelle diente, auf ihren Wegen von Nord nach Süd.

Ostafrika ist das klassische Safari-Land, wo alle jene Tiere anzutreffen sind beziehungsweise waren, die man gemeinhin mit Afrika verbindet: Elefant und Löwe, Leopard und Gepard, Nashorn und Nilpferd, Gazelle und Antilope, aber auch Moskitos und die Tsetse, die Mensch und Tier zur Geißel wurden.

Der Mensch hat Ostafrika sehr früh betreten: Vielleicht lag sogar einst seine Wiege hier, denn in der Olduwai-Schlucht - im heutigen Tansania - und weiter nördlich in Äthiopien fand man Spuren, die zu den ältesten Zeugnissen des Menschen gehören. Sie reichen Millionen von Jahren zurück - dagegen tauchten die Bantu, die heute das vorherrschende Bevölkerungselement ausmachen, erst in der Zeit zwischen dem 9. und 13. Jahrhundert n. Chr. in Ostafrika auf. Ihnen folgten, seit dem Beginn unseres Jahrtausends, Niloten, ein Zweig der Sudan-Neger, der sich keilförmig in das Gebiet der Bantu vorschob und diese - wie es die Massai, ein kriegerisches Hirtenvolk, taten - entweder verdrängte oder - wie die Hima, zu denen die Watussi gehören - überlagerte und auf einer Kastenstruktur beruhende Königtümer bildete, die sich - im Gebiete der Seen - bis in die Gegenwart erhielten.

Es gab jedoch auch in Ostafrika keine einheitliche Macht. Der Einfluß der Königtümer war lokal begrenzt, die Massai durchstreiften nur den Norden, und an der Küste herrschten die Araber. Der weitaus größte Teil des Landes unterstand kleinen Dorfhäuptlingen der Bantu, die zwar mit den Arabern Handel trieben, sich ihrem Anspruch der Oberhoheit aber widersetzten. Das war die Chance, die Peters nutzte.

Die Araber jedoch waren nicht die einzigen, die - als Zwischenhändler - von dem Geschäft mit schwarzem und weißem Elfenbein profitierten. Kilwa, bis zur Besetzung durch die Portugiesen der bedeutendste Umschlagplatz an der Küste, war eine Gründung der Perser, die sich hier im 10. Jahrhundert niedergelassen hatten. Noch heute heißen die Bewohner dieser Gegend *Schirasi*, »Leute aus Schiras«, woher der Begründer der einst reichsten Stadt südlich der Sahara gekommen war.

Der Reichtum der Küstenstädte gründete sich - neben Elfenbein und Sklaven, die ausgeführt wurden - auch auf die Einfuhr von Perlen, Seide und Porzellan, die aus Indien und dem fernen China kamen. Noch im 15. Jahrhundert legte eine chinesische Flotte in Ostafrika an, und der Handel mit Indien erwies sich als so lukrativ, daß die Portugiesen - als Vasco da Gama seine epochemachende Reise vollbracht hatte - die ganze Küste bis hinauf nach Mogadischu besetzten, um ihn in ihre Hände zu bekommen.

Ihnen allen - Arabern und Persern, Indern und Chinesen, Portugiesen und schließlich den Engländern - kam ein zweiter geographischer Faktor entgegen: Nicht nur war Ostafrika wie durch einen Wall gegen Westen abgeschirmt, günstige Windverhältnisse und Meeresströmungen waren auch dem Verkehr auf dem Indischen Ozean förderlich, so daß Ostafrika mehr und mehr zu einem Teil Asiens wurde.

Dies änderte sich erst, als die Briten im Jahre 1856 - nach dem Tode des Sultans von Oman, das im 17. Jahrhundert seine traditionelle Herrschaft über die ostafrikanische Küste wiedererlangt hatte - Thronwirren dazu nutzten, das Sultanat, das einen bedeutenden Machtfaktor darstellte, zu zerschlagen, indem sie den rivalisierenden Parteien einen alleinigen Herrschaftsanspruch versagten und dadurch einer Teilung des Reiches Vorschub leisteten. Sansibar, das bereits 1840 die Nachfolge von Maskat als Residenz des Sultans angetreten hatte, wurde zu einem unabhängigen Staat erklärt, der freilich fortan unter der Oberhoheit der Engländer stand.

Die Engländer begründeten ihr Eingreifen in Ostafrika mit der erklärten Absicht, gegen den infamen Sklavenhandel vorzugehen, der - während er im Westen allmählich versiegte - im Osten, wo in Arabien nach wie vor eine große Nachfrage bestand, weiter blühte. 1873 zwangen sie ihrem nunmehr »Sultan von Sansibar« genannten Mündel die vertragliche Zusicherung ab, fortan jeglichen Sklavenhandel zu unterlassen, und obwohl damit nur die *Ausfuhr* von Sklaven gemeint war, ließen sie dennoch auch den großen Sklavenmarkt in Sansibar schließen. Wenn man bedenkt, daß allein in den Jahren 1867-69 fast 40000 Sklaven aus Ostafrika verschifft wurden, ein nicht geringes Verdienst. Doch England verfolgte nicht nur altruistische Zwecke: Um seine Herrschaft in Indien zu sichern, konnte es nicht schaden, auch einen Stützpunkt in Ostafrika zu haben, und William McKinnon, der Präsident der British India Steam Navigation Company, sah auch das wirtschaftliche Potential dieses Gebietes und verschaffte sich mit Hilfe eines rührigen Konsuls, den es auch in Sansibar gab, die Konzession, das gesamte Festland von Somalia bis Mozambique zu verwalten und zu »erschließen«. Den Sultan hätte man mit Zollabgaben und Gewinnanteilen abgespeist, doch die Regierung in London spielte - wie in Westafrika - nicht mit: Sie war nicht bereit, die Garantie für ein Projekt zu übernehmen, das ihr zu riskant erschien. Im übrigen war sie zu dieser Zeit - 1877/78 - in ein Debakel im fernen Afghanistan verwickelt und fürchtete dort den Vormarsch der Russen, während am Horn von Afrika die Stellung der Engländer nicht gefährdet zu sein schien. So begnügte man sich mit einer losen Kontrollfunktion, der nicht nur die Sklavenhändler, sondern auch die Deutschen entgingen.

Peters war nicht der erste seines Landes, der in diesem Teil Afrikas aufgetaucht war. Abgesehen von den Agenten der hanseatischen Handelshäuser, die 1859 einen Vertrag mit dem Sultan von Sansibar geschlossen hatten, waren Deutsche auch schon weiter in das Binnenland vorgedrungen. Den ersten Schritt in dieser Richtung taten – wie auch anderswo – zwei Missionare, Johann Ludwig Krapf und Johann Rebmann, die zwar in ihrem Bekehrungswerk keinen nennenswerten Erfolg erzielten, dafür jedoch zwei sensationelle Entdeckungen machten: In unmittelbarer Nähe des Äquators stießen sie auf schneebedeckte Berge, was ihnen in Europa niemand glauben wollte. Es waren der Kilimandscharo und der Mount Kenya, die beiden höchsten Berge Afrikas, die von ewigem Eis gekrönt sind. Auch brachten sie Kunde von einem großen Binnensee, der indes erst zehn Jahre später – 1858 – von dem Engländer Speke entdeckt und seiner Königin zu Ehren »Victoria« getauft wurde. Ein anderes Geheimnis, die Quellen des Nils, erforschte ein Mann namens Emin Pascha, hinter dem sich der Deutsche Eduard Schnitzer verbarg. Er war in den Dienst des ägyptischen Khediven getreten und folgte – 1876 – dem Weißen Nil bis zum Victoria-See. War er auch nicht der erste, der diesen Weg beschritt – Speke und sein Landsmann Grant hatten die Route in umgekehrter Richtung in den Jahren 1860–63 untersucht –, so war sein Wirken doch nicht bedeutungslos: Peters behielt es im Auge und versuchte schließlich, es zu nutzen, um seinen geheimsten Traum zu verwirklichen.

Usagara

»Wir hatten die Absicht, am Sonntag, dem 9. November, mittags 12 Uhr, nach Saadane überzusetzen, wo der Hindu mit den Pagasis unserer wartete. Eine Windstille zwang uns, den ganzen Sonntagnachmitag noch in Zanzibar zu bleiben. Erst am Montagmorgen bei sinkender Flut konnten wir hoffen zu fahren. Ich befahl also unseren Dienern, Montag um 3 Uhr morgens sich einzufinden. Indes kamen einzelne derselben erst nach 6 Uhr, und den einen von ihnen mußte ich mit dem freundlichen Beistand eines deutschen Kapitäns noch persönlich aufspüren und heranholen. So wurde es gegen 8 Uhr, bis wir an Bord unseres gebrechlichen Fahrzeuges gehen konnten. Es war ein herrlicher

Morgen; über uns das kristallblaue Himmelszelt, unter uns das kristallblaue Meer! Eine leichte Brise schwellte unsere Segel; am Ufer standen mehrere deutsche Herren, mit ihren Taschentüchern uns nachwinkend, und dahinsank allmählich der weiße Häuserkranz von Zanzibar! Mit eigentümlichen Empfindungen sahen wir sie entschwinden. Unsere Landsleute da drüben, das wußten wir, gaben uns verloren – und wir selbst? Durften wir hoffen, die europäische Welt, deren letzte Vertreter wir soeben verlassen hatten, je wiederzusehen? Konnten wir hoffen, das große Werk, zu dem wir zogen, auszuführen?«

Die »Usagara-Expedition« war ein denkwürdiges Ereignis. Nicht nur, weil sie den Grundstein legte für die größte Kolonie, die die Deutschen erwerben sollten; auch weil es eine Safari war, die Hemingway alle Ehre gemacht hätte. Nicht daß man sich als großer Jäger hervortat – Peters verirrte sich auf einer Pirsch und gab es danach auf –, aber was einem an weidlichem Geschick ermangelte, das machte man durch herrisches Auftreten wieder wett. Peters war der erste White Hunter, der den Schwarzen zeigte, was ein *Sahib* ist.

Sie hatten ihr Unternehmen getarnt als eine wissenschaftliche Expedition – bis sie erfuhren, am Abend vor dem geplanten Aufbruch, daß ihr Alibi schon längst geplatzt war. Doch da waren die Vorbereitungen bereits abgeschlossen: Was gewöhnlich Monate dauerte, hatte Peters in fünf Tagen erledigt – Tauschartikel und Geschenke gekauft, Träger gemietet und offizielle Besuche gemacht. Der Agent von Hansing, der ahnte, worum es ging, war ihnen behilflich gewesen, auch wenn sich herausstellte, daß die Herren in Sansibar wenig wußten, was auf dem Festland vorging. Es hieß, es herrsche eine Hungersnot und man solle deshalb die Expedition verschieben. Und in Bagamoyo, dem nächsten größeren Ort an der Küste, seien die Massai eingefallen, weshalb es ratsam sei, eine nördlichere Route zu nehmen. Gerüchte und Warnungen kursierten in Sansibar; doch Eile war geboten, nicht nur wegen der Engländer, sondern auch in Anbetracht der Tatsache, daß eine zweite Expedition Vorbereitungen traf, die eine Verbindung zum Kongo herstellen wollte.

So nahm man denn nur das Nötigste mit – gegen den Rat aller, die meinten, davon etwas zu verstehen: »Mein Bestreben war«, schreibt Peters in seinem Bericht über die Expedition, »gegen den Rat aller Sachverständigen, so wenig Munition und Lebensmittel mit hineinzunehmen, wie nur irgend möglich war. So setzte ich die mitgebrachten Vorräte alle auf etwa ein Viertel bis ein Drittel ihres Gewichtes zurück. Statt 100 Pfund Zucker, die wir gekauft hatten, nahm ich nur 30 Pfund, statt 50 Zinnbüchsen Gemüse nahm ich nur 15, Mehl gar nicht, Kompotts gar nicht usw. Dazu kaufte ich zu den 50 Pfund Pulver, die wir durchgeschmuggelt hatten, noch 50 Pfund hinzu, und vor allem nahmen wir sehr große Ballen an Tauschartikeln und Geschenken für die Häuptlinge mit. Die Geschenke bestanden aus Talaren, Tüchern, Kattunen, Perlen usw., unter anderem auch aus 25 Husarenjacken, welche uns manchen heiteren Augenblick im Innern verschafft haben.«

Überhaupt war die Expedition – zumindest auf dem Hinweg – ein großes Fest, denn alles gelang, und man war frohen Sinnes.

Gegen 4 Uhr nachmittags erreichten sie ihr erstes Ziel: Saadane, einen kleinen Küstenort, in dem ein Statthalter des Sultans residierte. »Ich hatte mir vom Sultan in Zanzibar«, schreibt Peters, »in einer gewissen Art von Ironie noch einen besonderen Empfehlungsbrief an seinen Gouverneur in Saadane verschafft. Mit diesem Schreiben begab ich mich sofort in Begleitung des Grafen Pfeil, ungeduldig wie ich war, zu ›Seiner Exzellenz‹. Die ganze Szene war einigermaßen komisch. Pfeil und ich, wohlbewaffnet mit Karabinern und Revolvern, in gelben Gamaschen, blauer Uniform und mit englischen Offiziershelmen bedeckt, saßen, zwischen uns den arabischen Gouverneur, inmitten einer dichtgedrängten schwarzen und braunen Menschenmenge, mit welcher wir uns noch nicht verständigen konnten und die bei jeder Bewegung unsererseits die Flucht zu ergreifen begann. Ich überreichte unser Schreiben, worauf der Gouverneur meine Hand schüttelte und uns nach dem Hause unseres Hindu begleitete.«

Die Ironie, von der Peters spricht, lag darin, daß er ja ausgezogen war, die Oberhoheit des Sultans, die zugegebenermaßen fiktiv war, doch nichtsdestoweniger von den Europäern in Sansibar anerkannt wurde, aufzukündigen und an ihre Stelle »den Schutz des Reiches« zu setzen. Der Hindu hatte sich bereit erklärt, für die *pagasis*, die Träger, zu sorgen, und nachdem sie die Flut abgewartet hatten, ohne die die Ausrüstung nicht an Land geschafft werden konnte, begannen sie, das Gepäck auf handliche Ballen zu 60 bis 70 Pfund zu verteilen, die man den Trägern zumutete. Davon hatte der Hindu 36 besorgt, obwohl es eigentlich 41 hätten sein sollen. Aber auch er wollte sein Geschäft machen.

Nach zwei Tagen war man fertig und abmarschbereit. »Ich werde niemals die eigentümliche Schönheit dieses ersten Marschtages vergessen«, berichtet Peters. »Wir stiegen vom

Meere aus langsam bis auf eine Höhe von 300 Fuß. Das Meer hinter uns begann sich allmählich in jene unsagbar reizvollen Farbtöne der Tropenwelt zu kleiden, und vor uns flammte der westliche Himmel nach und nach in der Glut der untergehenden Sonne. Am fernsten Horizont im Westen lagerte dunkles Gewölk, hinter welchem die Sonne etwa um 6 Uhr zu verschwinden begann. Die Luft war warm und durchsättigt von all den eigentümlich berauschenden Düften der Tropen; bunte, hellschimmernde Blumen aller Art und von allen Farben strömten fortwährend das süße, aber gefährliche Gift dieser Dünste aus. Dazwischen wiegten sich nie gesehene Schmetterlinge und Käfer von glühender Farbenpracht. Fremdartige, bizarre und oft groteske Baumformen traten links und rechts aus dem tiefen Schatten hervor, und über alle empor ragte von den größeren Erhebungen die stolze, melancholische Palme. Dazu das Schnurren, Pfeifen, Zischen, kurz, alle die unbezeichenbaren Töne der Vogelwelt, die eigentümlichen Zurufe der Neger! Der Abend sank tiefer herab, und nun begann es in den Gebüschen zu funkeln und zu leuchten. Milliarden und aber Milliarden von glühenden Leuchtkäfern schwirrten und sausten an uns vorüber; ein seltsam beklemmendes Gefühl überkam mein Herz, ungewohnt all solcher Eindrücke. Ich fühlte mich wie hinausgeworfen auf einen anderen Planeten, wo das Leben noch glühender durch die Natur pulsiert. Ein unaussprechliches Sehnen und eine tiefe Melancholie überkam mich.«

Am ersten Abend erreichten sie Muduni, einen »Kraal«, wo sie einen Tag verweilten. Es hatte sich herausgestellt, daß die Lasten für die Träger zu schwer waren und man folglich nicht schnell genug vorankam. Peters schickte deshalb einen Boten nach Saadane zurück, um den Hindu, diesen »betrügerischen Schuft«, aufzufordern, die fünf Träger, um die er sie geprellt hatte, zu besorgen, andernfalls werde er selbst zurückkommen und ihm die Hölle heißmachen. Das half: Die restlichen Träger trafen unverzüglich ein, dazu »zwei Hühner, eine Flasche Tscherbet und eine Flasche Milch«, um den Sahib zu besänftigen.

So konnte es weitergehen, und Peters erteilte die nötigen Anweisungen: »Für den zweiten Marschtag«, schreibt er, »traf ich die Anordnung, daß zwei Flaschen kalten Kaffees, die eine vorn, die andere hinten im Zuge, für uns weiße Herren mitgenommen wurden; außerdem erhielt ein jeder noch ein hartgekochtes Ei.«

Peters marschierte mit Jühlke, seinem »Offizier«, an der Spitze, das heißt, an der »Front«, wie er es nannte, während Graf Pfeil und der Kaufmann Otto die Nachhut bildeten. Dazwischen marschierten die Träger – und die Diener, denn man wollte ja nicht auf seinen persönlichen Komfort verzichten. Besonders wenn er sich rasierte, der Sahib Peters, dann waren sie ihm willkommen, seine schwarzen Leibburschen. »Kamen wir an unserem Lagerplatz an«, berichtet er, »so galt es zunächst darauf zu achten, daß das Gepäck an einen sicheren Platz kam. Allsdann wurden die Hängematten befestigt und der willkommene Befehl dem Koch erteilt: ›*Kapike koko!*‹ – Koche Kakao! Darauf steckten wir uns in unsere Hängematten, nachdem wir uns der lästigen Stiefel und Gamaschen hatten entkleiden lassen. Nun erst pflegt jene feierliche Szene stattzufinden, welche das Staunen und die Bewunderung der Eingeborenen so häufig erregt hat: Ich rasierte mich. Dieses geschah in der Tat mit einem gewissen feierlichen Ernst. Einer meiner Diener hatte den Spiegel zu halten, ein zweiter schlug den Schaum und ein dritter handhabte den Streichriemen. Ich selbst verharrte während der ganzen Zeremonie in einem würdigen Ernst, weil ich mir wohl bewußt war, welchen Eindruck dieselbe auf meine bewundernde Umgebung hervorrief.«

Sie erreichten gewöhnlich am frühen Nachmittag ihren Rastplatz, stärkten sich an einer Tasse Kakao und nahmen die Hauptmahlzeit ein, dann gingen sie auf die Jagd – bis Peters sich verlief und jämmerlich blamierte – und aßen noch einmal zu Abend, bis sie schließlich in ihre Hängematten krochen, noch ein wenig plauderten oder »Lessing« lasen und dann für Ruhe sorgten: »War die Abendmahlzeit beendet«, berichtet Peters, »so stellte sich bald die Müdigkeit ein. Lagerten wir unmittelbar zusammen, so plauderten wir wohl noch ein wenig, lasen uns auch wohl vor und sangen ein Lied; zwang die Natur des Ortes zu einem verstreuten Anheften der Hängematten, so waren wir natürlich, da wir nur eine Stallaterne besaßen und demnach an Lesen nicht zu denken war, gezwungen, uns der Reflexion zu überlassen, welche sich, wenn Moskitos, Wanzen, Läuse sich nicht gar zu gierig an ihre Mahlzeit über uns selbst hermachten, denn auch bald in einen wohltuenden Schlummer umsetzte. Den Schwarzen wurde ihr Geplauder gegen 9 Uhr durch ein energisches ›niamazi‹ verboten, und um 10 Uhr vernahm man nur noch das Schnarchen und widerliche Husten unserer Leute. Wir selbst schliefen mit unseren Waffen zur Hand, und unsere Diener drängten sich, soweit sie das irgendwie vermochten, in unsere Nähe, wo sie sich am sichersten glaubten. Kamen sie zu nahe, so wurden sie verjagt; ebenso versperrten wir in den Kraalen, wo wir schliefen, meistens die Hütten, deren Vordächer wir für unsere Hängematten gewählt hatten, um nicht durch das Ein- und Auslaufen der Bewohner gestört zu werden. Ich persönlich pflegte auch noch dafür Sorge zu tragen, daß alle Kinder unter zwei Jahren in gebührender Entfernung von uns gehalten wurden, da deren Geplärre, neben allen anderen Strapazen, oft unerträglich war.«

Er pflegte schon früh für Ordnung zu sorgen, der Pionier Peters, und es drängt sich die Frage auf, wie denn bei einem derartigen Auftreten sein Unternehmen gelingen konnte. Er wäre nicht der erste Weiße gewesen, den man im dunklen Afrika erschlug. Doch waren die Gründe hierfür meist Habgier und Neid gewesen – man raubte die reichen Fremden aus –, und da hatte Peters – außer seinen Husarenröcken – eigentlich wenig zu bieten. Daß er wie ein Herr auftrat und mit Peitsche und Revolver drohte, das war man gewohnt, wenngleich – in diesem Teil Afrikas – auch weniger von den Weißen als vielmehr von den Arabern, die das Land seit Jahrhunderten durchstreiften. Und das Ressentiment, das man ihnen gegenüber empfand, kam

Peters zugute: Er versprach – während die Araber immer nur auf Beute aus gewesen waren –, den Schwarzen die Segnungen der Zivilisation zu bringen, und was er dafür verlangte, daß sie einen fernen Kaiser anerkannten, das schien ihnen – wenn sie es überhaupt verstanden – als geringeres Übel.

Dennoch, Peters mußte so manchen Trick anwenden, um zu seinem Ziel zu kommen. »Nahten wir uns einem Kraal«, so berichtet er, »wo ein Kontrakt zu machen war, so pflegte ich mit dem Dolmetscher und denjenigen von meinen Leuten zusammen zu marschieren, welche irgend etwas von dem betreffenden Herrscher, seinem Charakter, seinen Schicksalen, seinem Besitzstand mitteilen konnten. Wir hielten uns dichter zusammen als an anderen Tagen, und der Einzug ins Kraal geschah mit einer Art von Pomp. Waren Araber in der Nähe, von denen wir Gegenintrigen erwarteten, so ließ ich unsere Leute auf gut Glück ihre Büchsen abfeuern, um die ›Canaillen‹ einzuschüchtern. Ich selbst hatte mir, um den Sultanen ebenbürtiger zu erscheinen, eine Reihe von Fahnen mitgenommen, die ich aufziehen ließ, wo dies am Platz schien. Außerdem waren Gerüchte von meiner Macht und meinem Einfluß in Umlauf gesetzt, und schließlich hatte ich mir meine Haare glatt herunterscheeren lassen und sah nun aus, da ich meinen Bart anders trug, wie ein alter, ehrwürdiger Mann.

Zogen wir ins Kraal ein, so begaben Jühlke und ich uns zu Seiner Hoheit und fragten, was sonst nie geschah, ob er gestatte, daß auch wir unser Lager aufschlügen. In Mbusine bei Mbuela knüpften wir sofort ein recht kordiales Verhältnis an, indem wir den Sultan zwischen uns auf ein Lager (Kitanda) nahmen, von beiden Seiten unsere Arme um ihn schlagend. Wir taten dann einen Trunk guten Grogs und brachten Seine Hoheit von vornherein in die vergnüglichste Stimmung. Als Graf Pfeil erschien, meinte er, das sei ja schon ein recht vielversprechender Anblick. Alsdann wurden die Ehrengeschenke ausgetauscht, und wir zogen uns zum Mittagessen in unser Lager zurück. Nach dem Essen machte uns der Sultan seinen Gegenbesuch, wobei wir ihn mit süßem Kaffee traktierten. Alsbald begannen dann auch die diplomatischen Verhandlungen, und aufgrund derselben wurde der Kontrakt abgeschlossen.

War dies geschehen, so wurden die Fahnen, wenn's ging, auf einer die Umgegend beherrschenden Höhe gehißt, der Vertrag im deutschen Text von Dr. Jühlke verlesen, ich hielt eine kurze Ansprache, wodurch ich die Besitzergreifung als solche vornahm, die mit einem Hoch auf Se. Majestät den Deutschen Kaiser endete, und drei Salven, von uns und den Dienern abgegeben, demonstrierten den Schwarzen *ad oculos*, was sie im Fall einer Kontraktbrüchigkeit zu erwarten hätten. Man wird sich nicht leicht vorstellen, welchen Eindruck der ganze Vorgang auf die Neger zu machen pflegte. In das Hoch auf den Kaiser stimmten sie kreischend und springend, die Sultane voran, mit ein; bei den Salven wichen sie scheu zurück.«

Auf diese Weise ergaunerte Peters ein Dutzend Verträge, mit denen er freilich nur einen Bruchteil dessen erwarb, was später einmal Deutsch-Ostafrika sein sollte. Doch es war die Keimzelle dieser Kolonie: das Gebiet auf dem Festland, das Sansibar direkt gegenüberlag – von Useguha bis Usagara. Es war das Einfallstor zum Hinterland, und wer es besaß, der hatte den Schlüssel für Ostafrika in der Hand.

Am 4. Dezember trafen sie in Muinsagara, dem Zentrum der Provinz Usagara, ein und hatten damit den Endpunkt ihrer Reise erreicht. Der Proviant war aufgebraucht, und sie waren erschöpft und froh, nach dem fieberverseuchten Tiefland endlich im Gebirge angelangt zu sein. So entschlossen sie sich – nachdem sie mit dem Häuptling von Usagara die entsprechenden Abmachungen getroffen hatten –, Muinsagara zum Stützpunkt ihrer Gesellschaft zu machen und mit dem Bau eines Hauses sogleich zu beginnen, was Graf Pfeil und der Kaufmann Otto, die besonders unter dem Fieber litten, übernehmen sollten, während Peters mit Jühlke an die Küste zurückkehren sollte, um die Verträge auf den Weg zu bringen.

Während die einen also die Stellung hielten, eilten die anderen an die Küste zurück. Doch es war ein beschwerlicher Weg, denn Peters hatte sich am Fuß verletzt und mußte in einer Hängematte getragen werden, was ihm, sosehr er es sonst genossen hätte, gar nicht behagte: »Ich ... mußte«, schreibt er, »meiner Fußwunde wegen mich tragen lassen. An einer Stange war vorn und hinten eine Hängematte befestigt; die Stange wurde von zwei Negern auf die Schulter genommen, und in der Hängematte lag ich, geklemmt und gedrückt wie ein Fisch im Netz. Die Schwarzen, trotz meiner Reitpeitsche und meines drohenden Revolvers, behandelten mich, schon aus alter Trägergewohnheit, rücksichtslos wie jedes andere Stück Gepäck, warfen mich unbarmherzig über den Kopf hinüber von einer Schulter auf die andere, sie setzten mich, zu Anfang wenigstens, nieder, ob in der Sonne oder im Schatten, ganz gleich, wenn sie müde waren – bis meine Peitsche, die jetzt erst in Anwendung kam, als ich krank war, sie belehrte, daß wenigstens meine Arme noch nicht abgestorben waren.«

Konnte es sein, daß sie Rache übten, die Schwarzen, die der

weiße Sahib geschunden hatte? »Zweimal ließ eine der Canaillen mich auf die Erde fallen, daß mein Körper auf dem steinigen Boden erdröhnte und die Stange mir ins Gesicht schlug.« Jedenfalls kam auch Peters nicht ohne blaue Flecken davon, was ihn freilich nicht hinderte, kaum daß sie nach Sansibar zurückgekehrt waren, ein Schiff des Sultans nach Bombay zu nehmen, um dort einen Anschluß nach Europa zu bekommen, was ihm auch bald gelang, so daß er schon am 1. Februar 1885 wohlbehalten in Venedig eintraf. Vier Monate waren vergangen, seit er in Triest den Dampfer des Österreichischen Lloyds bestiegen hatte.

Kanonen vor Sansibar

»Der Erwerb von Land ist in Ostafrika sehr leicht«, meinte Bismarck, als er von Peters' Erfolg erfuhr. »Für ein paar Flinten besorgt man sich ein Papier mit einigen Negerkreuzen.«

Damit hatte er den Kern getroffen, doch es hinderte ihn nicht, keine drei Wochen später – am 26. Februar 1885 – dem Kaiser eine Empfehlung zu unterbreiten, die von Peters erworbenen Gebiete unter den Schutz des Reiches zu stellen. Und es dauerte nur einen Tag, bis dieser Empfehlung entsprochen wurde:

Wir Wilhelm, von Gottes Gnaden deutscher Kaiser, König von Preußen, thun kund und fügen hiermit zu wissen:

Nachdem die derzeitigen Vorsitzenden der Gesellschaft »für deutsche Kolonisation«, Dr. Karl Peters und Unser Kammerherr Felix Graf Behr-Bandelin, Unseren Schutz für die Gebietserwerbungen der Gesellschaft in Ostafrika, westlich von dem Reiche des Sultans von Sansibar, außerhalb der Oberhoheit anderer Mächte, nachgesucht und Uns die vom besagten Dr. Karl Peters zunächst mit den Herrschern von Usagara, Nguru, Useguha und Ukami im November und Dezember v. J. abgeschlossenen Verträge, durch welche ihm diese Gebiete für die Deutsche Kolonisationsgesellschaft mit den Rechten der Landeshoheit abgetreten worden sind, mit dem Ansuchen vorgelegt haben, diese Gebiete unter Unsere Oberhoheit zu stellen, so bestätigen Wir hiermit, daß Wir diese Oberhoheit angenommen und die betreffenden Gebiete, vorbehaltlich Unserer Entschließungen auf Grund weiterer Uns nachzuweisender vertragsmäßiger Erwerbungen der Gesellschaft oder ihrer

Rechtsnachfolger in jener Gegend, unter Unseren Kaiserlichen Schutz gestellt haben.

Wir verleihen der besagten Gesellschaft unter der Bedingung, daß sie eine deutsche Gesellschaft bleibt und daß die Mitglieder des Direktoriums oder der sonst mit der Leitung betrauten Personen Angehörige des Deutschen Reiches sind, sowie den Rechtsnachfolgern dieser Gesellschaft, unter der gleichen Voraussetzung, die Befugnis zur Ausübung aller aus den Uns vorgelegten Verträgen fließenden Rechte, einschließlich der Gerichtsbarkeit gegenüber den Eingeborenen und den in diesen Gebieten sich niederlassenden oder zu Handels- und anderen Zwecken sich aufhaltenden Angehörigen des Reiches und anderer Nationen, unter der Aufsicht Unserer Regierung und vorbehaltlich weiterer von uns zu erlassender Anordnungen und Ergänzungen dieses Unseres Schutzbriefes.

Zu Urkund dessen haben Wir diesen Schutzbrief Höchsteigenhändig vollzogen und mit Unserem Kaiserlichen Insiegel versehen lassen.

Gegeben Berlin, den 27. Februar 1885
gez. Wilhelm

Was war geschehen? Als Peters seine Reise antrat, hatte Bismarck seinen Konsul in Sansibar ausdrücklich angewiesen, das Unternehmen des Mannes, dem er nicht traute, in keiner Weise zu unterstützen. Nun hatte er selbst, obwohl er seine Meinung über Peters nicht geändert hatte und sich bezüglich der Fragwürdigkeit seines Unternehmens keiner Illusion hingab, dies getan. War er am Ende doch nur ein Opportunist – wie Peters, wenn auch eines anderen Kalibers?

Er wäre kein Politiker gewesen, zumal einer, der Erfolg hatte, wenn er es nicht verstanden hätte, seine Prinzipien mit der Realität in Einklang zu bringen. Im Herbst, als Peters auszog, um – wie er sagte – wie Cortés ein Reich zu erobern, stand die sogenannte Kongo-Konferenz bevor, die auf Bismarcks Betreiben nach Berlin einberufen worden war, um über das Vorgehen der Europäer in Afrika eine verbindliche Einigung zu erzielen. Da konnte es schädlich sein, wenn man zu erkennen gab, daß man hinter den Praktiken eines Raubritters stand, den man doch eigentlich verurteilen sollte. Im Verlaufe der Konferenz zeigte es sich jedoch, daß genau dieses Raubrittertum eine allgemein anerkannte Regel war, denn nicht nur hatte Leopold, der König der Belgier, sich am Kongo unter dubiosen Umständen einen eigenen Staat geschaffen, auch Cecil Rhodes, ein Imperialist *par excellence*, hatte bereits – im Vorgriff auf seinen kühnen

Plan, das Kap mit Kairo zu verbinden – den Anstoß zur Eroberung des Betschuana-Landes gegeben. Kurzum, hehre Prinzipien erwiesen sich nur als ein Lippenbekenntnis, und was den Belgiern und Briten recht war, das war auch den Deutschen billig. Wozu war man inzwischen – dank seines Verdienstes – die stärkste Macht in Europa?

Die Konferenz endete am 26. Februar und war für Bismarck ein Lehrstück gewesen, wie man Kolonialpolitik betrieb. Hatte er in Südwest- und Westafrika noch gezögert und nur widerwillig seine Zustimmung gegeben, in Ostafrika ging er so forsch vor wie ein Palmerstone oder Disraeli. Als der Sultan, Said Bargasch, sich weigerte, die Schutzerklärung des Reiches anzuerkennen, ordnete Bismarck – Anfang Mai – an, eine militärische Intervention in Sansibar vorzubereiten. Und an die Regierung in London, deren Rolle als Drahtzieher in Sansibar er erkannt hatte, richtete er die Drohung: »Sollte das Londoner Kabinett in dieser Sache auf die Seite des Sultans treten, so würden wir dieses Verhalten bei unserer Gesamtpolitik England gegenüber in Rechnung ziehen müssen.«

Derbe Worte für einen Politiker, der bislang immer auf einen Ausgleich in Europa bedacht gewesen war. Doch er konnte es sich leisten, nicht nur, weil er auf der Kongo-Konferenz in Sachen Kolonialpolitik als Schiedsrichter anerkannt worden war, auch waren die Engländer zur Zeit nicht in der Lage, sich seiner Herausforderung zu widersetzen: Erst kürzlich hatten sie im Sudan, wo der Mahdi Khartum gestürmt und dabei den legendären Gordon zu Fall gebracht hatte, eine empfindliche Niederlage erlitten, und es war ihnen im Augenblick nicht danach zumute, sich auf ein neues, verfängliches Abenteuer in Ostafrika einzulassen. »Wenn Deutschland eine Kolonialmacht wird«, resignierte Gladstone, »dann kann ich nur sagen: Gott sei mit ihm.«

England ließ Bismarck freie Hand, und allein auf sich gestellt, hatte der Sultan keine Chance: Als am 7. August ein deutsches Geschwader vor Sansibar erschien und der Kommandant ihn ultimativ aufforderte, die deutsche Hoheit über das Festland anzuerkennen, blieb ihm keine andere Wahl, als auf die Forderung der Deutschen einzugehen und ihnen am 13. August ihre neuen Rechte vertraglich zuzugestehen. Ja, als bald darauf weitere Kriegsschiffe eintrafen, die unter dem Befehl von Admiral Knorr standen, der gerade auf der anderen Seite des Kontinents, in Kamerun, einen ersten Aufstand niedergeschlagen hatte, ließ sich der eingeschüchterte Sultan auch überreden, einen Hafen an der Küste, Daressalam, abzutreten, womit er praktisch sein Monopol über den Transithandel, denn die Küste hatte man ihm zugestanden, eingebüßt hatte.

Man solle abwarten, hatte Peters gesagt, und ihm nicht voreilig etwas abschlagen, worum er noch gar nicht gebeten hatte. Als er es tat, erwies sich dieser Dünkel als ein Triumph.

IV. SÜDSEE

Zu Lande und zu Wasser

»Am 17. November 1884, bei klarem schönen Wetter, fuhr S. M. S. ›Elisabeth‹ langsam in den Friedrich-Wilhelms-Hafen an der Westseite der Astrolabebai auf Neuguinea ein; Kapitän Dahlmann, der Entdecker des Hafens, weilte als Gast des Kommandanten an Bord unseres Schiffes. Die schmale Einfahrt, deren Ufer weit überhängende Mangrovebäume besäumen, mündet in mehrere Buchten. Die Bergspitzen, die im Hintergrund hervorragen, sind von den Engländern ›Gladstone‹ und ›Disraeli‹ benannt worden. Sie werden überragt von einem mächtigen Gebirgszug, dessen Höhe wir auf 20000 Fuß schätzen; diesem hat der Entdecker - mit Bewilligung S. M. des Kaisers - den Namen Bismarckgebirge gegeben. Das Wasser der Bucht ist tief genug, um den größten Schiffen sicheren Grund zum Ankern zu bieten. Wild und üppig ist die Vegetation, die den Strand bedeckt; fast unmöglich ist es, durch die dichten Bäume und Gebüsche durchzudringen, und erst nach zweitägiger Arbeit gelang es, einen freien Platz herzustellen, in dessen Mitte die deutsche Flagge gehißt werden konnte.«

Nicht nur in Afrika, auch in der Südsee fand das Deutsche Reich noch »herrenlose« Länder, die es unter seinen »Schutz« stellen konnte. Doch während es dort schließlich Gebiete waren, die das Reich an Ausdehnung weit übertrafen, gab es in der Südsee - nachdem die Engländer sich den größten Brocken, Australien, gesichert hatten - nur noch kleinere Flecken, deren man sich bemächtigen konnte. Immerhin war Neuguinea - auch wenn man sich hier nur mit einem kleinen Rest begnügen mußte - die zweitgrößte Insel der Erde, und das vorgelagerte Bismarck-Archipel, das man sich gänzlich einverleiben konnte, war immer noch größer als die anderen Inseln der Südsee, mit Ausnahme Neuseelands, das sich wiederum die Briten angeeignet hatten.

Als »Südsee« bezeichnet man jenen Teil des Stillen oder Pazifischen Ozeans, der sich beiderseits des Äquators von Neuguinea bis zur Osterinsel erstreckt. In diesem tropischen Meer, das achtmal so groß wie Europa ist, sind Tausende von Inseln verstreut, die – mit einer Gesamtfläche von rund 1,2 Millionen Quadratkilometern – jedoch nur ein Achtel der Größe Europas ausmachen. Davon entfällt allein eine Million Quadratkilometer auf Neuguinea und Neuseeland, während das Bismarck-Archipel ein Viertel der restlichen Fläche einnimmt.

Der weitaus größte Teil der Inselwelt der Südsee besteht aus kleinen Eilanden, die – vor allem im Osten – Korallengebilde sind, flache, vegetationslose Inseln, die jedoch mit ihrem weißen Sandstrand, den wedelnden Palmen und einem tiefblauen Meer der eigentliche Inbegriff einer Südseeinsel sind. Dagegen sind die größeren Inseln im Westen, die einst mit Australien und dem asiatischen Festland verbunden waren, gebirgig und von dichtem Dschungel überwuchert und wirken auf den Europäer eher bedrückend, zumal die kühlende Brise des Meeres hier weniger wirksam wird und statt dessen eine lastende Schwüle über Sümpfen und Wäldern hängt. Auch treten hier, da die Erde noch nicht zur Ruhe gekommen ist, häufige Erdbeben auf, die – im Verein mit Vulkanausbrüchen und Springfluten – verheerende Katastrophen anrichten können: »Die Beben«, so schreibt Professor Neuhauß, ein Augenzeuge, »beginnen in der Regel mit pendelartigen Bewegungen, die allmählich stärker werden und in drehende und schüttelnde Bewegungen übergehen; auch kommen Stöße von unten nach oben vor. Obgleich das Ganze zumeist nur wenige Sekunden dauert, so genügt dies doch, um die schlimmsten Verheerungen anzurichten. Steinbauten sind daher in Neu-Guinea unmöglich, und in besonders gefährdeten Gegenden halten sogar gut gefügte Holzbauten nicht immer Stand, sondern werden, wie 1906 bei dem entsetzlichen Erdbeben auf dem Sattelberge, über den Haufen geworfen. Damals lösten sich riesige Massen von den Bergen ab und stürzten, ganze Wälder und Dörfer begrabend, in die Tiefe. Die starken Beben sind häufig mit Flutwellen vergesellschaftet, welche an den Küsten Verwüstungen anrichten und Ortschaften wegspülen. Das Sattelberg-Erdbeben vom September 1906 war gefolgt von unerhört heftigen Regengüssen. Nach unseren bisherigen Kenntnissen können wir einen Zusammenhang zwischen Wetter und Erdbeben nicht nachweisen. Immerhin bleibt es auffallend, daß in der Fischhafener Gegend die Frühjahrsbeben zur Zeit des Windwechseln von den Eingeborenen am meisten gefürchtet sind.«

Der Mensch gelangte erst relativ spät in die Inselwelt der Südsee. Die ältesten Spuren – in Australien – reichen nicht weiter als ins 11. Jahrtausend v. Chr. zurück. Zu dieser Zeit war der amerikanische Kontinent, die sogenannte »Neue Welt«, schon längst besiedelt, weshalb denn auch einige Forscher – unter ihnen Thor Heyerdahl, der mit einem Balsafloß, »Kon-Tiki«, von Südamerika nach Polynesien fuhr – die These vertreten, die Bewohner der Südsee stammten ursprünglich aus Amerika. Doch spricht dagegen nicht nur die Tatsache, daß die ältesten Spuren des Menschen nicht im Osten, sondern im Westen der Südsee gefunden wurden. Auch war der Indianer, der Ureinwohner Amerikas, kein Seefahrer, was hingegen – seit alters her – die Asiaten waren, die dazu nicht nur den Anreiz – die Vielzahl der Inseln, die der Küste Asiens vorgelagert sind –, sondern auch den Anlaß hatten, denn es kam in Asien, einem Schmelztiegel der Völker, schon früh zu einem Bevölkerungsdruck, der zur Abwanderung zwang. Zunächst wurde Indonesien, dann Neuguinea und Australien und schließlich auch der Rest der Südsee besiedelt. Ja, statt in westlicher drang der Mensch in östlicher Richtung bis Amerika vor, das er nicht nur über eine Landbrücke im Norden, sondern offenbar auch über den Pazifik erreichte. Jedenfalls deuten Keramikfunde in Ekuador, die aus dem 3. Jahrtausend v. Chr. datieren und den Beginn der Töpferei in Amerika signalisieren, auf Verbindungen zu Japan hin.

Ermöglichte eine Besiedlung der Südsee auch in erster Linie das Geschick des Menschen, hochseegängige Schiffe zu bauen und zur Orientierung Seekarten aus Stäben und Muscheln zu entwickeln, so daß man die Polynesier nicht zu Unrecht als die »Wikinger des Pazifik« bezeichnet hat, so waren die ersten Einwanderer, von denen die Papua in Neuguinea abstammen, noch trockenen Fußes in die Südsee gelangt, denn dies geschah – in wiederholten Wellen – noch zur Zeit des Pleistozäns, als zwischen Australien und Asien eine Länderbrücke bestand. Es waren dunkelhäutige, negroide Völker, die Jäger und Sammler waren. Sie breiteten sich allmählich über jenen Teil der Südsee aus, der heute *Melanesien* heißt, »Inseln der Schwarzen«. Doch bildeten sie hier – also auf dem Gürtel von Inseln, der sich von Neukaledonien bis nach Neuguinea erstreckt – nur ein Substrat, das von nachfolgenden Einwanderern, die nun über See kamen, überlagert wurde. Sie waren zunächst auch noch dunkelhäutig, wurden dann aber – im 2. Jahrtausend v. Chr. – von hellhäutigeren Wikingern abgelöst, die sowohl europide als auch mongolide Rassenelemente aufwiesen. Im Gegensatz zu den Dunkelhäutigen, die im wesentlichen auf Melanesien beschränkt blieben, breiteten sich die hellhäutigen Völker über Mikronesien und Polynesien aus, wo sie im Osten mehr zu den Europiden und im Westen mehr zu den Mongoliden tendieren.

So ist die Südsee ein buntes Völkergemisch, das sowohl rassisch als auch sprachlich und kulturell eine große Vielfalt aufweist. Dennoch gibt es auch manche Gemeinsamkeiten, vor allem, was die Wirtschaft angeht. Mit Ausnahme einiger Papua-Stämme in den westlichen Rückzugsgebieten Neuguineas, wo sich noch das ursprüngliche Nomadentum erhalten hat, sind die Bewohner der Südsee seßhafte Pflanzer, die vom Anbau der Sagopalme sowie der Knollenfrüchte Taro und Yams, ergänzt durch Süßkartoffel und Banane, leben. Als Haustiere halten sie Schwein, Hund und Hühner, wobei letztere - ähnlich wie der Paradiesvogel - vor allem wegen ihres Gefieders geschätzt sind, während man statt dessen lieber die Hunde verzehrt. Die Anbaumethoden sind - entsprechend dem Mangel an Zugtieren und geeigneter Werkzeuge - rudimentär, das heißt, man begnügt sich meist mit Grabstock und Brandrodung und zieht - wenn die Felder erschöpft sind - in einer Art Halbnomadismus weiter. Der Gebrauch von Metall ist unbekannt: Alle Völker der Südsee standen - bis zum Kontakt mit den Weißen - auf der Stufe der Steinzeit.

Das trifft jedoch nur für die technische Ausrüstung zu: Gesellschaftlich und politisch erreichten zumindest die Polynesier einen weit höheren Zivilisationsgrad, denn - wie etwa in Tahiti - gab es in Polynesien nicht nur ein Königtum, sondern auch eine Art Klassenstruktur, bei der Priester und Kunsthandwerker eine besondere Stellung einnahmen.

In Melansien hingegen blieb die Gesellschaft egalitär: Neben Verwandtschaftsgruppen und Ältestenrat trat hier nur selten ein Häuptling, der über mehr als ein Dorf gebot. Die Folge war, zumal wenn der Nomadismus noch nicht überwunden war, eine Zersplitterung der Stämme, die sich nur allzu häufig in blutigen Kriegen entlud: »Veranlassung zu Kriegszügen«, berichtet Neuhauß über die Papua in Neuguinea, »ist fast ausschließlich irgendein Todesfall und angebliche Zauberei. Nur bei ganz alten Leuten kann das Sterben mit rechten Dingen zugehen, sonst ist stets Verzauberung die Todesursache. Durch allerhand Hokuspokus wird ausfindig gemacht, wo der Zauberer wohnt. Es ist der alte gefürchtete Mann im Nachbardorfe, der schon viel Unheil anrichtete, er soll nun endlich unschädlich gemacht werden. Aber seine Verwandten und seine Dorfschaft werden ihn schützen, und die Sache könnte schief ablaufen. Man befragt also das Orakel über den Ausgang des zu unternehmenden Kriegszuges. Der Spruch fällt günstig aus, die Sache ist abgemacht und morgen in der Frühe soll mit dem Übeltäter abgerechnet werden. Um keine Vorsichtsmaßregel außer acht zu lassen, behängt man sich mit schützenden und den Kampfesmut erhöhenden Amuletten. Meist macht man sich den Umstand zunutze, daß gegen Morgen der Schlaf am festesten ist. Wenn sich im Osten der erste Lichtschimmer zeigt, stürmt die Kriegerschar mit fürchterlichem Geschrei auf das Haus los, in dem der vermeintliche Zauberer wohnt. Schlaftrunken stürzen sich die Überfallenen aus den Hütten, aber wohlgezielte Speere und Pfeile erwarten sie, und wer nicht sogleich auf dem Platze bleibt, erhält mit einem kräftigen Keulenschlage den Rest. Siegesberauscht und mit Beute beladen ziehen die Leute in ihr Heimatdorf zurück; die erschlagenen Feinde werden natürlich verspeist.

Nicht immer läuft die Sache glatt ab. Der Handelsfreund hat die Dorfleute gewarnt und von dem geplanten Überfalle benachrichtigt. Man bereitet also dem herannahenden Feinde keinen liebevollen Empfang, und mit blutigen Köpfen muß er wieder abziehen. Das gewarnte Dorf steckt auch spitze Holzstücke auf die Wege und bindet, wo der Pfad eng ist, zu beiden Seiten hakenförmig gebogene Obsidiansplitter fest, welche dem im Dunkel der Nacht Vorübereilenden schlimme Wunden beibringen.

Haben die Leute kein gutes Gewissen, so verbringen sie in unruhigen Zeiten, auch ohne vorher besonders gewarnt zu sein, die Nächte in Baumhäusern.

Bei den bestehenden Geboten der Blutrache bleibt nach einem Überfalle die Vergeltung nicht aus, und das gegenseitige Morden währt eine gute Weile. Endlich sehnen sich alle Teile nach Frieden und die durch den Handelsfreund vorsichtig eingeleiteten Unterhandlungen enden mit gegenseitigen Geschenken, einem mit Tanz verbundenen gemeinsamen Schmause und freundschaftlichem Betelkauen.«

Salomo und Venus

Es war also auch hier keine Idylle, in die die Weißen vorstießen, dem Traum vom edlen Wilden, der in der Südsee seine Nahrung fand, zum Trotz. Und daß sie nur mit Speer und Pfeil bewaffnet waren, die Eingeborenen, und untereinander zerstritten, erleichterte es den Weißen, sie auch um den Rest ihrer Unschuld zu bringen.

Die ersten, die dies taten, waren die Spanier. Sie waren nicht nur die Entdecker der Südsee, sie nahmen sie auch gleich in Besitz: Als Balboa 1513 die Landenge von Panama überquerte, von Nord nach Süd, traf er auf ein unbekanntes Gewässer, das er

Mar del Sur, »Südmeer«, taufte. Und da schon damals alles, was des Weißen Fuß noch nicht betreten hatte, »herrenlos« war, watete er kurzerhand in die Fluten des Pazifik und erklärte das Meer, dessen Grenzen nicht einmal abzusehen waren, und alle Länder und Inseln, die es bespülte, zu spanischem Hoheitsgebiet.

Händel mit den Konquistadoren hinderten Balboa, seine Entdeckung genauer zu erkunden, und so blieb es dem Portugiesen Magalhães, der jedoch in spanischen Diensten segelte, vorbehalten, als erster Weißer den Pazifik zu überqueren. Zwar hatte er Glück mit dem Wetter – nach den Stürmen im Atlantik und am Kap Hoorn erschien ihm das neue Meer im Westen so friedlich, daß er es *Mar Pacífico,* »Stiller Ozean«, nannte –, doch schlug er einen so ungünstigen Kurs ein, daß er auf seiner ganzen Reise durch den Pazifik keine einzige größere Insel berührte und erst am Westrand, als er die Südsee bereits hinter sich ließ, auf die Marianen stieß, die jedoch auch nicht einladend waren, denn die Spanier nannten sie zunächst *Ladrones,* das heißt »Diebesinseln«.

Dennoch wurde Guam, die größte Insel der Marianen, ein wichtiger Stützpunkt für die Spanier, die sich 1565 auf den Philippinen festgesetzt hatten und einmal im Jahr einen Kauffahrer ausschickten, die sogenannte Manila-Galeone, die zwischen Acapulco, in Mexiko, und Manila verkehrte. War dies auch ein lohnendes Geschäft, so ging doch ein anderer Traum nicht in Erfüllung: Es hieß, es gäbe östlich von Japan ein reiches Goldland, und als sich diese Legende als Mär herausgestellt hatte, suchte man weiter nach einem nicht minder geheimnisvollen Südland, der *Terra australis,* die sich jedoch auch dem Zugriff der Spanier entzog. Denn obwohl bereits im Jahre 1606 der Spanier Torres die nach ihm benannte Meerenge zwischen Australien und Neuguinea durchfuhr, blieb es doch den Holländern, die im 17. Jahrhundert in der Südsee auftauchten, vorbehalten, einen fünften Kontinent zu entdecken. Abel Tasman, dem dies auf einer zweiten Reise – 1644 – gelang, hatte zuvor bereits – neben Tasmanien und Neuseeland – auch das Bismarck-Archipel und die Nordküste von Neuguinea erkundet. Ihm gebührt jedoch nicht das Verdienst, auch diese nördlichen Inseln entdeckt zu haben. Vielmehr hatten bereits die Spanier und Portugiesen – letztere bei ihren Fahrten zu den Molukken – die Inselwelt Melanesiens berührt: 1526 war der Portugiese Menezes vom Kurs abgekommen und an die Nordwestküste Neuguineas verschlagen worden; es war der erste Weiße, der diese Insel sichtete. Zwei Jahre später, 1528, gab ihr der Spanier Saavedra den Namen *Isla de Oro*, in der Hoffnung, das legendäre »Goldland« gefunden zu haben. Doch obgleich die Flüsse Neuguineas Gold führen, blieb diese Tatsache – da sie sich nicht an Land wagten – den Spaniern verborgen, und so tauften sie die Insel, deren Bewohner sie an die Schwarzen in Westafrika erinnerten, schließlich *Nueva Guinea*, »Neuguinea«.

Aber noch hatten sie die Suche nach Gold nicht aufgegeben, und so verdankt ein anderer Teil Melanesiens noch heute seinen Namen dem Wunschtraum der Spanier: Es sind die Salomon-Inseln, die Alvaro de Mendaña 1567 entdeckte. Eingedenk des Bibelspruches: »Und sie kamen gen Ophir und holten daselbst 420 Zentner Gold und brachten es dem König Salomo«, vermeinte der gute Mendaña – vielleicht, weil es so weit ab lag, denn in der Bibel heißt es weiter: »Denn die Meerschiffe des Königs, die auf dem Meer mit den Schiffen Hirams fuhren, kamen in drei Jahren einmal und brachten Gold, Silber, Elfenbein, Affen und Sklaven« –, auf den Salomonen das gelobte Land gefunden zu haben. Doch obgleich es auch hier tatsächlich Gold gab, waren es offensichtlich nicht die Schätze Salomos, denn Mendaña drehte ab und gründete schließlich auf einer anderen Inselgruppe, die er *Santa Cruz*, »Heiliges Kreuz«, nannte, eine Kolonie, die jedoch – diesmal, weil sich die Spanier an den Insulanerinnen vergriffen, was deren Männer auf den Plan rief – auch keinen Bestand hatte.

Die Spanier – bei all ihrer Goldgier und Bibelfestigkeit – hatten also auch schon den besonderen Reiz der Südseemädchen entdeckt, doch sie behielten – wie praktisch alle Kunde aus diesem Teil der Welt – auch diese Entdeckung für sich, und so bedurfte es erst eines Bougainville, der 1766 bis 1769 als erster *Franzose* die Welt umsegelte und dabei auf Tahiti stieß, daß auch das übrige Europa auf den Charme der Südsee aufmerksam wurde: »Trotz all unserer Vorsichtsmaßnahmen«, schreibt er, »kam ein junges Mädchen an Bord aufs Achterdeck und stand plötzlich an einer der Luken über dem Ankerspill.« Und weiter: »Das junge Mädchen ließ unachtsam ihr Lendentuch fallen und erschien vor aller Augen so, wie Venus sich weiland dem phrygischen Schäfer gezeigt.« Da war es natürlich – nicht minder wie einst bei den Spaniern – auch um die Fassung der Franzosen geschehen. »Ich frage mich«, schreibt Bougainville weiter, »wie kann man inmitten eines solchen Schauspiels vierhundert Franzosen bei der Arbeit halten, junge Leute dazu, die sechs Monate lang keine Frau gesehen haben.«

Da waren die Engländer doch aus anderem Holz geschnitzt: Sie hatten Tahiti zwar noch vor den Franzosen entdeckt, aber als Cook schließlich seine erste große Reise antritt, da hatte er den Auftrag, den Durchgang der Venus durch die *Sonne* zu beobachten (und außerdem nach jener Terra australis zu suchen, mit deren Entdeckung durch Tasman man sich nicht zufriedengab). Das Himmelsgestirn wurde beobachtet und Australien im Osten erkundet und damit – da nur hier der südliche Kontinent eine Möglichkeit der Besiedlung bot – der Grundstein gelegt für die Errichtung einer Kolonie, die schon 1788 bestand. Waren es zunächst auch nur Sträflinge, die man in das ferne Australien verbannte – und damit, kaum daß er entdeckt war, den Zauber der Südsee schon wieder zerstörte –, so dauerte es nicht lange, bis man den Wert des neuen Kontinents erkannte und ihn gänzlich in Besitz nahm. Damit besaßen die Engländer den Schlüssel zur Südsee, und es wäre nur eine Frage der Zeit gewesen, daß sie – wie Neuseeland – auch die Inseln im Norden ihrer neuen Kolonie in Besitz genommen hätten.

Der ungekrönte Cesar

Doch hier trat ihnen eine neue Macht entgegen, die bislang in diesem Teil der Welt sich noch wenig hatte blicken lassen: die Deutschen. Sie hatten zwar auch einen Anteil an den Entdekkungsfahrten in der Südsee, doch nicht unter eigener Flagge: Carl Friedrich Behrens, der als erster Weißer die Osterinsel betrat, tat dies im Dienste der Holländer, die – in entgegengesetzter Richtung wie einst Tasman – Jacob Roggeveen ausgesandt hatten, dem – 1722 – nicht nur die Entdeckung der Osterinsel, des östlichsten Vorpostens der Inselwelt des Pazifiks, sondern auch Samoas gelang, das freilich für die Deutschen eine besondere Bedeutung erlangen sollte. Johann Reinhold Forster und sein Sohn Georg, dem wir den ersten genaueren Bericht über die Südsee in deutscher Sprache verdanken, reisten – 50 Jahre später – mit Cook um die Welt. Und Otto Kotzebue, der Anfang des 19. Jahrhunderts die Südsee bereiste, tat dies im Auftrag des Zaren, wobei bereits hier weniger die Forschung als vielmehr Handelsinteressen im Vordergrund standen.

1826, als Kotzebue von seiner dritten und letzten Reise zurückkehrte, hatten die Deutschen aber auch schon aus eigener Initiative einen Vorstoß in die Südsee unternommen. Die Preußische Seehandlung, die von Friedrich dem Großen gegründet worden war, schickte 1822 einen gewissen Wilhelm Oswald, der sich später – dem Usus der Zeit entsprechend – William O'Swald nannte und als solcher als Begründer eines der bereits erwähnten deutschen Handelshäuser zu erkennen ist, auf eine Reise um die Welt, bei der er erkunden sollte, wo man schlesisches Leinen und andere Manufakturwaren absetzen könnte. Dem Beispiel der Amerikaner folgend, die sich schon früh für Hawaii interessierten, das einst Cook entdeckt hatte und wo er dann auch erschlagen worden war, trat er dort mit dem König Kamehameha I. in Verbindung und knüpfte - indem er ihm von Preußens Gloria berichtete - alsbald freundliche Beziehungen. So herzlich gestaltete sich das Verhältnis, daß Kamehameha dem König von Preußen einen roten Federmantel als Zeichen seiner Huldigung schickte, worauf dieser - Friedrich Wilhelm III. - sich mit einem Uniformrock nebst Ordensstern revanchierte.

Doch so günstig die Grundlage für einen Handel mit Hawaii schien - man tauschte dort Fertigwaren gegen Sandelholz ein, das in China reißenden Absatz fand -, die privaten Kaufleute - in Preußen wie in den Hansestädten - fürchteten ein staatliches Handelsmonopol, und so stellte die Seehandlung ihre Unternehmungen ein, noch ehe sie recht zum Zuge gekommen war. An ihre Stelle traten nun Bremer und Hamburger Kaufleute, die zunächst Hawaii als Stützpunkt ihrer Unternehmungen in der Südsee beibehielten. Doch sie verlegten sich bald auf den Walfang, der auch in dieser Gegend betrieben wurde und noch höhere Gewinne versprach. Dennoch versäumten sie nicht, mit Hawaii auch einen Handelsvertrag zu schließen, und als der Walfang - Mitte des 19. Jahrhunderts - schließlich zurückging, ersannen sie einen neuen Boom: Zuckerrohr. Sie legten Plantagen an und holten binnen kurzer Zeit 1500 Deutsche nach Hawaii. Doch die Amerikaner, die in den Deutschen mit zunehmender Sorge einen Rivalen sahen, verstärkten ihren politischen Einfluß, stellten dem Herrscher amerikanische Minister zur Seite und gingen schließlich aufs ganze: 1898 annektierten sie Hawaii.

So lange warteten die deutschen Kaufleute, nun, da sie einmal Blut geleckt hatten, freilich nicht. Sie sahen sich rechtzeitig nach etwas anderem um, und als die New Zealand Company eine Inselgruppe östlich Neuseelands, die Chatham-Inseln, zum Verkauf anbot, zögerten sie nicht und griffen zu. Der Hamburger Syndikus Sieveking, der die treibende Kraft dieses Unternehmens war, träumte bereits von einem deutschen Kolonialreich in der Südsee, das sich »netzartig weiter über Polynesien« ausweiten würde. Doch just dieser Plan brachte das Unternehmen zu Fall: Die Briten, obgleich sie Polynesien bislang den Franzosen überlassen hatten - diese hatten bereits 1838 Tahiti zu einem französischen Protektorat erklärt –, erkannten die Gefahr, die ein neuer Rivale bedeuten würde, und machten einen Rückzieher. Die Royal Charter, der königliche Freibrief, berechtige die New Zealand Co. nicht, so entschied die britische Regierung, territorialen Besitz zu veräußern. Die Deutschen lernten davon – wie der Schutzbrief, den der Kaiser Peters und Genossen ausstellte, bewies: Auch ihnen war untersagt, ihr Unternehmen in ausländische Hände zu übergeben.

Aber die Hamburger gaben nicht auf: An Sievekings Stelle trat ein Mann, der zwar am Ende auch scheitern sollte, doch nicht, bevor er sich den Ruhm erworben hatte, der ungekrönte König der Südsee zu sein. Es war Johann Cesar Godeffroy. 1837 übernahm Godeffroy die Firma seines Vaters, die damals 1,5 Millionen Mark wert war. 20 Jahre später hatte er es auf drei Millionen gebracht, und aus den anfänglich sechs Schiffen waren 27 geworden, die zwischen Hamburg, Valparaiso, San Francisco und Melbourne verkehrten. Es lag also nahe, sozusagen auf der Route, daß sich Cesar, das heißt Godeffroy, 1857 auch auf Samoa niederließ, das – wiewohl zentral gelegen – die anderen Mächte bislang noch nicht besetzt hatten. Was nicht heißt, daß es hier nicht auch schon vor den Hamburgern Weiße gegeben hätte. »Die in Apia wohnenden Weißen«, berichtet Unshelm, der erste Agent des Hauses Godeffroy in Samoa, »sind größtenteils Leute von der schlimmsten Sorte, Glücksritter, junge verlaufene Taugenichtse, desertierte Matrosen und dergleichen. Gesetze existieren nicht, und im Notfall würde es kein anderes Mittel geben, als das Gesetz in die eigene Hand zu nehmen. Die Besseren unter den Weißen wählen aus ihrer Mitte ein Tribunal, um bei vorkommenden Streitigkeiten zu entscheiden.«

Die ersten Weißen waren – nach den Entdeckern – Missionare gewesen, die 1830 in Samoa auftauchten. Dann folgten Walfänger und schließlich, 1839 und 1845, je ein amerikanischer und britischer Konsul. Doch sie vermochten der Lage ebensowenig Herr zu werden wie die Missionare, denn nicht nur entlaufene Matrosen und korrupte Kapitäne gaben sich – wie auf den anderen Inseln der Südsee – auch auf Samoa ihr Stelldichein, auch unter den Eingeborenen, von den Weißen mit Alkohol und Waffen korrumpiert, ging es drunter und drüber: »Die Eingeborenen«, berichtet Unshelm, »sind eine freie Rasse Menschen, doch da die Natur ihnen alles reichlich liefert, was sie zum Leben bedürfen, so sind sie, obgleich lebhaften Naturells, dennoch ungemein faul und träge, was Arbeiten und das Sammeln von Produkten anbetrifft, und sie betrachten sich als weit über den Weißen stehend, was zu verzeihen ist, wenn man berücksichtigt, welche Beispiele sie vor Augen haben. Es existiert kein eigentlicher Beherrscher dieser Inseln; jede Insel ist in kleine Distrikte eingeteilt, und jeder Distrikt hat seinen eigenen Häuptling. Die Folge hiervon ist ein beständiger kleiner Krieg zwischen den Eingeborenen, welcher oft einen allgemeinen Charakter annimmt und dann sehr störend auf das Geschäft wirkt.«

Dieses erwies sich dennoch als sehr erfolgreich – derart, daß die Firma Godeffroy schließlich von Samoa aus ein Handelsnetz unterhielt, das 45 Stationen umfaßte und von den Tonga-Inseln bis zu den Salomonen und vom Bismarck-Archipel bis zu den Marshall-Inseln reichte. Die Grundlage des Handels war – wie in Westafrika – Palmöl, das zunächst in Fässern ausgeführt wurde, dann aber, als Theodor Weber, der Nachfolger Unshelms, auf den Gedanken kam, statt des Öls, dessen Transport schwierig war, einfach die Kerne der Kokosnuß auszuführen, in Form von *Kopra*. Weber ging auch dazu über, da die einheimische Produktion, die man aufkaufte, bei der steigenden Nachfrage nicht ausreichte, eigene Plantagen anzulegen, was bedingte, daß man den Eingeborenen nicht nur ihr Land abkaufte, sondern auch, da sie selbst nicht bereit waren, für die Fremden zu arbeiten, Kulis aus Asien einführte. Die Folge war ein allmählicher Verelendungsprozeß unter den Eingeborenen, der durch die eingeschleppten Krankheiten und die Einführung von Alkohol noch beschleunigt wurde.

Dennoch war Godeffroys Wirken nicht nur durch die Exzesse des Kapitalismus bestimmt. Johann Cesar Godeffroy war auch ein Förderer der Wissenschaft, dem die Erforschung der Südsee besonders am Herzen lag. So sandte er nicht nur zahlreiche wissenschaftliche Expeditionen aus, er gründete auch – 1861 – in Hamburg ein Museum, das mit ethnographischen Sammlungen und einer eigenen Zeitschrift die Kulturen der Südsee der Öffentlichkeit näherbrachte. Die Bestände gingen 1885, nach seinem Tode, an das Museum für Völkerkunde in Leipzig über.

So steil wie sein Aufstieg gewesen war, so tief war sein Fall: 1878 war das Haus Godeffroy, das Weltrang erlangt hatte, bankrott. Godeffroy hatte die Gewinne aus dem Südseegeschäft in die Industrie am Rhein gesteckt, und da hier in den siebziger Jahren eine Krise ausbrach, hatte er bald seine Investitionen eingebüßt. Um seine Unternehmungen in der Südsee zu stützen, sah er sich gezwungen, seine dortigen Interessen an eine eigens zu diesem Zweck gegründete »Deutsche Handels-

und Plantagengesellschaft« abzutreten, der es jedoch auch nicht gelang, die zur Sanierung des Unternehmens nötigen Kapitalien aufzutreiben, so daß schließlich ein Teil der Besitzungen in der Südsee an das englische Haus Baring verpfändet werden mußte. Das brachte jedoch Bismarck auf den Plan, der nicht nur – eingedenk der Wirtschaftskrise – nicht das Geschäft in der Südsee aufs Spiel setzen wollte, sondern auch – was für ihn noch wichtiger war – das Ansehen des Reiches gefährdet sah, wenn eines der bedeutendsten Wirtschaftsunternehmen an die Engländer überginge. Kurzum, er initiierte die Gründung einer neuen Gesellschaft, die die Unterstützung zweier einflußreicher Bankiers, Hansemann und Bleichröder, hatte, und legte im April 1880 dem Reichstag einen Vertrag vor, der eine Garantie durch den Staat für das geplante Unternehmen vorsah.

Der Reichstag – lehnte ab, mit der Begründung, daß es unlauterer Wettbewerb wäre, eine private Firma durch den Staat zu stützen. Auch sei man, worauf das Ganze schließlich hinauslaufe, nicht daran interessiert, irgendwelche kolonialen Verpflichtungen zu übernehmen. Da dies im Grunde auch Bismarcks Ansicht war, unternahm er keinen weiteren Versuch, die sogenannte Samoa-Vorlage zu retten.

Godeffroy hatte dennoch die Genugtuung, kurz vor seinem Tode, als er schon fast erblindet war, die Kunde zu vernehmen, daß die Flagge des Reiches – wenn auch nicht in Samoa – so doch in einem anderen Teil der Südsee hochgegangen war, und wenn er hier – in Melanesien – auch weniger aktiv gewesen war, so mußte es ihn doch am Ende mit Freude erfüllen, daß er es gewesen war, der den Weg gewiesen hatte.

21 Schüsse

»Die Eingeborenen, die in sauber und stark gebauten Kanus mit mächtigem Ausleger bald vertrauensvoll die Schiffe umschwärmten, sind von kleiner kräftiger Gestalt und kupferbrauner Farbe und zeigen im allgemeinen wohlgebildete Gesichtszüge – bis auf die Nase, die stark gebogen ist und namentlich den Frauen ein orientalisches Aussehen verleiht. Männer und Frauen sind mit Schmuck überladen; sie tragen breite Ohrringe aus Schildpatt, Halsbänder, an denen kunstvoll vereinigte Muscheln und Eberhauer sich befinden; ferner Armbänder, die, am Oberarm dicht anliegend, aus Stroh geflochten und mit Muscheln verziert sind. Das Haar, das sie lang und zu einem mächtigen lockigen Büschel wachsen lassen, wird am Hinterhaupt durch eine Pfauenfeder geschmückt; ihre Waffen, Bogen, Pfeile, Speere, sind gut und dauerhaft gearbeitet, oft kunstvoll verziert. Schmuck und Waffen boten sie uns im Tauschhandel an; aber während wir in Neubritannien und Neuirland mit Tabak den größten Beifall fanden, mußten wir hier zu anderen Gegenständen greifen. Die Eingeborenen rauchten Papierzigarren, die wir auf ihren Inhalt nicht näher untersuchen konnten, und wiesen unsere schönen Tonpfeifen und den bloß für sie angeschafften Tabak ›Niggerhead‹ schnöde zurück. Dagegen nahmen sie Glasperlen – am liebsten in Schachteln –, Hobeleisen, Messer, hie und da auch einen Kartenkönig, eine Weste oder eine abgetragene Hose, besonders gern aber Spiegel, wobei sie geschickt durch Pantomimen ihre Wünsche zu erkennen gaben. Auch hier fiel uns die Leichtigkeit auf, mit der die Leute unsere Worte – oft ganze Sätze – nachsprachen.«

Die »Elisabeth«, die mit der »Hyäne« im Schlepptau am 17. November 1884 in die Astrolabe-Bucht an der Nordküste Neuguineas einlief, hatte schon eine lange Reise hinter sich. Im April war sie in Kiel ausgelaufen, im August hatte sie in Angra Pequena, in Südwestafrika, die deutsche Flagge gehißt, und im November war sie im Bismarck-Archipel eingetroffen. Nachdem sie auch dort die beiden größten Inseln, Neubritannien und Neuirland, die fortan Neupommern und Neumecklenburg hießen, in Besitz genommen hatte, war sie nun dabei, die Herrschaft des Reiches auch auf Neuguinea auszudehnen.

Es war höchste Eile geboten, denn wie in Afrika so drohte auch hier der Rivale zuvorzukommen. Dieser, die britischen Siedler in Australien, die inzwischen den Makel einer Sträflingskolonie überwunden hatten, hatte – 1883 – einen Kommissar nach Neuguinea entsandt, der im Süden der Insel die englische Flagge hißte und verkündete, daß auch der Rest – mit Ausnahme des westlichen Teils der Insel, den die Holländer seit Anfang des 19. Jahrhunderts besetzt hielten – von nun an britisches Territorium sei. Die Australier fürchteten, daß die Vorstöße der Deutschen, die 1882 erste Niederlassungen auf dem Bismarck-Archipel errichtet hatten, letztlich, wenn sie sich einmal auch auf Neuguinea festgesetzt hatten, auch ihre Position gefährden könnten, denn Australien war praktisch ein leerer Kontinent, der nur an der Ostküste besiedelt war. Die Australier hatten also ein berechtigtes Interesse, und ihre Vorwärtsstrategie fiel im Colonial Office, das derartigen Aktionen stets wohlgesonnen war, auch auf fruchtbaren Boden. Doch Gladstone, obwohl man ihm zu Ehren einen der höchsten Berge Neuguineas benannt hatte, war in seiner Kolonialpolitik etwas zurückhaltender als sein Amtsvorgänger Disraeli, dessen Name einen anderen Berg schmückte, und so erkannte er die vorschnelle Proklamation, für deren Folgen die Zentralregierung hätte aufkommen müssen, nicht an.

Die Deutschen hatten – wie in Ostafrika – ihre Chance! Hansemann und Bleichröder, der eine Leiter der Diskontogesellschaft, der andere gleichfalls Bankier, doch zugleich auch ein enger Berater Bismarcks, nahmen sie wahr, indem sie – eingedenk ihres früheren Anlaufs in der Samoa-Frage – ein Konsortium bildeten und einen anerkannten Südseeforscher, Dr. Finsch, mit einem gecharterten Dampfer – »Samoa« – auf die Reise schickten, um in Neuguinea und den vorgelagerten Inseln Verträge auszuhandeln, die als Grundlage für die Errichtung der Schutzherrschaft durch das Deutsche Reich dienen konnten. Der Zustimmung Bismarcks, der inzwischen – nachdem die koloniale Bewegung ins Rollen gekommen war – einen Gesinnungswandel erfahren hatte, hatten sie sich ausdrücklich versichert. Und da den Briten im Augenblick in Ägypten und im Sudan die Hände gebunden waren, ging er schließlich seinerseits zur Vorwärtsstrategie über und gab nicht nur in Südwest, sondern auch in der Südsee grünes Licht. So kam es, daß die Korvette »Elisabeth« – noch ehe der gute Dr. Finsch seine Reise beendet hatte – bereits im November – ein halbes Jahr nachdem das »Neuguinea-Konsortium« gegründet worden war – in jenen Gegenden eintraf, die fortan nicht mehr »Gladstone« oder »Disraeli« heißen sollten, sondern »Bismarck« und »Kaiser Wilhelm«.

»Am 20. November«, fährt Harry Koenig, Schiffsarzt auf der »Elisabeth«, mit seinem Bericht fort, »früh acht Uhr, wurde die deutsche Kriegsflagge an Land gehißt und von Bord mit 21 Schuß salutiert, die in mächtigem, siebenmal widerhallendem Echo die Luft erschütterten. Die Eingeborenen, die bis zum ersten Schuß die Fallreepstreppen belagert hatten, verschwanden bei dem Geschützdonnern unter den deutlichen Zeichen der Angst und wagten sich auch nicht wieder hervor, als kurz darauf die Anker gelichtet wurden und die Schiffe den Hafen verließen.«

Die »Elisabeth« dampfte ab, zunächst in japanische Gewässer, dann an die Küste Chinas, wo sie bereits Tsingtau besuchte, ohne freilich auch schon hier in Aktion zu treten, und kehrte schließlich nach Afrika zurück, wo sie das Geschwader vor Sansibar verstärkte, das den Herrscher dort in die Knie zwang. Und wie hier Carl Peters und Genossen ihren Schutzbrief erhielten, so stellte der Kaiser – am 17. Mai 1885 – auch der »Neuguinea-

Kompagnie«, die inzwischen aus dem Konsortium von Hansemann und Bleichröder hervorgegangen war, einen Freibrief aus, der ihr - im Namen des Reiches - die Verwaltung und wirtschaftliche Nutzung des Bismarck-Archipels und Kaiser-Wilhelms-Landes übertrug. Was letzteres betrifft, so war damit der nordöstliche Teil Neuguineas gemeint, denn den Südosten - darauf hatte man sich mit den Engländern geeinigt - behielten schließlich doch die Australier, so daß nunmehr die größte Insel der Südsee unter drei Mächten aufgeteilt war.

EXKURS:
BERLIN

Weg ins Verderben

Mit dem Telegramm an den Deutschen Botschafter in Südafrika hatte es begonnen, mit der Schutzerklärung über Neuguinea war es vollendet: Deutschland war Kolonialmacht geworden, in kaum mehr als einem Jahr!

Wie konnte es geschehen, daß ein Land, das bislang am Rande der Weltgeschichte gestanden hatte, in so kurzer Zeit in die vorderste Reihe der Kolonialmächte aufrückte? »Die deutsche Kolonialbewegung«, schrieb Peters, einer ihrer Hauptverfechter, »ist die natürliche Fortsetzung der deutschen Einheitsbestrebungen. Es war nur natürlich, daß das deutsche Volk, nachdem es seine europäische Machtstellung auf den Schlachtfeldern von Königgrätz und Sedan emporgerichtet hatte, sofort das Bedürfniß empfand, nunmehr auch der elenden und zum Theil geradezu verächtlichen Stellung unserer Nation jenseits der Weltmeere ein Ende zu machen und zu gleicher Zeit Theil zu nehmen an den Vortheilen materieller Art, welche eine Herrschaftsentfaltung im großen Styl noch zu allen Zeiten geboten hat.«

Das ist die eine Sicht, und die andere – durch Friedrich Fabri, den Missionsoberen, vertreten – erklärte: »Wir sind nachgerade im neuen Reiche in eine wirtschaftliche Lage gerathen, die drükkend, die wirklich bedenklich ist. Es ist ein leidiger Trost, daß die nun schon so lange währende Handels-Krisis mehr und minder auf allen Cultur-Staaten mit schwerem Drucke lastet. Deutschland ist verhältnißmäßig – wir lassen Rußland und Oesterreich hier außer Betracht – wohl in der ungünstigsten Lage. So mächtig der Wohlstand in den letzten Jahrzehnten bei uns gegen früher gewachsen ist, so sind wir doch im Ganzen noch arm, und die Kraft und der Nachhalt unseres nationalen Wohlstandes steht zu der politischen Machtfülle, die wir gewonnen haben, in einer erheblichen Dissonanz. Daraus dürften sich für die gesunde Weiter-Entwicklung unseres großen nationalen Gemeinwesens leicht beträchtliche Schwierigkeiten ergeben. Die Sache ist auch um so empfindlicher, da wir, als wir uns eben unter der Nachwirkung des Milliarden-Rausches sehr reich dünkten, plötzlich nachdrücklich an unsere Armuth erinnert wurden. Es ist mit Recht gesagt worden, daß Deutschland von der furchtbaren Katastrophe des dreißigjährigen Krieges erst in diesem Jahrhundert sich wirthschaftlich wieder erholt habe. Wir waren eben tüchtig daran, uns in den letzten Jahrzehnten heraufzuarbeiten, als kurz nach unserer nationalen Erhebung jene Geschäftsstockung begann, die nun Jahre währt und deren

Ende noch nicht absehbar ist. Man wird annehmen dürfen, daß wohl fast ein Vierttheil unseres National-Vermögens in den letzten Jahren verschwunden, d. h. unproduktiv geworden ist. Und unser nationaler Wohlstand war im Ganzen noch schwach, es fehlte ihm die allmählig, aber stetig fortgehende Steigerung, die England seit zwei Jahrhunderten, die Holland, die Nord-Amerika, die auch Frankreich nach Ueberwindung der Erschütterungen der Revolutions-Epoche erfahren. Vom größten Einfluß auf unsere so ungünstig sich gestaltende wirthschaftliche Lage ist aber die rapid sich steigernde Vermehrung der Bevölkerung in Deutschland, eine Thatsache von der weitgreifendsten wirthschaftlichen Bedeutung, die aber als solche noch sehr ungenügend erkannt, zu deren Bewältigung daher so gut wie nichts bis jetzt geschehen ist ... Es ist hier aber nicht am Orte, den Fehlern nachzuspüren, welche in unserer Handels-Politik, in unserer Gesetzgebung, in unseren wirthschaftlichen Gewohnheiten, in der moralischen Entwicklung des öffentlichen Geistes dem Eintritt und der Ausbreitung unserer gegenwärtigen Geschäfts- und Handels-Krisis förderlich waren. Darüber sind wohl Alle einig, daß nicht mehr viele Fehler gemacht werden dürfen. Aber es ist auch eine patriotische Pflicht, allen Möglichkeiten, die eine breitere und gesichertere Entwicklung unserer nationalen Arbeit und damit unseres nationalen Wohlstandes verheißen, aufmerksam nachzudenken. Und unter diesen Aufgaben weisen wir der Frage: ›Bedarf das Deutsche Reich des Colonial-Besitzes?‹ eine sehr hervorragende Bedeutung zu. Irren wir nicht sehr, so kommt die durch unsere wirthschaftliche Lage erzeugte Stimmung der Erörterung dieser Frage heute auch aufs bereitwilligste entgegen.«

Willen oder Zwang, Chauvinismus oder Notwendigkeit? Man ist eher geneigt, in ersterem, mit dem man Macht- und Profitstreben verbindet, das Wesen des Kolonialismus zu sehen. Doch wie in England und Frankreich waren auch in Deutschland noch andere Kräfte am Werk: Eine Krisenstimmung hatte sich breitgemacht, die verschiedenartige Spannungen auslöste.

Zunächst hatte es freilich nicht danach ausgesehen, daß es so bald zu einer Krise kommen würde. Denn das Reich, das 1871 aus einem Zusammenschluß aller deutschen Staaten hervorging, war nicht nur flächenmäßig, sondern auch seiner Bevölkerung nach der größte Staat Europas: 32 Millionen in Großbritannien und 36 Millionen in Frankreich standen 42,5 Millionen Einwohner im Deutschen Reich gegenüber. Der Markt schien unbegrenzt – wie auch das Arbeiterpotential –, und so ließ denn der Aufschwung nicht lange auf sich warten.

Er stand im Zeichen der Industrialisierung, die zwar schon vor der Reichsgründung – Ende des 18. Jahrhunderts – eingesetzt hatte, doch erst in den siebziger und achtziger Jahren des 19. Jahrhunderts ihre volle Entfaltung erlangte: So stieg die Kohleproduktion im Deutschen Reich von 26 Millionen Tonnen im Jahre 1870 auf 70 Millionen Tonnen im Jahre 1890, und im gleichen Zeitraum verfünffachte sich die Stahlerzeugung. 1882 waren allein 356 000 Beschäftigte im Maschinenbau tätig; 1907 war die Zahl auf über eine Million gestiegen.

Einher mit dem Produktions- und Beschäftigungszuwachs ging eine Konzentration der Betriebe: Nicht nur Hütten und Stahlwerke wurden zusammengelegt, auch die weiterverarbeitende Industrie schloß sich mit den Rohstofflieferanten zusammen, so daß schließlich Konzerne entstanden, die ganze Wirtschaftszweige beherrschten. Die Firma Krupp, die aus einer Schmiede hervorging, in der anfangs vier Arbeiter angestellt waren, wuchs auf diese Weise zu einem Weltunternehmen, das 1902 bereits eine Belegschaft von 43 000 Mann hatte und nicht nur Waffen, sondern auch Schiffe herstellte. Desgleichen die Firma Siemens, die in der Elektrobranche einen Durchbruch erzielte und eigene Kupferbergwerke im Kaukasus besaß. Ja, Georg von Siemens, ein Vetter von Werner, dem Begründer des Hauses, gründete seinerseits die Deutsche Bank.

Und wie die Produktion zunahm, so wuchs auch der Handel: Einfuhren und Ausfuhren verdreifachten sich in der Zeit von 1880 bis 1913, und wo Großbritannien 1860 unbestreitbar die größte Handelsnation gewesen war, hatte das Deutsche Reich 1913 nicht nur das Exportvolumen des Rivalen erreicht, sondern führte auch doppelt soviel nach Europa aus wie dieser. 53% des Gesamtexportes waren 1913 Fertigwaren, während nur noch 15,5% aus Rohstoffen bestanden: Deutschland hatte den Schritt von einem Agrarland zu einem Industriestaat vollzogen und war dabei zur größten Macht in Europa aufgerückt.

Doch die Entwicklung, die zu dieser Vormachtstellung führte, vollzog sich nicht ohne Rückschläge. Sie resultierten zum Teil aus einer überhitzten Konjunktur, die zu periodischen Krisen führte, waren zum andern aber auch eine Folge der sozialen Spannungen, die daraus erwuchsen und den Bestand des Reiches gefährdeten. Schließlich darf nicht übersehen werden, daß es neben den wirtschaftlichen und sozialen auch politische Probleme gab, die nicht nur auf erstere zurückzuführen, sondern auch durch den Umstand bedingt waren, daß das Reich – im Gegensatz zu England oder Frankreich – keine Nation im eigentlichen Sinne war, sondern zunächst nur ein Bündnis bisher souveräner Einzelstaaten, die die Hegemonialstellung Preußens nur widerwillig akzeptierten. Zentrifugale Kräfte blieben bestehen und äußerten sich sowohl in ideologischen als auch religiösen Gegensätzen. Bismarck hatte alle Hände voll zu tun, und der Kolonialismus war letztlich nur ein Ventil, von dem er sich ein Nachlassen des Drucks versprach, dem er sich zunehmend ausgesetzt sah.

Die Wirtschaftskrisen, die in der zweiten Hälfte des 19. Jahrhunderts mit regelmäßiger Häufigkeit auftraten, waren eine Folge der Industrialisierung. Es war diese - im Deutschen Reich - ein neues Phänomen, und man hatte noch nicht gelernt, ihre Gesetzmäßigkeiten zu erkennen. So kam es zu Überspekulationen und einer Produktion, die mit der Nachfrage nicht in Einklang stand. Preisstürze und Lohnverfall waren die Folge, aber auch der Konkurs zahlloser Firmen. Das Heer der Arbeitslosen wuchs und nährte den Groll jener, die seit jeher am Rande der Gesellschaft gestanden hatten.

Die erste Krise brach 1857 aus. Sie dauerte bis Anfang der sechziger Jahre. Dann erholte sich die Wirtschaft, der Rezession folgte ein neuer Aufschwung, bis 1873 eine zweite Krise eintrat, die bis 1879 währte. Das war die Zeit, als die Samoa-Vorlage vorbereitet wurde und Bismarck sich zum ersten Mal zu einem kolonialen Engagement entschloß. Daß sie schließlich abgelehnt wurde, war nicht nur ein Verdienst der Liberalen, die einen staatlichen Eingriff in die Wirtschaft ablehnten, sondern auch der Tatsache zu verdanken, daß just zu dem Zeitpunkt, als die Vorlage zur Debatte stand - 1880 -, sich eine allmähliche wirtschaftliche Besserung abzeichnete. Sie dauerte jedoch nur drei Jahre, und 1882 war sie wieder da, die Krise - und währte bis 1886. Dazwischen lag - 1884/85 - die Kolonialerwerbung!

Die Wirtschaftskrisen, die zyklische Störungen eines ungehemmten Wachstums waren, vergrößerten das Elend einer Arbeiterschaft, die seit dem Beginn der Industrialisierung stetig wuchs. Lebten um die Mitte des 18. Jahrhunderts im Gebiet der deutschen Staaten etwa 18 Millionen Menschen, so waren es 100 Jahre später, 1850, bereits 35 Millionen. Bis 1880 stieg die Zahl auf 45 Millionen, und 1910 waren es 65 Millionen. Dieses sprunghafte Wachstum der Bevölkerung - eine Folge vor allem des Durchbruchs in der Medizin und verbesserter landwirtschaftlicher Anbaumethoden - löste eine Binnenwanderung aus, vom Lande, wo der Boden - selbst nachdem er unter die Bauern aufgeteilt worden war - bald nicht mehr ausreichte, in die Stadt, wo die aufstrebende Industrie wie ein Magnet wirkte. Doch sosehr sie - trotz der Rückschläge - expandierte und -

insgesamt gesehen - eine größere Katastrophe vermied, sie konnte den Zustrom der Arbeitssuchenden nicht gänzlich auffangen, und selbst die, die Arbeit fanden, erhielten - nicht nur wegen der Rezessionen, sondern auch wegen dem Überangebot an Arbeitskräften - so kümmerliche Löhne, daß am Ende ihre Proletarisierung stand. Kinderarbeit, 18-Stunden-Tag, Barakkensiedlungen: Das Bild, das Charles Dickens für die englische Gesellschaft gezeichnet hatte, traf - mit einer zeitlichen Verzögerung - auch für das Deutsche Reich zu. Und was Karl Marx und Friedrich Engels zwar vornehmlich aus der Entwicklung in England ableiteten, das als Inbegriff des Kapitalismus galt, wurde auch zur Bedrohung der überkommenen Ordnung in Berlin: ein Aufstand der Proletarier, die »rote Gefahr«, die das autokratische Regime des Fürsten Bismarck forderte.

So ergibt sich eine logische Verknüpfung der Argumente Peters' und Fabris, die einen ursächlichen Zusammenhang zwischen Reichsgründung und Wirtschaftskrise einerseits, aus denen soziale Spannungen und politische Forderungen erwachsen, und Kolonialismus und Imperialismus andererseits, die als Ausweg gesehen werden, erklärt. An einem Schaubild kann dies - vereinfachend - verdeutlicht werden:

Reichsgründung
↓
Industrialisierung
↓
Soziale Spannungen
↓
Politische Krise
↓
Kolonialismus

Der Imperialismus, eine politisch-ideologische Übersteigerung des - wirtschaftlichen - Kolonialismus, stellte schließlich das letzte Stadium auf einem Wege zum Verderben dar, der in den Ersten Weltkrieg mündet. Bismarck hat diese Übersteigerung nicht beabsichtigt, und sie kam auch während seines Wirkens nicht zum Tragen. Doch er hat sie vorgezeichnet.

Der erste Schritt

»Unsere landwirtschaftliche Produktion deckt von Jahr zu Jahr weniger unseren Bedarf, und unsere industrielle und gewerbliche Produktion ist nun seit Jahren in eine unerhörte Stockung gerathen und liegt tief darnieder. Eine fühlbare Steigerung der landwirtschaftlichen Produktion kann sich nur sehr langsam und in eng bemessenen Grenzen vollziehen, viel zu langsam, um die wachsende Ueberbevölkerung irgendwie auszugleichen. Aber auch unsere industrielle Produktion dürfte hiezu völlig unvermögend sein. Nehmen wir an, sie sei in einem Jahrzehnt in langsamer und gesunder Entwicklung wieder so gehoben, daß sie ebenso viele Personen, wie im Jahre 1873 zu beschäftigen vermöchte – eine Annahme, die zumal bei der gegenwärtigen allgemeinen Richtung auf Zollschutz und gegenseitige Absperrung der Märkte wahrscheinlich zu günstig gegriffen ist –, so werden in einem Jahrzehnt auch so und so viele Millionen Menschen mehr in Deutschland zu nähren, zu kleiden, zu unterrichten sein. Also auch Industrie und Gewerbe vermögen im günstigsten Falle den eingetretenen Nothstand nicht völlig wieder zu überwinden. So bedürfen wir nothwendig noch eines weiteren, dritten Weges: der Auswanderung. Ja wir müssen sagen: *die Organisation einer starken deutschen Auswanderung ist zu einer Lebensbedingung des Deutschen Reiches geworden.*«

Das war die eine Lösung, die Fabri in seinem Pamphlet »Bedarf Deutschland der Colonien?« anbot. Er dachte freilich nicht an ein »bloßes Gehenlassen«, denn das würde dem Deutschen Reich am Ende mehr schaden als nützen: Nordamerika, das Ziel der bisherigen Auswanderung, würde durch den Zustrom billiger Arbeitskräfte weiter erstarken und sich – indem es eine eigene Industrie aufbaute und Schutzzölle errichtete – zu einem weiteren Konkurrenten Deutschlands entwickeln. Nein, die Auswanderung müßte gelenkt werden, in »eigene Ackerbau-Colonien«, die nicht als Rivalen zum Mutterlande auftraten, sondern in harmonischer Symbiose mit ihm standen, als Absatzmärkte, die Rohstoffe in die Heimat lieferten. Mehr sei freilich aus ihnen nicht zu holen: »Jeder Gedanke«, schreibt Fabri, »aus solchen Colonien irgendwelche directe Einnahme-Quellen für das Mutterland zu gewinnen, wäre ein grober national-ökonomischer Fehler. Vielmehr wird dieses, namentlich in den Anfängen, mancherlei Subventionen zu leisten haben. Aber das Mutterland wird diese auch bald mit den reichlichsten Zinsen wieder empfangen. Wir denken dabei nicht an jene Colonialen, die je und dann mit reichem Erwerb in das Mutterland wieder zurückkehren, obwohl auch diese Form der Vermehrung des nationalen Wohlstandes keine unwichtige ist. Sie ist in Ackerbau-Colonien aber doch eigentlich nur Ausnahme. Viel gewichtvoller ist jedenfalls das gesamt-ökonomische Verhältniß zwischen

Mutterland und Colonie. Der Austausch der colonialen Produkte gegen die Industrie-Erzeugnisse des Mutterlandes wird nicht nur in steigender Progression sich entwickeln, die Rhederei des letzteren stärken, sondern, was ja bei Handels-Beziehungen von so großer Bedeutung, ein festes und stetiges Wechsel-Verhältniß zwischen dem beiderseitigen Consum und Absatz herstellen.«

Auf den ersten Blick eine ideale Lösung: Nicht nur das Problem der Überbevölkerung, auch das der Über*produktion* wäre gelöst. Zwei Fliegen mit einer Klappe. Doch die Sache hatte einen Haken. Wo sollte man solche Kolonien gründen, Kolonien, in die Siedler auswandern würden, freiwillig oder unter Zwang, in denen sie aber auch überleben würden? Da gab es nicht mehr viel auf dem Globus, was als Siedlungskolonie in Frage kam. Es mußte eine gemäßigte Klimazone sein, und die war auf dem weiten Erdenrund bereits überall besetzt. Lediglich Südamerika, der südliche Teil des Subkontinents, schien sich für eine solche Kolonisation noch anzubieten. Da saßen zwar auch schon Weiße, doch in der Mehrzahl lebten dort Mischlinge, und die turbulenten politischen Verhältnisse schienen zu rechtfertigen, daß man dort nicht allzuviel Skrupel zu haben brauchte, um ein Kolonisationsprojekt notfalls auch mit Gewalt durchzudrücken. Jedenfalls gab es in Südamerika noch große Gebiete, die unbesiedelt waren, während Deutschland an seiner Bevölkerung zu ersticken drohte. Ja, es war letztlich eine Lebensfrage, die alle Mittel rechtfertigte: »Hat Deutschland«, schreibt Fabri, »ein moralisches, ein culturelles Recht, in der bezeichneten Richtung vorzugehen? Schwerlich wird Jemand diese Frage verneinen können. Ja, man wird weiter gehen und sagen müssen: Im Blick auf seine Auswanderung, resp. seine wachsende Ueberbevölkerung, im Blick auf seine dadurch bestimmte, gesammte wirthschaftliche Lage befindet sich Deutschland bereits in einer Zwangslage, die ihm gebietet, die Lebens-Bedingungen, die es zu einer gesunden nationalen Entwicklung bedarf, auch nach diesen Seiten sich zu schaffen. Ja, die Colonien-Frage gestaltet sich für uns mehr und mehr geradezu zu einer Existenz-Frage, und es ist Recht wie Pflicht jedes Staates, für Existenz-Bedingungen mit der ganzen Kraft seines Einflusses, wenn nöthig, auch seiner Macht, einzutreten.«

Doch selbst wenn es gelänge, in Südamerika Fuß zu fassen – in Brasilien zeichneten sich erste Ansätze dazu ab –, so würde dies doch nicht ausreichen, der Wirtschaft auf die Dauer ausreichende Absatzmärkte zu sichern. Es mußte auch die übrige Welt genutzt werden, auch wenn dies eine Abweichung von den idealen Siedlungskolonien bedeutete: »Auf wesentlich anderen Grundbedingungen«, schreibt Fabri, »ruhen die eigentlichen *Handels-Colonien.* Auch bei ihnen ist es die geographische Lage, die bestimmend wirkt und ihnen einen von den Ackerbau-Colonien durchaus verschiedenen Charakter verleiht. Sie sind Colonien unter den Tropen. Damit ist für alle Zeiten festgestellt, daß sie nie Zielpunkt der europäischen Auswanderung zu werden vermögen. Jeder derartige Versuch ist denn auch an klimatischen und andern Hindernissen unaufhaltbar gescheitert. Der Europäer ist unvermögend, unter den Tropen mit eigener Hand den Boden zu bauen. Er mag auf die Produktion und die Art der Culturen nach den Bedürfnissen des Marktes einwirken, der Anbau selbst wird stets in den Händen des Eingeborenen liegen. Schon hieraus ergibt sich, daß der Werth tropischer Colonien wesentlich ein commerzieller ist. Daher sie auch kurzweg als Handels-Colonien bezeichnet werden. Je gesteigerter die Produktionskraft, je ausgewählter ihre Handelsartikel, desto größer wird auch die Rückkaufskraft der Colonie, desto reicher ihr Verbrauch der Fabrikate des Mutterlandes sein. Die jährliche Handels-Bilanz zwischen Colonie und Mutterland ist also der exakte Werthmesser jener und damit ihrer culturellen Bedeutung überhaupt.«

Den Nachteil des Klimas wiege die *einheimische* Bevölkerung auf, so meinte Fabri. Sie mußte nur zur nutzbringenden Arbeit angeleitet werden, und dann würde der Handel das übrige tun. Die Frage der Souveränität spielte keine Rolle; darüber hatten sich auch die anderen Kolonielmächte hinweggesetzt: »Das Verfahren bei jenen Besitz-Ergreifungen«, schreibt Fabri über die englische Praxis, »war bisher ein sehr einfaches, summarisches. Ein englisches Kriegsschiff erscheint an einer geeigneten Bai und pflanzt an derselben die britische Flagge auf. Man errichtet ein Zollhaus und sendet einen Beamten mit ein paar Begleitern ins Land, um mit den Häuptlingen der Eingeborenen gegen eine Jahresrente Verträge abzuschließen, in welchen sie ihre Unterwerfung unter die britische Krone aussprechen. Dann wird den Eingeborenen ein bestimmter Bezirk als Location zugewiesen und das übrige Land als Kron-Eigenthum erklärt. So verwandeln sich Landstrecken von Hunderttausenden englischer Quadratmeilen durch ebenso einfache wie rasche Procedur in britisches Territorium.«

Die Tropen galten allgemein als »herrenloses« Land, es sei denn, ein anderer war einem zuvorgekommen, weshalb Fabri zur Eile gemahnte: »Es gibt denn doch der tropischen Länder zu viele«, schrieb er, »als daß England im Stande gewesen wäre, sie bis jetzt sämmtlich in Beschlag zu nehmen. Aber es schreitet unaufhaltsam auch in der Richtung solcher Erwerbungen fort; eine Thatsache, die auch Deutschland einigermaaßen zur Eile mahnt. Sieht man sich denn nach Territorien um, die zu Handels-Colonien geeignet wären und von anderen Mächten noch nicht occupirt sind, so fällt der Blick zunächst auf einige Inselgruppen des Stillen Oceans, vor Allem der Samoa-Inseln, dann auf Neu-Guinea und Madagaskar. Auch in Hinter-Indien und im Norden Borneos wäre eine Besitzergreifung nicht unmöglich, wie auch über Formosa, das nur theilweise in der Macht Chinas sich befindet, mit dem Reiche der Mitte wohl eine Abmachung zu finden wäre. Durch Kauf wenigstens wäre wohl auch in den Antillen eine oder die andere Insel, heute vielleicht wohlfeil, zu haben. Gewichtiger noch als all' die genannten Territorien und Inseln erscheint aber eine Mitbetheiligung Deutschlands an der colonialen Ausbeutung des jetzt sich erschließenden Central-Afrika.«

Er hatte alles genau beobachtet und fein säuberlich skizziert, der Leiter der Rheinischen Missionsgesellschaft, und als sein Werk über die Frage, ob Deutschland der Kolonien bedürfe, 1879 erschien, da erregte es schon Aufsehen, zumal in diesem Jahr zwar die Rezession zu Ende ging, doch drei Jahre später eine neue begann. Fabri war freilich nicht der erste, der den Weg zum Heil aus der Misere wies. Schon Friedrich List hatte – 1842 – aufgrund eigener Erfahrungen die Frage aufgeworfen, inwieweit die Auswanderung einen Ausweg aus der »Zwergwirtschaft« bot, und Gerhard Rohlfs, der Afrika-Forscher, plädierte seit 1877 für den Erwerb von Handelskolonien, namentlich in Marokko, wo – wie ein späterer Reisender, Oskar Lenz, bestätigte – »ein gutes Absatzgebiet« winkte. Aber der eigentliche Durchbruch in der Kolonialbewegung erfolgte erst mit Fabris Schrift, die eine breite Öffentlichkeit für diesen Gedanken schuf, und so dauerte es nicht lange, bis sich – unter seiner Mitwirkung – der sogenannte Westdeutsche Verein für Kolonisation und Export bildete. War dies noch ein eher lokaler Zusammenschluß, an dem »sechzig der hervorragendsten Vertreter der rheinisch-westfälischen Großindustrie und des Großhandels« beteiligt waren, so war der »Deutsche Kolonialverein«, der im Herbst 1882 gegründet wurde, bereits ein Organ, das auf nationaler Ebene arbeitete und seine Mitgliederzahl bis 1884 auf 9000 erhöht hatte. Auch er wurde getragen von Industrie und Banken, zu denen sich aber noch der preußische Hochadel gesellte, der ihm den Zugang zur Reichsregierung eröffnete. Dennoch, so erlaucht die Namen waren, die sich in diesem Verein zusammenfanden – vom Fürsten Hohenlohe-Langenburg, der mit dem Kaiserhaus verwandt war, bis zu Alfred Krupp, der immerhin zum »Kanonenkönig« avanciert war –, der Deutsche Kolonialverein wurde seinen Erwartungen nicht gerecht, und es bedurfte erst der Gründung eines neuen Vereins, der Gesellschaft für deutsche Kolonisation von Carl Peters, die über die Kolonialagitation hinaus auch konkrete Projekte in Angriff nahm und – 1887 – mit dem Kolonialverein verschmolz, daß ihm neues Leben eingehaucht wurde. Als »Deutsche Kolonialgesellschaft«, die ihre Mitgliederzahl schließlich auf 40000 erhöhte und ein wöchentliches Propagandablatt, die »Deutsche Kolonialzeitung«, herausgab, war dieser kolonialpolitische Dachverband fortan ein stetiger Förderer der deutschen Expansion in Übersee und erhob selbst dann noch Anspruch auf Kolonien, als das Deutsche Reich sie schon längst wieder verspielt hatte.

Die Kolonialvereine ebneten den Weg, indem sie beim deutschen Volk einen zumindest passiven Konsensus für eine aktive Kolonialpolitik schufen, doch die eigentlichen Kolonialpioniere – sieht man von Peters, der eine Ausnahme bildete, einmal ab – kamen aus einer anderen Richtung. Es waren jene Kaufleute, die vor Ort – in Afrika wie in der Südsee – mit der wachsenden Konkurrenz von Händlern konfrontiert waren, die den Schutz ihrer Regierung genossen. Um ihrem Streben, auch den Rest der noch »freien« Welt unter sich aufzuteilen, zuvorzukommen, wandten sie sich ihrerseits – Lüderitz in Südwest, Woermann in Kamerun und Godeffroy auf Samoa – an *ihre* Regierung, um die gleiche Chance wie ihre Widersacher zu erhalten. Daß sie ihnen gewährt wurde – mit Ausnahme Godeffroys, an dessen Stelle jedoch Hansemann und Bleichröder traten, die mehr Glück hatten –, war nicht so sehr auf den Druck der öffentlichen Meinung zurückzuführen, der – zu der Zeit, als die ersten Schutzbriefe vergeben wurden – noch gar nicht bestand, als vielmehr dem Umstand zu verdanken, daß sie, die Kaufleute und Bankiers, die Initiative ergriffen hatten, was Bismarck – soweit es Kolonien betraf – nach wie vor ablehnte. Mit anderen Worten, es war eher eine günstige Konstellation – sieht man von den Betroffenen in den Kolonien ab –, die zum Erwerb der deutschen Schutzgebiete führte: Handel und Finanzen setzten das Zeichen, das Volk – und die Regierung – zogen nur nach.

So erhebt sich die Frage, ob am Ende das Gespenst der Krise nur ein Vorwand war, es zwar eine tatsächliche Notsituation gab, das eigentliche Motiv für die Besitzergreifung in Übersee letztlich aber doch nur einem individuellen Profitstreben entsprang. Denn was konnten Kopra und Palmöl und selbst Diamanten, die man gegen alte Flinten und Branntwein eintauschte, der Masse des Volkes schon nützen? Weiter Kapital in der Hand weniger zu akkumulieren, war keine Lösung, denn man war ja an die Grenze der Investitionsmöglichkeiten im Reich gestoßen. Der Markt mußte expandieren, das hatte Fabri ganz klar gesehen. Doch war dies der Kolonialpioniere wahres Anliegen? Die weitere Entwicklung hat gezeigt, daß dies nicht der Fall war.

Verblendender Glanz

Dennoch hatte es für Bismarck den gewünschten Effekt: Das koloniale Engagement blendete das Volk, und solange es den Anschein erweckte, daß es dem Reich, wenn auch nicht dem Volk, nützte, hatte er den Freiraum, den er brauchte, um sich an der Macht zu halten. Daß er schließlich dennoch gehen mußte, ist eine Ironie des Schicksals: Die Geister, die er rief, wurde er am Ende nicht mehr los.

Diese Tatsache ist um so bemerkenswerter, als Bismarck am Anfang die Meinung vertrat: »Kolonialgeschäfte wären für uns genau so, wie der seidene Zobelpelz in polnischen Adelsfamilien, die keine Hemden haben.« Das war 1871 gewesen, und drei Jahre vorher hatte er erklärt: »Einerseits beruhen die Vorteile, welche man sich von Kolonien für den Handel und die Industrie des Mutterlands verspricht, zum größten Teil auf Illusionen. Denn die Kosten, welche die Gründung, Unterstützung und namentlich die Behauptung von Kolonien veranlaßt, übersteigen, wie die Erfahrungen der Kolonialpolitik Englands und Frankreichs beweisen, sehr oft den Nutzen, den das Mutterland daraus zieht, ganz abgesehen davon, daß es schwer zu rechtfertigen ist, die ganze Nation zum Vorteil einzelner Handels- und Gewerbezweige zu erheblichen Steuerlasten heranzuziehen ... Andererseits ist unsere Marine noch nicht weit genug entwikkelt, um die Aufgabe nachdrücklichen Schutzes in fernen Staaten übernehmen zu können. Endlich würde der Versuch, Kolonien zu gründen, deren Oberhoheit andere Staaten, gleichviel ob mit Recht oder Unrecht, in Anspruch nehmen, zu mannigfachen und unerwünschten Konflikten führen können.«

Prophetische Worte, die – wäre ihnen Bismarck treu geblieben – ihm und dem Reich manchen Ärger erspart hätten. Aber, wie gesagt, auch Bismarck war ein Opportunist, und wenn dieser Opportunismus auch bestimmten Prinzipien entsprach – die

Einheit des Reiches zu wahren und dennoch die Vorherrschaft Preußens zu sichern –, so war letztlich doch auch sein aristokratisches Erbe dafür verantwortlich, daß er statt der Demokratie die Diktatur wählte. Und hier liegt der Schlüssel – wir erwähnten es schon – für den scheinbaren Widerspruch in seiner Kolonialpolitik.

Seit 1862 preußischer Ministerpräsident, wurde er 1871 – nach der Reichsgründung, die sein Werk war – zum Reichskanzler ernannt und übernahm schließlich – 1880 – auch noch das preußische Handelsministerium. Mit dieser Ämterhäufung nahm er eine unbestrittene Schlüsselposition ein, die er bis zu seinem Abgang, 1890, ungebrochen innehatte. Er erlebte also zwei Krisen in seiner langen Amtszeit: jene von 1873 bis 1879 und deren Wiederholung von 1882 bis 1886. Dazwischen lag eine schwere Niederlage bei den Parlamentswahlen von 1881. Sie hätte eine deutliche Warnung sein können, aber Bismarck beachtete sie nicht: Anstatt auf dem Weg der Reformen, die er mit seiner Sozialgesetzgebung einleitete, voranzuschreiten und sozialen auch politische Veränderungen folgen zu lassen, setzte er weiter auf den *status quo* und lenkte den Blick der Unzufriedenen von der Innen- auf die Außenpolitik. Das war ohnehin sein Steckenpferd, wenngleich es – da es ihm gelungen war, inzwischen in Europa einen Ausgleich zu erzielen – auch einiger Anstrengungen bedurfte, einen neuen Konflikt zu schaffen, für die die Kolonien einen willkommenen Anlaß boten: Sie waren ohnehin ein Gebot der Stunde, seit er erkannt hatte, daß es mit der Wirtschaft nicht nur bergauf ging, und daß man sie England streitig machen mußte, erhöhte für ihn – dem ökonomische Belange eigentlich abgingen – den Reiz des Spiels.

So mußte denn England und eine expansive Außenpolitik dafür herhalten, daß es im Reich gärte und nicht zum Überkochen kam. Bereits 1876 – während der ersten Krise – hatte Bismarck den Engländern die Stirn geboten, als er mit dem Herrscher von Tonga – in der Südsee – einen Handels- und Freundschaftsvertrag schloß, der eine Antwort auf die Annexion der Fidschi-Inseln durch Großbritannien war. Und drei Jahre später war ein zweiter Vertrag mit Samoa erfolgt, der freilich durch die Abfuhr der Vorlage im folgenden Jahr in seiner Wirkung eingeschränkt wurde. War Bismarcks Enthusiasmus dadurch auch vorerst gebremst, so versäumte er doch nicht, bereits im nächsten Jahr die Subventionierung von Schiffahrtslinien ins Auge zu fassen und sich schließlich – 1883 – auch für die Errichtung deutscher Überseebanken einzusetzen. Und als dann – im Zeichen der neuen Krise – die Hanseaten erneut an ihn herantraten, zögerte er nicht, diesmal aufs ganze zu gehen und – unter energischem Protest gegen den britischen Rivalen, der ihm durch seinen Widerstand unfreiwillige Schützenhilfe leistete – die ersten Gebietserwerbungen für das Reich vorzunehmen.

So forsch sich Bismarck am Ende auch gebärdete, er gab doch nie den Grundsatz auf, daß das Reich, der Staat, nicht in die Verantwortung genommen werden dürfe, sondern daß die, die den Nutzen aus den Kolonien zogen, auch die Lasten zu tragen hätten: »Meine von Seiner Majestät dem Kaiser gebilligte Absicht ist vielmehr«, erklärte er am Vorabend der ersten Flaggenhissung vor dem Reichstag, »die Verantwortlichkeit für die materielle Entwicklung der Kolonien ebenso wie ihr Entstehen der Tätigkeit und dem Unternehmungsgeiste unserer seefahrenden und handeltreibenden Mitbürger zu überlassen und weniger in der Form der Annektierung von überseeischen Provinzen an das Deutsche Reich vorzugehen als in der Form von Gewährung von Freibriefen nach Gestalt der englischen Royal Charters, im Anschluß an die ruhmreiche Laufbahn, welche die deutsche Kaufmannschaft seit Gründung der Ostindischen Kompagnie zurückgelegt hat, den Interessenten der Kolonie zugleich das Regieren derselben im wesentlichen zu überlassen und ihnen nur die Möglichkeit europäischer Jurisdiktion für Europäer und desjenigen Schutzes zu gewähren, den wir ohne stehende Garnison dort leisten können.«

In dieser seiner Erwartung entsprach Bismarck ganz den Vorstellungen Peters', der sogar von einem eigenen Reich träumte, doch alle anderen, einschließlich der Engländer, waren da weit vorsichtiger: Hatte nicht die selige Ostindische Kompanie schon längst ihren Geist aufgegeben, seit jenem blutigen Aufstand, den die Engländer *Mutiny*, »Meuterei«, nannten, und war seitdem nicht Kaiserin Viktoria die eigentliche Herrscherin von Indien? Bismarck gab sich hier einer Täuschung hin, und es blieb ihm nicht erspart – wie einst auch den Engländern –, seinen Zoll zu zahlen.

Immerhin hatte er zunächst erreicht, daß die Wogen sich in der Heimat glätteten und daß der Wirtschaft ein neues Betätigungsfeld eröffnet war, das vor dem Zugriff anderer Mächte sicher war. Er hatte das Reich über die Grenzen Europas ausgedehnt und damit, während sein Stern in neuem Glanz erstrahlte, den gefährlichen Weg der Weltpolitik beschritten.

Wettlauf zum Kongo

Der erste Test war die sogenannte Kongo-Konferenz. Sie ergab sich aus der Notwendigkeit, ein Vordringen der Portugiesen – und der Engländer – in das Herz Afrikas aufzuhalten. Ein solcher Vorstoß war zu befürchten, seitdem Portugal und Großbritannien – am 26. Februar 1884 – einen Vertrag geschlossen hatten, in dem den Portugiesen das Mündungsgebiet des Kongo zugesprochen wurde sowie das Recht, Zölle zu erheben, von denen jedoch die Engländer befreit seien. Auch sollten die Engländer zusammen mit den Portugiesen eine Kommission bilden, die die Schiffahrt am Kongo überwachte.

Die Portugiesen hatten eine gewisse Berechtigung, Anspruch auf das Gebiet am Kongo zu erheben, denn seit Diogo Cão im ausgehenden 16. Jahrhundert die Küste Afrikas bis zum Kreuzkap erkundet hatte, war auch das damalige Kongo-Reich unter ihren Einfluß geraten. Doch im Gegensatz zu Angola – und Mozambique – legten die Portugiesen am Kongo keine Siedlungen an, und da das Reich im 17. Jahrhundert zerfiel, ließ auch das Interesse der Portugiesen nach. Als nun jedoch durch die legendäre Entdeckungsfahrt Stanleys, der in den Jahren 1874–77 den schwarzen Kontinent durchquerte – von Sansibar bis zur Kongo-Mündung –, der Blick der Welt auf diesen Teil Afrikas gelenkt wurde, von dem man sich unbegrenzte Märkte und Rohstoffquellen erhoffte, da entsannen sich die Portugiesen ihrer alten Rechte und wandten sich an ihren großen Bruder, England, mit dem sie historische Bande verknüpften, um für ihre Forderungen den nötigen Rückhalt zu haben. England, seinerseits an einer Ausweitung seines Einflusses nicht uninteressiert, zumal die Franzosen und Belgier ihm sonst zuvorzukommen drohten, gewährte seinem Partner den erbetenen Schutz und meinte damit, das Problem gelöst zu haben.

Doch man hatte die Rechnung ohne Bismarck gemacht, der – soweit er sich für die Wirtschaft eingesetzt hatte – seit jeher ein Vertreter der Politik der »offenen Tür« gewesen war. Wie in Ostasien, so meinte er, dürfe dieses Prinzip auch im Falle des Kongo nicht aufgegeben werden. Da dieser Auffassung auch die Franzosen waren, die 1880 von Gabun aus einen Vorstoß an den Kongo gemacht hatten, und mehr noch König Leopold von Belgien protestierte, der mit Stanleys Hilfe im Begriff war, einen eigenen Kongo-Staat zu schaffen, kam man überein, eine internationale Konferenz einzuberufen, die in Berlin – unter Bismarcks Vorsitz – stattfinden sollte.

Geladen waren – außer den Initiatoren – alle Interessenten,

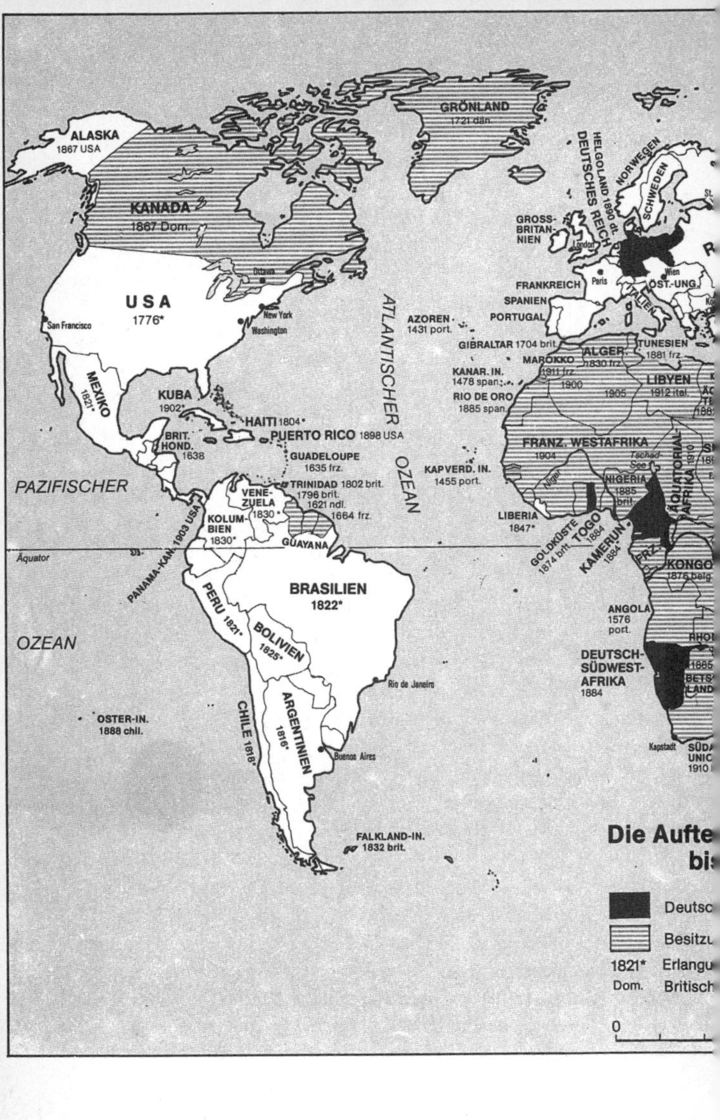
ALASKA
1867 USA
KANADA
1867 Dom.
GRÖNLAND
1721 dän.
USA
1776*
San Francisco
New York
Washington
Ottawa
MEXIKO
1821*
KUBA
1902*
HAITI 1804*
PUERTO RICO 1898 USA
BRIT. HOND. 1638
GUADELOUPE
1635 frz.
TRINIDAD 1802 brit.
1796 brit.
1621 ndl.
1664 frz.
VENE-ZUELA
1830*
KOLUM-BIEN
1830*
GUAYANA
PANAMA-KAN. 1903 USA
Äquator
PAZIFISCHER
OZEAN
ATLANTISCHER
OZEAN
BRASILIEN
1822*
PERU 1821*
BOLIVIEN
1825*
CHILE 1818*
ARGENTINIEN
1816*
Rio de Janeiro
Buenos Aires
OSTER-IN.
1888 chil.
FALKLAND-IN.
1832 brit.
AZOREN
1431 port.
KANAR. IN.
1478 span.
RIO DE ORO
1885 span.
KAPVERD. IN.
1455 port.
GROSS-BRITAN-NIEN
HELGOLAND 1890 dt.
DEUTSCHES REICH
NORWEGEN
SCHWEDEN
FRANKREICH
SPANIEN
PORTUGAL
ITALIEN
ÖST.-UNG.
London
Paris
Wien
GIBRALTAR 1704 brit.
MAROKKO
1911 frz.
ALGER.
1830 frz.
TUNESIEN
1881 frz.
LIBYEN
1912 ital.
1900
1905
FRANZ. WESTAFRIKA
1904
Tschad-See
Niger
NIGERIA
1885 brit.
ÄQUATORIAL-AFRIKA 1910
LIBERIA
1847*
GOLDKÜSTE
1874 brit.
TOGO
1884
KAMERUN
1884
FRZ.
KONGO
1876 belg.
ANGOLA
1576 port.
DEUTSCH-SÜDWEST-AFRIKA
1884
Kapstadt
Die Aufte
bis
Deutsc
Besitzu
1821* Erlangu
Dom. Britisch
0

ES REICH
Transsibir. Eisenbahn 1894–1904 erb.
MONGOLEI
1911*
1900 russ.
MANDSCHUREI
Wladiwostok
KOREA
1910 jap.
Peking
P. Arthur
JAPAN
Tokio
CHINA
1907 russ.
AFGHAN.
TIBET
1912*
Delhi
PERSIEN 1907 brit.
Schanghai
KIAUTSCHOU 1898 dt.
FORMOSA
1895 jap.
PAZIFISCHER
OZEAN
BRITISCH-INDIEN
1639/1885
OMAN
Bombay
HONGKONG 1843/98 brit.
MACAO
1557 port.
MARIANEN
1899
FRZ.-INDO-CHINA
1887/97
SIAM
PHILIP-PINEN
1898
USA
GUAM
1898 USA
ADEN 1839 brit.
GOA
1510
port.
PONDICHERRY
1674 frz.
KAROLINEN
1899
PALAU-IN.
1899
SOMALILAND
1889 ital.
CEYLON
1796 brit.
MALAYA
1873
brit.
1881/88 brit.
BORNEO
DEUTSCH-NEUGUINEA
brit.
NIEDERLÄND. INDIEN
1596
BISMARCK-Arch.
1884
K.-WILH.-LAND
T. OSTAFRIKA 1884/90
SIBAR 1890 brit.
TSCH-OSTAFRIKA 1885/90
NEU-GUINEA
1828 ndl.
Bougainville
SALOMON-IN.
1886/99 brit.
PAPUA
1884 brit.
1906 austr.
SAMOA
1899
dt.
USA
MADAGASKAR 1885 frz.
FIDSCHI-IN.
1874 brit.
INDISCHER OZEAN
AUSTRALISCHER BUND
1901 Dom.
NEU-KALEDONIEN
1853 frz.
TONGA
1899 brit.
Sydney
Melbourne
TASMANIEN
r Welt
NEU-SEELAND
1907 Dom.
e Kolonien
gen Kolonialmächte
ngigkeit
5000 km am Äquator

insgesamt Vertreter von 14 Staaten, darunter Österreich-Ungarn, die USA, Italien, die Niederlande, Rußland und die Türkei. Ort des Geschehens war der Festsaal im Reichskanzleramt, wo »eine große, an 5 Meter hohe Karte Afrikas« hing und »an die nächsten Zwecke, welche diese glänzende Versammlung hier zusammengeführt haben«, erinnerte. Sie wurden noch einmal zusammengefaßt, als Bismarck die Konferenz am 15. November 1884 eröffnete: »Nach einem allgemeinen Hinweis«, berichtete der Korrespondent der »Times«, »auf die hohen, wohlthätigen und friedfertigen Ziele, welche die Mitglieder zusammengebracht, erklärte der Kanzler, daß diese Ziele die Lösung von drei Hauptfragen zum Zwecke hätten – nämlich 1) die freie Schiffahrt (mit Handelsfreiheit) auf dem Flusse Kongo; 2) die freie Schiffahrt des Flusses Niger; und 3) die in Zukunft auf dem afrikanischen Continent zu beobachtenden Förmlichkeiten einer rechtsgültigen Gebietsannection. Dies, sagte der Kanzler, bilde das positive Ziel der Conferenz und negativ würde sie sich mit gegenwärtigen Souveränitätsfragen nicht befassen. Schließlich drückte der Kanzler die Hoffnung aus, daß die Arbeiten der Conferenz eine weitere Zunahme des Friedens und Wohlwollens unter den Nationen zur Folge haben würde.«

Unter der Beteiligung so erlauchter Persönlichkeiten wie »Son Excellence Mr. le Baron de Courcel« (Frankreich), »Son Excellence Sir Edward Malet« (Großbritannien), »Mr. le Marquis de Penafiel« (Portugal), »Son Excellence Said Pacha« (Türkei) und »Mr. le Commandeur Mantegazza«, Senator, Professor und Leiter des Museums für Völkerkunde in Florenz, die alle unterschiedliche Standpunkte und Interessen hatten, zogen sich die Verhandlungen vier Monate lang hin, und erst am 26. Februar kam es zur Unterzeichnung einer Schlußakte. Sie enthält sechs Punkte:

1. Der Kongo und das Gebiet im Osten sollen künftig der Handelsfreiheit unterliegen. Es dürfen keine Zölle erhoben werden, und niemand hat das Recht auf Privilegien und Monopole. Ferner haben alle, die in diesem Teil Afrikas Handel treiben, die Pflicht, die Lebensbedingungen der Eingeborenen zu verbessern und sie nicht in ihren Kulten zu stören. Dennoch sollen christliche Mission, aber auch Wissenschaft und Forschung gefördert werden.

2. Der Sklavenhandel ist zu unterbinden. Dafür zu sorgen, ist Aufgabe jeder Regierung, die in diesem Gebiet vertreten ist.

3. Das besagte Gebiet ist fortan neutral. Kommt es dennoch zu Unstimmigkeiten, so soll jede Macht bemüht sein, durch Vermittlung Dritter den Konflikt friedlich beizulegen.

4. Gemäß den bestehenden Bestimmungen zur Nutzung der Donau steht der Verkehr auf dem Kongo und seinen Nebenflüssen für jedermann offen. Für die Einhaltung dieser Bestimmung sorgt eine internationale Kommission.

5. Der gleiche Grundsatz erstreckt sich auch auf den Niger, wobei hier allerdings zunächst nur England und Frankreich (die hier bereits etablierte Rechte haben) für eine entsprechende Aufsicht sorgen. Andere Mächte, die als Anrainer hinzukommen (wie dies für Deutschland zutreffen sollte), erhalten das gleiche Hoheitsrecht.

6. Für zukünftige Besitzergreifungen ist es erforderlich, die übrigen Signatarmächte über die erfolgte Okkupation zu unterrichten und dafür Sorge zu tragen, daß freier Handel und Durchgang gewährleistet ist.

Portugal war der große Verlierer, Leopold, der König der Belgier, der eigentliche Gewinner: »Die gestrige Schlußsitzung«, schrieb am 28. Februar die »Neue Preußische Zeitung«, »der afrikanischen Conferenz, zu welcher auch der niederländische Bevollmächtigte Jonkheer van der Howen erschienen war, der, wie die Krücken zeigten, auf die er sich stützte, noch immer an den Folgen des im December erlittenen Beinbruchs leidet, begann gegen 2½ Uhr. Der Reichskanzler Fürst v. Bismarck, der den Vorsitz führte, trug die Interims-Uniform seines Kürassier-Regiments. In der Eröffnungsrede gab der Fürst, nachdem er der Befriedigung darüber Ausdruck gegeben, daß es gelungen sei, über die drei Punkte des Conferenz-Programmes eine Einigung zu erzielen, eine kurze Übersicht über die von der Conferenz jetzt in dem *Acte Général* zusammengefaßten Beschlüsse und hob besonders die hochherzigen Bestrebungen des Königs der Belgier hervor, dessen eigenste Schöpfung, der im Centrum Afrikas gebildete Staat, schon heute von fast allen Nationen anerkannt, gestützt durch die Beschlüsse der Conferenz, der Sache der Humanität in jenen der Civilisation noch nicht erschlossenen Ländern die wertvollsten Dienste leisten würde. Der Präsident schloß, indem er im Namen Sr. Majestät des Kaisers den Theilnehmern der Conferenz, Bevollmächtigten und Delegirten, den allerhöchsten Dank für ihre vom Erfolge gekrönten Arbeiten aussprach.«

Die sogenannte Kongo-Gesellschaft, die die Interessen des belgischen Königs vertrat, trat am gleichen Tag, an dem die Schlußakte unterzeichnet wurde, dem Abkommen bei und schuf damit die Voraussetzung, daß der neue Staat am Kongo – als persönlicher Besitz König Leopolds – anerkannt wurde. Bismarck hatte dies bereits am 8. November, also *vor* dem Beginn der Konferenz, getan, so daß sie letztlich nur der Legitimierung eines *fait accompli* galt.

Dennoch war das Resultat der Kongo-Konferenz nicht nur die Etablierung einer privaten Domäne im Herzen Afrikas, die den Vorteil hatte, daß keine europäische *Nation* gestärkt wurde. Die Konferenz von Berlin, indem sie Afrika endgültig in den Blickpunkt der Öffentlichkeit rückte und die Richtlinien für weitere Gebietserwerbungen festlegte, gab auch das Startsignal zum großen »Run« auf Afrika. Waren es im Jahre 1875 noch fast 90 Prozent des schwarzen Erdteils gewesen, die in der Hand der Eingeborenen waren - von der arabischen Überlagerung im Norden abgesehen -, so waren es 1902 nur noch zehn Prozent. Der Rest war - in gegenseitigem Einvernehmen - unter den europäischen Mächten aufgeteilt. So war die Konferenz zu Berlin nicht nur ein Triumph für Bismarck - und das Deutsche Reich, das hier in den Kreis der Kolonialmächte aufgenommen wurde. Bismarck lud sich - zusätzlich zur kolonialen Schuld des eigenen Volkes - auch die Schuld der anderen auf, allen voran die König Leopolds, dessen »Kongo-Greuel« bald in aller Munde waren.

ZWEITER TEIL

ZUR SICHERUNG DER GRENZEN

V. ZWISCHEN KONGO UND SANSIBAR

Kampf um die Beute

»Nach Zanzibar zurückgekehrt, fanden wir die Situation in Ostafrika gänzlich verändert. Während seit Jahren vollständige Ruhe geherrscht hatte und Europäer sich unbelästigt an allen Küstenplätzen aufhielten, tobte jetzt überall der Aufruhr. Alle Stationen der Ostafrikanischen Gesellschaft hatten von den Beamten, meist mit Zurücklassung ihrer ganzen Habe, im Stiche gelassen werden müssen, nur Bagamoyo und Dar-es-Salam wurden mit Hilfe der Kriegsschiffe noch gehalten.«

So der Bericht eines Afrika-Reisenden, Oskar Baumann, der am 4. Januar 1889 in der Wiener »Neuen Freien Presse« erschien. Baumann war gerade von einer Expedition zurückgekehrt, die selbst Opfer der Unruhen geworden war: »Blühende Plantagen«, so berichtet er weiter, »an deren Gedeihen zahlreiche Kapitalisten Interesse trugen, wurden zerstört, unsere Expedition ausgeraubt und vernichtet und fast alle Deutschen geplündert und verjagt – doch alles dies wären kleinere Verluste gegen die moralische Einbuße, welche das deutsche Ansehen in Ostafrika erlitten hat.«

Dieses, das Ansehen der Deutschen, war in Ostafrika freilich nie sehr groß gewesen, seit Peters und Genossen über das Land hergefallen waren. »Die Vertreter der Deutsch-Ostafrikanischen Gesellschaft«, schrieb ein Agent der Firma O'Swald an das Hamburger Stammhaus, »sind von Anfang an in einer wirklich unglaublichen Weise aufgetreten. Nicht nur, daß Dr. Peters, Dr. Jühlke und andere, die sich als berufene Vertreter des deutschen Volkes hinstellten, sich nicht entblödeten, durch wüste Trinkgelage, Prügeleien untereinander und ähnliche Exzesse die Achtung, welche der Eingeborene hier vor dem Weißen hat, tief zu untergraben, haben gerade in erster Linie die beiden Genannten in bewußter Absicht alles getan, um die bestehenden Verhältnisse zu verwirren.«

Aber es war nicht nur das teutonische Auftreten der Peters-Mannschaft, die den Unwillen nicht nur der Eingeborenen, sondern auch der übrigen Europäer hervorrief: Was vor allem die

Araber in den Küstenstädten verärgerte, war ein Vertrag, den die Ostafrikanische Gesellschaft am 28. April 1888 mit dem Sultan von Sansibar schloß. Denn dieser Vertrag ermächtigte die Gesellschaft – gegen eine jährliche Entschädigung –, das gesamte Küstengebiet, das bislang dem Sultan unterstanden hatte, in eigener Regie zu übernehmen. Damit hatte der Sultan zwar nicht sein Hoheitsrecht aufgegeben, aber die tatsächliche Ausübung seiner Herrschaft – Verwaltung und Gerichtsbarkeit, aber auch die Erhebung der Zölle – lag nun in der Hand der Deutschen.

Vielleicht hätte man dies noch hingenommen – denn ob Zölle an den Sultan oder an die Deutschen, blieb sich letztlich gleich –, doch die Deutschen, in allem gründlich, was sie taten, hißten ihre eigene Flagge und kappten die des Sultans. Doch damit noch nicht genug, sie traten und spien darauf – und beleidigten so nicht nur den Sultan, sondern auch die Araber an der Küste. »Gerne möchten wir Ew. Durchlaucht mit dieser Eingabe verschonen«, beklagte sich der Sultan, Said Khalifa, in einem Schreiben an Bismarck, »denn wir lieben es nicht, Ihnen mit Beschwerden lästig zu fallen, aber diesmal ist es leider nötig gewesen.

Bekanntlich befanden sich unsere festländischen Besitzungen, als wir sie der deutschen Gesellschaft überlieferten, im Zustande des tiefsten Friedens, und gegenwärtig befinden sie sich dem größten Teile nach im Zustande des Kriegs und der Verödung. Der Grund davon ist die Art und Weise, wie die Gesellschaft sogleich bei der Übernahme der Landesverwaltung unsere Untertanen behandelt hat. Anstatt, solange die neue Ordnung der Dinge nicht befestigt war, rücksichtsvoll und milde mit ihnen zu verfahren, begann die Gesellschaft ihre Geschäfte damit, daß sie unsere Flagge beschimpfte und die ihre aufzog. Dieser Anblick erbitterte die Gemüter um so mehr, als es gerade an unserem größten Festtage geschah. Ferner verlangt die Gesellschaft für jeden, welcher stirbt, zwei Reale [acht Mark] von den Erben. Desgleichen konfisziert sie jeden ländlichen Grundbesitz nach sechs Monaten, dessen Eigentümer keinen gerichtlichen Besitztitel hat; während doch der Grundbesitz unserer Untertanen zum größten Teile durch Erbschaft überkommen ist und nur wenige Eigentümer schriftliche Besitzurkunden haben. Sodann verlangt die Gesellschaft für die Erlaubnis, irgendeinen Gegenstand von einer Ortschaft in die andere zu bringen, eine Gebühr von einer Rupie [zwei Mark], wenn auch der transportierte Gegenstand selber nicht eine Rupie wert sein sollte. Ohne mit dieser Aufzählung, die sich sehr verlängern ließe, fortzufahren, so hat uns die Gesellschaft durch die Menge der Belästigungen unserer Untertanen die größten Ungelegenheiten bereitet. Und nicht besser verfährt sie mit uns selbst, denn für die nach dem Festlande verschifften Handelsgüter, welche noch vor dem Übergange des Zollwesens in die Hände der Gesellschaft auf der Insel Zanzibar verzollt worden waren, belastet sie unser Konto mit 5 Prozent. Desgleichen berechnet sie uns jeden Monat mehr als 14000 Rupien als Äquivalent der Besoldung ihrer Soldaten und Beamten, während doch von der Zeit an, wo das Beamtenpersonal der Gesellschaft unsere festländischen Besitzungen verlassen hat, alle Soldaten und Beamten ihre Besoldung von uns erhalten, auch bis auf den heutigen Tag dort stationiert sind.«

Flaggenbeschimpfung, Landraub, Steuerlast: Das Maß war voll. Doch es erhob sich nicht der Sultan – er war nur noch eine Marionette –, sondern die Revolte brach in den Küstenstädten aus, zuerst in Pangani – am 4. September 1888 –, dann in Tanga, in Bagamoyo und schließlich im Süden, bis im Dezember das gesamte Pachtgebiet der Ostafrikanischen Gesellschaft in der Hand der Aufständischen war. Lediglich Daressalam und Bagamoyo harrten noch aus, wiewohl auch hier die Herrschaft der Deutschen nur noch symbolisch war: In ihrer Station verschanzt, hielten die Vertreter der Gesellschaft nur deshalb die Stellung, weil vor der Küste deutsche Kriegsschiffe kreuzten und von Zeit zu Zeit die beiden Häfen unter Granatbeschuß nahmen, um die Angreifer davon abzuhalten, die Belagerten gänzlich zu überrennen.

Trotz ihrer Niederlage konnten die Beamten der Ostafrikanischen Gesellschaft von Glück sagen, denn von insgesamt 19 Angestellten, die auf zehn Stationen verteilt gewesen waren, waren nur zwei – die beiden Agenten in Kilwa – dem Aufstand zum Opfer gefallen. Allen anderen gelang es, zu fliehen oder sich in Sicherheit zu bringen. Von Vergeltung – seitens der Deutschen – konnte eigentlich nicht die Rede sein.

Und tatsächlich war denn die Schlappe, die die Ostafrikanische Gesellschaft erlitten hatte – die ohnehin, selbst in den Augen Bismarcks, nur eine Fiktion war –, auch nicht der eigentliche Anlaß, weshalb das Reich nun zum Gegenschlag rüstete. Man schützte vielmehr den Kampf für Zivilisation und Fortschritt vor – namentlich einen heiligen Krieg gegen die Sklaverei, zu dem man sich ohnehin verpflichtet hatte –, und gewann so Rückendeckung, im Reich wie unter den übrigen Mächten in Europa. Mit England und Portugal, die im Norden und Süden des deutschen »Schutzgebietes« tätig waren, hatte man schon im November ein Übereinkommen getroffen, das eine Blockade - gegen Waffenein- und Sklavenausfuhr - an der ostafrikanischen Küste vorsah, und der Reichstag - eingedenk der Bürde des Weißen Mannes - bewilligte im Januar zwei Millionen Mark, für die Niederschlagung des Aufstandes.

Ganz so verblendet, wie es klingt, war der Reichstag - wo die antikolonialistische Strömung noch immer ein großes Gewicht hatte - freilich nicht. Es kamen dem Argument der zivilisatorischen Mission zwei Umstände entgegen: Zum einen hatte unlängst der Papst, Leo XIII., aufgrund eines Appells des französischen Kardinals Lavigerie - mit dem Nachtigal in Tunis zusammengetroffen war - an die heilige Pflicht der Christen erinnert, den Menschenhandel in Afrika zu unterbinden, und er hatte dafür mehrere 100 000 Francs zur Verfügung gestellt, zum andern waren die beiden Hauptanführer des Aufstandes in Ostafrika, Buschiri und Bana Heri, tatsächlich ehemalige Sklavenhändler, die selbst vor der Ergreifung von Missionaren nicht zurückschreckten. Anders als bei den Aufständen, die folgen sollten - in Ostafrika wie in den übrigen deutschen Kolonien -, waren diese beiden Araber selbst Kolonialherren, die die Eingeborenen im Hinterland unterjochten und durch die Etablierung der deutschen Herrschaft um ihre Pfründe fürchteten, die ihnen der Sultan, gegen den sie sich verschiedentlich aufgelehnt hatten, belassen hatte. Buschiri und Bana Heri waren keine Frei-

Im Araberaufstand gefangene Sklavenhändler

heitshelden, sie waren Opportunisten, die den ursprünglichen Aufstand an der Küste, der im Namen des Sultans geführt worden war, für ihre Zwecke mißbrauchten. Ebensowenig wie die Deutschen hatten sie das Recht, das Wort »Freiheit« im Munde zu führen.

So verwundert es nicht, daß der Aufstand denn auch – kaum daß die Deutschen militärisch eingriffen – bald erstickt war. Untereinander uneins, nur für ihre eigenen Interessen kämpfend, hatten die Aufständischen weder das Volk auf ihrer Seite noch den Sultan, der freilich selbst – durch den Vertrag, den er der Ostafrikanischen Gesellschaft zugestanden hatte – sich in die Hände der Deutschen begeben hatte. Ja, nimmt man es ganz genau, so war ja auch er nur ein Feudalherr, der den Eingeborenen – den Bantu – die Herrschaft Fremder – der Araber – aufgezwungen hatte.

Es war also die paradoxe Situation entstanden, daß sich – in Ostafrika – Raubtiere gleicher Ordnung um die Beute stritten. Die Deutschen hatten dabei den Vorteil, nicht nur über die überlegenen Waffen zu verfügen, sie konnten auch mit dem Anspruch auftreten – eben weil sie den Kampf gegen die Aufständischen zum Kreuzzug gegen den Sklavenhandel deklarierten –, daß sie für Ruhe und Ordnung sorgten. Darin hätte eine gewisse Rechtfertigung gelegen, wenn sie es damit ernst gemeint hätten. Aber sie waren am Ende nicht besser als ihre Vorgänger.

Die militärische Eroberung Ostafrikas – nur mit Verträgen ging es hier ebensowenig wie anderswo – begann mit der Ernennung Hermann Wissmanns zum Reichskommissar und Oberbefehlshaber eines Expeditionskorps, das aus Söldnern zusammengestellt war. Soldaten des Reiches wollte man nun doch nicht aufs Spiel setzen, man hätte ihren Einsatz, wenn sie fielen, schließlich doch dafür ausnützen können, das eigentliche Motiv – die Rettung der Ostafrikanischen Gesellschaft – anzuprangern. So mußten denn 650 Sudanesen, die man in Ägypten anwarb, und 350 Zulu, die die Engländer aus Mozambique herbeischafften, dafür herhalten, daß im Reich die Kolonialpolitik noch immer auf tönernen Füßen stand. Immerhin stellte man für die Expedition 25 Offiziere, Ärzte und Beamte frei sowie sieben Deckoffiziere und 56 Unteroffiziere, die alle »Sonderurlaub« erhielten, und wies die Marine, die bereits im Dezember vor der ostafrikanischen Küste ein Blockadegeschwader zusammengezogen hatte, an, Wissmann bei seinem Unternehmen behilflich zu sein.

Wissmanns Ernennung zum Leiter der ersten deutschen ko-

Wissmann (links sitzend) mit seinem Stab

lonialen Eingreiftruppe war der Tatsache zu verdanken, daß er – nach einer anfänglichen militärischen Laufbahn – sich einen bedeutenden Namen als Afrika-Forscher gemacht hatte, der als erster Deutscher den schwarzen Kontinent von West nach Ost durchquert hatte. Es half aber wohl auch, daß er ein Schwiegersohn Bismarcks war und – wie Stanley – im Dienste Leopolds gestanden hatte, des Königs der Belgier, für den er den Kongo weiter erforscht hatte. Der richtige Mann, mit den richtigen Erfahrungen und den richtigen Beziehungen, um ein so heikles Unternehmen zum Erfolg zu führen.

»Euerer Durchlaucht«, schrieb Wissmann an Bismarck am 13. Oktober 1889, »melde ich ... ganz gehorsamst, daß Kingo, Häuptling von Simbabweni und Morogro, das in ihn gesetzte Vertrauen dadurch in jeder Hinsicht gerechtfertigt hat, daß er nicht nur gemeldet hat, die Rebellenführer hätten ihm dahingehende Anträge gemacht, mit ihnen gemeinsam über mich und die nachfolgende Wanyamwezikarawane herzufallen, sondern auch den Aufenthalt der Rebellen verraten hat. Kingo selbst stellte Krieger als Führer, und gelang es mir, wie ich bereits Euerer Durchlaucht durch Freiherrn von Gravenreuth berichten ließ, die vereinigten Rebellen zu schlagen und zu zersprengen. Es hat sich dadurch Kingo als offener Feind Buschiris bewährt. Zur Befestigung seines großen Dorfes habe ich ihm die nötigen Anleitungen gegeben und sende ihm eine der eroberten Vorderladerkanonen; natürlich wird diese Befestigung derart, daß sie unseren Geschützen gegenüber bedeutungslos bleibt.«

Er brauchte sie nur gegeneinander auszuspielen, die Sklaven gegen die Sklavenhändler, die Bantu gegen die Araber, und er hatte sein Spiel gewonnen. Freilich ging es nicht ohne blutige Kämpfe ab – 18 Schlachten registrierte der offizielle Gefechtskalender, und es dauerte immerhin ein Jahr, bis das Land einigermaßen »befriedet« war –, aber nachdem die Küstenstädte gefallen waren, hatten die beiden Führer des Aufstandes im Hinterland keine Chance mehr: der eine, Buschiri, war bereits am 8. Mai 1889 entscheidend geschlagen worden, und obwohl es ihm gelungen war, eine neue Streitmacht aufzustellen, unterlag auch diese in einer zweiten Schlacht, so daß er schließlich flüchten mußte; von den Eingeborenen aufgegriffen und den Deutschen übergeben, wurde er zum Tode verurteilt und am 15. Dezember 1889 gehängt. Der andere, Bana Heri, der im Norden operierte, hielt sich bis zum Frühjahr 1890; dann, am 6. April, ergab er sich und erhielt Amnestie. Der Süden schließlich, die Häfen Kilwa, Lindi und Mikindani, die ohnehin führerlos waren, unterwarfen sich zum Teil freiwillig oder wurden eine leichte Beute des kombinierten Einsatzes der Marine und der Landstreitkräfte. Mitte Mai war der Widerstand gebrochen, und es bedurfte nur noch einiger »Säuberungsaktionen«.

Wissmann kehrte noch im gleichen Monat nach Deutschland zurück und wurde dort mit allen Ehren empfangen. Aber auch Kingo, seinen Verbündeten, dem er einen Großteil seines Sieges verdankte, vergaß man nicht: »Kingo muß belohnt werden«, schrieb Wilhelm II. an den Rand des Berichtes von Wissmann. »Geschenke vorschlagen.«

Vorstoß nach Uganda

Die Bündnistreue der Afrikaner, die der Kaiser lobte, wurde ihnen dennoch nicht vergolten. Dafür sorgte sogleich ein Mann, der ihm, dem Kaiser, eigentlich recht nahe stand: Carl Peters.

Er hatte – 1887 – die Präliminarien des Vertrages ausgehandelt, der zu dem Aufstand führte, war dann aber aus Sansibar abberufen worden und fand sich schließlich ohne Beschäftigung wieder. Die Deutsch-Ostafrikanische Gesellschaft, die er gegründet hatte und deren Hauptförderer er bislang gewesen war, hatte erkennen müssen, daß Peters nicht nur nichts von Geschäften verstand – weshalb die Gesellschaft zunächst auch nicht florierte –, auch seine Verwaltungsmethoden – über die man aus Sansibar Klage führte – behagten ihr nicht. So fand man ihn ab – und bot ihm ein neues Versuchsfeld an: »Als ich im

Februar 1888«, schreibt Peters, »nach meiner Abberufung von Zanzibar in Europa wieder eintraf, überreichte mir der Vorsitzende der Deutsch-Ostafrikanischen Gesellschaft, Herr Karl v. d. Heydt, in Nervi eine Denkschrift, welche den Gedanken einer deutschen Emin-Pascha-Expedition im einzelnen entwikkelte und eine Zeichnung von 30000 Mark in Aussicht stellte, falls ich geneigt sei, die Führung derselben zu übernehmen. Ich ging im Prinzip auf den Vorschlag ein, machte indes meinen endgültigen Entschluß von der Aufnahme dieses Gedankens in Deutschland abhängig.«

Emin Pascha – wir erwähnten es schon – hieß eigentlich Eduard Schnitzer und war deutscher Arzt in ägyptischen Diensten. Zuvor war er bereits bei einem Statthalter in der Türkei tätig gewesen, und als dieser starb, hatte er dessen Frau und Besitz übernommen. Doch da ihm an letzterem mehr als an ersterer lag, hatte er ihr zwar versprochen, sie zu heiraten, machte sich aber – als sie ihm zu den fünf Kindern des Türken noch ein sechstes gebar – aus dem Staube und ging nach Oberägypten, wo er sich zunächst in Khartum und schließlich am Äquator niederließ. Sein Mentor war hier der legendäre britische General Gordon, der zunächst – noch unter ägyptischer Herrschaft – Generalgouverneur des Sudan gewesen war und dann – nachdem die Briten Ägypten 1882 besetzten und der Mahdi im folgenden Jahr den Sudan eroberte – mit dessen Rückgewinnung betraut worden war. Gordon wurde schließlich in Khartum von den Mahdisten niedergemacht, während Schnitzer – der sich inzwischen Emin Pascha nannte und die sogenannte Äquatorialprovinz, die damals zum Sudan gehörte, verwaltete – von der Außenwelt abgeschlossen war. Es stand zu befürchten, daß auch er dem Ansturm des Mahdi erliegen würde.

Um dies zu verhindern, schickten die Engländer den gewieften Stanley aus, der nicht nur – für König Leopold – den Kongo erobert, sondern auch den dereinst verschollenen Livingstone aufgetrieben hatte. Da er gewissermaßen zwei Eisen im Feuer hatte – den belgischen König und die britische Regierung –, zog er nicht von Ostafrika, was näher gewesen wäre, zur Äquator-Provinz, sondern vom Kongo aus, um sich dadurch die Möglichkeit offenzuhalten, die bedrohte Provinz – das heutige Uganda – an den Kongo anzuschließen. Doch Emin Pascha alias Eduard Schnitzer war von beidem nicht sonderlich angetan – er wollte sein »Reich« weder den Engländern noch den Belgiern übergeben –, und da er sich im Augenblick noch gegen den Mahdi behaupten konnte, zog Stanley, der ihn im Mai 1888 erreicht hatte, unverrichteter Dinge wieder ab.

Das war die Chance, die die Deutschen – deren Landsmann Schnitzer immerhin war – sich nicht entgehen lassen durften. Schon 1886 hatte der damals in Kairo weilende deutsche Afrika-Forscher Schweinfurth zu Emin Paschas »Rettung« aufgerufen, und die Deutsche Kolonialgesellschaft, seit ihrer Verschmelzung mit der Petersschen Gesellschaft für Kolonisation das rührigste Propagandaorgan, hieb in die gleiche Kerbe. Da war es nur eine Frage der Zeit, daß sich auch das Pendant des ursprünglichen Peters-Unternehmens, die Ostafrikanische Gesellschaft, der Sache annahm, und gemeinsam ging man nun zum Generalangriff über. Man berief eine Sitzung nach Berlin ein, gründete ein »Komitee zur Unterstützung Emin Paschas« und setzte einen Aufruf auf, der am 17. September 1888 verabschiedet wurde. Darin heißt es:

Der Aufstand des Mahdi im Sudan hat die ersten Ansätze europäischer Gesittung am oberen Nil vernichtet; die Kulturwelt sieht mit Schrecken die Greuel einer zügellosen Sklavenwirtschaft sich immer weiter ausbreiten. Die Kunde, daß unser deutscher Landsmann Dr. Eduard Schnitzer, Emin Pascha, die ihm von der ägyptischen Regierung anvertrauten äquatorialen Provinzen im Süden des Sudans gegen den mahdistischen Ansturm zu behaupten vermochte und mit seinen Truppen dort ein letztes Bollwerk europäischer Kultur festhält, hat in Europa die Hoffnung wachgerufen, daß Emin Paschas Provinzen den Ausgangspunkt für die Zivilisierung Mittelafrikas abzugeben vermögen. Mit reichen Mitteln zog Stanley im englischen Auftrage aus, um die Verbindung mit Emin Pascha herzustellen, seine Expedition muß leider als fehlgeschlagen gelten.

Emin Pascha aber bedarf dringender Hilfe; seine Briefe melden, daß seine Munition, seine Vorräte zu Ende gehen. Soll unser heldenmütiger Landsmann ohne Unterstützung gelassen, dem Untergange überliefert, soll seine mit deutscher Tatkraft der Kultur gewonnene Provinz der Barbarei anheimfallen? Die Versuche, vom Kongo aus Emin zu erreichen, sind gescheitert, von Ostafrika aber führt der beste und sicherste Weg zum oberen Nil, und hier ist deutsches Gebiet, das die sichersten Ausgangs- und Stützpunkte für eine Emin-Pascha-Expedition abgibt. Das deutsche Volk ist berufen, dem Deutschen Dr. Schnitzer Hilfe zu bringen. Diese Hilfe aber muß, wenn sie nicht zu spät kommen soll, ungesäumt erfolgen. Das deutsche Emin-Pascha-Komitee wendet sich deshalb an die Nation um werktätige Unterstützung. Möge jeder zu seinem Teil zur Ausführung eines Unternehmens beitragen, welches nicht nur unsere überseeische Machtstellung fördern und dem deutschen Handel neue Bahnen öffnen soll, sondern vor allem bestimmt ist, einer Ehrenpflicht zu genügen, die dem kühnen deutschen Pionier gegenüber obliegt. Namhafte Summen sind dem unterzeichneten Komitee bereits zugeflossen; um aber ungesäumt zur Durchführung der Expedition schreiten zu können, bedarf es der schleunigsten allgemeinen opferfreudigen Beteiligung weiter Kreise. Beiträge erbitten wir zu Händen unseres Schatzmeisters Karl von der Heydt ...

Diesem lauschigen Appell, der zwar zu Opfern gemahnte, doch auch Profite verhieß, konnte so mancher nicht widerstehen, und so kamen denn – für Pionier und Vaterland – 400 000 Mark zusammen, die ausreichten, um das Unternehmen in Angriff zu nehmen.

Peters, der sich anfangs – nur der Form halber – geziert hatte, war ganz Feuer und Flamme, und obzwar ihm der Aufstand in Ostafrika – der letztlich sein Werk war – dazwischenkam, hatte dies auch wiederum sein Gutes: denn jener Wissmann, der den Aufstand niederschlagen sollte, hätte Peters den Platz sonst streitig gemacht. Man traut Wissmann, dem Militär und Afrika-Forscher, mehr zu als dem hitzköpfigen Peters und hatte ihn bereits zum Führer einer »Vorexpedition« ausgewählt, die direkt zu Emin Pascha vorstoßen, während Peters nur noch die Verträge aushandeln sollte, als Bismarck sich für seinen Schwiegersohn entschied. Damit war der Rivale aus dem Wege, aber Bismarck, der meinte, das Reich habe sich ohnehin schon mit der Schutzerklärung für die Ostafrikanische Gesellschaft übernommen, machte Peters dennoch einen Strich durch die Rechnung: Er wies nicht nur den deutschen Konsul in Sansibar an, Peters bei seinem neuerlichen Unternehmen jede Hilfe zu verweigern, er ließ auch – am 19. August 1889 – die Engländer wissen, daß Deutschland keine Ambitionen habe, seinen Machtbereich auf »Uganda, Wadelai und andere nördlich des ersten Grades südlicher Breite gelegene Gebiete« auszudehnen. Mit dem Aufstand hatte er mehr als genug zu tun.

So war denn die »Emin-Pascha-Expedition«, die ja ein doppeltes Ziel verfolgte – wenn man nicht so weit geht, daß die Befreiung des Deutschen nur ein Vorwand war, um die von ihm verwaltete Provinz zu annektieren –, von vornherein zum Scheitern verurteilt. Doch Peters, zumal er von Bismarcks Verzichtserklärung gegenüber den Engländern nichts wußte, ließ sich auch diesmal nicht entmutigen. Ja, es glückte ihm sogar, die Blockade zu brechen.

Denn auch das war ein unvorhergesehenes Hindernis: Die Kriegsschiffe, die vor der ostafrikanischen Küste kreuzten, ließen ihn nicht an Land. So war er gezwungen, sich einen alten Dampfer zu chartern und – nachdem er die Häscher in die Irre geführt hatte – nach Norden auszuweichen, um in der Kwaihu-Bucht, jenseits der Blockade, im heutigen Kenia, an Land zu gehen: »Es war ein herrlicher Augenblick«, berichtet Peters über den Beginn seiner Expedition, »als die Umrisse der Inseln von Dar-es-Salam hinter uns zurücksanken. Eine starke Brise wehte von Südwest herauf, und das Meer war in starker Erregung. Wohl lag die Zukunft unsicher, ja dunkel vor uns, aber das Gefühl, welches uns drei, Kapitänleutnant Rust, Oskar Borchert und mich, in diesem Augenblick bewegte, war doch zunächst das des Aufatmens, der Erlösung aus einem dumpfen Druck, das Gefühl der Freiheit, der Bewegung! Gewannen wir den freien Ozean, so konnten wir operieren, wie es uns beliebte, und hatten nicht zu befürchten, durch plumpe Machtmittel so ohne weiteres erdrückt zu werden. Ich hatte erst am Abend vorher dem Kapitän der ›Neera‹ und Herrn Kapitänleutnant Rust meine eigentlichen Pläne dargelegt. Ich wollte außerhalb der Inseln Zanzibar und Pemba nach Norden zu halten und die nördlich der Blockade gelegene Kwaihubucht zu erreichen suchen. Zwar war dieses Unternehmen rein technisch kein eben leichtes, denn die Kwaihubucht ist durch Riffe nach außen hin verrammelt und eigentlich ohne Lotsen gar nicht anzulaufen. Einen Lotsen hatten wir uns natürlich in Zanzibar nicht verschaffen können, weil damit der ganze Plan zunicht gemacht sein würde.

Aber dieses Wagnis mußte ich auf mich nehmen, wollte ich nicht die Expedition als solche lieber aufgeben. So nahmen wir es denn auf uns. Nachdem wir etwa 10 Meilen Südost gelaufen waren, ward der Kurs nach Osten umgesetzt, in welcher Richtung wir bis 6 Uhr abends etwa 50 Meilen liefen. Dann setzten wir nach Nordnordost um und liefen in der Nacht an Zanzibar und Pemba vorüber, direkt auf Lamu zu. Bis 4 Uhr nachmittags dampften wir bei sehr bewegter See bis etwa auf die Höhe von Lamu, von da ab setzten wir nordwestlich direkt auf Kwaihu zu. Zanzibar und die ganze Blockade blieben weit außer Sicht an Backbord.«

Am 9. Juni 1889 aufgebrochen, erreichte die Expedition eine Woche später die Kwaihu-Bucht. Dieses Gebiet war zwar – in einer ersten provisorischen Grenzregelung – 1886 den Engländern überlassen worden, doch bislang hatten diese von ihrem vertraglichen Recht noch keinen Gebrauch gemacht, zumal der

Sultan von Witu, dem das Gebiet der Kwaihu-Bucht unterstand, 1884 einen Freundschaftsvertrag mit Deutschland geschlossen hatte, der noch immer seine Gültigkeit hatte. So ergaben sich denn im Laufe der Expedition keine weiteren Schwierigkeiten mehr - von seiten der Europäer. Die Einheimischen hingegen - abgesehen vom Sultan, der die Expedition freundlich empfing - waren dafür um so kriegerischer. Allen voran die Massai, deren Stolz und Tapferkeit selbst einem Peters Respekt einflößten. »So entspann sich denn«, berichtet er über einen Kampf mit ihnen, »ein sehr seltenes Einzelgefecht hier in dem Flußwalde des Gnare Gobit. Von Baum zu Baum avancierten die Massais, immer mit Bedacht, sich gegen die Kugeln zu decken. Ich darf sagen, daß ich in diesen nächsten Minuten mein Leben und uns alle für verloren gab und trotzdem bei dieser tadellosen Art, anzugreifen, ein Gefühl von Bewunderung für unsere Gegner, welche ich doch zu gleicher Zeit tödlich haßte, nicht zu unterdrücken vermochte. Es gelang mir wiederholt, durch einen Doppelschuß zwei der vordersten Massais niederzustrecken, wodurch die übrigen stutzig wurden und mir Zeit zum erneuten Laden ließen. Vor allem aber wirkte auch das Repetiergewehr Musas ganz außerordentlich auf sie. Die Hinterlader kannten sie, aber das System der Repetiergewehre mußte ihnen als übermenschlich und demnach unheimlich erscheinen. Inzwischen rief ich nach Hussein, und nach fünf Minuten der peinlichsten Spannung hatte ich die freudige Überraschung, meine Leute endlich von hinten zur Unterstützung heraneilen zu sehen. Ein Massai, welcher sich zum Stoß auf mich vorbereitete, wurde zunächst von unserem Küchenjungen Farjalla durch einen Schuß ins Gesicht niedergestreckt, und nun ging ich meinerseits mit Hurra gegen die Massais vor. Dieselben blieben anfangs stehen, wichen dann allmählich zurück, und nach halbstündigem Gefecht erreichten wir den Waldessaum, von dem die Massais, immer die Brust uns zugewandt, sich langsam, auf Elbejet und nach beiden Seiten hin abschwenkend, rechts und links vom Waldessaum zurückzogen.«

Nur mit Speeren und Schilden bewaffnet, hatten die Massai, waren sie auch in der Übermacht, keine Chance, die Eindringlinge mit ihren Feuerwaffen aufzuhalten. Die Expedition drang unaufhaltsam vorwärts, den Tana aufwärts, am Mount Kenya vorbei, durch Steppen und Sümpfe, und erreichte schließlich - nachdem sie auch schon hier und da in Kenia die deutsche Flagge gehißt hatten - im Februar 1890 das Ziel, Uganda. Doch kaum hatten sie die Grenze überschritten, waren in das Gebiet des Königs von Mengo, Muanga, eingedrungen, da erreichte sie die Nachricht, daß Emin Pascha nun doch seinen Posten – im Norden Ugandas – verlassen hatte. Stanley war noch einmal zurückgekehrt und hatte den Deutschen, wiewohl er nur widerwillig ging, zur Aufgabe überredet, und gemeinsam waren sie – in südöstlicher Richtung – zur Küste zurückgekehrt. Bereits am 4. Dezember 1889 hatten sie Bagamoyo erreicht.

Das war ein schwerer Schlag: »Obwohl ich den Inhalt dieses Schreibens«, berichtet Peters über einen Brief Stanleys, der ihm in die Hände fiel, »seit mehreren Tagen hatte vermuten müssen, wirkte dasselbe doch auf mich geradezu niederschmetternd. Also während ich noch in Muina lag, war Emin Pascha bereits am Südende des Viktoriasees gewesen. Als ich in Kwaibucht landete, mußte er seine Provinz längst verlassen haben. Dazu also alle Gefahren, Sorgen, Anstrengungen, um hier an den Toren der Äquatorialprovinz diese Nachricht zu empfangen! Welche Zwecke konnte die Vorsehung damit verfolgen, als sie uns bis hierher gelangen ließ, um uns erst jetzt deutlich zu machen, daß alles umsonst gewesen sei. ›So will ich trotzdem nach Wadelai marschieren!‹ war mein erster Entschluß. ›Vielleicht kommt dann Emin Pascha später einmal, um uns zu befreien‹, klang es höhnisch in mir nach. Aber dieses Gefühl des Trotzes mußte doch sofort vernünftigeren Erwägungen Raum geben.«

Nicht daß Peters es sonderlich bedauerte, nun doch nicht Emin Paschas Befreier geworden zu sein – wiewohl das seinem Ansehen einen neuen Auftrieb gegeben hätte –, es war vielmehr die Erkenntnis, die durch Hinweise in dem Brief gestützt wurde, daß nun die Äquatorialprovinz verloren war, was Peters als eigentliche Niederlage empfand. Der Mahdi rückte von Norden vor, Wadelai, der Sitz der Provinzregierung, war verlassen, und überall im Lande desertierten die Soldaten und liefen zu den Aufständischen über. Peters mit seiner kleinen Schar würde diese Entwicklung nicht mehr abwenden können.

Aber wenn es im Norden nicht mehr ging, warum dann nicht im Süden? »Am 13. Februar 1890«, schreibt Peters, »mußte ich annehmen, daß die Würfel über das Schicksal Ugandas in Europa noch nicht gefallen seien, daß der Kampfpreis noch dalag und dem Kühnsten zufallen müsse, daß jedenfalls die Monopolisierung des Landes für englische Sonderinteressen verhindert werden könnte. Diese Aussicht mußte verführerisch erscheinen und mein Wollen entflammen. Die Vorsehung hatte unsere Pläne auf Unjoro und den Norden vereitelt. Dagegen anzukämpfen, lag außerhalb unseres Vermögens. Dafür wies sie uns deutlich und unverkennbar auf Südwesten, wo große Kulturinteressen auf dem Spiel standen. Also auf nach Uganda!«

»Uganda« hieß damals eigentlich nur der südliche Teil des heutigen Staates. Der Norden war die Äquator-Provinz und reichte bis in den Sudan hinein, mit dem sie – bis zum Aufstand des Mahdi – ja auch in Verbindung stand. Im Süden, an den Ufern des Victoria-Sees, hatte sich ein Königreich konstituiert, das seine Hauptstadt in Mengo, dem heutigen Kampala, hatte. Hier residierte seit 1884 König Muanga, der als einer der blutrünstigsten Despoten seiner Zeit galt. Wenngleich vieles, was man ihm vorwarf, auch erdichtet war, denn er wandte sich anfangs gegen christliche Missionare, die ihn deshalb verleumdeten, so war er doch einer jener Herrscher des schwarzen Afrika, die ihre absolute Macht skrupellos mißbrauchten. Denn, das wird häufig übersehen: Nicht nur der Weiße Mann brachte das Böse, den Krieg und die Sklaverei. Wie in anderen Kontinenten, in Amerika ebenso wie in Asien, so gab es auch in Afrika schon *vor* der Ankunft der Europäer die Ausbeutung des Menschen durch den Menschen. Mag sie letztlich auch in der Natur des Menschen, eines aggressiven, dominanten Wesens, begründet sein, in Afrika zumindest wurde dieser Hang zur natürlichen Unmenschlichkeit noch verstärkt durch den schädlichen Einfluß der Araber. Sie unterjochten nicht nur weite Teile des Kontinents, dort, wohin sich ihre Macht nicht direkt ausdehnte, pervertierten sie die Eingeborenen dennoch durch ihre Sklavenjagden, die Lieferung von Waffen, durch Rauschgift und allerlei Laster, zu denen – was Muanga betrifft – auch die Sodomie gehörte. Er, Muanga, der mit 18 Jahren auf den Thron von Uganda kam, war anfangs ein willenloses Werkzeug in den Händen der arabischen Händler, die ihre Stellung gefährdet sahen, durch das Wettern der Missionare, die – auf Anraten Stanleys, der Uganda 1875 zum ersten Mal besucht hatte – in großen Scharen ins Land kamen. So ließ er, 1886, 30 Pagen hinrichten, weil sie sich ihm, der auch für Knabenliebe schwärmte, widersetzten, eingedenk der strengen Lehre des neuen Gottes, dem derlei Unzucht zuwider war. Immerhin, da er sich nicht gänzlich dem Einfluß der Missionare entziehen konnte, er vielmehr zwischen seinem urprünglichen, heidnischen Glauben, dem Islam und dem Christentum hin- und herschwankte, ließ er sich doch nicht zu jenen Exzessen der Grausamkeit hinreißen, die man seinem Vater, Mutesa, nachsagte: dieser nämlich ließ an einem einzigen Tag *zweitausend* Menschen hinrichten, foltern und verbrennen, um damit *seines* Vaters, Suna, zu gedenken.

Uganda war also der Inbegriff der Barbarei und hätte ganz Peters' Bild entsprechen müssen, das dieser sich von *allen* Schwarzen machte. Doch, so paradox es klingt, er fand Muanga und seinen Hof ganz passabel, und wenn er sich auch genötigt sah, dem König das Versprechen abzuringen, fortan den Sklavenhandel – jährlich wurden etwa 1000 Menschen aus Uganda exportiert – zu unterbinden, so kamen er, der Streiter für Zivilisation und Kultur, und Muanga, der Tyrann und Barbar, doch eigentlich recht gut miteinander aus.

Die Erklärung liegt freilich nicht nur in einer Verwandtschaft des Wesens, sondern auch in dem Umstand begründet, daß Muanga zur Zeit im Krieg mit seinem Bruder Karema lag. Dieser, der ihm den Thron streitig machte, hatte – das Vordringen des Mahdi sich zunutze machend – sich ganz mit den Arabern solidarisiert, so daß Muanga auf die Karte der Christen setzte. Nicht nur hatte er die Missionare wieder ins Land gerufen, die er einst vertrieben hatte, er glaubte auch, daß ihm die Weißen – im Kampf gegen seinen Bruder und den Mahdi – nützen könnten.

All dies hatte Peters durch Nachrichten, die ihn erreichten, erfahren, und er begab sich nicht blind in die Höhle des Löwen. Dennoch war auch das letzte Stück nicht ohne Gefahr, denn wenn auch der König, dem er seine Ankunft angekündigt hatte, ihm einen Boten schickte und ihn freundlich zu empfangen versprach, so waren doch überall die Zeichen des Krieges gegenwärtig: »Von Katente aus«, berichtet Peters, »kamen wir in vollständig verwüstetes Land. Nicht nur waren die Dörfer verbrannt, die Bananenhaine zerstört – nein, die ganze Landschaft schlechtweg war niedergebrannt und stellte eine schwarze Fläche dar. An den Straßen lagen Skelette und noch in Verwesung begriffene Leichen, welche die Luft verpesteten. Der Sonnenschein, welcher über Usoga gelacht hatte, war verschwunden, der Himmel meistens mit grauem Gewölk bedeckt, und ein puffartiger Wind wirbelte entweder die schwarzen Aschenmassen in die Höhe oder er goß kurze kalte Regenschauer auf die Expedition herunter. Nur die Aasgeier, welche sich in den Leibern der unbeerdigten Leichen gütlich taten, schienen dieses Land zu bewohnen. Jede Spur von Menschen war verschwunden. Eine beklemmende Öde erfüllte das Herz. Denn wenn solche Eindrücke auch nicht imstande waren, auf die Entscheidung einzuwirken, so mußten sie die Stimmung doch in hohem Grade beeinflussen. Dumpf und fast gespensterhaft hallte der Trommelschlag von den Hügeln wider, von welchen wir einen Zug nach dem andern überschritten. Kamen wir dann in die Tiefe, so galt es einen Bach, einen Flußlauf zu überschreiten, dessen zerstörte Brücke das Bild der Verwüstung ringsum noch erhöhte. Und wer bürgte uns dafür, daß wir nicht hinter jedem dieser Hügelzüge von den Felsen aus, an denen wir vorbei zu marschieren hatten, plötzlich mit den Salven der arabischen Anhänger Karemas empfangen wurden? Wer hätte dafür gutstehen können, von fünf zu fünf Minuten, bei Tag oder bei Nacht auch nur noch am Leben zu sein?«

Erst als sie sich der Residenz des Königs näherten, eilten ihnen Soldaten entgegen und bildeten eine Eskorte, die sie sicher nach Mengo geleitete. Am 26. Februar erreichte die Expedition die Stadt: »Der grauende Morgen«, berichtet Peters, »fand uns wie gewöhnlich auf dem Marsche. Ein breiter Weg führte noch über zwei weitere Hügelrücken, immer jetzt in südlicher Richtung. Von allen Seiten eilten Menschenmassen herbei, um uns freudig zu begrüßen oder doch in respektvollem Schweigen vorüberziehen zu sehen. Rechts nahm ich eine Reihe von Bauten wahr, welche aus der Ferne wie Pyramiden sich ausnahmen, in Wirklichkeit aber Kegel darstellten. Ich erfuhr, daß es die Grabdenkmäler Mtesas und der Könige aus der Dynastie der Wakintu seien.«

Peters hatte schon recht, wenn er sie mit Pyramiden verglich, die Grabdenkmäler Mutesas und seiner Ahnen, denn dieses Wahrzeichen des ägyptischen Totenkultes war tatsächlich – über die Kultur von Meroe, wo die Pyramiden eine spitze Form annahmen – in das Quellgebiet des Nil gelangt. In ihrer abgewandelten Form überdauerten die ägyptischen Pyramiden also bis ins 19. Jahrhundert!

»Da taucht vor mir«, berichtet Peters weiter, »ein Hügel auf, wo ich einige Bauten wahrnehme. Es wird mir gesagt, dies ist Mengo. In der Tiefe vor diesem Hügel schwenkten wir selbst nach links ab, um in einen Bananenhain einzubiegen, wo eine geschmackvolle Plantage uns als vorläufiger Aufenthalt angewiesen ward. Ich legte meine Soldaten in die Gebäude, ließ indes für uns selbst nach alter Gewohnheit die Zelte aufschlagen. Ich machte dann ein wenig Toilette und rasierte mich, um mich alsbald zum König zu begeben.«

Er konnte es gar nicht abwarten, der Herrscher von Uganda, die Fremden, die ihm Hilfe versprachen, zu empfangen. »Wir kleideten uns um«, fährt Peters in seinem Bericht fort, »und die Soldaten und einige ausgewählte Träger hatten anzutreten. Die Flagge voran, gingen wir langsam den breiten Weg nach Mengo hinauf, Muanga, den Mfalme, Kabaka von Uganda zum ersten Male zu begrüßen.

Je weiter wir den Hügel emporschritten, um so dichter wurde das Gedränge. Auf der Höhe befand sich eine mattenartige Umzäunung, in die wir durch ein Tor eintraten. Rechts und links waren die Soldaten Muangas mit präsentiertem Gewehr aufgestellt, Spalier bildend, zu einer provisorischen, aus Rohr aufgeführten Empfangshalle. Auf europäischen Trommeln wurden Wirbel geschlagen, Trompeten wurden geblasen, während wir langsam durch die Reihen der Soldaten schritten. Vor dem Eingang der Halle faßten meine Somalis Posto, und wir traten ein in den dicht gedrängten Raum, gefüllt mit den Großen Ugandas, welche rechts und links an den Wänden saßen oder standen. Sowie wir in die Halle eingetreten waren, erhob sich am äußersten Ende ein noch junger Mann von einem Sessel in vollständig europäischer Tracht. Ein dunkler Bart umrahmte sein Gesicht, welches einen fast europäischen Schnitt besaß. Die Nase und der Mund waren regelmäßig geformt, letzterer zwar ein wenig groß, aber ausgezeichnet durch tadellos weiße und schöne Zähne. Die ganze Erscheinung hatte auf den ersten Blick etwas Angenehmes und Sympathisches. Das war Muanga, Ugandas König, lange Zeit in der europäischen Presse bekannt als der ›Bluthund‹ Muanga. Er trug einen schwarz und weiß karierten Anzug, Hose und Jackett, welcher seiner Erscheinung den Eindruck eines wohlsituierten europäischen Herrn in der Sommerfrische verlieh.

›Treten Sie näher,‹ sagte er in fließendem Kiswahili, indem er einige Schritte voranging und uns die Hand drückte. ›Wie geht es Ihnen? Nehmen Sie Platz,‹ indem er auf zwei Sessel zeigte, welche zu seiner Rechten für uns aufgestellt waren.«

Man hatte von den Kämpfen, die Peters gegen die Massai geführt hatte, gehört und wisse, »daß die Deutschen den Krieg kennen und alle Soldaten sind«. Er sei also willkommen, man werde ihm ein Haus bauen, und wenn er irgendwelche Wünsche habe, so werde man sie ihm sogleich erfüllen. Nur bleiben müsse er, zumindest bis das Geschütz eintraf, das er in Aussicht stellte.

Peters hatte nun nicht die Absicht, sich in Uganda niederzulassen, wiewohl ihm das Land und die Menschen gefielen. Auch wurde er Zeuge des Wiederaufbaus, zu dem er, indem er die Partei der Christen stärkte, nicht unwesentlich beitrug: »Indes hatte ich . . .«, schreibt er, »während dieser Wochen in Uganda die große Freude, das schnelle Aufblühen des Landes beobachten zu können. Im Norden von Mengo war alsbald unter mächtigen Bäumen der tägliche Markt wieder eröffnet worden, und massenhaft, mit jedem Tage mehr, strömten die christlichen Flüchtlinge von allen Seiten in ihre Heimat zurück. Fast wie die Blüten nach einem Frühlingsregen schossen auf allen Hügeln Häuser und Dörfer wieder empor. Die breiten schönen Wege, welche mit Gras überwachsen waren, waren bald wieder gereinigt und gewährten den netten Eindruck, welcher allen diesen Ansiedlungen eigen ist. Überall wurde geschaufelt und gepflanzt, und da merkwürdigerweise mit unserem Einzug ins Land auch der Regen wiedergekommen war, so grünte und blühte es bald an allen Orten und Enden.«

Aber er behielt doch sein eigentliches Ziel vor Augen, um so mehr, als sich dies nach dem Wiederaufbau lohnte. »Ihn [den Vertrag] durchzusetzen«, schreibt er, »war ich um so mehr entschlossen, als mir in Uganda die ganze große handelspolitische Bedeutung dieser Länder recht deutlich klar wurde. Nach Uganda strömt das Elfenbein in der Form von Tribut und auch als Handelsartikel in Austauschen gegen Eßwaren und andere Dinge aus allen Ländern im Norden und Westen des Viktoriasees bis an den Albertsee hin zusammen, um von hier aus seinen Weg über den Viktoriasee nach Tabora und der Küste zu nehmen. In den Zöllen, welche die deutsche Gesellschaft an der Küste erhebt, steckt ein gut Teil des Ugandahandels mit drin, welches sich zwar nicht berechnen läßt, aber doch für jeden Kenner afrikanischer Verhältnisse aus der Tatsache ersichtlich ist, daß 60 - 80 Araber sich in diesem Lande niedergelassen hatten. Ferner spricht dafür die Tatsache der außerordentlich großen Anzahl europäischer Waffen und Munition, europäischer Stoffe und Eisenarbeiten, Gerätschafen usw. in Uganda. Denn alle diese Dinge sind doch in letzter Linie von der Küste und von Zanzibar hergekommen und gegen Elfenbein eingehandelt worden.«

Uganda, zwischen Sudan und Kongo und dem deutschen Gebiet im Osten gelegen, war eine Drehscheibe des Handels, die nicht nur an der Küste - durch die Zölle, die man erhob -, sondern auch - indem man die Waren direkt nach Uganda brachte und dort eintauschte - ein lukratives Geschäft versprach. Daß es auch noch strategisch von Bedeutung war, denn es beherrschte das Quellgebiet des Nils, erhöhte nur noch seinen Wert. Jedenfalls war Peters entschlossen, nachdem nun die Äquator-Provinz verloren war, wenigstens das südlicher gelegene Gebiet unter seine Fittiche zu nehmen.

Das warf naturgemäß einige Schwierigkeiten auf: Nicht nur, daß Muanga zwar bereit war, mit den Deutschen zu paktieren, aber nicht um den Preis, dadurch seine Souveränität aufzugeben. Auch die Briten, die in Uganda durch zwei Missionare vertreten waren, die zugleich die Interessen der *britischen* Ostafrika-Gesellschaft vertraten, waren mißtrauisch und versuchten, den Plan zu vereiteln. Da sie jedoch, die Briten, auf einen ersten Hilferuf Muangas nicht reagiert hatten, sondern – statt Waffen und Soldaten – nur den Union Jack geschickt hatten, was eher eine Beleidigung war, standen sie im Augenblick bei Hofe – in Mengo – nicht in hohem Kurs. Da hatte Pater Lourdel, ein Franzose, der die katholische Mission in Uganda leitete, schon leichteres Spiel: er war unverdächtig (die Franzosen sollten erst 1898, im Wettlauf um Faschoda, ihre Hand in diese Gegend ausstrecken).

So verbündete sich denn Peters mit dem Pater, und indem er diesem versprach, sich zugleich gegen den Sklavenhandel zu wenden, half jener ihm, seine mehr weltlichen Interessen zu vertreten. Man beraumte »eine vertrauliche Besprechung mit dem König« an und unterbreitete ihm den Plan: »Als wir Muanga gegenübertraten«, berichtet Peters, »entfernte derselbe auf meinen Wunsch alle seine Diener und ließ auch, ohne daß ich ihn dazu aufforderte, in den benachbarten Zimmern nachsehen, ob Leute, welche unsere Unterhaltung hören könnten, zugegen seien. Dann tuschelte ihm Père Lourdel meine Vorschläge in die Ohren, worauf Muanga das Ohr Lourdels ergriff, um ihm seine Antwort hineinzuflüstern. Das Resultat dieser etwas wunderlichen Audienz war die Erklärung Muangas.

›Wenn der Doktor meine Botschaft nach Europa übertragen will, so bin ich bereit, einen Vertrag mit ihm zu machen, wonach ich das Recht des Mfalme, daß die Leute in Uganda nur mit seiner Erlaubnis reisen und Handel treiben oder Häuser bauen dürfen, den Deutschen und den anderen Europäern gegenüber aufgebe. Ich bin ferner bereit, mein Elfenbein nur an die Deutsche Gesellschaft zu verkaufen, wenn diese mir Pulver und Munition dafür liefern will. Ich will keines Europäers Diener sein. Sie alle sollen gleiche Rechte in meinem Lande haben, aber Freundschaft möchte ich ausschließlich mit dem großen Sultan der Deutschen haben. Wenn der Doktor einen solchen Vertrag aufsetzen will, so werde ich ihn unterzeichnen und will auch dafür sorgen, daß alle meine Großen ihre Namen darunter setzen.‹«

So geschah es denn auch: Am 1. März 1890 unterzeichnete Muanga, König von Uganda, einen Vertrag, in dem er – auf der Grundlage des »Berliner Vertrages«, der Kongo-Akte von 1885 – sein Land dem Handel mit Europa öffnete, also allen Europäern das gleiche Recht einräumte, doch mit »Sr. Majestät dem Kaiser von Deutschland« in besondere Freundschaft trat. Sicher nicht die Fassung, wie sie Peters erhofft hatte – er bezeichnete das Abkommen deshalb auch nur als »Präliminar-Vertrag«, dem Geeigneteres folgen konnte –, doch Muanga, so barbarisch sein Regime auch war, war kein einfacher Dorfhäuptling, der zudem unter der Knute der Araber stand. Er hatte seinen Thron wiedergewonnen und wollte ihn behalten; die Deutschen würden ihm dabei helfen, und deshalb war er bereit, ihnen die Meistbegünstigungsklausel zuzugestehen. Aber mehr nicht.

Immerhin ließ er sich dazu überreden, da er nun einmal den Geist der Kongo-Akte akzeptiert hatte, den Sklavenhandel aufzugeben, und erließ - am 16. März - ein Dekret, in dem er die Ausfuhr von Sklaven verbot.

So war denn dem Geschäftlichen und Zivilisatorischen Genüge getan, und Peters konnte an die Heimkehr denken. Am 25. März brach er auf und zog nach Süden: »Am ... Morgen in der Frühe schon«, berichtet er, »ging es nach alter Gewohnheit unter Trommelschlag gegen Süden ab. In der Nacht hatten Gewitterregen die Luft gereinigt, welche bis gegen 6 Uhr morgens angedauert hatten. Nun war die Luft klar, und ein heller Sonnenschein leuchtete über der blühenden Landschaft. Welch verändertes Bild heute von dem Tage, wo ich zum ersten Male in das verwüstete Uganda hineinmarschiert war! Überall wiederum breite gutgepflegte Wege, fröhliche Menschengruppen, überall der Segen der Arbeit auf Feldern und in Dörfern. Ein trostvolles Gefühl des Dankes überkam mein Herz, daß es mir vergönnt gewesen war, an solchem friedlichen Aufbau dieses Landes mitzuarbeiten, und eine freudige Hoffnung für die Zukunft zog bei mir ein. Die deutsche Emin-Pascha-Expedition hatte somit doch Segenvolles schaffen können, und wer konnte wissen, welche Folgen aus ihrem Eingreifen für die spätere Entwicklung Mittelafrikas sich noch ergeben würden!«

Ein großer Happen

Peters' Hoffnung erfüllte sich nicht, und die Aufbauarbeit, die er in Uganda geleistet hatte, wurde durch seinen eigenen Rückfall in die Barbarei schon bald wieder überschattet. Nach gewohntem Muster, durch Bestechung oder Bedrohung, handelte er auf dem Rückweg, im Hinterland von Usagara, wohin die Deutschen bislang noch nicht vorgedrungen waren, weitere Gebietserwerbungen aus und kehrte schließlich zur Küste zurück, wo er sich sogleich nach Europa einschiffte, um vor allem den Vertrag mit Muanga unter Dach und Fach zu bringen.

Doch er wurde nicht ratifiziert, der Uganda-Vertrag, denn bereits am 1. Juli 1890 - zwei Monate bevor Peters wieder in Deutschland eintraf - war es zu einem neuerlichen Abkommen mit der britischen Regierung gekommen, das eine endgültige Regelung der Grenzen in Ostafrika vorsah. Die provisorischen Vereinbarungen von 1886 und Bismarcks Zusage von 1889 bestätigend, verzichtete das Deutsche Reich auf alle Gebiete nördlich einer Linie, die von der Mündung des Umba-Flusses – gegenüber der Insel Pemba – in gerader Linie zum Kilimandscharo verlief, diesen als deutsches Gebiet ausklammerte und dann wieder geradlinig zum Victoria-See führte, »bis zu demjenigen Punkte . . ., welcher von dem ersten Grad südlicher Breite getroffen wird. Von hier den See auf dem genannten Breitengrade überschreitend, folgt sie [die Linie] dem letzteren bis zur Grenze des Kongostaates, wo sie ihr Ende findet. Es ist indessen Einverständnis darüber vorhanden, daß die deutsche Interessensphäre auf der Westseite des genannten Sees nicht den Mfumbiro-Berg umfaßt. Falls sich ergeben sollte, daß dieser Berg südlich des genannten Breitengrades liegt, so soll die Grenzlinie in der Weise gezogen werden, daß sie den Berg von der deutschen Interessensphäre ausschließt, gleichwohl aber zu dem vorher bezeichneten Endpunkt zurückkehrt.«

So der Text des Vertrages, soweit er sich auf die nördliche Grenzmarkierung bezieht. Uganda, das – am Nordufer des Victoria-Sees – am Äquator lag, fiel also eindeutig *außerhalb* der deutschen Interessensphäre. Es wurde – wie Kenia – von den Engländern in Besitz genommen und schließlich 1893 zum Protektorat erklärt. Damit war der Traum, den Peters mit unstrittiger Weitsicht geboren hatte, ausgeträumt: Auch Uganda, der Schlüssel zum Sudan und Innerafrika, war für immer verloren.

Dennoch hatte der Vertrag, den Caprivi, Bismarcks Nachfolger, der – wie dieser – die Ansicht vertrat: »Je weniger Afrika, desto besser!«, mit den Engländern schloß, auch sein Gutes: Er gab den Deutschen die Insel Helgoland zurück, die die Engländer – seit der Kontinentalsperre gegen Napoleon – besetzt hatten und den meisten Deutschen immer noch näher lag als irgendein Reich in Afrika. Ja, nicht nur Uganda, selbst die Insel Sansibar war man bereit dafür herzugeben. Denn auch das regelte der sogenannte Helgoland-Sansibar-Vertrag von 1890: Die Briten konzedierten den Deutschen die festländischen Besitzungen des Sultans und bemächtigten sich ihrerseits – neben Kenia, das ja auch zum Hoheitsgebiet des Sultans gehört hatte – der Insel Sansibar. Es war ohnehin nur noch ein Gnadenstoß, denn Sansibar hatte im Laufe der Auseinandersetzungen um Ostafrika schon längst seine Autonomie verloren: England nahm es formell unter seinen »Schutz«, und das Deutsche Reich speiste den Sultan – für die endgültige Abtretung des Küstengebietes – mit vier Millionen Mark ab. Damit schied auch Sansibar, das freilich kein Ruhmesblatt gewesen war, aus der Geschichte aus.

»Im Süden«, heißt es weiter in dem genannten Vertrag, »[wird die deutsche Einflußsphäre] durch eine Linie [begrenzt], welche an der Küste von der Nordgrenze der Provinz Mozambique ausgehend, dem Laufe des Flusses Rovuma bis zu dem Punkte folgt, wo der M'sinje-Fluß in den Rovuma mündet, und von dort nach Westen weiter auf dem Breitenparallel bis zu dem Ufer des Nyassa-Sees läuft. Dann sich nordwärts wendend, setzt sie sich längs den Ost-, Nord- und Westufern des Sees bis zum nördlichen Ufer der Mündung des Songwe-Flusses fort. Sie geht darauf diesen Fluß bis zu seinem Schnittpunkte mit dem 33. Grad östlicher Länge hinauf und folgt ihm weiter bis zu demjenigen Punkte, wo er die Grenze des in dem ersten Artikel der Berliner Konferenz beschriebenen geographischen Kongo-Beckens, wie dieselbe auf der dem 9. Protokoll der Konferenz beigefügten Karte gezeichnet ist, am nächsten kommt. Von hier geht sie in gerader Linie auf die vorher gedachte Grenze zu und führt an derselben entlang bis zu deren Schnittpunkte mit dem 32. Grad östlicher Länge, sie wendet sich dann in gerader Richtung zu dem Vereinigungspunkte des Nord- und Südarmes des Kilambo-Flusses, welchem sie dann bis zu seiner Mündung in den Tanganyika-See folgt.«

Mit Portugal, das seit dem ausgehenden 15. Jahrhundert in Mozambique herrschte, war man gleichfalls bereits 1886 zu einer provisorischen Grenzregelung gekommen. Da sich hier jedoch eine genauere Grenzvermessung verzögerte, kam man erst 1909 zu einer endgültigen vertraglichen Abmachung, die die oben skizzierte Linie bestätigte.

Die Einflußsphäre der Portugiesen, die sich auf den Küstenhandel beschränkt hatten, reichte nicht weiter als bis zum Njassa-See. Jenseits dieses Sees – und südlich des Tanganjika-Sees – waren die Briten am Werke, die – eingedenk der Rhodes-Devise: »Vom Kap bis Kairo!« – von Rhodesien aus nach Norden vorstießen und 1891 das sogenannte Njassa-Land annektierten. Auch Nordrhodesien, das bis zum Tanganjika-See reichte, besetzten sie zu dieser Zeit. Doch weiter kamen sie nicht: Im Norden saßen nun die Deutschen und im Westen die Belgier beziehungsweise König Leopold.

»Im Westen [wird das deutsche Ostafrika] durch eine Linie [begrenzt], welche von der Mündung des Flusses Kilambo bis zum 1. Grad südlicher Breite mit der Grenze des Kongo-Staates zusammenfällt.« So schloß der Vertrag von 1890 die Grenze.

Mit dem Kongostaat war sie bereits im August 1885 vereinbart worden, als das Deutsche Reich Katanga König Leopold zugestand, und wurde schließlich, 1910 – als der Kongo an den belgischen Staat übergegangen war –, durch einen neuen Vertrag bestätigt.

All diesen Verträgen war eines gemeinsam: Sie setzten sich über die Rechte derer hinweg, über die man eigentlich befand. Ob Massai oder Suaheli, Luo oder Nandi, die eingeborenen Völker wurden nicht gefragt, ob sie fortan deutsch oder englisch, portugiesisch oder belgisch sein wollten. Ja, nicht nur wurden sie nicht gefragt – von den »Schutzverträgen«, die eine Farce waren, einmal abgesehen –, man zerriß auch ihre Stämme, würfelte andere zusammen und schuf so jene künstlichen Grenzen, die noch heute dem afrikanischen Kontinent – ob im Osten oder im Westen, im Norden oder im Süden – zu schaffen machen.

Nicht nach ethnischen Prinzipien – von ethischen ganz zu schweigen –, ja nicht einmal nach geographischen Gesichtspunkten – denn man kannte den Kontinent ja eigentlich noch gar nicht –, nein, willkürlich und allein nach dem Gebot der gegenseitigen Interessenwahrung legte man die Grenzen fest: Breiten- und Längengrade mußten herhalten, und wenn man dennoch einen besonderen Punkt im Auge hatte – wie etwa den erwähnten Mfumbiro-Berg –, so behielt man sich das Recht vor, auch dann über ihn zu verfügen, wenn man gar nicht wußte, wo er lag.

Der große Wettlauf um Afrika war ein reiner Kuhhandel: Am grünen Tisch wurden die Grenzen festgesetzt, Reiche zerstört und Kolonien geschaffen, die größer waren als das Mutterland, und erst dann, wenn man den Segen der anderen in der Tasche hatte, ging man daran, die weißen Flächen, die man sich zugeschanzt hatte, genauer zu erkunden. »Deutsch-Ostafrika ist unsere größte Kolonie«, heißt es in dem »Deutschen Kolonial-Lexikon«, das die Entwicklung bis zum Ersten Weltkrieg berücksichtigt. »Die neueste amtliche Angabe der Fläche: 997 000 qkm, einschließlich unserer Anteile am Kiwu, Tanganjika und Victoriasee, dürfte sich, auch auf Grund eingehenderer Aufnahmen, nicht mehr erheblich ändern. Denn durch viele Grenzexpeditionen liegt fast die gesamte Binnengrenze des Landes ziemlich genau fest, am wenigsten noch das Land am Rowuma, von dessen Knie bis zu einer Stelle 50 km oberhalb der Mündung, sowie die Küsten des Tanganjika. Die Gestade des Indischen Ozeans sind durch Küstenvermessung meist auch in den Einzelheiten genau aufgenommen. Von diesem leidlich gut bekannten Rahmen werden freilich noch viele Landesteile umschlossen, deren topographisches Bild kaum in groben Zügen bekannt ist. Abgesehen von einem manchmal bis 50 km breiten Streifen längs der mit einem Dreiecknetz bedeckten Grenzen sind eigentlich bisher nur Ost- und Westusambara, ihr südliches Vorland bis über den Pangani hinaus, ganz schmale Zonen längs der Eisenbahnen, die Umgebung einiger größerer Orte, sowie einige wenige Pflanzungsareale nach klimatischen Begriffen genau aufgenommen. Im übrigen ist das topographische Bild auch dieser Kolonie durch Routenaufnahmen, die nur zum kleinsten Teil durch Dreiecksmessungen und astronomische Beobachtungen gefestigt sind, gewonnen worden.«

Mit anderen Worten: Man wußte auch nach dreißig Jahren noch nicht, wie es eigentlich um diese Kolonie – und andere – bestellt war. Das lag natürlich zum Teil an der Größe – die deutsche Kolonie in Ostafrika war allein doppelt so groß wie das Deutsche Reich –, zum andern spielten Kosten eine Rolle: Eine Grenzexpedition, die manchmal Jahre brauchte, um auch nur ein Teilstück genauer fixieren zu können, wurde mit durchschnittlich 100 000 Mark pro Jahr veranschlagt. Das war eine ungeheure Summe, auch wenn – da die Grenzexpeditionen immer aus einer gemeinsamen Kommission bestanden – jeweils der eine Partner nur die Hälfte zu tragen hatte. Schließlich darf die Natur des Terrains, das – in Ostafrika – von den Mangroven an der Küste bis zum Regenwald im Kongo reichte, sowie das tropische Klima, das dem Europäer einen längeren Aufenthalt erschwerte, nicht vergessen werden. Doch trotz all dieser Gefahren und Hindernisse, die einer Erkundung des Landes im Wege standen, bleibt die Tatsache bestehen, daß man sich vorschnell einen Happen einverleibt hatte, den man nur mit Mühe verdauen konnte.

Die letzte Konsequenz

Eine genauere Erkundung der Länder, die einem zugefallen waren, war nur das eine Problem. Das zweite lag darin, diese neu erworbenen Länder zu erschließen, und nicht nur dies: Waren sie auch nach außen hin – durch die Grenzverträge – gesichert, so bedeutete dies – da man die Völker im Innern, wie gesagt, übergangen hatte – noch nicht, daß man auch wirklich Frieden hatte. Ob in Ostafrika oder in Südwest, in Kamerun oder in der Südsee – der »Aufbau« der Kolonien, ihre wirtschaftliche Durchdringung und soziale Differenzierung, ging einher mit der gewaltsamen Unterwerfung derer, die dies alles über sich ergehen lassen mußten und sich nur zu oft dagegen auflehnten. Schutzbriefe und Grenzverträge waren letztlich nur eine Fiktion: Nicht anders als einst die spanischen Konquistadoren mußten sich auch die Deutschen ihre Herrschaft in Übersee mit Waffengewalt erzwingen. Die Niederschlagung des sogenannten Araber-Aufstandes war da nur der Anfang.

Zunächst kam es jedoch - in Ostafrika - zu keinen weiteren Unruhen, sieht man von sporadischem Widerstand und lokalen Erhebungen ab. So mußte der Sultan von Tabora gewaltsam zur Unterwerfung gezwungen werden, und der Feldzug gegen die Hehe, die die Verbindung zwischen Tabora und der Küste unterbrachen, zog sich bis 1898 hin. Auch Ruanda und Burundi, die beiden Königreiche an der Grenze zum Kongo, die Deutschland 1899 besetzte, ergaben sich nur widerwillig. Doch fand man hier leichter als anderswo zu einem *modus vivendi*, der - auf der Basis gegenseitiger Achtung - eine indirekte Herrschaft vorsah. Nach dem Vorbild der Engländer, die das in Indien praktiziert hatten, stellte man den eingeborenen Herrschern - die sich ähnlich wie in Uganda von der übrigen Bevölkerung unterschieden - sogenannte Residenten zur Seite, die - unterstützt von einer Polizeitruppe - offiziell die Herrscher berieten, inoffiziell dafür sorgten, daß genügend Arbeiter zur Verfügung gestellt wurden, die man im übrigen Teil Ostafrikas benötigte, und daß der Handel mit Elfenbein nicht über den Kongo, sondern über die deutsche Kolonie abgewickelt wurde. Dennoch gab es auch hier, in den Jahren 1910 bis 1914, zahlreiche Aufstände.

Ihnen allen war - mit Ausnahme des Großen Aufstandes, von dem wir noch hören werden - kein größerer Erfolg beschieden, denn die Stämme und Völker, die durch die künstliche Grenze zusammengeschlossen waren, bildeten keine Einheit; man brauchte nur die einen gegen die anderen auszuspielen - ähnlich wie es bereits beim Araber-Aufstand geschehen war -, und selbst innerhalb eines Stammes, eines Dorfes gab es immer eine Partei, die der anderen gram war, mit der man sich nur zu solidarisieren brauchte, und man hatte die Marionette, derer man als Mittelsmann bedurfte, um das Volk in Schach zu halten. Denn die Deutschen, die noch immer mit Widerstand in den eigenen Reihen zu kämpfen hatten, stellten nur die höheren Beamten - vom Gouverneur bis zum Bezirksvorsteher -, der Rest entfiel auf die traditionellen, kollaborationswilligen Autoritätsträger. Häuptling Kingo - wir erwähnten ihn - war nur einer von ihnen.

Dennoch, wenngleich auch die Unterdrücker eine Stütze bei den Unterdrückten fanden, so hatte es sich doch gezeigt, daß eine Handelsgesellschaft überfordert war, wenn sie neben Wirtschaft auch noch Politik betreiben sollte. Nicht nur war dazu bei den Gesellschaften weder die nötige Erfahrung noch auch nur das Interesse vorhanden, einen Krieg – wie jenen gegen die Araber – zu führen, überstieg auch ihre materiellen Ressourcen: Das Reich mußte einspringen, und nur dieser Tatsache war es zu verdanken, daß die Kolonie in Ostafrika nicht verlorenging. Es schlug den Aufstand nieder, legte die Grundlagen zu einer Verwaltung und stellte eine Schutztruppe auf. Es schloß die Verträge mit den übrigen Mächten und übernahm damit auch eine völkerrechtliche Bürgschaft. Es blieb ihm – wie der Ostafrikanischen Gesellschaft – keine andere Wahl, als sich auch die letzte Konsequenz einzugestehen: Das Modell Bismarck, die Flagge folgt dem Handel und tritt niemals in den Vordergrund, hatte sich als Trugbild erwiesen. Entweder ganz oder gar nicht, und da inzwischen nicht nur Bismarck gegangen, sondern auch Wilhelm II. gekommen war, entschied man sich für ersteres: Am 20. November 1890 schloß die kaiserliche Regierung mit der Ostafrikanischen Gesellschaft einen Vertrag, durch den sie die kapitalschwache Gesellschaft nicht nur ihrer Verwaltungspflicht entledigte, sondern ihr auch eine finanzielle Unterstützung zugestand. Davon mußte sie freilich die Entschädigungssumme an den Sultan bezahlen, die diesem für den Verzicht auf das Festland zugesagt worden war, und gleichzeitig trat sie ihr Recht auf Zoll- und Steuererhebung an das Reich ab. Hier der Wortlaut der entsprechenden Paragraphen:

§ 4

Der von der Gesellschaft am 28. April 1888 mit Seiner Hoheit dem Sultan von Sansibar abgeschlossene und durch das Nachtragsübereinkommen vom 13. Januar 1890 modifizierte Vertrag wird mit dem Zeitpunkt der Zahlung der Abfindungssumme . . . außer Kraft gesetzt, insoweit seine Festsetzungen nicht durch den gegenwärtigen Vertrag ausdrücklich aufrecht erhalten werden.

Die Kaiserliche Regierung übernimmt von diesem Zeitpunkte ab die Verwaltung des Küstengebietes und seiner Zubehörungen, der Insel Mafia sowie des Schutzgebietes.

Der Kaiserlichen Regierung fallen dementsprechend alle vom Zeitpunkte der Übernahme der Verwaltung ab eingehenden Zölle sowie die etwa zur Hebung gelangenden Steuern und sonstigen öffentlichen Gefälle jeder Art zu.

§ 5

Dagegen verpflichtet sich die Kaiserliche Regierung, vom 1. Januar 1891 ab bis dahin, daß die von der Gesellschaft aufzunehmende Anleihe ... zur völligen planmäßigen Tilgung gelangt ist, an die von der Gesellschaft zu bezeichnende Stelle zum Zweck der Verzinsung und Amortisation der aufzunehmenden Anteile aus den von der Kaiserlichen Regierung vereinnahmten Bruttozollerträgen der Ein- und Ausfuhr in das Küstengebiet bezw. aus demselben ohne jeden Abzug und ohne jede Aufrechnung unter allen Umständen den Jahresbetrag von sechshunderttausend (600000) Mark zu zahlen.

Die Zahlung erfolgt in halbjährlichen Raten von je 300000 Mark an jedem 20. Juni und 20. Dezember.

Vier Wochen nach Abschluß jeder Monatsaufstellung der Zolleingänge wird der Gesellschaft von ihrem Betrage Kenntnis gegeben.

Die genannte Anleihe – ein Betrag von zehn Millionen Mark – stellte zwar die Regierung nicht direkt zur Verfügung, aber da sie – durch die Zahlung aus den Zöllen – die Garantie dafür übernahm, kam es letztlich auf eine Subvention hinaus. Mit diesem Startkapital – abzüglich der vier Millionen für den Sultan – bekam die Ostafrikanische Gesellschaft endlich ein Bein auf die Erde und begann allmählich, ihre wirtschaftlichen Privilegien, die der Vertrag mit der Regierung unangetastet gelassen hatte, zu nutzen.

Die Regierung ihrerseits trat ihre Herrschaft über Ostafrika am 1. Januar 1891 an. Das ehemalige Schutzgebiet war nun Kronkolonie geworden, wiewohl hier – wie auch in den übrigen Kolonien – die ursprüngliche euphemistische Bezeichnung bestehenblieb. Die Kolonie wurde einem Gouverneur unterstellt, der seinen Sitz in Daressalam aufnahm, das damit – anstelle Sansibars – zum neuen Verwaltungs- und Wirtschaftszentrum Ostafrikas aufrückte.

Die erste Maßnahme, die die neue Kolonialregierung ergriff, bestand in der Errichtung einer »Kaiserlichen Schutztruppe«, deren Grundlagen bereits Wissmann – während des Kampfes gegen die Araber – gelegt hatte. Sie bestand – neben den deutschen Offizieren – aus im Lande angeworbenen Söldnern, den sogenannten Askaris, die – im Gegensatz zu den übrigen Schwarzen – bevorzugt entlohnt wurden und bis zum Rang eines Feldwebels aufsteigen konnten. Ihnen zur Seite stand eine eigene Polizeitruppe, die im Aufbau ähnlich war und gleichfalls 1891 geschaffen wurde. Sie erreichte schließlich eine Stärke von

1800 Mann, während die Schutztruppe für Ostafrika - 1914 - aus »2 Stabsoffizieren, 17 Hauptleuten, 49 Oberleutnants und Leutnants, 42 Sanitätsoffizieren, 1 Intendanturrat, 2 Intendantursekretären, 1 Zahlmeister, 8 Unterzahlmeistern, 4 Oberfeuerwerkern und Feuerwerkern, 8 Waffenmeistern, 60 Unteroffizieren, 66 Sanitätsunteroffizieren, 2472 farbigen Soldaten« bestand. Insgesamt also - Polizei und Armee - 4500 Mann, die die Kolonie in Schach hielten.

Unter diesem Schutz ging die Ostafrikanische Gesellschaft nun daran, die Schätze des Landes auszubeuten. Laut § 7 des Vertrages mit der Regierung verfügte die Gesellschaft über folgende Rechte:

1. Unbeschadet der von der Gesellschaft außerhalb des Küstengebietes, seiner Zubehörungen und der Insel Mafia . . . sowie außerhalb des Gebietes, für welches der Kaiserliche Schutzbrief erteilt ist, vertragsmäßig erworbenen Rechte tritt die Kaiserliche Regierung der Gesellschaft für das Küstengebiet, dessen Zubehörungen, die Insel Mafia und das Gebiet des Schutzbriefes das ausschließliche Recht auf den Eigentumserwerb durch Ergreifung des Besitzes (Okkupationsrecht) an herrenlosen Grundstücken und deren unbeweglichen Zubehörungen, vornehmlich also auch das Okkupationsrecht an Wäldern ab, jedoch mit dem Vorbehalt

a) der wohlerworbenen Rechte Dritter an dergleichen herrenlosen Grundstücken;
b) des Rechts der Kaiserlichen Regierung, herrenlose Grundstücke, insoweit solche nach ihrem Ermessen zu öffentlichen Bauten im Interesse der Verwaltung und der Sicherung der Küsten und des Schutzgebietes erfordert werden, durch Okkupation für das Reich zu Eigentum zu erwerben;
c) des Rechts der Kaiserlichen Regierung, für die Ausnutzung der Wälder auch für die Gesellschaft verbindliche Gesetze und Verordnungen im Interesse der Landes- und Forstkultur zu erlassen.

2. In Bezug auf die Gewinnung von Mineralien werden der Gesellschaft für das Küstengebiet, dessen Zubehörungen, die Insel Mafia und das Gebiet des Kaiserlichen Schutzbriefes, gleichviel ob die Gesellschaft selbst oder ein Anderer der Finder ist, die gleichen Vorteile insbesondere auf der Verleihung von Feldern eingeräumt, welche die in jenen Gebieten jeweilig geltende Gesetzgebung dem Finder zusteht. Außerdem verpflichtet sich die Kaiserliche Regierung, bei Verleihung von Fel-

dern an Andere, als die Gesellschaft, dem Beliehenen, insofern er nicht der Finder ist, eine Abgabe von fünf (5) Prozent der von ihm geförderten Mineralien zu gunsten der Gesellschaft aufzuerlegen.

3. Bei der Konzessionierung des Baues und Betriebes von Eisenbahnen im Küstengebiet, dessen Zubehörungen, auf der Insel Mafia und in dem Gebiet des Kaiserlichen Schutzbriefes soll der Gesellschaft im Falle der Übernahme und der Erfüllung der gestellten Konzessionsbedingungen ein Vorrecht vor anderen Bewerbern zustehen. Die ihr, im Falle sie von diesem Vorrecht Gebrauch macht, zu erteilende Bau- und Betriebserlaubnis soll übertragbar sein.

4. Der Gesellschaft wird das Recht auf Errichtung einer Bank mit dem Privilegium der Ausgabe von Noten erteilt werden.

5. Die Gesellschaft verbleibt im Besitz der ihr zu Zeit des Vertragsschlusses zustehenden Befugnis, Kupfer- und Silbermünzen, welche an den öffentlichen Kassen des Küstengebietes, dessen Zubehörungen und der Insel Mafia sowie des Gebietes des Kaiserlichen Schutzbriefes in Zahlung genommen werden müssen, zu prägen und auszugeben.

Die Ostafrikanische Gesellschaft hatte quasi eine Monopolstellung, nicht anders als die große East India Company, die ihr Vorbild war, auch wenn letztere ihren Geist inzwischen aufgegeben hatte. Wie die - englische - Ostindische so war auch die - deutsche - Ostafrikanische Gesellschaft in den Besitz eines Handelsimperiums gelangt, das weit größer war als das Mutterland. Demgemäß hätte sie - wie einst die East India Company - zu Weltgeltung aufsteigen müssen, doch erfüllten sich diese ihre Hoffnungen nicht. Nicht nur war Ostafrika nicht Indien - es verfügte weder über vergleichbar geeignete Anbauzonen noch über einen unbegrenzten Binnenmarkt -, die Deutschen hatten auch nur einen Bruchteil der Zeit zur Verfügung, die die Briten hatten nutzen können: 30 Jahre währte die deutsche Kolonialherrschaft, die der Engländer in Indien zehnmal soviel.

Letzteres ist ein wesentlicher Grund, weshalb das deutsche koloniale Unternehmen von so geringem Erfolg gekrönt war. Die Deutschen kamen über das Anfangsstadium nicht hinaus. Sie mußten gleichzeitig Eroberungskriege führen und die Wirtschaft aufbauen, und da letztere - abgesehen vom Handel und Bergbau - auf dem Anbau von tropischen Exportprodukten beruhte, den sie erst erlernen mußten, ernteten sie nur selten die Früchte, die sie gesät hatten. Das war in Ostafrika ebenso wie in den übrigen Kolonien.

Hier – in Ostafrika – versuchte man es zunächst mit Kaffee. Aber der Boden war dafür nicht tief genug, und da man es außerdem versäumte, die für den Anbau von Kaffee notwendigen Schattenbäume zu pflanzen, erwies sich der erste Anlauf als ein Reinfall. Wenngleich man auch aus den Fehlern lernte und im Gebiet des Kilimandscharo geeignetere Böden fand, so daß die Kaffee-Kultur nicht gänzlich aufgegeben wurde, so verlegte man sich doch zunehmend auf den Anbau von Kautschuk und Sisal. Sie wurden die wichtigsten Exportprodukte des Landes, gefolgt – neben Häuten und Fellen – von Baumwolle und Kopra. Doch standen auch ihnen Hindernisse im Weg: Die Verarbeitung von Kautschuk, dem Rohstoff, blieb in den Anfängen stecken, und die Gewinnung der Sisal-Fasern setzte einen kostspieligen Einsatz von Maschinen voraus. Hinzu kam, daß es überall nicht nur an Arbeitskräften fehlte, sondern auch an Verkehrswegen.

Die Vorarbeiten für den Bau einer Eisenbahnlinie im Norden des Landes, der das wichtigste Anbaugebiet war, begannen bereits 1891, doch erst 20 Jahre später, 1911, war die vorgesehene Strecke bis Moshi, am Kilimandscharo, fertig. Ähnlich schleppend lief das Projekt einer Zentralbahn: 1895 konzipiert, erreichte die Strecke erst 1912 Tabora, den Schnittpunkt der Karawanen aus den Seengebieten. Und was die Seen betraf, so hatte zwar schon in den Jahren 1892/93 Hermann von Wissmann einen nach ihm benannten Dampfer zum Njassa-See transportiert, doch ein zweiter, »Hedwig von Wissmann« genannter Dampfer wurde erst im Jahre 1900 vom Stapel gelassen, um fortan den Verkehr auf dem Tanganjika zu übernehmen. Den Rest besorgten Trägerkarawanen, wobei die Lasten pro Kopf – sie wurden tatsächlich auf demselben getragen – durchschnittlich 60 Pfund betrugen.

Mit eiserner Härte

Doch war, als Lasttier sich zu verdingen, noch das geringste, was einem blühte. Das hatte man schließlich schon immer getan, ob die Herren nun Araber waren oder Weiße. Schlimmer war, daß man nun auch zur Plantagenarbeit herangezogen wurde, und dies gewöhnlich dann, wenn man seine eigenen Felder bestellen mußte. Was zur Folge hatte, daß die Familie nichts zu essen hatte, denn entweder fehlte es überhaupt an Nahrungsmitteln, oder man konnte sie sich nicht leisten, weil man nur einen Hungerlohn verdiente.

»Zur Arbeit erziehen« hieß die Devise, und mit diesem Feigenblatt geschmückt gingen die Deutschen – denen, was Arbeiten betrifft, man immerhin nichts nachsagen konnte – daran, auch dem Schwarzen den Weg zum Heil zu weisen. Kam er nicht freiwillig, so wurde er zwangsrekrutiert, und folgte er dann noch immer nicht, so bekam er die Peitsche zu spüren. Auf die Tugend der Arbeit ließen die Deutschen nichts kommen.

Es hätte zwar nahegelegen, daß sie sich selbst auf den Plantagen verdingten. Doch selbst wenn sie das Klima vertragen hätten, wären sie dafür zu wenig gewesen, denn der Traum von Fabri – und Peters –, daß die Kolonien nicht nur Absatzmärkte und Rohstoffquellen seien, sondern auch dem Überschuß an deutscher Arbeitskraft als Ventil dienten, ging nicht in Erfüllung. Weder in Ostafrika noch in den übrigen Kolonien. Man blieb lieber zu Hause, in der eigenen Misere, als das Risiko der Fremde auf sich zu nehmen.

So blieben denn nur die Eingeborenen als Arbeitskräfte, und da sie – wie gesagt – nicht wollten, auch die Devise sie nicht erleuchtete, ersann man Mittel und Wege, sie zu ihrem Glück zu zwingen. Zunächst versuchte man es auf die legale Art: Man erließ ein Gesetz – am 1. November 1897 –, in dem man von dem Recht jedes »zivilisierten« Staates Gebrauch machte und – die Steuer einführte. Zunächst wurden nur Häuser und Hütten besteuert, in städtischen Gemeinden 6 bis 12, auf dem Lande 3 Rupien pro Jahr. Wer die Steuern nicht bezahlen konnte – und das waren die meisten, denn es gab im Binnenlande, wo die Eingeborenen in Subsistenzwirtschaft lebten, kein eigentliches Geldwesen –, der konnte die Schuld auch in Naturalien – Getreide oder Ölfrüchte – begleichen oder – und das war der eigentliche Zweck der Übung – sie durch Arbeit ableisten. Man zog die Eingeborenen zum Wegebau heran oder schickte sie auf die Plantagen, die sie freiwillig nicht betreten wollten. Aus gutem Grund: »Als dann die Zahl der Arbeitgeber«, heißt es in einem amtlichen Bericht aus dem Jahre 1905, »sich verdoppelte, fingen die Arbeitgeber untereinander an, sich zu befehden. Die Akten hier [im Bezirk Wilhelmstal, Ostafrika] geben Auskunft darüber. Dazu kam, daß ab und zu Fälle passierten, die in erschreckender Weise vor Augen führten, welche Verantwortung die Regierung durch zwangsweise Gestellung von Arbeitern, die sie zu kontrollieren nie recht in der Lage ist, übernimmt. In den hiesigen Akten befindet sich der Lohnzettel einer Plantage, der zeigt, daß von 46 zwangsweise gestellten Waschambaa in 34 Tagen 5 gestorben sind. Bezeichnend dafür ist ein ebenfalls in den hiesigen Akten befindliches Schreiben einer Plantage, welches die ganz kurze Mitteilung enthält, daß die Plantage mit ihren Nachbarn beschlossen hätte, den Lohn für die Zwangsarbeiter – sie werden allerdings euphemistisch Tagelöhner genannt – auf 12 Pesa herabzusetzen und zugleich um weitere Unterstützung bittet. Es ist auch vorgekommen, daß eine Pflanzung von den Arbeitern mehr verlangte, als der Leiter mir persönlich gesagt hatte, das er verlangen würde. Ob dies öfter vorgekommen ist, kann ich nicht sagen. Der obige Fall lag nur besonders kraß, da ich selbst bei den Leuten dadurch kompromittiert wurde. Die Zwangsarbeiter erhalten, wie ich eben höre, auch jetzt noch teilweise 12 Pesa. Weiß der Herr Regierungsrat Haber und ist ihm auch seitens der Pflanzer mitgeteilt, daß die Tagesration Reis hier 14 Pesa kostet?«

Eine rhetorische Frage, die der wackere Amtmann Meyer da an die Regierung in Daressalam stellte, denn im gleichen Jahr – am 1. April 1905 – trat eine neue Verordnung in Kraft, die nun nicht mehr nur drei Rupien pro Hütte, sondern pro *Kopf* vorsah, was bedeutete, daß man nun – da auf jede Hütte vier Steuerpflichtige entfielen – nicht nur viermal soviel verdiente, sondern auch entsprechend mehr Arbeitskräfte zur Verfügung hatte. So stiegen die Einnahmen des Staates und die Profite der Pflanzer.

Doch der »legale« Weg reichte nicht aus, obwohl man Tausende der Eingeborenen auf diese Weise zwangsverpflichtete. Man schreckte auch vor dem nicht zurück, was eigentlich zu unterdrücken die erklärte Herrschaftslegitimation war: Man warb »Freiwillige«, will sagen, man fing die Schwarzen wie Freiwild und schleppte sie zu den Plantagen an der Küste. Auf diese Weise gerieten auch die in Fronarbeit, die ihre Steuern bezahlen konnten.

Auf den Plantagen erwartete sie nicht nur ein Hungerlohn, auch gezüchtigt wurden sie, wenn sie dagegen aufmuckten. Dazu hatte der Pflanzer ein Recht, und er machte davon – eingedenk seiner erzieherischen Pflichten – auch gewissenhaft Gebrauch: »Ein gewisser Herr Heidemann«, berichtete ein Beobachter, Rudolf Hofmeister, der Ostafrika bereist hatte, »auf der Plantage Moa erzählte mir, daß er selbst in einer Gerichtsverhandlung freigesprochen wurde, in welcher ihm zur Last gelegt war, einem Neger ... zwei Rippen eingeschlagen, den Arm ausgerenkt und zum Überfluß noch unzählige Peitschenhiebe auf dem nackten Körper appliziert zu haben. Herr Heidemann fand seine Freisprechung ganz selbstverständlich.«

Doch nicht nur Pflanzer, auch andere gingen mit unbarmherziger Härte gegen ihre Untergebenen vor: »Ein Deutscher rühmte sich, wie es ihm gelungen sei, seinen guten Koch, den er zwar alle Tage durchprügelte, an sich zu fesseln. Er gab ihm am Zahltag nur einen Teil des Lohnes und sagte, daß er den Rest später erhalten solle. So ging dies monatelang fort, der Neger blieb trotz der Hiebe bei dem Weißen, da er ja Geld bei ihm gut hatte. Endlich gab ihm sein Herr 20 Rupien, und mit 40 Rupien Verlust lief er davon.

Ein anderer Weißer schlug in Tanga einem krüppelhaften blödsinnigen Neger ohne alle Veranlassung sechs Löcher in den Kopf, ohne daß der Europäer für diese Rohheit nach Gebühr bestraft wurde.«

Kaum zu glauben, doch Hofmeister weiß noch Schlimmeres zu berichten: »Ein Deutscher war bei der ostafrikanischen Eisenbahngesellschaft als Beamter angestellt, und unter seiner Aufsicht arbeiteten auch die Neger. Eines Tages nun bemerkte er, daß einige der Schwarzen nicht zur Arbeit gekommen waren, was sich auch am nächsten Tage wiederholte. Wutentbrannt eilte er davon, um Soldaten zu holen resp. sich diese zu erbitten, die sofort bewilligt wurden. Es waren Sudanesen, eine wegen ihrer Rohheit gefürchtete Soldateska, auf welche die deutsche Regierung nicht gerade stolz zu sein braucht. Machen diese sich doch öfter ein Vergnügen daraus, in eroberten Ortschaften (natürlich ohne Wissen ihrer Vorgesetzten) kleine lebende Kinder an spitze Pfähle zu spießen.

Mit einigen dieser Leute eilt nun ›der Herr‹ durch die Negerhütten, überall fliehen die Neger vor den Soldaten.

Da sieht plötzlich der Weiße, daß unter den Fliehenden sich einige von ›seinen‹ Arbeitern befinden. ›Feuern!‹ ruft er, und ein Neger fällt tot – ermordet zu Boden.«

Maji, Maji!

»Gegen 9 Uhr vormittags sah die kleine Karawane eine große Horde bewaffneter und wild gestikulierender Neger auf sich zukommen, die, ihren Rufen nach zu urteilen, nach Liwale ziehen wollten. Der Bischof trat den Leuten entgegen und versuchte zunächst sie anzureden und ihnen verständlich zu machen, daß die Missionare nicht Feinde seien, sondern nur gekommen wären, um den Negern gutes zu erweisen. Aber man ließ ihn gar nicht ausreden, sondern der Führer der Horde, der Jumbe Abdallah Chimai, stieß ihm seinen Speer in den Hals, worauf er zu Boden sank und dann noch von mehreren anderen Speeren durchbohrt wurde. Die Schwestern hatten sich auf die

Kisten gesetzt und verhüllten, als sie den Bischof fallen sahen, mit dem Schleier ihr Gesicht. Sie und die beiden Brüder endeten ... gleichfalls unter den Speerstichen ihrer Angreifer.«

Zur gleichen Zeit, als dies geschah, kam es auch in anderen Teilen des Landes zu Übergriffen: »In der zweiten Hälfte des Monats August mehrten sich die Hiobsbotschaften in Besorgnis erregender Weise. Sogar aus Usaramo, dem nächsten Hinterland von Daressalam, kam die Nachricht, daß die Bevölkerung unruhig werde und daß abends an den Feuerstellen Erzählungen von einem Schlangengott und einem Zauberwasser von Mund zu Mund gingen; am Rufijifluß brannten die Aufständischen ein Dorf nach dem andern nieder und drohten, über den Fluß zu setzen und damit den Aufruhr auch in die nördlichen Küstenbezirke zu tragen.«

Es dauerte immerhin 15 Jahre, bis die Unterworfenen in Ostafrika den Mut faßten, sich gegen ihre Peiniger zu erheben. Doch diesmal waren es keine Rivalen der Kolonialherren, wie seinerzeit im Araber-Aufstand: Diesmal waren die Aufständischen die wirklich Unterdrückten, nicht die Händler an der Küste, die auch mal wieder an die Krippe wollten, sondern die Bauern und Sklaven im Hinterland, die sich gegen die Last der Steuern und Fronarbeit wehrten. Doch dessen wurden die Deutschen erst allmählich gewahr: Der Aufstand traf sie wie der Blitz aus heiterem Himmel.

Begonnen hatte es mit einer Nachricht, die der Bezirksvorsteher in Kilwa am 13. Juli 1905 erhielt. Darin wurde ihm mitgeteilt, daß ein Zauberer in den Matumbi-Bergen die Bevölkerung aufwiegele. Zwei Wochen später erhielt er eine weitere Botschaft: Sie besagte, daß die Eingeborenen zum Angriff übergegangen seien. Kitabi, ein Außenposten der Regierung, werde belagert und man bäte um Hilfe.

Der Bezirksvorsteher setzte daraufhin einen Polizeitrupp, 38 Askaris und einen Feldwebel, in Marsch, der die Belagerten befreien sollte. Doch der Trupp kam nur bis Ssamanga, einem Ort an der Küste, der als Ausgangspunkt für die Karawanenstraße in die Matumbi-Berge diente. Kaum hatten sie den Ort verlassen, da stießen sie auf ein Heer der Aufständischen: 1500 traten ihnen entgegen, doch es gelang ihnen, sich in einer nahe gelegenen Pflanzung zu verschanzen. Ssamanga aber war den Angreifern wehrlos preisgegeben und wurde dem Erdboden gleichgemacht. Es war der erste Triumph der Aufständischen.

Doch schon wenige Tage später, am 4. August, erlitten sie ihre erste Niederlage: Eine zweite Abteilung, die von Mohoro, einem weiteren Stützpunkt der Regierung, ausgesandt worden war, erreichte im Rücken der Aufständischen deren Schlupfwinkel und konnte zweier ihrer Anführer habhaft werden. Der eine war bereits zur Legende geworden, und als er starb, von seinen Bezwingern gehängt, verkündete er: »Ich fürchte mich nicht vor dem Tode, denn meine Medizin hat schon bis Kilossa und Mahenge ihre Wirkung getan!«

Und wahrlich, obwohl Bokero, der Zauberer, schon gleich am Anfang des Aufstandes seinen Feinden in die Hände fiel, waren seine letzten Worte keine leere Drohung. Denn mit dieser Medizin, von der er sprach, hatte es eine besondere Bewandtnis: »Die Häuptlinge der Matumbi- und Kitschiberge«, berichtet Hauptmann Merker, der den Kampf gegen die Aufständischen führte, »verbreiteten unter ihren Leuten, daß ein in den Pangani-Schnellen des Rufijiflusses in Gestalt einer Schlange lebender Geist dem in Ngarambi wohnenden Medizinmann, der sich jetzt den Amtstitel Bokero beigelegt hatte, eine Zaubermedizin gegeben habe, die den, welcher sie besäße, von allen Landwirtssorgen befreien würde. Sie würde ferner Wohlstand und Gesundheit verleihen, Hungersnot und Seuchen fernhalten und im besonderen die Pflanzungen vor den Verwüstungen durch Wildschweine schützen. Sie garantierte reiche Ernte, so daß die Leute in Zukunft nicht mehr für die Fremden Lohnarbeiten zu verrichten brauchten, um sich den gewohnten Luxus zu verschaffen. Die Medizin sollte schließlich auch – und dabei war nur auf die früher ständigen Kriege der Eingeborenen untereinander Bezug genommen – unverwundbar machen, sollte bewirken, daß die Geschosse des Gegners von den Zielen wie Regentropfen abfielen; Weiber und Kinder sollte sie für die in Kriegszeiten übliche Flucht und die damit verbundenen Strapazen stärken sowie vor einer Verschleppung durch den siegreichen Angreifer schützen, der Weiber und Kinder als Beute mitzunehmen pflegte. Die Medizin bestand aus Wasser, Mais und Sorghumkörnern. Das Wasser wurde in Ngrarambi durch Übergießen des Kopfes und Trinken appliziert, aber auch in kleinen Bambusbüchsen, die um den Hals zu hängen waren, verabfolgt. Die Getreidekörner sollten die Weiber in die von ihnen bearbeiteten Felder legen zur Erzielung reicher Ernte und Fernhaltung von Wildschweinen; die Männer sollten je eines der beiden Arten in das Pulver jeder Gewehrladung stecken, wodurch Treffsicherheit erreicht würde.«

Natürlich beabsichtigte man nicht untereinander Krieg zu führen; im Gegenteil: Indem man das Gerücht von der Wundermedizin verbreitete, die den Vorstellungen der traditionellen

Religion entsprach, schweißte man Völker und Stämme, die vormals verfeindet gewesen waren, zu einer Einheit zusammen, die allein Aussicht haben konnte, den Kampf zu gewinnen. Denn dieser richtete sich, darin waren sich alle Häuptlinge einig, gegen einen gemeinsamen Feind: die Fremden. Und damit waren nicht nur die Weißen gemeint, auch die Araber und Inder, Händler und Geldverleiher, peinigten sie, die allein Anrecht auf ihr Land und ihre Freiheit hatten. Dem Volk, das freilich das gleiche fühlte, durfte man dennoch vorerst nichts davon sagen. Er mußte geheim bleiben, der Plan, bis man das Zeichen gab, zum Angriff.

Doch dieser erfolgte früher, als eigentlich vorgesehen – es hieß: weil die Führer sich nicht einigen konnten –, und das war die Rettung der Fremden. Denn obgleich sie der Aufstand völlig überraschte, war der Anprall doch nicht so vernichtend, wie er hätte sein können, wenn alle gleichzeitig und an allen Fronten losgeschlagen hätten. Dennoch gab man sich in Daressalam keinen Illusionen hin: »Das ganze Verhalten der Rebellen«, schrieb Graf von Götzen, der damals Gouverneur von Ostafrika war, in einem Rückblick auf den Aufstand, »hatte schon in den ersten Tagen erkennen lassen, daß es sich diesmal nicht um die unbeabsichtigten Folgen einer an sich geringfügigen Streitigkeit oder um Landfriedensbruch einer größeren Räuberbande handelte, sondern um eine wohlorganisierte aufständische Bewegung. Man konnte schon damals, wie dies auch vereinzelt geschehen ist, an einen allgemeinen Rassenkampf der Neger denken, aber es lagen bis Mitte August noch keinerlei greifbare Anzeichen dafür vor, daß die Bewegung im Begriff stand, den Charakter eines zwar organisierten, aber doch lokal beschränkten Aufstandes einiger halbwilder Völkerschaften zu verlieren und sich zu einer Art nationalen Kampfes gegen die Fremdherrschaft auszuwachsen.«

Doch genau dies geschah, und als sich Mitte August die Meldungen über Angriffe der Aufständischen häuften, sah sich von Götzen gezwungen, um Verstärkungen aus Deutschland nachzusuchen. Sie wurden auch bewilligt, doch bis sie eintrafen, vergingen Wochen, und selbst dann, als sie zum Einsatz kamen, bedeutete dies noch keine Wende: Die Aufständischen verlegten sich auf einen Guerilla-Krieg, verschanzten sich in den Bergen und lockten die Patrouillen des Feindes in einen Hinterhalt, aus dem sie sie mit einem Hagel aus Giftpfeilen beschossen. »Diese Taktik des Feindes«, berichtet Hauptmann Merker, »erhöhte den Gebrauchswert seiner minderwertigen Waffen sowie seine eigene Gefechtskraft ganz außerordentlich und machte ihn da, wo er seine Überlegenheit an Zahl richtig ausnutzen konnte, zu einem recht schwierigen Gegner, während er, wenn er sich im offenen Gelände gestellt hätte, dem zur Schlachtbank geführten Opfer nicht unähnlich gewesen wäre. Seine Bewaffnung bestand aus Vorderladern mit schmiedeeisernen Kugelgeschossen, Bogen mit vergifteten Pfeilen, Speeren und Kampfäxten. Seine Gesamtstärke belief sich auf etwa 10 000 Mann, von denen über die Hälfte Gewehre führten. Die Taktik des Feindes zwang die Truppe zu fortwährendem Absuchen des Buschlandes durch kleinere Abteilungen, denn nur so war es möglich, die zahlreichen, überall verstreuten Trupps und Lager der Aufständischen zu finden, ihnen möglichst große Verluste beizubringen und sie nicht zur Ruhe kommen zu lassen.«

Doch wenn man sie einmal aufgespürt hatte, die Aufständischen, dann warfen sie sich mit Todesmut in den Kampf: »Maji, Maji!« schrien sie und meinten damit jenes Zauberwasser, das sie angeblich unverwundbar machte. Doch die Maschinengewehre der Deutschen mähten sie nieder, und verwundet zogen sie sich zurück, erschüttert in ihrem Glauben, doch ungebrochen in ihrem Haß, der ihren Widerstand nicht erlahmen ließ.

Zwei Jahre dauerte der Maji-Maji-Aufstand, und er endete schließlich nur, weil die Kolonialherren eingesehen hatten, daß der Kampf gegen die Aufständischen nicht zu gewinnen war. Sie mußten auch ihre Felder und Dörfer zerstören, ihnen die Basis nehmen, sie aushungern: Nur so gelang es den Deutschen, indem sie die Taktik des Guerilla-Krieges mit der der verbrannten Erde beantworteten, daß sie schließlich doch die Oberhand gewannen.

Doch es war eine schwere Schuld, die sie sich damit aufluden: Der ganze Süden, der Schauplatz der Kämpfe gewesen war, war verwüstet, und 100 000 Menschen waren dem Krieg zum Opfer gefallen. Die meisten davon Unschuldige, Frauen und Kinder, die verhungert, verdurstet oder den Seuchen, die im Gefolge der Hungersnöte auftraten, erlegen waren. So verheerend war das Morden gewesen, daß die Wunden dieses Krieges noch heute in Tansania zu spüren sind.

VI. DIE SONNE AUF DEM RÜCKEN

Zwischen Nama und Herero

Aber nicht nur in Ostafrika, auch in den übrigen Kolonien ging es nicht ohne Kriege ab, um die deutsche Herrschaft zu sichern. Besonders in Namibia, das damals freilich Deutsch-Südwest hieß, riß die Kette der Aufstände und gewaltsamen Unterdrükkung nicht ab. Dabei fehlte es nicht an Stimmen, auch im Deutschen Reich, die fragten, wozu das Ganze nützlich sei. Die Kolonialgesellschaft für Südwestafrika, ein ebenso übereiltes Unternehmen wie sein Pendant in Ostafrika, sei nicht in der Lage, in dem ihr zugestandenen Gebiet für Ruhe und Ordnung zu sorgen, und von wirtschaftlichem Nutzen könne ohnehin keine Rede sein. Dafür sorgte allein schon die ungeheure Entfernung, die jene nach New York bei weitem übertraf.

Doch wie Bismarck, der dem Deutschen Reich die Suppe eingebrockt hatte, so war auch sein Nachfolger, Caprivi, obwohl anfangs gleichfalls ein Gegner des Kolonialismus, schließlich zu der Überzeugung gelangt, »daß, so wie die Sache heute liegt, wir nicht allein ohne Verlust an Ehre, sondern auch ohne Verlust an Geld nicht zurückkönnen, daß wir ebensowenig auf diesem Standpunkte stehen bleiben können, daß uns also nichts anderes übrigbleibt, als vorzuschreiten«. Und so brachte er denn auch *seinen* Namen auf die Landkarte, mit jenem Zipfel, der – in Südwest – noch heute seinen Namen trägt.

Zu diesem bemerkenswerten Anhängsel – einem 450 Kilometer langen Streifen, der Namibia mit dem Sambesi verbindet – kam es aufgrund jenes Vertrages, den Caprivi im Juli 1890 mit England aushandelte. Dabei ging es nicht nur um Ostafrika, wo – im Austausch für Helgoland – Deutschland auf Sansibar verzichtete, sondern auch um eine endgültige beiderseitige Grenzregelung im übrigen Afrika. In Südwest bedeutete dies, daß hier den Deutschen ein Gebiet zugestanden wurde, das im Süden vom Oranje und im Osten zunächst vom 20. östlichen Längengrad begrenzt wurde, um dann – auf dem 22. Grad südlicher Breite – auf den 21. Längengrad auszubuchten und schließlich – nördlich der Kalahari – in jenen Streifen überzugehen, der – für Caprivi – der krönende Abschluß des Vertragswerks war.

In gleicher Weise wie mit den Engländern einigte man sich auch mit den Portugiesen: Mit ihnen hatte man bereits 1886 einen Vertrag geschlossen, der nicht nur - in Ostafrika - die Grenze zu Mozambique festlegte, sondern auch im Norden von Südwest eine Linie zog, die vom Kunene bis zum Okawango reichte und schließlich in den Caprivi-Zipfel überging. Damit hatte man sich ein Gebiet verschafft, das zwar nicht ganz so groß wie Ostafrika war, aber immer noch um die Hälfte größer als das Deutsche Reich.

Die Eingeborenen, die rechtmäßigen Herren des Landes, waren natürlich auch hier nicht gefragt worden, ob ihnen recht sei, daß sie nun - wie die Ambo - zur Hälfte portugiesisch, zur Hälfte deutsch waren. Auch die Buschmänner, die seit eh und je durch die Kalahari zogen, wurden eines Tages eiserner Tafeln gewärtig, die man - entlang der britisch-deutschen Grenze - aufgestellt hatte. Zu über 100 schmückten sie hier die Wüste.

Buschmänner und Ambo ergaben sich in ihr Schicksal, auch wenn letztere heute der SWAPO, der südwestafrikanischen Befreiungsbewegung, im Gebiet der angolanischen Grenze einen natürlichen Unterschlupf gewähren. Die übrigen Völker Südwestafrikas, die Herero im Zentrum und die Nama oder Hottentotten im Süden, nahmen die Fiktion der deutschen Herrschaft jedoch nicht kampflos hin, und es dauerte 20 Jahre, bis das Land endgültig »befriedet« war.

Der erste Reichskommissar, Dr. Göring, konnte zwar sowohl mit den Herero als auch den Nama Verträge aushandeln, die jene, die Lüderitz und Nachtigal geschlossen hatten, ergänzten, doch verstanden die Eingeborenen in Südwest - nicht anders als jene in Ostafrika - unter »Schutz« etwas anderes als die Deutschen: sie wollten tatsächlich »beschützt« werden, gegen ihre Feinde - für die Herero die Nama und für die Nama die Herero -, während die Reichsregierung in erster Linie an den Schutz deutscher Interessen dachte, um sich gegen die europäischen Rivalen zu behaupten. Land und Leute, die sie auf diese Weise unter ihren Schutz nahm, behandelte sie zunächst wie Gegenstände, den sogenannten Schutzverträgen zum Trotz. So verwundert es nicht, wenn Manasse, ein Häuptling der Herero, in einem Schreiben vom 13. Juli 1891 an Hauptmann von François, den Nachfolger Görings, die Frage aufwirft, worin denn nun eigentlich die neue Regierung bestehe:

Mein lieber Freund von Francois!

Die durch Ihre Boten gesandten Verordnungen habe ich erhalten und den Inhalt derselben eingesehen und verstanden.

Gerne hätte ich auch Antwort gehabt auf die Briefe, die ich Ihnen geschrieben. Was nun diese Verordnungen betrifft, die Sie erlassen, so erkenne ich an, dass dieselben recht gut sind. Nachdem ich jedoch etwas darüber nachgedacht, will es mir scheinen, dass es gut gewesen wäre, wenn Sie, da Sie jetzt Stellvertreter des Kaisers sind, zunächst mit den Häuptlingen der Herero sich verständigt und dann die Verordnungen erlassen hätten. Ich sage so, weil mir noch nicht erkennbar ist, worin die Hilfe besteht, über die wir zuletzt auf Okahandya gesprochen, als wir mit Ihnen und Dr. Goering zusammen waren. Vielmehr sind Menschen und Eigentum der Herero nach jenem Bündnis in höherem Masse als früher durch den Krieg vernichtet worden und keine Hand eines Deutschen hat sich geregt, sie zu schützen. Die unverständigen Herero, die die Weise dieser Verordnung nicht einsehen, werden deshalb dieselbe jetzt nicht anerkennen. Und deshalb sage ich: Wenn Sie sich zuerst mit den Hererohäuptlingen über den Inhalt der Verordnungen besprochen hätten, so wäre das gut gewesen, denn dann hätten auch die unverständigen Herero für schuldig erklärt werden können, falls sie dieselben übertraten. Doch ich werde die Verordnungen anschlagen. Wenn Ihre Geschäfte Ihnen so viel Zeit lassen, so wäre es gut, wenn wir nochmal einander sehen könnten.

Ich grüsse Sie sehr! Auch Mutate grüsst Sie sehr!

Ihr Manasse Tjiseseta,
Häuptling.

Die Beschwerde, die der Herero-Häuptling hier führt, war nicht unberechtigt: Denn nicht nur setzten sich die Deutschen über das Hoheitsrecht der Eingeborenen hinweg, denn das hatten ihnen die Schutzverträge zunächst noch zugestanden, sie schienen auch nicht bereit, für die Rechte, die ihnen die Häuptlinge einräumten, entsprechende Gegenleistungen zu erbringen. Im Falle Manasses – und der anderen Herero-Häuptlinge – war dies der Schutz beziehungsweise eine Unterstützung gegenüber den Übergriffen der Nama, die im Sommer 1890 die schwelenden Feindseligkeiten gegen die Herero wiederaufgenommen hatten.

Doch wenngleich den Deutschen das Schicksal der Eingeborenen auch nicht sonderlich am Herzen lag, so waren sie zunächst auch gar nicht in der Lage, die Hilfe, die sie versprochen hatten, zu leisten. Hauptmann von François war – 1889 – mit genau 21 Soldaten nach Südwest gekommen. Damit sollte er die Position zurückgewinnen, die sein Vorgänger, Dr. Göring, eingebüßt hatte, als es im Herbst 1888 zu einem Eklat gekommen war. Maharero, der Oberhäuptling der Herero, der sich drei Jahre zuvor unter den Schutz der Deutschen gestellt hatte, kündigte auf einer Versammlung, zu der alle Unterhäuptlinge geladen waren, sein Bündnis zu Deutschland auf – und wechselte über in das englische Lager. Diese Kehrtwendung schien geraten, als ihn Agenten aus Südafrika, der – britischen – Kap-Provinz, darauf aufmerksam machten, daß die Deutschen nur Papiertiger seien, Hunde, die nur bellen, aber nicht beißen. Tatkräftigen Beistand – im Kampf gegen seine Feinde, die Nama – könne er nur von den Südafrikanern erwarten, deren Macht – nur jenseits der Grenze – jedem deutlich erkennbar war. Freilich, ganz umsonst ginge das auch nicht: Für den Branntwein, das Pulver und die Waffen wären die Goldfelder angemessen, die man kürzlich – 1887 – im Gebiet der Herero gefunden hatte. Da ihm Gold allein nichts nützte, sondern nur das, was man damit kaufen konnte, willigte Maharero ein, und Dr. Göring, der – zusammen mit den englischen Agenten – bei der Versammlung zugegen war, verließ empört und unter Protest den Ort des Geschehens und zog sich mit seinen wenigen Begleitern nach Walfischbai zurück, wo er – auf sicherem, da britischem Territorium – auf das Eintreffen von Verstärkung wartete.

Besagte Goldfelder beschleunigten die Entsendung einer Truppe, die nun nicht mehr – wie bisher – aus Söldnern, die die Gesellschaft für Südwestafrika angeworben hatte, bestand, sondern aus Unteroffizieren und Mannschaften des deutschen Heeres. Doch, wie gesagt, es waren nur 21, mit Hauptmann von François 22, doch da dieser – im Gegensatz zu Dr. Göring – ein Militär war, der zudem lange Afrika-Erfahrung hatte – er hatte mit Wissmann das Kongo-Becken erforscht und war zuletzt beim Aufbau der deutschen Herrschaft in Togo tätig gewesen –, machte er nicht viel Federlesens, sondern ging energisch gegen die Aufwiegler vor: Die Agenten aus der Kap-Provinz ließ er verhaften, ihre Waren beschlagnahmen und Lewis, einem Händler aus Kimberley, der der eigentliche Drahtzieher war, einen Ausweisungsbefehl zugehen. Dann verschanzte er sich mit seiner Truppe in Tsaobis, einem Hügel, der auf halbem Weg zwischen Walfischbai und dem Herero-Lande lag, und baute die Stellung zur sogenannten »Wilhelmsfeste« aus und beherrschte damit den Verkehr von der Küste ins Hinterland. Als derart der Nachschub für Maharero versickerte und andererseits – im Januar 1890 – die deutsche Truppe um 43 Mann verstärkt wurde, revidierte Maharero seine Meinung und war im Mai bereit, eine Aussöhnung mit den Deutschen vorzunehmen.

Doch dann überfielen – im Juli 1890 – die Nama die Herero, und die Deutschen »rührten keinen Finger«. Neue Unstimmigkeiten kamen auf, und der Vorwurf, den schon die Südafrikaner erhoben hatten, daß nämlich die Deutschen es nicht nur mit den Herero, sondern auch mit den Nama hielten – was stimmte, denn man hatte ja mit beiden Seiten Verträge geschlossen –, erhielt neue Nahrung. Da entschloß sich von François, um die wiedergewonnene Stellung nicht erneut zu gefährden, im Niemandsland zwischen Nama und Herero eine Kette von Stationen zu errichten, um so den ewigen Stammeskriegen, die das ganze Land in Mitleidenschaft zogen, ein Ende zu setzen: »Je mehr Stationen die Truppe in dem herrenlosen Gebiet zwischen Herero und Hottentotten hatte«, schreibt er in einem Bericht über seine Tätigkeit in Südwestafrika, »je mehr musste ihnen die Kriegführung erschwert werden. Diese Betrachtung war einer der Gründe, die mich veranlassten, neue Stationen in dieser Zeit anzulegen.«

Der andere Grund war freilich mehr prosaischer Art: »Auf der Station Tsaobis«, berichtet von François weiter, »hatten sich im Schutze der Truppe einige hundert Bergdamara und Bastards [Mischlinge aus Südafrika] niedergelassen. Zeitweise weideten 8000 Stück Vieh auf dem Weidefeld der Station und dadurch war die Weide, trotz ihrer Güte, schon im August 1890 ziemlich kahl gefressen. Deswegen besetzte ich in der Zeit vom 25. Juli bis 5. August Heussis als Viehposten der Truppe und beabsichtigte, demnächst in Gross- und Klein-Windhoek die Hauptstation der Truppe einzurichten. Die Berechtigung zur Niederlassung hatte Maharero gegeben. Ob er aber seine Zusage halten würde, war zweifelhaft, angesichts der Haltung des stellvertretenden Kommissars, der seine Bitte um Unterstützung abgelehnt, und angesichts der neutralen Haltung der Truppe. Weitere Anfragen wegen der Ueberlassung von Windhoek mussten daher vermieden und Maharero vor eine bestehende Thatsache gestellt werden, damit er das Ueberflüssige eines Einspruchs einsah. Dazu musste die Besetzung schnell erfolgen und so viel Kriegsmaterial und Vorräte gleichzeitig mit der Truppe dorthin geschafft werden, dass sofort mit dem Bau der Unterkunftsräume und Magazine und der Anlage von Gärten etc. begonnen werden konnte. Ich rekognoszierte daher in der Zeit vom 24. September bis 7. Oktober 1890 zwei Wege durch das Khomas-Bergland nach Windhoek, liess dieselben kenntlich machen und verbessern und zog dann Truppe und Material in zwei Kolonnen nach Windhoek heran, wo diese am 18. Oktober eintrafen und die Stationseinrichtung sofort begonnen wurde. Nach dem 18. Oktober 1890 war also das Kommissariat und ein Mann der Truppe in Otjimbingue, Gross-Windhoek war mit 23 Mann, Klein-Windhoek mit 9 Mann, Gross-Heussis mit 5 Mann und Tsaobis mit 10 Mann besetzt. 150 Bergdamaras und etwa 60 Hottentotten vom Jonkerstamm und vom Stamm der Roten Nation waren mit nach Windhoek gezogen, so dass in Windhoek mit einem Schlage ein für südwestafrikanische Verhältnisse bedeutender Ort von beachtenswerter Stärke entstand. Der erwartete Einspruch der Herero kam daher spät. Der alte Maharero war am 7. Oktober 1890 an Dysenterie gestorben. Das bot seinem mutmasslichen Nachfolger Samuel Maharero Anlass, die Abmachungen seines Vaters als ungültig zu bezeichnen und brieflich am 23. Oktober 1890 gegen unsere Besetzung Einspruch zu erheben. Als seine Boten aber unsere Einrichtung in Windhoek gesehen hatten und ich ihm mein Bedauern aussprach, ich könnte mich auf weitere Verhandlungen wegen der Ueberlassung von Windhoek nicht einlassen und ihn an Kanzler Nels [den stellvertretenden Kommissar] wies, für den Fall er verhandeln wollte, kam ein neues Schreiben von ihm, in dem er sich mit der Besetzung von Windhoek einverstanden erklärte.«

So entstand Windhuk, das der Sitz der deutschen Kolonialverwaltung in Südwestafrika wurde. Am Schnittpunkt traditioneller Verkehrswege - von West nach Ost und von Nord nach Süd - und am Rande der Stammesgebiete gelegen, die hier zusammentrafen, bot der Ort, der schon von Missionaren besucht worden war und zunächst zu einer Feste ausgebaut wurde, eine ideale Voraussetzung, das Land, das es noch immer zu unterwerfen galt, in den Griff zu bekommen. Zwar dauerte es noch einige Zeit, bis Windhuk tatsächlich das Gesicht einer Stadt bekam - denn erst mit dem Eisenbahnbau setzte sein eigentlicher Aufschwung ein -, doch indem zunächst das Hauptquartier der Truppe hierher verlegt wurde und schließlich - am 7. Dezember 1891 - auch das Reichskommissariat, das bislang in Otjimbingue angesiedelt war, folgte, schien die Zukunft Windhuks wie auch der deutschen Herrschaft in Südwest gesichert.

Mein lieber Freund Leutwein!

Doch bis es tatsächlich soweit war, daß man von einem *deutschen* Südwestafrika sprechen konnte, war noch so manche Schlacht zu gewinnen. »Du wirst zum Ende schwer bereuen«, schrieb Hendrik Witbooi an Maharero, »dass Du Dein Land und Deine Regierungsrechte in die Hände der Weissen gegeben hast. Dass Du meinst, weise gehandelt zu haben, das sollst Du so fühlen, als ob Du die Sonne auf dem Rücken trägst. Ich weiss, Dr. Goering und Du gehören verschiedenen Nationen an, und ihr seid von jeher nicht gute Freunde gewesen mit einander, sondern ihr habt nur diese Freundschaft geschlossen, allein um mich zu vernichten. Wie steht es nun mit Deiner selbständigen Kapitänschaft? Und bist Du noch Oberhaupt von Damaraland? Ich verstehe nicht, wie Du Dich noch so nennen kannst. Denke aber nicht, dass ich diese Worte nur darum geschrieben habe, weil ich bange und besorgt bin vor der grossen Gefahr, womit Du meinst, mich zu schrecken.«

Nein, Furcht hatte er nicht, Hendrik Witbooi. Weder vor den Herero noch vor den Deutschen. Er war immerhin Häuptling des mächtigsten Stammes der Nama, hatte – in der Nachfolge seines Vaters, Moses Witbooi – den ganzen Süden unterworfen und schickte sich an, seine Herrschaft auch nach Norden auszudehnen. Dazu hatte er den Sitz seiner Macht von Gibeon, dem traditionellen Stammeszentrum am Fischfluß, nach Hoornkranz verlegt, einer Feste im Zentrum des Landes, die ihm – ähnlich wie Windhuk den Deutschen – eine günstige Ausgangsbasis für die Erweiterung seiner Herrschaft bot. Seit 1890 unternahm er von hier aus Vorstöße in das Herero-Land, raubte seinen Erzfeinden das Vieh und brannte ihre Dörfer nieder. Doch als er erkannte, daß die Deutschen in Windhuk eine größere Gefahr bedeuteten als die Herero, mit denen sie zwar verbündet waren, aber eben nur durch Worte und nicht durch Taten, wandte er sich gegen diese und scheute sich nicht, sich mit seinen traditionellen Feinden zu verbünden, um gemeinsam gegen den neuen Eroberer vorzugehen.

»Seit jener Zeit«, berichtet von François über die Witbooi-Hottentotten, die man – wie auch die übrigen Stämme – allgemein nach ihrem Häuptling benannte, »sah man ihre weissen Hüte häufig in Gross-Windhoek und in Klein-Windhoek ... sowie in der Umgebung. Sie besahen sich die Gelegenheiten. Ich kenne die Blicke, die bei der Ankunft, während des Aufenthaltes und bei dem Umdrehen im Abreiten prüfen, wo ist die beste Stellung, den Platz zu beschiessen, die ausfallende Besatzung aufzuhalten, wann und wohin wird das Vieh aus- und eingetrieben, was geschieht zur Bewachung, sind die Posten aufmerksam und wann ist die Besatzung am wenigsten bereit. Nicht umsonst war ich alter Soldat geworden und mehrjähriger Afrikaforscher gewesen. Ich glaube instinktiv zu merken, wenn die Eingeborenen etwas im Schilde führen. Auch Hererotrupps liessen sich von Zeit zu Zeit in Windhoek sehen, so dass ich vom 22. Februar 1893 an einen Berittenen ständig bereit hielt, der ankommenden Eingeborenentrupps entgegenreiten und die Stelle bezeichnen musste, wo sie absatteln und ihre Gewehre hinlegen mussten.«

Um einem Angriff auf Windhuk vorzubeugen und nachdem wiederholte Versuche gescheitert waren, Witbooi zu einer freiwilligen Unterwerfung zu bewegen, entschloß sich von François, der inzwischen zum Reichskommissar ernannt worden war und damit sowohl die zivile als auch militärische Gewalt auf sich vereinigte, den Witbooi-Hottentotten den Krieg zu erklären. Die Reichsregierung, obwohl der Widerstand im Parlament noch immer beträchtlich war, hatte dazu grünes Licht gegeben, und als eine weitere Verstärkung der Schutztruppe eintraf - zwei Offiziere und 214 Mann, »denen man die gute Infanterieausbildung und die Freude an dem fremdartigen Erdteil ansah« -, griff von François seinerseits die Feste Witboois an. Doch obgleich es ihm gelang, Hoornkranz - am 12. April 1893 - im Sturm zu nehmen, konnte Witbooi mit den meisten seiner Anhänger fliehen und rächte sich, indem er der Truppe einen Großteil ihrer Pferde raubte.

So war der Sieg doch eher eine Niederlage, und da die Kämpfe sich ohne weitere Erfolge für die Deutschen hinzogen, wurde man im Reich allmählich ungeduldig und entsandte in Major Leutwein einen Mann, der - da er zuletzt in der Kolonialabteilung des Auswärtigen Amtes tätig gewesen war - militärisches mit diplomatischem Geschick verband. Leutwein traf am 1. Januar 1894 in Südwestafrika ein und blieb dort - als Reichskommissar und Gouverneur - bis zum Jahre 1905. In dieser Zeit gelang es ihm, die deutsche Herrschaft, die bislang nur nominell bestanden hatte, in einen realen Machtfaktor umzuwandeln, der zwar auch noch einmal - am Ende seiner Amtszeit - in Frage gestellt werden sollte, doch selbst dann keinen Zweifel mehr ließ, wer die tatsächlichen Herren des Landes waren.

Zunächst wandte sich Leutwein - noch unter dem Kommissariat von François - den östlichen Teilen des Landes zu, die dieser erkundet hatte, und schloß hier mit zwei Nama-Stämmen, den Khaua und Simon Kopper, Schutzverträge. Dann zog er, in einer Zangenbewegung, nach Süden, wobei von François, der nun - über das Kap - seine Heimreise antrat, den einen Arm befehligte. Auf diese Weise gelang es ihnen, die Bondelswart, den südlichsten der Nama-Stämme, unter die Botmäßigkeit des Reiches zu bringen. Außerdem schnitten sie dadurch, daß sie nun die Herrschaft an der Grenze nach Südafrika errichteten, den

Nachschub an Waffen, der aus der Kap-Provinz kam, ab und brachten so Witbooi, der im Nordwesten der dieserart unterworfenen Stämme saß, in arge Bedrängnis. So war der Vormarsch gegen ihn, den sich Leutwein bis zuletzt aufhob – selbst die Herero brachte er zwischenzeitlich zur Ruhe –, nur noch ein Gnadenstoß.

Dennoch, selbst in die Enge getrieben, wehrte sich Hendrik Witbooi, der letzte freie Nama-Häuptling, tapfer. In einer Schlucht im Naauklof-Gebirge verschanzt, schrieb er am 18. August 1894 seinem Gegner einen Brief, der folgenden Wortlaut hatte:

Mein lieber Hochedler Herr Leutwein, Major!
Sie sagen ..., daß es Ihnen leid tut, daß ich den Schutz des Deutschen Kaisers nicht anerkennen will und daß Sie mir dies als Schuld anrechnen und mich mit Waffengewalt strafen wollen. Dies beantworte ich so: Ich habe den Deutschen Kaiser in meinem Leben noch nicht gesehen, deshalb habe ich ihn auch noch nicht erzürnt mit Worten oder Taten. Gott, der Herr hat verschiedene Königreiche auf die Welt gesetzt, und deshalb weiß und glaube ich, daß es keine Sünde und kein Verbrechen ist, daß ich als selbständiger Häuptling meines Landes und Volkes bleiben will, und wenn Sie mich wegen meiner Selbständigkeit über mein Land und ohne Schuld töten wollen, so ist das auch keine Schande und kein Schade, denn dann sterbe ich ehrlich über mein Eigentum. Es ist wahrlich keine Schuld, daß ich Ihnen nicht stehen will, denn ich habe wahrhaftig keine Schuld an all den Sachen, welche Sie mir in Ihrem Briefe als Verbrechen vorgetragen haben und welche Sie als Gründe gebrauchen, um über mich ein Todesurteil zu sprechen. Denn das sind Ihre eigenen Gedanken, die Sie zu Ihrem Vorteil ausgesonnen haben, die Sie selber ausgedacht haben, um vor der Welt die Ehre, das Recht und die Wahrheit auf Ihrer Seite zu haben. Aber ich sage Ihnen, lieber Freund, ich bin wahrhaftig frei und ruhig in meinen Gedanken, weil ich weiß, daß ich wahrhaftig unschuldig bin. Aber Sie sagen Macht hat Recht, und nach Ihren Worten handeln Sie mit mir, weil Sie mächtig in Waffen und allen Bequemlichkeiten sind, darin stimme ich überein, daß Sie wirklich mächtig sind und daß ich nichts gegen Sie bin. Aber, lieber Freund, Sie kommen zu mir mit Waffengewalt und haben mir erklärt, daß Sie mich beschießen wollen. So denke ich diesmal auch, wieder zu schießen, nicht in meinem Namen, nicht in meiner Kraft, sondern in dem Namen des Herrn und in Seiner Kraft, und mit Seiner Hilfe werde ich mich wehren. Wei-

ter sagen Sie auch, daß Sie unschuldig sind an diesem Blutvergießen, welches nun geschehen soll, und daß Sie die Schuld auf mich legen; aber das ist unmöglich, daß Sie so denken können, da ich Ihnen gesagt habe, daß ich Ihnen den Frieden geboten habe und daß durch mich kein Blutvergießen geschehen soll. So liegt die Rechenschaft über das unschuldige Blut, das vergossen werden soll von meinen Leuten und von Ihren Leuten, nicht auf mir, denn ich bin nicht der Urheber dieses Krieges. Ich ersuche Sie, lieber Freund, nochmals! Nehmen Sie den wahren und aufrichtigen Frieden, den ich Ihnen geboten habe und lassen Sie mich stehen in Ruhe. Gehen Sie zurück. Nehmen Sie Ihren Krieg zurück, gehen Sie von mir weg, dies ist mein ernstliches Ersuchen an Sie. Zum Schluß grüßt Sie

Ihr Freund und Kapitän
gez. Hendrik Witbooi

Worauf Leutwein erwiderte:

Daß Du Dich dem Deutschen Reich nicht unterwerfen willst, ist keine Sünde und keine Schuld, aber es ist gefährlich für den Bestand des Deutschen Schutzgebietes.

Also, mein lieber Kapitän, sind alle weiteren Briefe, in denen Du mir Deine Unterwerfung nicht anbietest, nutzlos.

Ich hoffe indessen, daß Du mit mir darin einverstanden bist, daß wir den Krieg, der bei Deiner Hartnäckigkeit leider nicht zu vermeiden ist, menschlich führen, und hoffe ferner, daß derselbe kurz sein werde.

Ferner bin ich gern bereit, Dir auch während des Krieges jede Aufklärung zu geben, die Du wünschst, da ich dann hoffen kann, daß nicht mehr Blut vergossen wird, als durchaus notwendig ist.

gez. Leutwein

Witbooi oder die Deutschen, darauf lief es letztlich hinaus: Denn nicht nur die Deutschen, auch Witbooi war ja bestrebt gewesen, die Oberhand über Südwestafrika zu erlangen. Und solange die Nama nicht unterworfen waren, so lange war die deutsche Herrschaft nicht gesichert. Es genügte nicht mehr nur Frieden, die Macht Witboois mußte zerschlagen werden, damit die Gefahr ein für allemal gebannt war.

Doch obwohl die Deutschen über die bessere Bewaffnung verfügten – sie waren mit zwei Geschützen ausgerüstet, die den Eingeborenen, da sie an derlei Waffen noch nicht gewöhnt waren, besondere Furcht einflößten –, hatten die Witbooi den Vorteil, nicht nur das Gelände zu kennen, sondern auch – nachdem sie aus ihrer Stellung vertrieben worden waren – sich im unwegsamen Gebirge auf einen Guerilla-Krieg zu verlegen, der den Deutschen schwer zu schaffen machte. So verlor Leutwein ein Viertel seiner Truppe, wohingegen Witbooi nur einmal eine schwere Niederlage erlitt, als er den Ring der Angreifer durchbrechen wollte, um nach Süden, in sein eigentliches Stammesgebiet, zu entkommen: »Am Nachmittag des 4. September«, schreibt Leutwein, »erschienen gegenüber dem Posten 4 der südlichen Absperrungslinie die dicken Haufen seines Trosses: Weiber, Kinder und Viehherden, von allen Seiten durch berittene Bewaffnete gedeckt. Genau bei dem genannten Posten, als dem Mittelpunkt seiner Linie, hatte jedoch Oberleutnant v. Burgsdorff das ihm zugesendete Geschütz aufgestellt. Diese Tatsache rettete den Feldzug. Denn vor den sechs Gewehren des Postens 4 hätte Witbooi, der noch über 250 Bewaffnete verfügte, schwerlich Halt gemacht. Dagegen konnten seine Leute den jetzt in die dicken Kolonnen hineinsausenden Granaten nicht widerstehen, sie flüchteten rückwärts in das Gebirge.«

Es war – im Falle Witboois – nicht so sehr die Verdrängung seiner Macht verwerflich, Eroberer, der er wie die Deutschen

Hendrik Witbooi (Mitte sitzend) mit seinen Anhängern

war, sondern die Ungleichheit des Kampfes: Geschütze rissen – aus weiter Entfernung – blutige Lücken, die – im Vergleich zum Kampf von Mann gegen Mann, den die Eingeborenen gewohnt waren – ein feiges Gemetzel waren. Ein Krieg, auf den die Deutschen – und natürlich nicht nur sie, sondern auch die übrigen Kolonialmächte, die alle ihre Besitzungen letztlich erobern mußten – nicht stolz sein konnten, wiewohl Major Leutwein, im Triumph des Sieges, seinen Landsleuten empfahl, »daß die beste Wirkung von einem ausgiebigen Schrapnellschuß zu erwarten ist«, denn, so fährt er fort, »die Eingeborenen sind gegen den Schmerz viel weniger empfindlich als wir und vermögen auch schwere Wunden ohne äußeren Nachteil zu ertragen.«

Dennoch sah sich Witbooi, von jeglichem Nachschub abgeschnitten, schließlich genötigt, seinen »Freund, den lieben Major Leutwein«, um Frieden zu bitten und sich zu unterwerfen, damit nicht sein ganzer Stamm verhungerte und verdurstete. Leutwein ging auf das Angebot ein, wiewohl es keine bedingungslose Kapitulation war: Noch war er des Nama-Häuptlings nicht habhaft geworden, und wenn sich dieser ergab, würde er ihm Zugeständnisse machen müssen. Doch ein Spatz in der Hand war besser als die Taube auf dem Dach: Es stand immerhin zu befürchten, daß Witbooi doch die Absperrungsketten durchbrechen würde, und dann wäre alles umsonst gewesen. So kam es denn, am 15. September 1894, zu einem bemerkenswerten Friedensvertrag: Witbooi unterwarf sich unter die Hoheit des Kaisers und erhielt dafür freien Abzug nach Gibeon, seinem ursprünglichen Sitz, wo er – im »Schutze« einer deutschen Polizeitruppe – in Pension des Reiches lebte, bis es 1904 zu einem neuen Aufstand kam.

Der Raub der Sabinerinnen

Dieser Aufstand hatte seine Ursache in der speziellen Entwicklung, die nun unter Leutwein einsetzte. Denn anders als Ostafrika, Kamerun und Togo oder die Inseln in der Südsee eignete sich Südwestafrika als Siedlungskolonie. Zumindest kam Südwest von allen deutschen Kolonien Fabris Traum am nächsten.

Zunächst aber ging auch hier die deutsche Einwanderung nur schleppend voran. Sie setzte eigentlich erst nach der Gründung von Windhuk ein, das eine sichere Ausgangsbasis für die weitere Erschließung des Landes bot. So wurde im März 1892 in Berlin eine Siedlungsgesellschaft gegründet, die einen Gebietsstreifen östlich von Windhuk erwarb. Bis zum Jahre 1895 hatte er eine Ausdehnung von 10000 Quadratkilometer erreicht. Das war ein Fünftel der Fläche, über die noch die Kolonialgesellschaft für Südwestafrika verfügte, die einen Großteil ihrer Besitzungen veräußert hatte.

Die ersten Siedler – der Berliner Gesellschaft – landeten am 15. Juli 1892 in ihrer neuen Heimat. Sie wurden auf Ochsenkarren verladen und traten den beschwerlichen Weg hinauf zu den Bergen von Windhuk an. Da nun jedoch damit zu rechnen war, daß der Siedlerstrom nicht mehr abreißen und dementsprechend auch die Schutztruppe verstärkt werden würde, ging von François daran, an der Mündung des Swakop – nördlich der Walfischbucht – einen eigenen Hafen anzulegen, der jenen, den man bislang benutzt hatte – das britische Walfischbai –, schon bald überflügelt hatte. Und als dann, 1897, eine Rinderpest in der Kolonie ausbrach, die zu großen Verlusten unter den Herden führte, faßte man den Bau einer Bahnlinie ins Auge, die die gefährdeten Ochsenkarawanen ersetzen sollte. Nach fünfjährigem Bau, mit 14 Millionen Mark vom Reich finanziert, war die Strecke Swakopmund–Windhuk 1902 fertiggestellt und wurde am 19. Juni dieses Jahres – anläßlich einer landwirtschaftlichen Ausstellung in Windhuk – dem Verkehr übergeben.

Bereits 1895 hatte die Siedlungsgesellschaft ein Abkommen mit dem Haus Woermann getroffen, das – neben seinen eigentlichen Handelsgeschäften – auch den Schiffsverkehr zwischen Deutschland und der westafrikanischen Küste aufrechterhielt. Das Abkommen sah eine Ausweitung der Dampferroute bis Swakopmund vor, so daß nun regelmäßig – seit 1898 einmal im Monat – auch Südwestafrika angelaufen wurde. Damit war das Verkehrsproblem gelöst.

Doch ein anderes tauchte bald auf: Die Auswanderer waren in erster Linie Männer, und in ihrer Not vergriffen sie sich bald an den eingeborenen Frauen, was – da diese zum Teil sehr stattlich waren – zwar die Siedler nicht weiter beunruhigte, dafür aber dem, der über die Geschicke des Landes wachte, um so mehr Kopfzerbrechen bereitete: »›Überall in der Welt‹«, zitiert er einen angeblichen Experten, den Bergrat Busse aus Koblenz, »›soweit man in der Geschichte zurückblickt, war, wo ein Volk sich anschickte, neue Gebiete in Besitz zu nehmen und zu besiedeln, die Frauenfrage diejenige Frage, durch deren Entscheidung die Zukunft der Kolonie bestimmt wurde. Und die Entscheidung fiel stets so aus, wie sie den Verhältnissen, dem Charakter und dem sittlichen Standpunkt des kolonisierenden Volkes entsprach. Der Raub der Helena und der Raub der Sabinerinnen zeigt, wie die Frauenfrage im Altertum gelöst wurde. Die Sklavenjagden in Afrika, bei denen es zum großen Teil auf die Frauen abgesehen ist, kennzeichnen die Frauenfrage der Araber und mohammedanischen Völker.‹«

Weshalb die Aufregung? Frauen hatten doch noch nie den Lauf der Welt bestimmt, am allerwenigsten bei den Deutschen. »Auch wir«, erklärt Leutwein, »dürfen daher dieser Sache nicht mit verschränkten Armen gegenüberstehen. Andernfalls setzen wir uns der Gefahr aus, in 50 Jahren keine deutsche Kolonie mehr zu haben, sondern eine Bastardkolonie. Und so gewiß wie wir seinerzeit den Ruf gehört haben: ›Kuba den Kubanern‹, so werden wir dann dort den Ruf hören: ›Südwestafrika den Afrikanern.‹«

Er sah weit in die Zukunft hinaus, der Gouverneur, auch wenn er vermeinte, verhindern zu können, was dennoch eintreffen sollte. Die Lösung, die er sah und für die er sich – bei einem Heimaturlaub 1898 – mit besonderem Elan einsetzte, war die systematische Rekrutierung von Heiratswilligen, für die er die ehrwürdige Deutsche Kolonialgesellschaft, der die Auswanderung ohnehin am Herzen lag, gewann: »Auf Anregung des Gouvernements«, schreibt er weiter, »erklärte sich daher die Deutsche Kolonial-Gesellschaft unter der tatkräftigen Leitung des Herzogs Johann Albrecht von Mecklenburg bereit, wenigstens dem größten Übelstande zu steuern. In der Zeit von 1896 bis 1902 wurden seitens der Deutschen Kolonial-Gesellschaft unentgeltlich nach Südwestafrika gesendet: 18 Bräute, 21 Dienstmädchen, 18 weibliche Familienangehörige von Farmern. Insgesamt 57 weibliche Personen.«

Ein bescheidener Anfang, der dennoch die Grundlagen dessen legte, was heute als Namibia-Problem gilt. Denn dabei geht es nicht nur um Land – und um die Vorherrschaft der Nachfahren der Buren im südlichen Afrika –, sondern auch um die Stellung der weißen Siedler in Südwest, die 1970 immerhin zehn Prozent der Gesamtbevölkerung ausmachten. Waren davon auch nur ein Drittel Deutschstämmige, so beweist dies doch, daß Leutweins Bemühungen letztlich auf fruchtbaren Boden fielen.

Nach uns die Sintflut

»Vorige Woche ist ein Herr Stöpke hier angekommen und dieser hat uns gesagt, er habe den Platz zwischen der Farm des Herrn Conrad in Orumbo und der Farm des Herrn Schmerenbeck in Ommadjereke von der Bezirkshauptmannschaft in

Windhuk gekauft und verlange daher, daß Mbaratjo mit seinen Leuten, welche auf demselben wohnen, von dort wegziehen sollen. In Otjivero wohnt Herr Heldt, welcher nun schon drei Jahre dort wohnt und sucht den Platz auf allerlei Art und Weise zu kaufen. In Okamaraere gegenüber von Orumbo wohnt Herr Wosidlo, in Omitava wohnt Herr Eilers und in Okahua hat sich in diesen Tagen Herr v. Falkenhausen niedergelassen. Orumbo ist dahin, Ommadjereke und Ogipave ist an Herrn Schmerenbeck übergegangen und Otjituepa an die Herren Voigts.«

Es war das gleiche Lied: Weiße Einwanderer drängten die Eingeborenen zurück, und diese versuchten zunächst, dagegen zu protestieren. Doch so eindeutig der Fall auch war, so muß man wie anderswo auch hier differenzieren. Denn in der oben angeführten Klage hieß es weiter: »Dieses ist aber nicht von uns geschehen, sondern von Samuel Maharero.«

Maharero war der Oberhäuptling der Herero, und wer hier Klage gegen ihn führte, waren seine Unterhäuptlinge. Mit gutem Recht, denn was seine Untergebenen nur anzudeuten wagten, das erläutert Leutwein mit aller Deutlichkeit: »Solange sich ... der Übergang des Landes aus den Händen der Eingeborenen in diejenigen der Weißen in mäßigen Grenzen hielt, handelte es sich nur um einen naturgemäßen und mit Freuden zu begrüßenden Prozeß. Dies änderte sich jedoch mit zunehmender Einwanderung. Denn jeder kaufte natürlich sein Land da, wo er es am billigsten erhalten konnte. Die höchsten Landpreise hatten die landbesitzenden Gesellschaften, weit geringere dagegen die Regierung, mit denen diejenigen der Eingeborenen sich annähernd die Wage hielten. Die Gepflogenheiten, bei den letzteren an Stelle der Barzahlung diejenige mit teuer berechneten Waren treten zu lassen, ließ jedoch bei diesen das Land am billigsten erscheinen, auch wenn die Regierung Zahlungsbedingungen auf längere Sicht gewährte. Infolgedessen drängten die Käufer nach den Stammesgebieten, vor allem nach denjenigen der Hereros. Hier lockten nicht nur die allgemeinen besseren Wasser- und Weideverhältnisse, sondern auch die Nähe der Bahn sowie ein über die Maßen genußsüchtiger und verschwenderischer Oberhäuptling, der für seine Rechte als Herr der Hereros sehr viel Verständnis besaß, für seine Pflichten aber umsoweniger. Oberhäuptling Samuel war die fortgesetzte Sorge aller seiner Distriktchefs, die ihn zuweilen geradezu unter Kuratel stellen mußten. Und doch kam er auch beim Verkauf einer Farm nach der anderen aus seinen Schulden niemals heraus. Er zehrte daher an dem Kapital seines Volkes und huldigte offensichtlich dem bekannten Grundsatz ›*après nous le déluge*‹. Auch

Gouverneur Leutwein bei einer Zusammenkunft mit Herero-Häuptlingen

Ermahnungen und Warnungen, die ich persönlich an ihn verschwendete, nützten nichts. Er pflegte schuldbewußt das Haupt zu senken, sein und seiner Leute Leichtsinn einzugestehen und – weiter Farmen zu verkaufen. Trat dann ein Weißer mit den von Samuel und seinen Großleuten unterschriebenen Kaufverträgen mit der Bitte um Bestätigung an das Gouvernement heran, so wollte eine etwaige abschlägige Antwort wohl überlegt sein. Und doch erfolgte eine solche mit Rücksicht auf die gefährdeten Interessen der verkaufenden Eingeborenen nicht selten. Aber stets riskierte die Regierung hierwegen den Vorwurf, die Besiedlung des Landes aufzuhalten, häufig auch unter der Drohung: ›Ich werde mich an den Reichstag wenden.‹«

Die größte Schuld trifft freilich Leutwein, denn er war es, der die Einwanderung forciert hatte, um jener Bastardisierung vorzubeugen, die er fürchtete. Dann folgten die Händler, die – zu überhöhten Preisen – Schund und Tand verkauften, um dadurch die Eingeborenen in ihre Abhängigkeit zu bringen und schließlich – wenn die Schulden den Wert des begehrten Landes erreicht hatten – die Farm zu übernehmen. Doch dies ging eben nicht ohne Einverständnis der Häuptlinge, die über das gesamte Stammesland verfügten, und – bedurfte der Genehmigung der Kolonialregierung. Leutwein war also in einem Dilemma – einerseits bemüht, die Siedler mit Land zu versorgen, andererseits den Eingeborenen so viel Land zu belassen, daß sie in ihrer Existenz nicht gefährdet waren.

Dieser Kompromiß, zu dem er sich bereit fand, war freilich nicht eigener Einsicht erwachsen, wiewohl es ein Gesetz gab, das bereits 1888 erlassen worden war und 1902 bestätigt wurde, demzufolge jegliche Landabtretung seitens der Eingeborenen an die Siedler der Kontrolle des Staates unterlag. Nein, es bedurfte der wiederholten Intervention einer anderen Instanz, die sich bislang allerdings weniger verdient gemacht hatte: der Kirche. Die Missionare, die befürchten mußten, daß mit dem Verlust der Stammesgebiete auch ihre Existenz gefährdet war, denn sie sorgten ja nicht nur für das Seelenheil ihrer Schutzbefohlenen, sondern auch – indem sie wie eh und je Handel mit ihnen trieben – für ihr leibliches Wohl, das zugleich auch das ihre war, warfen sich nun zu Fürsprechern der Eingeborenen auf und traten dadurch nicht selten in Konflikt mit der Kolonialregierung, die sie doch ursprünglich herbeigesehnt hatten. So heißt es in einem Schreiben, das die Rheinische Mission im April 1902 an den Gouverneur richtete: »Daß diese Ansiedler es offen aussprechen, wie es in der ›Deutsch-Südwestafrikanischen Zeitung‹ vom 22. Januar dieses Jahres zu lesen steht: ›Daß das Land aber überhaupt aus den Händen der Eingeborenen in die der Weißen übergeht, entspricht nur dem Zwecke der Kolonisation in diesem Gebiete. Das Land soll durch Weiße besiedelt werden. Dann müssen die Eingeborenen aber weichen und sich entweder in den Dienst der Weißen begeben oder sich in die ihnen bestimmten Reservate zurückziehen.‹ Andererseits wird noch hinzugefügt, daß die weißen Farmer nicht so billig Viehzucht treiben könnten wie die Hereros. Darum müsse diese Konkurrenz dadurch abgetan werden, daß man letzteren ihre wirtschaftliche Selbständigkeit nimmt. Wir sagen, daß dies die Meinung und das Ziel der weißen Ansiedler sei, das ist nicht zu verwundern, sondern ganz natürlich. Aber wogegen wir auf das entschiedenste protestieren müssen, ist dies, daß sich die Regierung diesen Standpunkt aneignet und danach verfährt. Solcher unser Protest stützt sich auf drei gute Gründe, nämlich auf das feierliche Wort unseres Kaisers, auf die Kaiserliche Verordnung, betreffend Schaffung von Eingeborenen-Reservaten, und endlich auf das, was unsere Mission in diesem Gebiete in fast 60-jähriger mühsamer Arbeit zustande gebracht hat.«

Die Mission beließ es nicht nur beim Protest. Sie war es, die – bereits 1895 – den Vorschlag machte, den Eingeborenen unveräußerliches Land in Form von Reservaten zuzuteilen, und jene kaiserliche Verordnung – vom 10. April 1898 – war im wesentlichen ihr Verdienst. Sie bot die Handhabe, den Eingeborenen ein Refugium zu schaffen, das ihnen auf ewig sicher war. Witbooi, »dieser kluge und einsichtige Kapitän«, wie Leutwein ganz unumwunden zugibt, erkannte sogleich die Chance, die eine derartige Regelung ihm bot, und so war er es, der den Weißen am längsten Widerstand geleistet hatte, der nun als erster in die Schaffung eines Stammesreservates einwilligte. Im Juli 1898 wurden ihm 120000 Hektar zugesprochen. Auch die Rote Nation, ein anderer Nama-Stamm, der östlich der Witbooi siedelte, erhielt - 1902 - ein Reservat, das 50000 Hektar umfaßte.

Das eigentliche Krisengebiet jedoch, der Norden, wurde von diesen Maßnahmen nicht mehr erfaßt, zumindest nicht in dem Maße, daß es die Katastrophe, die sich anbahnte, noch hätte aufhalten können. Zwar wurde auch hier - in der Gegend von Otjimbingue - ein Reservat geschaffen, doch geschah dies bereits im Zeichen des Unmuts und der Mißverständnisse, so daß eine friedliche Regelung nicht mehr möglich war. Die Herero, die meinten, man wolle sie weiter einpferchen, griffen zu den Waffen, und ein neuer Aufstand brach über das Land herein.

Tod in der Wüste

Eine günstige Gelegenheit dazu bot sich, als im Oktober 1903 ein anderer lokaler Aufstand im Süden ausbrach, der es jedoch erforderlich machte, daß Leutwein mit einem Großteil der Truppe in dieses Gebiet eilte, wodurch der Norden ungedeckt war, so daß die Herero ihrerseits zur Tat schritten.

Der sogenannte Herero-Aufstand war jedoch nicht nur ein Aufstand der Herero, er erfaßte schließlich das ganze Land, Herero und Nama erhoben sich, und selbst die Ovambo, an der Grenze nach Angola, versuchten, die deutsche Herrschaft abzuschütteln. Doch es war kein gemeinsames Vorgehen gegen den Kolonialherren, obwohl er die eingeborenen Völker in gleichem Maße bedrängte. Anstatt sich in einer einzigen koordinierten Bewegung zusammenzuschließen und dadurch den Feind in allen Teilen des Landes gleichzeitig zu bedrängen, wodurch er gänzlich hätte vertrieben werden können, rieben sich die unterjochten Völker nacheinander auf. Ja, sie scheuten sich nicht, mit den Fremden zu kollaborieren und gegen ihre eigenen Brüder zu Felde zu ziehen.

Freilich, Brüder im eigentlichen Sinne waren die Völker in Südwestafrika - wie ja auch in den anderen Kolonien - nie gewesen: Der gemeinsame Feind war ihnen weniger wichtig als die traditionellen Rivalitäten, und so haßten die Nama die Herero mehr als die Weißen und freuten sich über deren Untergang ebenso wie diese. Wenigstens machte Witbooi, der Führer des größten Nama-Stammes, keinerlei Anstalten, den bedrängten Herero zu Hilfe zu kommen, wiewohl diese immerhin versucht hatten, die alten Gegensätze zu überbrücken. »Ich mache Dir bekannt«, schrieb Samuel Maharero, der Oberhäuptling der Herero, in einem Brief an Witbooi, der vom 11. Januar 1904 datiert, »daß die Weißen ihren Frieden mit mir gebrochen. Und halt es gut fest, so als wir hören. Und wir sollen für unsern Teil in unserer Schwachheit tun, was wir können. Und wenn es Gottes Wille ist, laß die Arbeit im Namaqualande nicht zurückgehen. Es bleibt noch übrig, daß Du kommst, um nach Swakopmund zu gehen, um zu sehen, was sie dort machen. Und ich bin ohne Munition. Wenn ihr Munition bekommen habt, helft mir und gebt mir zwei englische und zwei deutsche Gewehre, denn ich bin ohne Gewehre. Das ist alles. Grüße.«

Der Brief kam zwar nicht an – die Bastards von Rehoboth, die zu den Deutschen hielten, fingen ihn ab –, aber als der Aufstand am nächsten Tag, dem 12. Januar 1904, mit einem Überfall auf Okahandja, dem Siedlungszentrum im Herero-Land, begann und sich wie ein Lauffeuer ausbreitete, rührte Witbooi keinen Finger, es sei denn, daß er den *Deutschen* – so wie es ein Bündnisvertrag, den man ihm abgerungen hatte, vorsah – ein Kontingent Soldaten zur Verfügung stellte. Bis er selbst die Waffen gegen seinen Herrn erhob, verging praktisch noch ein ganzes Jahr. In der Zwischenzeit waren die Herero geschlagen,

Die Feste von Windhuk

und mit ihrer Niederlage war jede Aussicht auf einen Sieg verloren.

Es war ein erbitterter Kampf gewesen, und was alle überraschte, war die Tatsache, daß Maharero die Führung des Aufstandes übernommen hatte: »Ich bin der Oberhäuptling der Hereros ...«, so lautete sein Befehl, der das Zeichen zum Aufstand war. »Ich habe ein Gesetz erlassen und ein rechtes Wort, und bestimme es für alle meine Leute, daß sie nicht weiter ihre Hände legen an folgende: nämlich Engländer, Bastards, Bergdamaras, Namas, Buren. An diese alle legen wir unsere Hände nicht. Ich habe einen Eid dazu getan, daß diese Sache nicht offenbar werde, auch nicht den Missionaren. Genug.«

Mit anderen Worten, es war kein Rassenkrieg, wie man es in Deutschland darzustellen versuchte, sondern eine Erhebung, die ausschließlich gegen die Deutschen gerichtet war, ein Krieg der Kolonisierten gegen die Kolonisatoren. Auf der einen Seite kämpften die Eingeborenen für ihre Existenz, fürs nackte Überleben, auf der anderen Seite sahen die Deutschen in diesem Verzweiflungsakt, den sie als Ausdruck der Barbarei betrachteten, eine willkommene Gelegenheit, nun endlich – wie in Ostafrika – auch in Südwest klare Verhältnisse zu schaffen und an die Stelle einer fiktiven Hoheit eine tatsächliche militärische Eroberung zu setzen. Leutwein widerstrebte eine derart radikale Lösung, und so wurde er abgelöst. An seine Stelle trat Generalleutnant von Trotha. Sein Kredo lautete:

Ich, der große General der deutschen Soldaten, sende diesen Brief an das Volk der Herero. Herero sind nicht mehr deutsche Untertanen. Sie haben gemordet, gestohlen, haben verwundeten Soldaten Ohren und Nase und andere Körperteile abgeschnitten und wollen jetzt aus Feigheit nicht mehr kämpfen. Ich sage dem Volke: Jeder, der einen der Kapitäne an einer meiner Stationen als Gefangenen abliefert, erhält 1000 Mark; wer Samuel Maharero bringt 5000 Mark. Das Volk der Herero muß jeder das Land verlassen. Wenn das Volk dies nicht tut, so werde ich es mit dem groot Rohr dazu zwingen. Innerhalb der deutschen Grenze wird jeder Herero, mit oder ohne Gewehr, mit oder ohne Vieh erschossen. Ich nehme keine Weiber und keine Kinder mehr auf, treibe sie zu ihrem Volke zurück oder lasse auf sie schießen. Das sind meine Worte an das Volk der Herero.

Mit diesem Aufruf, den er aufs Wort befolgte, lud von Trotha auch in Südwest den Deutschen jene Schuld auf, die ihnen

Kamelreiterpatrouille am Waterberg, 1904

schließlich zum Verhängnis werden sollte: Nicht nur, daß der General, der sich schon bei Aufständen in Ostafrika und China bewährt hatte, die Herero niedermetzelte, wo er ihrer habhaft werden konnte, er trieb sie auch – nachdem er sie am 11. August 1904 in der Gegend von Waterberg entscheidend geschlagen hatte – in einer erbarmungslosen Verfolgungsjagd bis in die Omaheke-Wüste, wo sie elendiglich zugrunde gingen. »Die mit eiserner Strenge monatelang durchgeführte Absperrung des Sandfeldes«, heißt es in einer amtlichen Quelle, »vollendete das Werk der Vernichtung. Die Kriegsberichte des Generals v. Trotha aus jener Zeit enthielten keine Aufsehen erregenden Meldungen. Das Drama spielte sich auf der dunklen Bühne des Sandfeldes ab. Aber als die Regenzeit kam, als sich die Bühne allmählich erhellte und unsere Patrouillen bis zur Grenze des Betschuanalandes vorstießen, da enthüllte sich ihrem Auge das grauenhafte Bild verdursteter Heereszüge.«

Die Zahl, die dem Vernichtungsfeldzug von Trothas zum Opfer fiel, betrug allein unter den Herero 65 000. Das waren vier Fünftel ihres Volkes. Die Nama, die sich im Oktober 1904 erhoben und einen langwierigen Guerilla-Krieg führten, der praktisch erst 1909 beendet war, verloren die Hälfte ihrer Stammesmitglieder, 10 000. Dazu kam noch ein Drittel der Bergdamara, die sich an dem Aufstand zwar nicht beteiligt hatten, dennoch aber – da die Deutschen sie nicht von den übrigen Eingeborenen unterscheiden konnten – in Mitleidenschaft gezogen wurden. Rechnet man schließlich noch die Ovambo hinzu, die sich – wenn auch nur vereinzelt – gegen das Vordringen der Deutschen wehrten, so nähert man sich 100 000, ein Aderlaß, der – gemessen an der geringeren Bevölkerungszahl – noch verheerender war als jener in Ostafrika.

Von Trotha wurde für seine Verdienste um die »Befriedung« von Südwest mit dem *Pour le mérite* ausgezeichnet, die Siedler erhielten fünf Millionen Mark Entschädigung, und aller Besitz der Eingeborenen, Herero und Nama, wurde eingezogen. Samuel Maharero konnte mit wenigen Getreuen nach Betschuana-Land entkommen, wo er am Rande der Kalahari fortan das Leben eines Ausgestoßenen führte. Hendrik Witbooi, der schließlich doch noch seinem Beispiel gefolgt war, hatte sich ein Jahr halten können: Dann, am 25. Oktober 1905, ereilte auch ihn das Schicksal – in einem Gefecht, bei Fahlgras, verwundet, verblutete er, und mit ihm erstarb auch der Widerstand des Stammes, der der mächtigste unter den Nama gewesen war. Alle übrigen, wiewohl der Stamm von Simon Kopper sich erst im Februar 1909 ergab, waren den Deutschen, die ihre Truppen schließlich auf 15 000 Mann verstärkten, hoffnungslos unterlegen, so daß der Krieg offiziell bereits am 31. März 1907 zu Ende war. Seitdem herrschte auch in Südwest kein Zweifel mehr, wer der Herr im Lande war.

VII. DURCHBRUCH ZUM TSCHAD

Ein großartiges Schauspiel

»Die Olga-Leute formiren sich in Zügen, das Hornsignal lautete ›Avanciren‹ und im Marsch, Marsch geht es vorwärts, die Olga-Leute zur Linken, die nachrückenden Bismärcker zur Rechten. ›Hurra, hurra, Bismarck!‹ schallt es von rechts, ›hurra, hurra, Olga!‹ von links. Im Laufschritt sind die ersten Häuser von Joss-Stadt erreicht. Im Nu sind die jede Stadt umgebenden und die einzelnen Stadtteile trennenden Zäune niedergerissen. Wo das Niederreißen zu lange dauern würde, klettert man über die Zäune oder springt hinüber. Hohes Gras, Bananen u.s.w. füllen, die Uebersicht aufs äußerste erschwerend, die weiten Zwischenräume zwischen den Häusern. Von rechts und von links her hört man Gewehrfeuer. Die meisten der kleinen Bambushäuser, deren Thüren mit dem Kolben aufgestoßen werden, sind leer. Aber aus einigen brechen doch, ihre Gewehre schwingend, schwarze Gestalten hervor. Es folgt ein Rennen auf Leben und Tod. Die Schwarzen sind unsern Matrosen kaum zwanzig Schritte voraus. Es wird auch auf sie geschossen. Aber wenn das Blut in Wallung ist, zielt man niemals besonders gut. Urplötzlich sind die schwarzen Halunken verschwunden, kein Mensch weiß, wo und wie. Ebenso geht es ein zweites, ein drittes, ein viertes Mal. Die Officiere haben große Mühe, ihre Leute zusammenzuhalten, der Drang nach vorwärts ist allzu groß.«

Forsch ging man auch in Kamerun ans Werk, obwohl hier zunächst gar kein Anlaß für ein militärisches Eingreifen gegeben war. Zwar hieß es, die Engländer, die den Coup der Deutschen nicht verwunden hatten, setzten alles daran, indem sie die Eingeborenen aufwiegelten, doch noch zum Ziel zu kommen. Doch wenngleich sie auch die Spannungen, die zwischen den Eingeborenen bestanden, schürten, so waren diese, Rivalitäten zwischen den Häuptlingen der Duala, doch der eigentliche Anlaß, weshalb es in Kamerun schon bald nach der Festsetzung der Deutschen zum Gären kam. König Bell, der sich unter den »Schutz« der Deutschen gestellt und damit an Macht und Einfluß gewonnen hatte, spielte sich nun als Despot auf, der nicht nur nicht mehr die anderen Häuptlinge zu Worte kommen ließ, sondern ihnen auch den Anteil an der Beute – die Schmiergelder der Deutschen – vorenthielt. Man lehnte sich gegen ihn auf und – da er mit den Deutschen unter einer Decke stand – indirekt auch gegen diese, doch vermied man es sorgsam, den Deutschen die Bündnistreue, die man gleichfalls geschworen hatte, aufzukündigen.

Dennoch sah Dr. Buchner, der Vertreter des Deutschen Reiches, Gefahr im Verzuge und bat – im Einklang mit den hanseatischen Firmen Woermann und Thormählen, die durch die Unruhen eine Einbuße ihrer Geschäfte erlitten – um eine erneute Machtdemonstration, die – wie das energische Auftreten bei der Flaggenhissung – nicht nur die Eingeborenen, sondern auch die Engländer davon überzeugen würde, daß die Deutschen entschlossen waren, ihre Rechte zu verteidigen. Auf diesen Hilferuf hin wurde – im Oktober 1884 – ein Geschwader unter Konteradmiral Knorr nach Westafrika beordert, um – wie es in der Segelorder hieß – dafür zu sorgen, »daß die Eingeborenen Eindrücke von der Macht Deutschlands und Respekt vor der deutschen Flagge bekommen«.

Eine Vorhut des Geschwaders, bestehend aus der Fregatte »Bismarck« und der Korvette »Olga«, traf am 18. Dezember in der Mündung des Kamerun-Flusses ein. Zwei Tage vorher, am 16. Dezember, hatten die Rivalen König Bells, Lock Priso von Hickory Town und Green Joss von Joss Town, Bell Town, das Dorf des Königs, das zwischen den beiden anderen Dörfern lag, niedergebrannt. Dabei war weiter keiner zu Schaden gekommen, da König Bells Anhänger, rechtzeitig gewarnt, in den Busch entkommen waren. Auch das Haus Woermann, das hier seinen Sitz hatte, war – gegen ein Lösegeld – verschont geblieben. Vor allem: Es war keinem Deutschen auch nur ein Haar gekrümmt worden!

Dennoch entschied sich Knorr – eingedenk seiner Instruktionen, die da weiter lauteten: »Sollten Verletzungen deutscher Rechte oder deutscher Personen durch Eingeborene in den unter das Protektorat Seiner Majestät gestellten Küstenstrichen zu Ihrer Kenntnis kommen, so haben Sie – sofern Ihnen andere Wege zur Erledigung des Falles nicht möglich oder nicht rätlich erscheinen – mit Waffengewalt einzuschreiten« – für letzteres und ließ am 20. Dezember zum Angriff blasen: Ein Landungskorps, bestehend aus 331 Marinesoldaten und vier Geschützen, kletterte in die Boote, die von zwei Dampfern, die Woermann und Thormählen zur Verfügung stellten, flußaufwärts gezogen wurden, und stürmte in zwei Abteilungen an Land, zunächst Hickory Town und dann Joss Town niederbrennend. Doch damit noch nicht genug: Obzwar nun Bells Ehre – indem Gleiches mit Gleichem vergolten – wiederhergestellt war, vermeinte Knorr dem Feinde, der sich gleichfalls in den Busch zurückgezogen hatte, noch einen weiteren Denkzettel verpassen zu müssen: »Der Morgen des 22. December brachte uns«, so berichtet Zöller, der Forschungsreisende, der zugleich Korrespondent der »Kölnischen Zeitung« war, »die Beschießung von Hickory Town und Old King Bells Town [einer anderen Siedlung der Aufständischen, die nicht mit Bell Town identisch war]. Schon das Erscheinen eines so großen Kriegsschiffes, wie man deren niemals zuvor eines den Kamerun-Fluß aufwärts hatte fahren sehen, machte einen gewaltigen, ja, geradezu unbeschreiblichen Eindruck und lockte Hunderte und aber Hunderte von schwarzen Zuschauern zum Rande der Hochebene. Namentlich von den Acqua-Leuten fehlte, als das Bombardement beginnen sollte, keine Seele. Aber fünf Secunden, nachdem aus dem schwersten Geschütz der Olga der erste Schuß gefallen, war alles wie weggeblasen. Ob die Leute dachten, daß die Welt unterginge, ob sie glaubten, daß nach und nach alle Dörfer am Kamerun-Fluß hinweggefegt werden sollten? Ich weiß es nicht. Thatsächlich war das Schauspiel recht großartig. Der gewaltige Blitz, die noch gewaltigern Rauchwolken, das Rollen des Donners, das Sausen der Geschosse, ein neuer Blitz, ein trichterförmig aufwirbelndes Conglomerat von Rauch, Erde, Bäumen und zerschmetterten Häusern, alles dies mußte auf die Phantasie der Eingebornen, die von dergleichen wohl gehört, aber es wahrscheinlich niemals gesehen hatten, einen überwältigenden Eindruck hervorrufen. Etwa alle fünf Minuten fiel anfänglich ein Schuß, bis man später, um die vergrößerte Wirkung zu zeigen, auch mehrere Granaten gleichzeitig warf. Eine gewaltige Rauchwolke verhüllte zeitweilig das feuernde Schiff, von dem die Eingebornen sagten, daß jedes seiner Geschosse auf einmal sechs Hütten in die Luft sprenge. Als die Rauchwolken sich verzogen hatten, sahen wir die Truppen in ähnlicher Weise wie am Tage vorher landen. Zu ihnen stießen etwa 40 sehr lange, bunt geschnitzte und mit hübschen Aufsätzen verzierte Kriegscanoes der deutschfreundlichen Dörfer, Könige und Häuptlinge. König Bell und sein Sohn und Thronfolger Manga Bell, deren bewaffnete Anhänger kurz vorher auf etwa 150 zusammengeschmolzen waren, deren Stern aber seit dem Erscheinen der deutschen Kriegsschiffe wieder gewaltig zu steigen begann, spielten bei dieser Zusammenkunft von allen Eingebornen die bedeutendste Rolle.«

Die Macht des Königs war wiederhergestellt und damit auch

die Position der Deutschen: »Während noch wenige Tage vorher«, resümiert Zöller, »Leben und Eigentum der am Kamerun-Fluß wohnenden Deutschen im höchsten Grade gefährdet gewesen war, wußte und fühlte jetzt jeder Mensch, einerlei ob weiß oder schwarz, daß jeder andere maßgebende und ausschlaggebende Einfluß als der deutsche gebrochen und für immer niedergeschmettert war.«

Gepanzerte Reiter

In der Tat war es erst diese Demonstration der Macht, die die Herrschaft der Deutschen in Kamerun besiegelte. Denn nicht nur ergaben sich schließlich die Aufständischen – im März 1885 –, auch die Engländer und Franzosen erkannten noch im gleichen Jahr – durch formelle Vertragsabschlüsse – die Hoheitsrechte der Deutschen an. Doch erstreckten sich diese zunächst nur über die Küste, von den Río-del-Rey-Inseln bis zum Kampo-Fluß. Was dahinter lag, jenseits des Küstensaums, war jedoch weiterhin Niemandsland, zumindest in den Augen der Europäer.

Doch war das eigentliche *raison d'être* der Kolonialpolitik – in Kamerun wie auch anderswo – der Vorstoß ins Innere, die Erschließung der Märkte – und Rohstoffquellen –, die man unermeßlich wähnte und die allein den Aufwand rechtfertigten. So besann man sich der klassischen Reisebeschreibungen, die Barth, Rohlfs und Nachtigal hinterlassen hatten, und setzte zum großen Sprung nach Innerafrika an, um wenigstens hier die Grenzen bis in das Herz des Kontinents vorzuschieben. Aber es war ein mühseliges Unterfangen: denn nicht nur bildete der Wald, der die Küste – in Kamerun – wie eine Barriere vom Hinterland trennte, einen undurchdringlichen Wall, der zudem noch von feindlichen Stämmen, die eifersüchtig über ihr Zwischenmonopol wachten, verteidigt wurde, auch das »Grasland« jenseits des Dschungels, die Hochplateaus und Steppen des mittleren und nördlichen Kamerun, widersetzte sich, da es von mächtigen islamischen Reichen beherrscht wurde, dem Vormarsch der Deutschen. Was in anderen Teilen Afrikas – im Osten und in Südwest – relativ leicht und schnell vonstatten ging, die Besetzung der am grünen Tisch ausgehandelten Einflußsphären, dauerte in Kamerun immerhin zwei Jahrzehnte: Anders als in den übrigen deutschen Kolonien war hier eine regelrechte Eroberung notwendig, die nicht so sehr im Niederschlagen von Aufständen sich erschöpfte, sondern vielmehr aus unmittelbaren Kriegen bestand, die sich – entsprechend der Unwegsamkeit des Geländes und der Vielfalt der Völker – über den weitaus größten Teil der den Deutschen zur Verfügung stehenden Kolonialzeit hinzogen. Die Folge war, da auch die Grenzen erst kurz vor dem Ausbruch des Ersten Weltkrieges geregelt wurden, daß hier in Kamerun – mehr noch als in den anderen deutschen Kolonien – die deutsche Herrschaft – und der wirtschaftliche Nutzen, den man daraus zu ziehen gedachte – kaum noch zum Zuge kam.

Der erste Durchbruch nach Norden gelang 1889, als eine Expedition unter dem Deutschen Zintgraff von der Küste bis nach Yola vorstieß, dem Sitz des Emirs Subeiru, der als geistiges und weltliches Oberhaupt über eine Reihe von Sultanaten im mittleren Kamerun herrschte. Der Emir – wie seine Vasallen – gehörte dem Volk der Fulbe an, einem großen Stammesverband, der sich – am Südrand der Sahara – vom Senegal bis zum Sudan ausgebreitet und im 19. Jahrhundert eines der mächtigsten Reiche im autochthonen Afrika – Sokoto – gegründet hatte. Die Grundlage dieses Reiches – wie auch seiner Nachfolgestaaten, zu denen Yola gehörte – war der Sklavenhandel: Neger aus dem Süden wurden – über Bornu – nach Nordafrika verkauft, und den Gewinn steckten die Fulbe, die als Nomaden wilde Reiter und räuberische Krieger waren und mit der Sahel-Zone den Übergang zwischen Schwarz-Afrika und der Sahara beherrschten, ein. Ihr Einfluß ging erst zurück, als mit dem Vordringen der Europäer, die – eingedenk der Auflagen der Kongo-Konferenz – energisch gegen den Sklavenhandel vorgingen, die Erwerbsquellen versiegten, und was von der einstigen Größe am Ende des Jahrhunderts noch übrig war, mußte schließlich auch der europäischen Vormachtstellung weichen. Den Emir von Yola, der immerhin noch Zintgraff abgewiesen hatte, vertrieben 1902 die Engländer.

Inzwischen waren allerdings auch die Deutschen nicht untätig gewesen. Zintgraffs Vorstoß war im gleichen Jahr, 1889, die Gründung von *Jaunde* gefolgt, der heutigen Hauptstadt Kameruns, die eine günstigere Ausgangsbasis als Duala an der Küste bot, das Hinterland, vor allem die Sultanate von Adamaua, die den Kern des Yola-Reiches bildeten, zu erobern. So drang denn 1891/92 eine Expedition bis Ngaundere und Banyo vor, während weiter im Norden wenig später – 1893/94 – die Deutschen einen Vorstoß nach Garua und Marua wagten. Damit hatten sie praktisch – auch von Süden – den Tschad-See erreicht.

War damit auch noch nicht das ganze Gebiet, das man durchmessen hatte, erobert, so reichte diese erste Rekognoszierung –

und mehr noch das Zeigen der Flagge - aus, um zumindest in den Augen der Rivalen, England und Frankreich, die Herrschaftsansprüche der Deutschen anzumelden: Man konzedierte dem Deutschen Reich in zwei Verträgen - 1893 und 1894 - auch das Hinterland dessen zu, was man ihm 1885 - an der Küste - überlassen hatte, und wurde somit auch hier - wie in den übrigen »Schutzgebieten« - Taufpate des deutschen Kolonialismus. Ja, die Engländer und die Franzosen taten noch ein übriges: Sie entledigten die Deutschen ihrer größten - einheimischen - Widersacher, indem sie - die Engländer - nicht nur den Emir von Yola vertrieben, der ihnen den Besitz von Nigeria streitig machte, sondern auch - und diesmal die Franzosen, die vom Kongo zum Tschad vorstießen - den Abenteurer Rabeh besiegten, der - in der Gegenrichtung der Fulbe - vom Sudan aus ein neues Reich geschaffen hatte, dem zuletzt auch Bornu zum Opfer gefallen war.

Rabeh wurde im Jahre 1900 von den Franzosen geschlagen (und getötet), Subeiru, der Emir von Yola, jedoch war auch nach seiner Vertreibung noch nicht besiegt: Es gelang ihm, im Verein mit seinen Vasallen ein neues Heer aufzustellen und - den Deutschen in einer Entscheidungsschlacht entgegenzutreten.

»Hinter uns«, schrieb Oberleutnant Dominik, der gegen Subeiru ins Feld geschickt worden war, »in Adamaua die beiden Herrschaften Tibati und Ngaumdere unterworfen, in Banjo der brave Nolte: jede Gefahr im Rücken also ausgeschlossen. Im Westen Jola, eben von den Engländern besetzt, ein Bollwerk gegen die mohammedanische Welt. Im Osten Bubanjidda von Oberleutnant Radtke geschlagen, der jetzt in Mubi stand: also auch auf den Flügeln keine unmittelbare Gefahr. Aber im Norden der fanatische Emir, der bei Marua alle Kräfte zu einem endgültigen Schlage gegen die Europäer zusammenzog, und dahinter die unbekannte mohammedanische Welt von Mandara und Bornu!«

Es war beileibe kein Spaziergang, der Dominik bevorstand: »Unsere Gegner«, so schreibt er weiter, »waren der Emir Zuberu, die Lamidos [Fürsten] Rei von Bubanjidda und Amadu von Marua mit vielen tausend fanatisch erregter Muslims, denen eine große Stadt und mächtige mohammedanische Reiche den Rücken deckten. Wir besaßen in Garua einen Stützpunkt, der erst gebaut werden sollte, waren nur drei Offiziere, die 90 Büchsen und ein Maschinengewehr ins Feuer bringen konnten. Da schlug mir doch beim Vorreiten das Herz etwas laut gegen die Rippen ...«

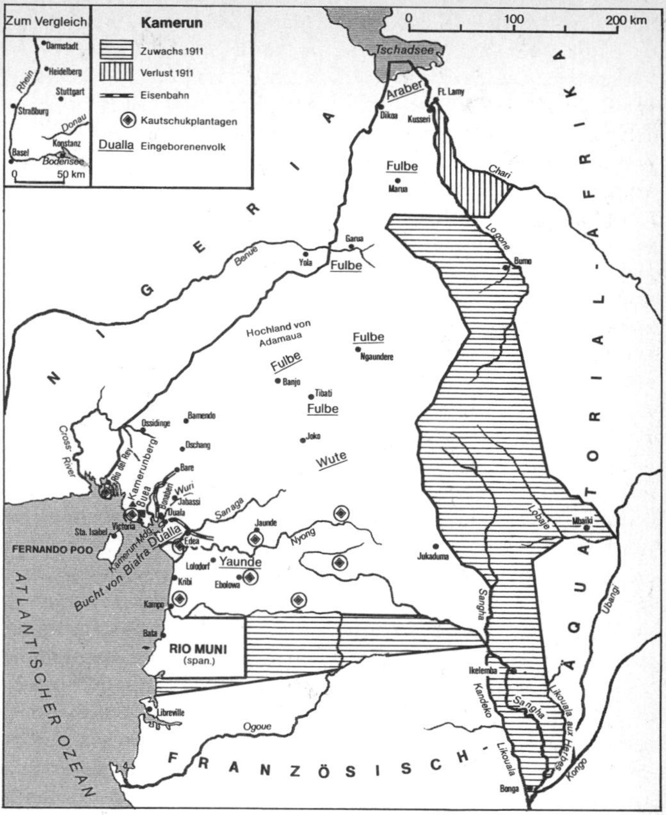

Nicht nur fanatisch war der Gegner – und in der Überzahl –, er war auch gut bewaffnet: »Roß und Reiter steckten in Wattepanzern. Die Baumwolldecken von Mann und Pferd prangten in bunten Farben.

Klingeln, Amulette, Kordeln und Troddeln schmückten das Pferdegeschirr, bunt waren die ledernen Unterlegedecken und bunt die Stirnbänder mit den Lederfransen, die als Schutz gegen Fliegen bis über die Augen reichen; die Kopfgestelle, Backenstücke, Brust- und Schwanzriemen waren mit Blech beschlagen und mehr oder weniger kunstvoll verziert, die hohen, engen Fullahbocksättel sind innen mit Decken gepolstert, sie haben kleine runde Bügel, in denen nur die große Zehe des Reiters steckt. Die arabischen Sättel, die auch vielfach im Gebrauch waren, sind niedriger und breiter, haben Bügelschuhe, in denen der Reiter steht. Die Fullahs reiten aus Bequemlichkeit mit kurzen Bügeln und kennen, wie alle Naturreiter, eigentlich nur Schritt und Galopp. Die Hilfen, die sie ihren barbarisch gezäumten Pferden geben, sind roh, sie sitzen aber auch auf blankem Pferde fest. Der berittene Fullahkrieger ist gestiefelt und gespornt, der Dolch steckt im Gürtel, ein kurzes Messer ist am Oberarm in einer Lederscheide festgeschnallt. Vielfach trägt der Reiter über dem Baumwollpanzer noch einen Eisenküraß, der ihn noch ungeschickter erscheinen läßt. Den Kopf des Reiters schützt ein tuchbezogener Holzhelm mit wallenden Federn, der Turban oder eine eisengeflochtene Haube.

Wenige Reiter nur führten Reiterpistolen arabischer Arbeit, und kaum eine Muskete haben wir bei den Funange-Fullahs gefunden. Was sollen sie auch damit im offenen Lande; ein guter Bogen schießt weiter und schneller und das Gift des Fullahpfeils wirkt unbedingt tödlich. In Busch und Urwald ist der Vorderlader eine gefährliche Waffe, aber in der Steppe ist nur der Hinterlader mit dem weit wirkenden Geschoß dem Bogen und dem vergifteten Pfeil überlegen.«

Der Hinterlader und natürlich das MG. Wie anders wäre es möglich gewesen, daß in dieser Schlacht – am 20. Januar 1902 vor den Toren von Marua – die Fulbe, deren Streitmacht die der Deutschen um das Hundertfache übertraf, endgültig besiegt wurden? »Dicke Staubwolken«, berichtet Dominik, »wie vor einem Gewittersturm, kamen heran, ich hatte meine Leute kleine Klappe einstellen lassen und rief ihnen, an der Linie entlang reitend, zu: ›Stehend ruhig zielen, langsam feuern‹. Denn im Knieen konnte man über die Baumwollstauden [die die Heere trennten] nicht hinwegsehen.

In vielen ungeordneten Haufen, Speer schwingend, Wolken von Pfeilen schießend, die weit vor uns in das grüne Baumwolldickicht fielen, und schrill ›Allah‹ rufend, kamen die Fullahs auf uns zu. Vor dem mir am besten sichtbaren Heerhaufen tanzte, sich um sich selbst drehend und hohe Sprünge ausführend, in weißen Gewändern der Bannerträger. Ich rief meinen Leuten zu, um ihnen über die augenblickliche Aufregung des Abwartens fortzuhelfen: ›Paßt mal auf‹ und schoß. Noch einmal ein Luftsprung des rasenden Tänzers, und er sank in der Staubwolke zusammen.

Jetzt knatterte neben uns das Maschinengewehr, und bei Radtke [der zu der Abteilung Dominiks gestoßen war] rollte eine runde Salve. Ich sah einen Augenblick rechts Pferde, Staubwolken und fliegende Gewänder, sah deutlich einen

Schimmel stürzen. Schnell hatte ich den Kopf wieder geradeaus. Denn auch bei mir wurde es lebendig. Vor mir heulte und kreischte es, um mich knatterte es; ich stand in einer Rauchwolke und schoß selbst, was aus dem Karabiner heraus wollte, in die dunkle Masse hinein und griff zum zweiten Mehrlader, den mein Junge mir reichte.«

Den ersten Anprall wehrten die Deutschen ab, doch obwohl der Feind bereits schwere Verluste erlitten hatte, gab er dennoch noch nicht auf. Der Emir hatte seinen Kriegern das Paradies versprochen und ihnen geweissagt, daß die Kugeln der Ungläubigen von ihnen fallen würden wie Regentropfen. In fanatischem Eifer warfen sie sich den Deutschen erneut entgegen: »Die ganze Reiterei, wie es mir schien, – jedenfalls waren es viele Hundert – schwenkte hinter den Gehöften [die die Außenbezirke von Marua bildeten] auf unseren linken Flügel ab. Ich wollte hinter der Schützenlinie entlang zu Attang laufen, als Bülow [der dritte deutsche Offizier] hinter mir herrief und ich mich umwendend dichte Fullahscharen gerade auf meine Schützenlinie anlaufen sah. Durch das Baumwollfeld kamen sie heran, zu Fuß, dicht geschlossen, fast alle in blauen, ärmellosen Hemden, die bis an die Kniee reichten und durch einen enggezogenen Gürtel zusammengehalten wurden, mit kurzen Kniehosen, Turban oder Fez. Kein Schuß fiel, nur ein unendliches, wogendes ›Allah‹ erfüllte die Luft. Es blitzte von Speeren, Messern und Schwertern. Da stand mir ein Bild vor Augen: ›Englische Rotröcke und rasende Mahdisten‹. Ich schrie meinen Leuten zu: ›Schnellfeuer!‹ und schoß selbst, was aus dem Karabiner wollte, in die Masse.

Aber sie wichen dieses Mal nicht, schwarze Gestalten erschienen im Pulverdampf; es galt, den einzelnen Mann mit der Kugel zu fassen, ehe er zum Stechen kam. Ich schoß einen Messer schwingenden, brüllenden Mann vor mir nieder, über ihn fort setzte ein anderer mit Schwert und rundem Schild. Einen Augenblick war er dicht vor mir, dann neben mir, ich drehte mich, den Karabiner am Kopf, nach ihm um, konnte aber nicht schießen, um nicht den Soldaten Jusuffu hinter ihm niederzuknallen. Noch heute könnte ich diesen Augenblick mit allen Einzelheiten bildlich wiedergeben. Das sind Eindrücke, die blitzschnell aufgenommen und fürs Leben festgehalten werden. Erst als der Mann hinter uns durchlief, schoß ich ihn nieder. So ist es auch an anderen Stellen gewesen, aber es waren nur wenige Fanatiker, die bis in unsere Linien kamen, das Gros fiel oder wich; die Schüsse verstummten.

Vor uns in der Baumwolle lagen die Fullahs Mann an Mann,

und zwischen den Gehöften hindurch liefen sie in dichten Haufen davon. ›Das hätte böse werden können‹, sagte Bülow, der zur mir kam, und: ›Was ist denn los? Hinterher!‹ rief Radtke, der heransprengte, vom Pferde.«

Sie hatten nur wenige Verluste, die Deutschen: zwei farbige Soldaten, die erstochen worden waren. Und die Fulbe? Das Baumwollfeld und die Gehöfte, die ganze Ebene von Marua war übersät mit Toten und Verwundeten. Wieviel in dieser Schlacht starben, die über das Schicksal Kameruns entschied, hat niemand gezählt. Hunderte, Tausende? Sie blieben namenlos – wie all die anderen, die um ihrer Freiheit willen starben.

Doch vergessen wir nicht: Auch die Fullah oder Fulbe waren Eroberer gewesen, Sklavenjäger und Räuber, die die autochthone Bevölkerung – zersplitterte Stämme der Sudan-Neger – ebenso drangsaliert hatten, wie es nun die Deutschen tun sollten. Subeiru und dem Sultan von Marua war die Flucht gelungen, doch der eine, der Emir von Yola, wurde schließlich von einem Verräter ermordet – und damit endete die Vormachtstellung der Fulbe –, während der andere, der Sultan, von einem Rivalen verdrängt wurde, den die Deutschen – als Marionette – auf den Thron hoben. Der Weg zum Tschad war frei.

Kulturdünger

Marua war nicht die letzte Schlacht, die die Deutschen in Kamerun schlugen. Aber was folgte, waren nur noch lokale Erhebungen, im Süden, die – da die Stämme im Urwald zersplittert waren – schnell niedergeschlagen waren. Die Eroberung auch der dritten Kolonie der Deutschen in Afrika war beendet.

Sie war zwar nicht so groß wie Ostafrika, auch nicht wie Südwest, doch immerhin so groß wie das Deutsche Reich, und wenn man sich auch in bezug auf die Rohstoffe und Märkte, die man im Hinterland suchte, verschätzt hatte, so warf doch der fruchtbarere Süden noch genügend ab, um Kamerun zum wertvollsten der deutschen Schutzgebiete zu machen.

Die wirtschaftliche, die der militärischen Erschließung folgte, trug freilich erst spät die ersten Früchte: 1894 wurde der erste Kakao aus Kamerun ausgeführt, 1899 folgten Edelhölzer und erst 1907 kam der Kautschuk, der den eigentlichen Reichtum des Landes bildete.

Der Handel, der zunächst den Anstoß zur formellen Schutzerklärung der Deutschen gegeben hatte, trat allmählich hinter dem direkten Erwerb der Güter und schließlich ihrer Erzeugung zurück, so daß nicht nur die hanseatischen Handelshäuser, sondern auch die Küstenstämme ihre Monopolstellung einbüßten. Doch während die Firma Woermann – durch die Übernahme des Zwischenhandels und den Ausbau des Personen- und Frachtverkehrs – weiterhin florierte, verelendeten die Duala und ihre Nachbarstämme, für die der Handel – zwischen dem Hinterland und der Küste und damit den Europäern – die Grundlage ihrer Existenz gewesen war. Zwar hatten die Deutschen ihnen dieses Monopol – bei jenen Verträgen, die der Flaggenhissung vorausgegangen waren – ausdrücklich zugestanden, doch als ihre Macht – durch jenes Feuerwerk der »Olga« und »Bismarck« – erst einmal etabliert war, konnte man es sich leisten, auf das Wohlwollen der Eingeborenen zu verzichten. König Bell und seine Nachfolger wurden durch Bestechungen abgespeist, und für seine Untertanen hatte man etwas Neues bereit: Frondienst auf den Plantagen.

»Es unterliegt keinem Zweifel«, schrieb bereits 1885 Hugo Zöller, der rührige Korrespondent der »Kölnischen Zeitung«, »daß der Handel unserer westafricanischen Besitzungen einen ganz gewaltigen Aufschwung nehmen würde, wenn es gelänge, Plantagen anzulegen und in befriedigender Weise die jetzt noch so große Schwierigkeiten bereitende Arbeiterfrage zu lösen. Africa in seinem gegenwärtigen Zustande kann kaum als ein reiches Land bezeichnet werden. Nicht als ob der Boden besonders unfruchtbar und das Klima jeder Cultur feindlich wäre. Aber es gibt kaum ein anderes Land, das im Verhältnis zu seiner Größe so sehr wenig für den Welthandel liefert wie grade Westafrica. Man gehe die außereuropäischen Länder der Reihe nach durch und man wird finden, daß ein jedes derselben einen oder mehrere Stapelartikel besitzt, Australien seine Wolle, Brasilien den Kaffee, der Laplata die Häute, Peru den Guano u.s.w. Aber betreffs Westafricas würde man vergeblich nach Stapelartikeln suchen, denen auch nur annähernd eine ähnliche Bedeutung beigelegt werden könnte. Höchstens würden hier Palmöl, Kautschuk und Elfenbein zu nennen sein. Aber das Schlimme an der Sache ist, daß die Production von Kautschuk stationär bleibt und diejenige von Elfenbein in nicht allzu ferner Zeit ganz aufhören wird. Diese verhältnismäßige Armut Westafricas steht in schreiendem Gegensatz zu dem beinahe übertrieben lebhaften Interesse, welches Europas Nationen seit Stanleys großer Reise und namentlich seit den Besitzergreifungen Deutschlands grade diesem Teile der Erdoberfläche zugewandt haben. Wie oben erwähnt, ist die Ursache der verhältnismäßigen Unproductivität Westafricas weder in der Unfruchtbarkeit des Bodens noch in der Ungunst des Klimas, noch auch, wie ich gleich hinzufügen will, in Bevölkerungsmangel oder allzu großer Schwächlichkeit der Bevölkerung zu suchen. Aber die Neger sind, sich selbst überlassen, ein ziemlich unproductives Volk, dessen Sinn weit mehr darauf gerichtet ist, Güter umzutauschen als Güter zu erzeugen.«

Zöller hatte nicht ganz unrecht: Die Neger – zumindest die Küstenstämme – lebten, wie gesagt, vom Zwischenhandel. Selbst Hand anzulegen, bequemten sie sich nur soweit, als es ihrer Selbstversorgung bedurfte. Insofern waren sie unproduktiv, doch nicht anders als beispielsweise die Hanseaten, die ja auch nur vom Handel lebten. Doch während letztere, wie die Arme eines Kraken, allmählich die ganze Welt umfingen, schrumpften erstere in dem Maße, wie die europäischen Händler sie verdrängten, zu einem wertlosen Proletariat zusammen, das erst wieder »produktiv« gemacht werden mußte.

Doch das war nur die eine Seite, die Küstenstämme. Wie aber sah es bei jenen aus, die diese – für den Zwischenhandel – beliefert hatten? Sie *waren* Erzeuger: erbeuteten das Elfenbein, ernteten die Kokosnüsse, zapften den Kautschuk. Doch ihre Produktion war »stationär«, wie Zöller es ausdrückt. Mit anderen Worten: Es reichte nicht. Weder für die Nachfrage auf dem Weltmarkt noch für die Profite, die dieser verhieß. Also mußten die Weißen sich selbst ans Werk machen, ob in Afrika oder in der Südsee, und das in großem Stil anbauen, was bisher in Maßen kultiviert worden war. Die Folge war eine Umstellung der gesamten Wirtschaft – in den Kolonien, versteht sich – auf die *Monokultur*, das verhängnisvollste Erbe des Kolonialismus. Überall wurde nun Kautschuk angebaut, Kaffee oder Kakao – und es entstanden jene Hungergebiete wie der Sahel, der *nicht* nur auf das Fortschreiten der Sahara zurückzuführen ist, sondern vielmehr auf die Einführung jener *cash crops* – in diesem Falle Baumwolle und Erdnüsse –, die, indem sie den Boden auslaugten, eine Verwüstung erst ermöglichten.

Während letzteres, die Verunstaltung der Sahel-Zone, vor allem das Werk der Franzosen ist, die schließlich einen Gürtel vom Atlantik bis zum Tschad erwarben, machten sich die Deutschen, die im Norden kaum noch zum Zuge kamen, dafür um so mehr um die »Erschließung« des Südens verdient. Nach Zöller war es vor allem Zintgraff, der hier die Möglichkeiten erkannte, die ein gezielter Anbau von Exportprodukten bot. Nachdem er auf seinen Forschungsexpeditionen, die insgesamt sechs Jahre – von 1886 bis 1892 – währten, zunächst die Gegend des Kamerun-Berges erkundet, die – aufgrund der vulkanischen

Böden – besonders fruchtbar war, und dann – weiter nördlich – in der Gegend von Bali mit dem dortigen Herrscher das Problem der Arbeiterbeschaffung erörtert hatte, gründete er 1897 eine »Westafrikanische Pflanzungsgesellschaft«, die sich – dem Kakaoanbau widmend – zu einem der größten Plantagenbetriebe der damaligen Zeit entwickelte. 1913 verfügte sie über ein Areal von 18000 ha und beschäftigte – neben 20 europäischen Verwaltern und Aufsehern – 2000 einheimische Arbeitskräfte.

Nicht minder erfolgreich war die »Gesellschaft Südkamerun«, die – mit deutschem und belgischem Kapital – 1898 gegründet wurde. Sie erhielt eine Konzession von 80000 Quadratkilometern im Südosten Kameruns – mit der einzigen Auflage, zehn Prozent der Gewinne an den Staat abzuführen. Denn der Staat, das Deutsche Reich, war ja eigentlich der Besitzer allen Landes: Wie in Südwest so hatte sich auch in Westafrika die Vorstellung, daß die Nutznießer der Schutzerklärung, also zunächst die Handelsgesellschaften, selbst die Verwaltung und Erschließung übernahmen und dem Staat eben nur den Schutz – gegen die europäischen Rivalen – überließen, als Illusion erwiesen. Die Handelsgesellschaften waren weder in der Lage – wie in Südwest – noch bereit – wie in Westafrika –, diese Verpflichtung auf sich zu nehmen, und so blieb dem Staat – in diesem Falle Bismarck – nichts anderes übrig, als – wollte er sich nicht blamieren – statt der indirekten – wie zunächst in Ostafrika und auch Neuguinea – sogleich die *direkte* Herrschaft zu übernehmen. Südwest, Kamerun und Togo waren also von Anfang an *Kronkolonien.*

Der Krone gehörte somit – neben der Gerichtsbarkeit über die Eingeborenen – auch das Verfügungsrecht über das Land: Laut der sogenannten Kronlandverordnung von 1896 konnte der Staat über alles Land, das »herrenlos« war, also nicht von den Eingeborenen besetzt oder benutzt war, frei verfügen. Er konnte – und tat dies – dieses »freie« Land in Konzession vergeben, an die Westafrikanische Pflanzungsgesellschaft, an die Gesellschaft Süd-Kamerun, an ein Pendant, die »Gesellschaft Nordwest-Kamerun«, die 90000 Quadratkilometer erhielt, und schließlich an fünfzig weitere.

58 Unternehmungen im Plantagenbau gab es 1912 in Kamerun. Da sie sich alle auf den fruchtbaren Süden konzentrierten und Kamerun-Süd und -Nordwest ursprünglich mehr als ein Drittel der gesamten Fläche Kameruns einnahmen, liegt es auf der Hand, daß das »herrenlose Land« bald nicht mehr ausreichte. Die Folge war, daß – um all den Kakao, die Palmen und den Kautschuk anzubauen, von denen man träumte – die Einge-

borenen schließlich auch von ihrem Grund und Boden verdrängt wurden, so daß ihnen nichts anderes übrigblieb, als sich freiwillig auf dem gleichen Grund und Boden zum Frondienst zu verdingen. Und wo sie dem – in entlegenen Gebieten – entgingen, half – in Kamerun ebenso wie in Ostafrika – ein entsprechender Steuererlaß nach, der – in Kamerun 1907 verkündet – den Eingeborenen Abgaben auferlegte, die sie sich nur durch die Arbeit auf den Plantagen verdienen konnten.

Dies wäre alles noch im Rahmen dessen gewesen, was man die zivilisatorische Mission des Weißen nannte: Erziehung zur Arbeit. Doch auf den Plantagen wurde nicht nur gearbeitet. Daß man die Arbeiter – wie Sklaven – mit der Peitsche behandelte, erwähnten wir bereits. Das war in Kamerun nicht anders als in Ostafrika. Was hier aber offenbar noch schlimmer war als dort, waren die hohen Todesraten, die – nach offiziellen Angaben – bei 50 bis 75 Prozent lagen. Hören wir dazu das Ergebnis einer Untersuchung, die die »Deutsche Reichs-Post« im Jahre 1900 durchführte: »In den Pflanzungen angekommen«, berichtet die Zeitung, »müssen sich die an ihre Landesspeise gewöhnten Arbeiter mit einemmale an Reis und getrockneten Fisch gewöhnen, die Leute vertragen in den ersten Monaten diese Kost sehr schlecht und werden massenhaft krank, nur wenige von ihnen finden Gelegenheit, bei benachbarten Eingeborenen den Reis gegen Früchte umzutauschen. Dieser Übelstand ließe sich leicht beseitigen, wenn den Arbeitern ein Stück Land zur Bebauung mit einheimischen Früchten überlassen und auch diese Pflanzung von Europäern überwacht würde.

Besonders schlimm daran sind die Arbeiter in der Regenzeit, wo sie, besonders in der Bibundi-Pflanzung, beim strömendsten Regen ununterbrochen im Freien arbeiten müssen. Die Leute frieren dabei sehr und werden massenhaft krank an Dysenterie, Magen- und Lungenkrankheiten. Als Wärme- und Universalmittel erhalten sie gewöhnlich Rum, der auch als Belohnung für besonders anstrengende Arbeiten ausgeteilt wird, nicht nur bei den Arbeitern der Pflanzer und Kaufleute, sondern auch bei denen der Regierung. So werden also auch die Neger, die bisher den Schnaps noch nicht kannten, förmlich gezwungen, dieses für sie so verderbliche Getränk liebzugewinnen, und all das im Namen der Zivilisation!

Gänzlich ungenügend sind auch die Wohnungen der Arbeiter, sowohl in den Plantagen als auch in einigen Regierungsstationen, z. B. in Victoria und Buea. Nach einer Verordnung des Reichskanzlers für Ostafrika, die vermutlich auch für Kamerun maßgebend ist, soll ein Arbeiter einen Raum von 4 Quadratmeter Grundfläche und 3 Meter Höhe haben, die meisten Arbeiter haben aber kaum die Hälfte davon inne. 6 Kubikmeter Raum mögen vielleicht genügend sein für eine Person in einer luftig gebauten Negerhütte, aber nicht in einem aus Wellblech gebauten Arbeiterhaus, das nur mit wenigen kleinen Fenstern versehen ist und der schlechten Luft und dem Rauche des Feuers nicht genügend Abzug verschafft.

Da die Pflege der kranken Arbeiter meist eine äußerst schlechte ist, ist es kein Wunder, wenn viele dieser armen Leute eines elenden Todes sterben müssen; es ist nicht zu viel gesagt, wenn behauptet wird, daß jährlich 20 Prozent der Arbeiter als Kulturdünger dienen. Nur wenige Zahlen mögen dies beweisen. Von 600 Baliarbeitern der Westafrikanischen Pflanzungsgesellschaft Victoria waren nach vier Monaten Arbeit 80 Leute entweder tot oder schwer krank. In der Moliwe-Pflanzung starben vom März bis August 1899 von 200 Arbeitern 23. In den anderen Pflanzungen ist es nicht besser, die Pflanzungen Kriegsschiffhafen, Debundja und Esser-Oechelhäuser vielleicht ausgenommen. In der Station Buea starben 1898/1899 von Majumbaleuten, die aus dem französischen Kongo eingeführt waren, etwa 15 Prozent. Wenn wir nicht irren, wurde im Jahresbericht über die Entwicklung der deutschen Schutzgebiete der Versuch mit diesen Leuten als gescheitert bezeichnet, weil sie dem verhältnismäßig rauhen Gebirgsklima gegenüber nicht widerstandsfähig genug gewesen wären. Hätten die Leute bessere Wohnungen gehabt und bessere Behandlung erfahren, so wäre die Sterblichkeit gewiß geringer gewesen.«

Die angeführten 20 Prozent beziehen sich, wohlgemerkt, nur auf das Jahr. Auf die Dauer, da die Arbeiter – wenn auch saisonal – doch für länger verpflichtet wurden, starben ganze Stämme aus. Von Puttkamer, der Sohn eines ehemaligen preußischen Innenministers, hieß der Gouverneur, der dies zuließ.

Größer als Bayern

Bevor von Puttkamer – 1895 – nach Kamerun kam, war er Landeshauptmann in Togo gewesen. Als solcher war er auch hier wesentlich am Ausbau der deutschen Herrschaft beteiligt gewesen, auch wenn in Togo, da hier die Bevölkerung friedfertiger war, sich die Übergriffe der Deutschen in Grenzen hielten.

In Togo war alles etwas freundlicher, und selbst unter den Deutschen gab es Harmonie: »Am 20. September [1901]«, berichtet Dominik, »ankerten wir vor Akkra, wo damals reges Leben herrschte, weil während des südafrikanischen Krieges besonders lebhaft in westafrikanischen Goldshares [Anteilen] spekuliert wurde. Zwei Tage darauf verließ ich in Lome das Schiff, um im Togoland mit der Anwerbung zu beginnen. Diese machte keine Schwierigkeiten, da mir die Arbeit von dem Truppenführer, Hauptmann v. Döring, und dem Bezirksamtmann abgenommen wurde.

Lome war damals noch nicht zu der Blüte emporgediehen, die es jetzt erreicht hat. Vor allem wurde mit dem Brücken- und Eisenbahnbau eben erst begonnen, und ich wurde bei der Fahrt durch die Brandung noch gehörig naß. Heutzutage ist das Landen prachtvoll bequem. Man setzt sich längsseit des Dampfers in die Barkasse und fährt bis an den weit über die Brecher hinausgebauten Landungssteg heran, auf den man im Tragkorb heraufgehoben wird. Die Poesie der Brecherfahrt aber, die früher durchaus nicht immer glücklich vonstatten ging, ist geschwunden, wie denn überhaupt der Europäer, der mit dem Gedanken an ein Trapper- und Naturleben nach Afrika hinauszieht, wenn er nicht geradezu ganz weit ins Innere verschlagen wird, heut wenige seiner romantischen Träume in Erfüllung gehen sieht. Mit der fortschreitenden Kultur tritt nur gar zu sehr an die Stelle des Pferdes der Bureauschemel, und statt Gewehr und Pulver trocken, heißt es auch in Kamerun Tinte und Feder feucht halten.

In dem hübschen, weit gebauten Lome mit der sauberen, tätigen Bevölkerung bin ich immer gern gewesen, auch waren hier stets Beamte, Offiziere und Kaufleute durch ein harmonisches, geselliges Band verbunden, das man nicht überall in den deutschen Kolonien finden soll. Das offene, freundliche Land, über dem meist die Sonne scheint, mit der frischen Seebrise und den schlanken Kokospalmen hat zweifellos auch etwas Bestechendes gegenüber dem düsteren, ernsten Eindruck, den das waldumsäumte, ja an sich viel großartigere Kamerun an der Küste macht. Die Togoleute sind als Stewards, Köche und Waschmänner berühmt, und so nahm auch ich gegen einen Monatslohn von 60 Mark einen Herrn Lassay in meinen Dienst, dessen Fähigkeiten als Küchenchef gelobt wurden.«

Dominik warb in Togo 50 Eingeborene an, die ihm auf seinem Vorstoß nach Adamaua als Träger dienen sollten. Denn auch das war Togo: Nicht nur ein Sprungbrett für die deutschen Verwaltungsbeamten, die – zumindest was die Gouverneure betrifft – zunächst im kleineren und friedlichen Togo ihr Handwerk erlernten, ehe sie in das benachbarte, grandiose Kamerun gingen, auch ein Rekrutierungsfeld war Togo, wo man – willig und billig – sich anwerben ließ. Das war schon immer so gewesen, denn Togo war ja ursprünglich ein Teil dessen gewesen, was man »Sklavenküste« nannte.

Sklaven wurden freilich nun nicht mehr ausgeführt – im Gegenteil, sie kehrten zurück. Aus Brasilien, wohin man sie unter anderm verschleppt hatte, wo sie inzwischen aber wieder freigelassen worden waren. Als sogenannte brasilianische Aristokratie, die mit dem Wesen des Europäers vertraut war, hatten sie sich an der Küste niedergelassen.

Im Innern hingegen war das traditionelle Leben noch weitgehend erhalten, und es gab nicht wenige, die – als die Deutschen ihre Herrschaft antraten – noch nie einen Weißen zu Gesicht bekommen hatten. »Als wir auf dem Rückwege«, berichtet Hugo Zöller, der sich auch in Togo herumtrieb, »an Groß-Seva vorbei geradeswegs nach Klein-Seva marschieren wollten, ließen die Einwohner des ersteren sehr umfangreichen und reinlichen Ortes uns bitten, doch auch zu ihnen zu kommen, da sie noch niemals weiße Männer gesehen und begrüßt hätten. Wir erledigten den Besuch so schnell als nur eben anging, kaum aber waren wir aus dem Orte heraus, als wir abermals gebeten wurden, Halt zu machen, weil einige der angesehensten Frauen, die von weit her herbeigeeilt seien, uns gar zu gern auch noch sehen

Togo: Eingeborenenhäuptling (mit Büffelschmuck) bietet Krieger als Rekruten für die Polizeitruppe an

möchten. Nach einigen Minuten erschienen denn auch sieben Weibsbilder von achtungswertem Alter, die vor uns niederknieten, in die Hände klatschten und ihrem Erstaunen über die weißen bärtigen Männer gar nicht genug Ausdruck geben konnten.«

Es war hier in Togo wie in Kamerun gewesen: Die europäischen Kaufleute hatten sich damit begnügt, an der Küste ihre Faktoreien zu errichten und den Handel - aus dem Binnenlande - den Einheimischen zu überlassen. All das aber änderte sich nun, denn wie in Kamerun, so ging man alsbald auch in Togo daran - mit dem Schutz des Reiches im Rücken -, das Hinterland zu »erschließen« und damit nicht nur den Zwischenhandel - der Eingeborenen - auszuschalten, sondern auch ihr Land zu erwerben, um aus eigener Kraft - das heißt, mit ihrer Hilfe - jene Rohstoffe zu produzieren, die den ganzen Aufwand rentierten. In Togo war das hauptsächlich die Baumwolle, die jedoch auch wiederum erst spät zum Zuge kam.

Denn so friedlich und freundlich die Bewohner in Togo auch waren: Wenn sie noch nicht einmal einen Weißen gesehen hatten, dann war auch hier erst einmal die nötige »Infrastruktur« zu schaffen. Dazu gehörten nicht nur jene Verträge, die man den einfältigen Häuptlingen aufschwatzte und dort, wo sie

Auf Inspektionsreise in Togo, 1907

nicht so einfältig waren, aufzwang. Auch eine Abstimmung mit den Rivalen war notwendig, zumal diese weit rabiater waren als selbst der gerissenste Häuptling: »Firminger hat nicht bloß den deutschen Grenzpfahl ausgerissen«, entrüstet sich Zöller über einen englischen Beamten, »sondern auch in einem eine Viertelstunde über die Grenze hinaus auf deutschem Gebiete gelegenen Dorfe, das von den Eingebornen abwechselnd Abosa, Asoba oder Asabo genannt wurde, nach Vertreibung der früheren Bewohner dieses Dorfes einen Haussaposten einquartiert.«

Die Engländer – wir erinnern uns – hatten sich an der Togo benachbarten Goldküste niedergelassen, während im Osten, in Dahomey, die Franzosen saßen. Beiden waren die Deutschen ein Dorn im Auge, und nicht nur die Engländer, auch die Franzosen versuchten, ihnen die Beute streitig zu machen. So besetzten die Franzosen Anecho, obwohl dessen Häuptling um deutschen Schutz gebeten hatte, und gaben es erst wieder heraus – in einem ersten Grenzvertrag vom 24. Dezember 1885 –, als die Deutschen dafür Conakry aufgaben, eine Faktorei an der Guineaküste. Ein zweiter Vertrag folgte 1897, als sich Deutschland und Frankreich auf eine Grenze einigten, die bis zum 11. Breitengrad verlängert wurde. Denn auch im Norden waren die Franzosen inzwischen aktiv geworden – sie strebten nach einem einheitlichen Kolonialreich, das von Algerien bis zum Kongo und von Senegal bis zum Tschad reichte – und hatten damit die Deutschen herausgefordert, die in militärischen Aktionen bis nach Sansane-Mangu vorrückten, das immerhin am Rande der Sahara lag.

Auch mit den Engländern wurde man sich – 1899 – einig, nachdem man auch im Westen den »Schutz des Reiches« bis in das Gebiet der Mossi vorgeschoben hatte. Diese, allen voran die Dagomba, die einen eigenen Staat bildeten, waren ob der Hegemonie der Deutschen keineswegs glücklich und wehrten sich, doch vergebens: In dem Abkommen mit England, das die Grenze zur Goldküste, dem späteren Ghana, festlegte, wurde das Dagomba-Reich kurzerhand geteilt. Die eine Hälfte bekamen die Deutschen, die andere die Engländer – so hatte keiner Scherereien.

Deutschland hatte damit – um die Jahrhundertwende – auch in Westafrika sich eine Scheibe aus dem Kuchen herausgeschnitten, die zwar nicht breit – nur 50 Kilometer an der Küste –, doch dafür um so länger war: 560 Kilometer. Das entsprach immerhin der Entfernung Berlin–Wien – und einer Fläche, die immer noch größer als das Königreich Bayern war.

VIII. KIAUTSCHOU

König Etzel

Am 7. Juli 1900 erging eine Allerhöchste Kabinettsorder an die Heeresverwaltung: Aufstellung eines Expeditionskorps zur Entsendung nach Ostasien! Vorgesehen war der Einsatz von Infanterie, Kavallerie und Artillerie. Im August um ein Drittel verstärkt, bestand das Expeditionskorps schließlich aus 15 000 Mann.

Die ersten Truppen wurden am 27. Juli in Bremerhaven eingeschifft. Der Kaiser, Wilhelm II., verabschiedete sie:

Zum erstenmal, seit das Deutsche Reich wieder erstanden ist, tritt an Sie eine große überseeische Aufgabe heran. Dieselben sind früher in größerer Ausdehnung an uns herangetreten, als die meisten Meiner Landsleute erwartet haben. Sie sind die Folge davon, daß das Deutsche Reich wieder erstanden ist und damit die Verpflichtung hat, für seine im Ausland lebenden Brüder einzustehen im Momente der Gefahr. Mithin sind nur die alten Aufgaben, die das alte römische Reich nicht hat lösen können, von neuem hervorgetreten, und das neue Deutsche Reich ist in der Lage, sie zu lösen, weil es ein Gefüge bekommen hat, das ihm die Möglichkeit dazu giebt. Durch unser Heer, in 30jähriger angestrengter, harter Friedensarbeit, sind viele Hunderttausende von Deutschen zum Kriegsdienste herangebildet worden. Ausgebildet nach den Grundsätzen Meines verewigten Großen Großvaters, bewährt in drei ruhmvollen Kriegen, sollt Ihr nunmehr auch in der Fremde drüben Zeugnis dafür ablegen, ob die Richtung, in der wir uns in militärischer Beziehung bewegt haben, die rechte sei. Eure Kameraden von der Marine haben uns schon gezeigt, daß die Ausbildung und Grundsätze, nach denen wir unsere militärischen Streitkräfte ausgebildet haben, die richtigen sind, und an Euch wird es sein, es ihnen gleichzuthun. Nicht zum geringsten erfüllt es uns alle mit Stolz, daß gerade aus dem Munde auswärtiger Führer das höchste Lob unsern Streitern zuerkannt wurde.

Die Aufgabe, zu der Ich Euch hinaussende, ist eine große. Ihr sollt schweres Unrecht sühnen.Ein Volk, das, wie die Chinesen, es wagt, tausendjährige alte Völkerrechte umzuwerfen und der Heiligkeit der Gesandten und der Heiligkeit des Gastrechts in abscheulicher Weise Hohn spricht, das ist ein Vorfall, wie er in der Weltgeschichte noch nicht vorgekommen ist, und dazu von einem Volke, welches stolz ist auf eine vieltausendjährige Kultur. Aber Ihr könnt daraus ersehen, wohin eine Kultur kommt, die nicht auf dem Christentum aufgebaut ist. Jede heidnische Kultur, mag sie noch so schön und gut sein, geht zu Grunde, wenn große Aufgaben an sie herantreten. So sende ich Euch aus, daß Ihr bewähren sollt, einmal Eure alte deutsche Tüchtigkeit, zum zweiten die Hingebung, die Tapferkeit und das freudige Ertragen jedweden Ungemachs und zum dritten Ehre und Ruhm unserer Waffen und Fahnen. Ihr sollt Beispiele abgeben von der Manneszucht und Disziplin, aber auch der Ueberwindung und Selbstbeherrschung. Ihr sollt fechten gegen eine gut bewaffnete Macht, aber Ihr sollt auch rächen, nicht nur den Tod des Gesandten, sondern auch vieler Deutscher und Europäer. Kommt Ihr vor den Feind, so wird er geschlagen, Pardon wird nicht gegeben; Gefangene nicht gemacht. Wer Euch in die Hände fällt, sei in Eurer Hand. Wie vor tausend Jahren die Hunnen unter ihrem König Etzel sich einen Namen gemacht, der sie noch jetzt in der Ueberlieferung gewaltig erscheinen läßt, so möge der Name Deutschland in China in einer solchen Weise bekannt werden, daß niemals wieder ein Chinese es wagt, etwa einen Deutschen auch nur scheel anzusehen.

Ihr werdet mit Uebermacht zu kämpfen haben, das sind wir ja gewöhnt, unsere Kriegsgeschichte beweist es. Ihr habt es gelernt aus der Geschichte des Großen Kurfürsten und aus Eurer Regimentsgeschichte. Der Segen des Herrn sei mit Euch, die Gedanken eines ganzen Volkes begleiten Euch, geleiten Euch auf allen Euren Wegen. Meine besten Wünsche für Euch, für das Glück Eurer Waffen werden Euch folgen! Gebt, wo es auch sei, Beweise Eures Mutes, und der Segen Gottes wird sich an Eure Fahnen heften und es Euch geben, daß das Christentum in jenem Lande seinen Eingang finde. Dafür steht Ihr Mir mit Eurem Fahneneid, und nun glückliche Reise. Adieu, Kameraden!

Der Beifall war nicht ungeteilt: Graf von Bülow, der Staatssekretär des Auswärtigen, hatte noch während der Rede seine Leute ausgesandt, um eine Veröffentlichung der Rede zu unterbinden. Doch seine Mühen waren vergebens: Zwar erschien im »Reichsanzeiger« eine redigierte Fassung der Rede, so wie er sie glaubte entschärfen zu müssen, doch handelte er sich damit nicht nur den Tadel des Kaisers ein – »Sie haben mir ja das Schönste herausgestrichen!« –, einem Lokalreporter, der mitstenographiert hatte, war es auch gelungen, der Aufmerksamkeit der Beamten zu entgehen. Er veröffentlichte, in der »Nordwestdeutschen Zeitung«, die Rede des Kaisers ungeschminkt, und in dieser Version ging sie rund um die Welt. Fortan nannte man die Deutschen auch »Hunnen«.

Meister Kung

Die Fremden wurden schon immer in China »Barbaren« genannt. Denn war das »Reich der Mitte« nicht das älteste Kulturland der Erde? Um 2000 v. Chr. trat die erste Dynastie, die der Hsia, ihre Herrschaft an, und 4000 Jahre später, zu Beginn des 20. Jahrhunderts, saß noch immer ein »Sohn des Himmels« auf dem Kaiserthron in Peking.

Inzwischen waren jedoch entscheidende Wandlungen eingetreten. Sie begannen bereits unter den Chou, die während des ersten Jahrtausends v. Chr. regierten. Da sie den Lehensstaat einführten, schufen sie sich mächtige Rivalen. Doch nicht nur der Herrscher, auch das Volk hatte darunter zu leiden: vom freien Bauern zum Hörigen degradiert, hatte das Volk weder Land noch Rechte. Die Not war schließlich derart groß, daß der Ruf nach Reformen unüberhörbar wurde. Er wäre jedoch unbeachtet verhallt, wenn nicht der Sohn eines verarmten Edelmannes ihn aufgegriffen und zur Grundlage einer neuen Staatslehre gemacht hätte. *Kung-futse*, »Meister Kung«, hieß dieser Lehrer, und was er predigte, war im wesentlichen dies: Tao, das Weltgesetz, war in Unordnung geraten; um es wieder ins rechte Lot zu bringen, bedürfe es einer gesellschaftlichen Harmonie, und diese könne nur herbeigeführt werden, indem man den Kaiser als Mittler zwischen Himmel und Erde achte und die Beamten sich ihrer Verantwortung bewußt würden, die sie gegenüber dem Volk hätten. Nur wenn sie die Schriften der Überlieferung studierten und die geheiligten Riten zelebrierten, könnten sie jene Tugend und Weisheit erlangen, die ein geordnetes Staatswesen ermöglichten.

Konfuzius, so nannten den Meister die Jesuiten, die ihn in Europa bekannt machten, erlebte die Verwirklichung seiner Lehre nicht mehr. Sie wurde erst von einer neuen Dynastie, die der Han, die um Christi Geburt in China herrschte, in die Tat umgesetzt – und blieb die Grundlage der chinesischen Gesellschaftsordnung bis zum Beginn der Neuzeit.

Setzte diese – wie wir noch sehen werden – auch erst um die Jahrhundertwende ein, so sollte doch nicht übersehen werden, daß der Konfuzianismus eben mehr als nur eine Religion ist. Er beinhaltet ein Ideal, das dem der Griechen, der Demokratie, zwar unterlegen ist, aber allen anderen Regierungsformen, in die die Europäer zunächst zurückfielen, weit voraus war: Nicht das Erbrecht sicherte den Zugang zur Macht, sondern der Nachweis, den man durch eine Prüfung erbringen mußte, daß man nicht adlig, sondern »edel« in seiner Gesinnung war. Ein Prinzip, das von einer hohen sittlichen Empfindung zeugt und in der Praxis, wenn auch begrenzt, eine gewisse soziale Mobilität ermöglichte.

Der Konfuzianismus blieb nicht immer unangefochten. Laotse, der als Begründer einer Gegenbewegung gilt, predigte die Hinwendung zur Natur, Abkehr von allem zivilisatorischen Ballast und Versenkung in das Mysterium des Tao. Auch Kungfutse hatte dieses als oberstes Leitgesetz anerkannt, das das gesamte Universum durchdringe, doch die, die ihm folgten, verabsolutierten allmählich das Gesetz der Staatsräson. Für das Gefühl, für die Seele war im Konfuzianismus schließlich kein Platz mehr, und so wandte man sich, Einsiedler, aber auch Beamte, wenn sie an ihrem Lebensabend standen, der Meditation und ihrer Schöpfung, den Künsten, zu. Sie waren es, befruchtet durch den Buddhismus, der unter den Han in China Eingang fand, die jenen anderen Beweis der kulturellen Leistung Chinas erbrachten: Plastik und Malerei erreichten schließlich einen derartigen Grad der Vervollkommnung, daß sie selbst in Europa – als Chinoiserien – begehrt wurden.

Doch nicht nur in der Staatsführung und in ihrem künstlerischen Schaffen waren die Chinesen den Europäern überlegen, sie schufen auch – unter den Mandschu, die im 17. Jahrhundert an die Macht gelangten – ein Weltreich, das ihrem Anspruch, das »Reich der Mitte« zu sein, durchaus gerecht wurde: Es erstreckte sich schließlich von der Mongolei bis Burma und von Korea bis Tibet. Es war damit – unter Kaiser Ch'ien-lung, der von 1736 bis 1796 regierte – das größte Imperium der Erde.

Das große Fressen

»Die majestätische Vortrefflichkeit unserer Dynastie ist in jedes Land unter dem Himmel gedrungen, und Könige aller Völker haben ihre kostbaren Tribute zu Land und Wasser dargebracht. Wie dein Botschafter selbst sehen kann, besitzen wir alle Dinge.

Ich lege keinen Wert auf fremde Dinge oder Erfindungen und habe keinen Bedarf für Fabrikate deines Landes.« So die Antwort des Kaisers Ch'ien-lung auf das Ersuchen Georg III., des Königs von England, Handelsbeziehungen mit China aufzunehmen. China war autark und schloß sich weiterhin gegen den Westen ab.

Doch die Engländer, die ihrerseits auf dem Wege waren, ein Weltreich zu erobern, ließen sich durch diese Abfuhr, die zudem ihr ausgeprägtes Ehrgefühl kränkte, nicht einfach abspeisen. Sie provozierten - 1839 - einen Krieg, indem sie sich gewaltsam gegen die Unterbindung des Opiumhandels, den sie illegal eingeführt hatten, zur Wehr setzten, und zwangen China - im Vertrag von Nanking -, fortan nicht nur fünf Häfen, darunter Kanton und Schanghai, für den europäischen Handel zu öffnen, sondern auch die Insel Hongkong - vor der Mündung des Perlflusses - an die Briten abzutreten. Für die Engländer war dies ein erster Durchbruch - und für die Chinesen der Beginn einer neuen Ära.

Wiewohl sie mit den Europäern direkt bereits seit dem 16. Jahrhundert Kontakt gehabt hatten, als die Portugiesen sich in Macao festgesetzt hatten, und sie auch in der Folgezeit christliche Missionare, vor allem Jesuiten, ins Land gelassen hatten, um so mehr, als sich diese nicht nur der Propagierung ihres Glaubens, sondern mehr noch der Wissenschaft gewidmet hatten, so war doch der Einfluß des Westens in China immer geringer gewesen als der Chinas in Europa. All das änderte sich nun: Nicht nur daß die Europäer mit der Etablierung in Schanghai - an der Mündung des Jangtse - nicht mehr nur Zugang zum Süden, sondern auch in das Herz des Landes hatten, sie hatten - mit ihrer überlegenen Waffentechnik - dem Reich der Mitte auch erstmals bewiesen, daß es außer ihm noch andere Mächte gab, die ihm ebenbürtig, ja auf einigen Gebieten sogar überlegen waren. Das war ein Eingeständnis - auch wenn man es zunächst noch nicht wahrhaben wollte -, das einer Revolution gleichkam: Es stellte ein jahrtausendealtes Weltbild auf den Kopf.

Die Europäer, als sie einmal erkannt hatten, daß das einst so mächtige Reich der Mitte ihnen militärisch unterlegen war, gaben sich mit dem Erreichten nicht zufrieden: Einen schier unbegrenzten Markt witternd, der für sie um so bedeutsamer war, als er einen weiteren Aufschwung der Industrie versprach, nutzten sie die Schwächung des Reiches, die ein Aufstand Mitte des Jahrhunderts auslöste, und verschafften sich im sogenannten Lorcha-Krieg - 1856 bis 1860 - weitere Zugeständnisse. Das größte Unglück war jedoch, daß ein vereintes Heer der Engländer und Franzosen, die diesen zweiten »Opiumkrieg« entfesselt hatten, bis nach Peking vorstieß und dort den Sommerpalast des Kaisers zerstörte.

Die Revolte, die den Europäern ihren Vorstoß erleichterte, war letztlich eine Reaktion auf den ersten Krieg: Die neuen Ideen, die im Gefolge des Handels in China Eingang fanden, lösten beim Volk, das sich durch eine allmähliche Vernachlässigung der Ideale Kung-futses verraten sah, Unruhen aus. In einer Mischung aus christlichem und traditionellem kommunistischen Gedankengut wandte man sich gegen die Exzesse der Mandarine, die nicht zuletzt der illegale Opiumhandel korrumpiert hatte, und brachte so das Gebäude des Staates in seinen Fundamenten ins Wanken, just in dem Augenblick, wo er seiner ganzen Stärke bedurfte. Die Folge war, daß das Reich nicht nur von außen bedroht, sondern auch von innen ausgehöhlt wurde und es nur noch eines geringen Anstoßes bedurfte, um es gänzlich zum Zusammenbruch zu bringen.

Doch so wehrlos die Beute schien, die Europäer haben sie nicht geschluckt: Anders als in den übrigen Ländern Asiens – oder Afrikas – begnügten sie sich damit, dem gezähmten Riesen nur ihren Willen aufzuzwingen. Direkt die Herrschaft zu übernehmen, das taten sie nicht, selbst dann nicht, als China in einem weiteren Krieg – diesmal gegen die Japaner – eine vernichtende Niederlage erlitt.

Die Europäer – und Japaner – legten sich nicht aus Selbstlosigkeit Zurückhaltung auf: Da sie alle am Kuchen interessiert waren und keinem *allein* das große Fressen gönnten, einigte man sich, zumal die Verwaltung des Landes – wenn auch mehr schlecht als recht – weiterbestand, die Ausbeutung gemeinsam vorzunehmen, indem man eine »Politik der offenen Tür« propagierte: »Sir«, schrieb der amerikanische Außenminister Hay an seinen Botschafter in London. »Die Regierung Ihrer britischen Majestät hat erklärt, daß ihre Politik und ihre Tradition sie daran hindern, irgendwelche Vorrechte, die ihr vielleicht in China gewährt werden, als Handhabe zu benützen, um den Wettbewerb des Handels auszuschalten, und daß die Handelsfreiheit für Großbritannien in diesem Reich auch die Handelsfreiheit für die ganze Welt bedeutet. Während die Regierung Ihrer britischen Majestät durch formelle Abkommen zuerst Deutschland, dann Rußland den Besitz von ›Einfluß- oder Interessensphären‹ in China zugestand, in denen diese Staaten besondere Rechte und Privilegien genießen sollten, insbesondere im Hinblick auf Eisenbahn- und Bergbauunternehmen, hat die Regierung zugleich versucht, die sogenannte Politik der offenen Tür beizubehalten, um dem Welthandel in China die Gleichberechtigung innerhalb besagter Sphären zu sichern. Diese Politik wird von den britischen Handelsgesellschaften und von denen der Vereinigten Staaten ebenso dringend gefordert, da sie dies für die einzige Möglichkeit halten, durch die man die augenblicklichen Verhältnisse verbessern kann und die sie in die Lage setzt, ihre Position auf den chinesischen Märkten zu behaupten und ihre Unternehmen in Zukunft auszudehnen. Die Regierung der Vereinigten Staaten kann sich in keiner Weise zu einer Anerkennung von Exklusivrechten irgendeiner Macht innerhalb irgendeines Teils des chinesischen Reiches oder in der Kontrolle darüber verpflichten, die sich durch solche Abkommen ergeben, wie sie im letzten Jahr getroffen wurden, und sie kann ihre Befürchtung nicht verbergen, daß es in der jetzigen Lage möglich, ja wahrscheinlich ist, daß sich Komplikationen zwischen den Vertragsmächten ergeben, die die Rechte gefährden können, die den Vereinigten Staaten durch unsere Verträge mit China gesichert sind.«

Böse Geister

Sie waren etwas zu spät gekommen, die Amerikaner, und versuchten nun in aller Eile, das Schlimmste abzuwenden. Und in der Tat gelang ihnen das, denn mit ihrer Initiative, der Forderung, daß der China-Handel allen offenstehe, trugen sie wesentlich dazu bei, daß die Zerstückelung des Reiches, die 1898 begonnen hatte, nicht weiter verfolgt wurde.

Den Auftakt zur neuerlichen Teilung hatte Deutschland gegeben, das – wie die Amerikaner – bislang leer ausgegangen war, doch – im Zuge des Großmachtstrebens, das durch Wilhelm II. geschürt wurde – vermeinte, hinter den europäischen Rivalen nicht zurückstehen zu können. Natürlich waren – neben Prestige – auch Handelsinteressen im Spiele, denn obwohl die preußische Regierung bereits 1861 einen Freundschafts- und Handelsvertrag mit Peking geschlossen hatte, waren die Wirtschaftsbeziehungen doch noch nicht weit gediehen: Sie bestanden im wesentlichen aus der Lieferung deutscher Kriegsschiffe, wofür die Chinesen Tee und Seide bereitstellten. Das aber war – bei den unbegrenzten Möglichkeiten, die sich boten – nicht genug, und so ergriff man, als im November 1897 in der Provinz Schantung zwei deutsche Missionare ermordet wurden, die Chance und setzte sich an der Bucht von Kiautschou fest.

Kiautschou, nach der nächsten größeren Stadt im Inland benannt, war das Einfallstor zu Schantung. Diese Provinz, südlich des Hoang-ho gelegen, hatte 1869 der deutsche Forschungsreisende und Geologe Freiherr von Richthofen besucht. Dabei fiel ihm nicht nur – wie überall in China – das große Menschenreservoir auf, er wies in seinen Berichten, die er über seine Beoachtungen veröffentlichte, auch auf den besonderen Reichtum an Bodenschätzen hin. Vor allem Kohle gab es in Schantung, und der maß von Richthofen eine nicht unbedeutende Rolle bei der weiteren Erschließung des Landes zu: »Dann [nach den ersten Erkundungen]«, schrieb er in einem Brief an die Eltern, »muß die Öffnung der Bergwerke folgen. Dies ist ein bedeutender, keineswegs leichter Schritt. Die Chinesische Regierung sträubt sich heftig gegen die Bearbeitung der Minen durch Fremde, und die fremden Gesandten haben noch nichts nach dieser Richtung getan. Durch einmütiges Handeln könnten sie die Chinesische Regierung zur Nachgiebigkeit zwingen, aber ihre Interessen sind so verschiedenartig, daß ein einmütiges Handeln kaum möglich scheint. Im Frühjahr will ich nach Peking zurückkehren und darauf hinzuarbeiten suchen. Sind erst einmal einige Minen geöffnet, und sieht die Regierung, daß sie in ihnen eine bedeutende Einnahmequelle hat, so ist Aussicht für die Ausführung einer geologischen Landesaufnahme vorhanden. Innerhalb eines Jahres wird sich das alles entscheiden. Ich glaube, daß die Entscheidung günstig sein wird, wenigstens was die Minen betrifft. Denn die Gründe, weswegen sie die Chinesen nicht wünschen, haben kein Gewicht. Zunächst stemmen sich die Mandarine dagegen, welche haarsträubende Erpressungen gegen das Volk ausüben und die Macht dazu überall geschwächt sehen, wo Europäer sind. Der zweite Grund ist der Aberglaube. Böse und gute Geister, Föng schui genannt, wachen über jeden einzelnen Schritt, über jede Wohnstätte und über die Gräber der Vorfahren, mit denen das Land besäet ist. Jede Änderung in den natürlichen Verhältnissen stört die Föng schui und damit die Ruhe der Verstorbenen und der Lebenden. Eisenbahnen, tiefe Schachte, Dampfmaschinen würden ganz besonders diese Wirkung haben. Der einzige Telegraphendraht, der in China bisher gelegt worden ist, wurde wegen der Föng schui zerstört und konnte bisher nicht wieder hergestellt werden. Wo Europäer sind, wird jedes Unglück, Todesfall, Rebellion, Hungersnot usw. auf Störung der Föng schui durch ihre Dampfschiffe und Bauwerke zurückgeführt. Der dritte Grund endlich gegen die Öffnung der Minen ist, daß man die Ansiedlung von Europäern außerhalb der geöffneten Hafenplätze nicht wünscht. Allerdings haben die Chinesen nicht die geringste Ahnung, wie folgenschwer der Schritt sein würde. Die Öffnung der ersten Kohlenminen ist, nach meiner Meinung, der erste Schritt zur materiellen und geistigen Umwälzung dieses Reiches von vierhundert Millionen Seelen. Damit ist den Fremden das Land geöffnet; sie werden die Bearbeitung der Minen schnell ausdehnen, europäische Industrie einführen, Eisenbahnen und Telegraphen bauen und China dem Weltverkehr und der Zivilisation eröffnen. Ein Schritt muß auf den andern mit Notwendigkeit folgen. Die geistige Umwälzung aber wird durch die Abschaffung des Aberglaubens vorbereitet werden. Die intelligenten Missionare, deren Zahl allerdings beschränkt ist, begrüßen daher mein Unternehmen mit Freude und stehen mir mit Rat und Tat bei.«

Die Ermordung der Missionare war also nur ein Vorwand, um einen langgehegten Wunsch zu erfüllen: Die deutsche Regierung entsandte drei Kriegsschiffe und ließ am 14. November 1897 Tsingtau, eine Festung, die die Bucht von Kiautschou beherrschte, besetzen. Vier Monate später, am 6. März 1898, trat China formell an das Deutsche Reich ein Gebiet von 550 Quadratkilometer – im Umkreis der Bucht – ab und räumte ihm wei-

Marinesoldaten in Kiautschou, 1898

ter das Recht ein, in einer sogenannten neutralen Zone um das deutsche Schutzgebiet die militärische Kontrolle auszuüben. Schließlich – und das war das ursprüngliche Anliegen gewesen – wurde die gesamte Provinz Schantung, in der immerhin ein Zehntel der chinesischen Bevölkerung lebte, zur deutschen Einflußsphäre erklärt. Der Vertrag – es handelte sich nicht um eine endgültige Abtretung, sondern um eine »Verpachtung« – hatte eine Laufzeit von 99 Jahren.

Die Deutschen gingen sogleich daran, ihren neuen Stützpunkt auszubauen: Bereits im Mai – 1898 – wurde ein »Kaiserliches Gouvernement« eingerichtet, dessen erster Amtsinhaber ein Kapitän zur See, Rosendahl, wurde. Es folgte – noch im gleichen Jahr – die Einrichtung eines Freihafens und – 1899 – die Gründung zweier Handelsunternehmen, der Schantung-Eisenbahn- und der Schantung-Bergbaugesellschaft. Die Basis für einen Anteil am China-Handel war gelegt.

Schüsse aus dem Hinterhalt

Doch nicht nur die Deutschen, auch die Engländer, die Franzosen und die Russen weiteten 1898 ihre Einflußsphären aus. War die Bedrohung durch die Fremden bislang nur auf den Süden beschränkt gewesen, so reichte sie nun hinauf bis nach Port Arthur: Die gesamte Küste war damit in der Hand der Weißen, und nicht nur Korea, das die Japaner befreit hatten, auch Formosa war der Macht des himmlischen Kaisers entrissen.

Die Demütigung Chinas, das sich einst als Mittelpunkt der Welt betrachtet hatte, hätte nicht größer sein können, und es gab nicht wenige, die darauf sannen, die Schmach zu rächen. Doch wie sollte dies geschehen? Die einen meinten, man solle die »Barbaren« mit ihren eigenen Waffen schlagen, von ihnen lernen, sich willig den fremden Einflüssen öffnen und aus erneuerter Kraft das verlorene Ansehen zurückgewinnen. Japan, das erfolgreich diesen Weg beschritten hatte, bot sich als naheliegendes Beispiel an.

Andere, die der Vergangenheit verpflichtet waren, lehnten diesen Weg ab: Sie rieten, die »fremden Teufel« zu verjagen, jene Ruhe wiederherzustellen, die den Frieden der Ahnen und Geister nicht störte. Befürworter dieser Richtung waren nicht nur Mandarine, die um ihre Privilegien fürchteten, sondern auch das einfache Volk, das sie ausbeuteten, denn – wie Richthofen ganz richtig vermerkt – der Aberglaube war ein williger Handlanger seiner Knechtschaft.

Sosehr auch die Tradition im Lande verhaftet war, es erlangten zunächst die Reformer die Oberhand: Sie konnten keinen geringeren als den Kaiser, Kuang-hsü, der 1889 auf den Thron gekommen war, für ihre Sache gewinnen. Und in seinem Namen begann - 1898 - die sogenannte Hundert-Tage-Reform. Sie dauerte nicht länger, weil die Reform eine Revolution vorsah: Nicht nur technische Neuerungen sollten eingeführt werden, auch die Sozialstruktur, die in ihrer Erstarrung ein Hindernis auf dem Wege zum Fortschritt war, mußte einer radikalen Umwandlung unterworfen werden. Dabei ließ man sich freilich nicht nur von den aufklärerischen Ideen der Fremden leiten, wobei - neben dem Christentum - auch der Sozialdarwinismus eine Rolle spielte, sondern knüpfte bewußt auch an überlieferte Werte an, die auf die ursprüngliche Form des Konfuzianismus zurückgingen. Es war also eine Synthese, die Kuang-hsü forderte, eine Verbindung aus Altem und Neuem, die schon vieles von dem vorausnahm, was dann später - nach der tatsächlichen Revolution - verwirklicht wurde.

Doch die Zeit war noch nicht reif: Nicht nur die Mandarine, auch die Prinzen bei Hofe und vor allem Tz'u-hsi, eine Tante und Stiefmutter des Kaisers, die bis zu seiner Volljährigkeit die Regierungsgeschäfte geführt hatte, widersetzten sich jedem Zugeständnis an die Zukunft. Sie inszenierten - am 21. September 1898 - einen Staatsstreich und setzten den Kaiser ab, trieben seine Mentoren außer Landes und rissen, indem sie Tz'u-hsi wieder die Regierungsgeschäfte übergaben, alle Macht an sich. Die Reformen wurden rückgängig gemacht.

Während dies - in der Hauptstadt - geschah, braute sich auf dem Lande ein neuer Sturm zusammen, der schließlich mit dieser Revolte verschmolz: der Boxeraufstand.

Seine Führer waren jene Traditionalisten, die jeden Kompromiß mit der Moderne ablehnten: »Sie [die ›fremden Teufel‹] haben ohne Grenzen ihre Kraft mißbraucht, bis alle guten Beamten verdorben und ihre Diener geworden waren - aus Begierde nach fremdem Eigentum. Der Telegraph und die Eisenbahn sind eingerichtet worden. Man hat Gewehr- und Geschützfabriken angelegt, und diese Einrichtungen bereiten den weißen Teufeln eine boshafte Freude ...

China aber betrachtet sie als Barbaren, die Gott verdammen wolle. Geister und Genien steigen vom Himmel herab, um sie zu vernichten ... Wir werden die Häuser der Fremden verbrennen und unsere alten Tempel wiederherstellen.«

So hieß es in einem Aufruf der Boxer, der im April des Jahres 1900 verkündet wurde. Und wahrlich, es war keine leere Drohung, denn einen Monat später, am 31. Mai, schrieb der deutsche Gesandte, Klemens von Ketteler, an seine Regierung: »Nachdem die Anhänger der fremden- und christenfeindlichen Gesellschaft der Boxer in der Nähe der Provinzialhauptstadt Paotingfu und in der Umgegend von Peking Missionsanstalten, Kapellen und Wohnstätten der Christen der französischen Mission zerstört, in einem Dorfe 70 Christen massakriert und endlich einen gegen dieselben ausgesandten chinesischen Oberst getötet und dessen Truppe zersprengt hatten, wandten sie sich am 27. d. M. gegen die Eisenbahnlinien und deren Angestellte, mithin offenkundig gegen die Fremden und ihre Unternehmungen innerhalb Chinas.

In der Nacht vor dem 28. Mai wurde die Eisenbahnlinie Peking–Hankau in ihrer Anfangsstrecke zwischen hier und Paotingfu von den Aufrührern zerstört, die fremden Wohnungen umzingelt und die sich außerhalb derselben befindlichen Angestellten mit Steinen beworfen, wobei ein französischer Ingenieur am Kopf schwer verletzt wurde. Nachdem sodann folgenden Tages die in den Häusern belagerten Frauen und Kinder der französischen und belgischen Eisenbahnbediensteten durch eine Anzahl bewaffneter Europäer befreit und nach hier in Sicherheit gebracht worden waren, tauchten zum erstenmale die von der hiesigen Regierung angeblich zum Schutze entsandten chinesischen Soldaten auf, plünderten die Häuser und steckten sie, während die Fliehenden noch in Sicht waren, in Brand. Am Nachmittage des 28. Mai wurde auch die Tientsin–Peking-Bahn auf deren vorletzten Station Fentai, etwa 30 km von hier, zerstört, die Stationsgebäude, der Lokomotiv- und Wagenschuppen in Brand gesteckt und die Angestellten vertrieben. Auch die elektrische Bahn, welche die Firma Siemens & Halske vor Jahresfrist der chinesischen Eisenbahnverwaltung zum Betriebe vom Bahnhofe bis zum Stadtthor übergeben hatte, wurde bei ihrer Kraftstation von dem Pöbel derart bedroht, daß der leitende Ingenieur, ein Deutscher, sich hierher flüchten mußte.

Trotz der fortgesetzten eindringlichen Mahnungen und ernstlichen Verwarnung des diplomatischen Korps, ließ die hiesige Regierung weder den Willen noch den Versuch erkennen, diesen fremdenfeindlichen Ausschreitungen Einhalt zu thun.«

Die Regierung in Peking, die zunächst abwartend taktiert hatte, stellte sich schließlich offen hinter die Aufständischen: Unter den »Boxern«, die am 12. Juni Peking besetzten, waren auch Soldaten der kaiserlichen Armee.

Wer aber waren nun diese »Boxer«? Sie nannten sich *I-ho ch'üan*, was »Faust für Recht und Einigkeit« bedeutet. Ihren Ursprung hatten sie in einer alten Sekte, dem »Weißen Lotus«, die einer jener Geheimbünde gewesen war, die in China – mit seiner Not und Ausbeutung – in regelmäßigen Abständen aufgetaucht waren. Auch die »Boxer« erhielten den unmittelbaren Anstoß zu ihrer Bewegung durch eine akute Notsituation: Nachdem es bereits in den Jahren 1876 bis 1879 eine schwere Dürrekatastrophe gegeben hatte, die besonders die Provinz Schantung heimsuchte, kam es im Frühjahr 1898 zu schweren Überschwemmungen, da die Deiche des Hoang-ho barsten, und wiederum war es vor allem die Provinz Schantung, die das Leid über sich ergehen lassen mußte. Waren dies im Grunde auch nur Naturgewalten, gegen die man von jeher nur wenig hatte ausrichten können, so richtete sich doch der Groll der Opfer, die überlebten, gegen die Fremden, die mit ihren neumodischen Errungenschaften – den Telegrafen, den Eisenbahnen und den Schächten – den Frieden der Geister störten und damit letztlich für das Unglück verantwortlich waren. Da die Provinzgouverneure – neben Schantung war auch die angrenzende Provinz Chihli betroffen – und die Beamten durch die Vorherrschaft der Fremden in ihrer Macht und ihrem Ansehen zunehmend eingeschränkt wurden, solidarisierten sie sich mit dem Volk, und der Krieg war entbrannt.

Es war ein grausames Morden, das folgte: Bis Mitte Juni, also zu dem Zeitpunkt, als die Boxer in Peking einzogen, waren den Aufständischen 30000 Christen, Chinesen, und 250 Europäer, darunter zwölf Deutsche, zum Opfer gefallen. Die Angst der Überlebenden, die sich in den Gesandtschaften in Peking zusammendrängten, war also groß, und obwohl inzwischen die Wachen des Viertels, in dem die Ausländer lebten, durch Truppen von der Küste verstärkt worden waren, war man sich bewußt, daß man einem Angriff der Aufständischen nicht gewachsen war. Dennoch, als am 19. Juni die kaiserliche Regierung die Gesandten – es waren insgesamt elf Länder vertreten – aufforderte, die Stadt binnen 24 Stunden zu verlassen, weigerte man sich, dem Ansinnen, das einem Bruch der diplomatischen Beziehungen gleichgekommen wäre, zu entsprechen. Statt dessen erbot sich von Ketteler, der deutsche Gesandte, im Tsungli Yamen, der Behörde für auswärtige Angelegenheiten, noch einmal vorstellig zu werden, um Prinz Tuan, der das Amt leitete, umzustimmen.

Doch Prinz Tuan war mehr noch als die Regentin, Tz'u-hsi, ein Befürworter der Reaktion, und so gab er denn, als er von dem Vorhaben des Deutschen erfuhr, dem Polizeipräfekten der Stadt den Befehl, die Unterredung zu verhindern: Als von Ket-

Deutsches Geschwader in Ostasien

teler am nächsten Morgen, dem 20. Juni, begleitet nur von einem Dolmetscher und einer berittenen Eskorte, sich auf den Weg zum Tsungli Yamen machte, lauerten ihm fünf Soldaten auf – und schossen ihn nieder. Ketteler war sofort tot, und als die Frist, die der Prinz den Fremden gesetzt hatte, verstrichen war, gingen die Boxer zum allgemeinen Angriff gegen das Gesandtschaftsviertel vor.

Deutsche nach vorn!

Die Nachricht von der Ermordung des deutschen Gesandten löste in Berlin einen Sturm der Entrüstung aus, und der Kaiser, dessen Parole von der »gelben Gefahr« durch die Vorgänge in Peking bestätigt schien, ordnete sogleich die Mobilisierung jenes Expeditionskorps an, das er am 27. Juli in Bremerhaven verabschiedete. Doch obwohl dieses Expeditionskorps schließlich die Stärke von 15 000 Mann erreichte – und zuvor bereits, auf die ersten Meldungen von Unruhen hin, eine Division des Panzergeschwaders in Marsch gesetzt worden war –, meinte Wilhelm noch ein übriges tun zu müssen, um die Ehre des Vaterlandes wiederherzustellen, und ernannte Feldmarschall Graf von Waldersee, der sich bereits bei der Reichsgründung – im Deutsch-Französischen Krieg – ausgezeichnet hatte, zum Oberkommandierenden einer internationalen Streitmacht.

Bei den »Verbündeten«, die sich nur angesichts des gemeinsamen Gegners zusammenrauften, stieß er damit zwar auf wenig Gegenliebe - vor allem die Franzosen fühlten sich ihrerseits in ihrer Ehre gekränkt -, doch sah man ein - da ein erster Vergeltungsschlag der Europäer gescheitert war -, daß nur ein größeres, koordiniertes Unternehmen zum Erfolg führen würde. Und warum sollte man damit nicht die Deutschen betrauen, die immerhin den größten Schaden erlitten hatten? Auch hatten sie sich bei jenem gescheiterten Vorstoß als besonders tapfer erwiesen.

Dieser Versuch hatte unter dem Befehl des englischen Admirals Seymour gestanden. Mit einer bunten Truppe - die aus Kontingenten von acht Nationen bestand - war er am 10. Juni von Tientsin aus, dem Stützpunkt der Europäer an der Küste, in Richtung Peking aufgebrochen, um das diplomatische Korps, das von der Außenwelt abgeschnitten zu werden drohte, zu entsetzen. Doch - entlang der Bahnlinie, die von den Aufständischen zerstört worden war - zu Fuß marschierend, kam er nur langam voran, und als sich ihm - am 18. Juni - eine Streitmacht der Regierung, die den Vormarsch als Angriff wertete, in den Weg stellte, mußte er der Übermacht weichen. Doch wäre er selbst nach Tientsin nicht zurückgekehrt, wenn nicht die Deutschen, die das zweitgrößte Kontingent stellten, wenigstens den Rückzug freigekämpft hätten. Für Seymour kein rühmliches Ereignis, doch die Deutschen erwarben sich hier jenes Lob, das ihnen fortan vorauseilen sollte: »The Germans to the front!«

Der Kaiser hätte seine Freude gehabt, doch es blieb der einzige Triumph: Denn als Graf Waldersee schließlich am 17. Ok-

»The Germans to the Front!«
Deutsche und englische Truppen im Kampf gegen die Boxer, 1900

tober in Peking einmarschierte, brauchte er nur noch den Winterpalast zu besetzen. Den Rest hatte bereits – am 14. August – General Gaselee vollbracht, der die Ehre *seiner*, der britischen Nation wiederherstellte: An der Spitze einer Streitmacht, die 20000 Soldaten umfaßte – in der Mehrzahl Japaner (das deutsche Expeditionskorps schwamm noch auf dem Meere) –, hatte er den Widerstand der Boxer und der kaiserlichen Truppen gesprengt und die Gesandten, die 55 Tage ausgehalten hatten, aus der Belagerung befreit. Es war dennoch ein denkwürdiges Ereignis, als nun – zwei Monate später – die *Deutschen* in Peking einzogen: »Der ganze durchrittene Weg«, schrieb Waldersee in einem Bericht an den Kaiser, »bis dicht vor Peking war ein Bild der Verwüstung ... Nur selten war ein Haus intakt geblieben, sonst alles Schutthaufen, größere Gebäude, wie Tempel, mindestens innerlich stark verwüstet, alle Buddha- und sonstigen Götzenbilder zertrümmert. Wie breit die Verwüstungsstraße abseits der Marschstraße der verbündeten Armeen von Tientsin auf Peking sein mag, ist mir nicht möglich gewesen festzustellen, ich glaube aber, nicht sehr erheblich. Auf dem durchzogenen Strich von Taku über Tientsin bis Peking sind aber nach mäßigen Schätzungen eine halbe Million Menschen obdachlos geworden und haben sich in der weiten Umgebung ausgebreitet. Seit einigen Tagen haben sich in der Stadt Tungtschu, wo sich durch das Entladen und Beladen der Dschunken Verdienst für chinesische Arbeiter findet, Einwohner einzufinden angefangen; bis dahin habe ich diesseits Tientsin aber auch noch nicht 50 Chinesen mit eigenen Augen gesehen.

Am 17. Oktober erreichte ich Peking, einer Vereinbarung mit Generalmajor v. Hoepfner zufolge um 11 Uhr vormittags das Eingangstor in der Nähe der südöstlichsten Ecke der Umfassungsmauer von Peking durchschreitend. Hier erwarteten mich die Generale der in Peking stehenden internationalen Truppen, und zwar der japanische Generalleutnant Jamagutschi als ältester, dann die englischen Generalmajore Barrow und Stuart, die amerikanischen Generale Chaffee und Wilson, von Frankreich, Italien und Österreich die ältesten kommandierenden Offiziere. Generalmajor v. Hoepfner war mir bereits eine Strecke entgegengeritten gekommen.

Nach erfolgter Begrüßung begann ich meinen Einzug in die Stadt, vorauf je eine Eskadron amerikanischer und indischer Kavallerie. Hinter mir ritten die genannten Generale und sodann mein Stab und zahlreiche Offiziere aller Kontingente. Den Schluß bildete eine japanische Eskadron. Unmittelbar hinter mir folgte die Kommandoflagge. Beim Eintritt in das erste

General-Feldmarschall Waldersee inspiziert die internationalen Truppen

Tor gab deutsche Artillerie aus auf der hohen Mauer aufgestellten chinesischen Geschützen den Salut, während eine japanische Batterie mich beim Eintritt in das Winterpalais von der Marmorbrücke aus begrüßte. Auf meinem ganzen mehr als eine Stunde währenden Ritte standen Truppen Spalier. Was von Europäern in Peking anwesend, war zugegen; auch hatten sich zahlreiche Chinesen eingefunden, das Schauspiel zu sehen. Mein Weg zum Winterpalais führte über den Lotusteich über eine nur schmale Brücke, die für meinen Ritt aber gewählt worden war, weil Europäer sie bisher nie betreten durften.«

Kotau

Graf Waldersee richtete sein Oberkommando im Winterpalast ein. Doch es gab nur wenig zu tun: Tz'u-hsi und der Hof waren geflohen, das Heer der Aufständischen war zersprengt, und nur vereinzelt kam es noch zu Kämpfen. Die eigentliche Aufgabe, die des Feldmarschalls harrte, bestand darin, die alliierten Truppen von weiteren Plünderungen fernzuhalten – und die Modalitäten für eine offizielle Entschädigung auszuhandeln.

Waldersee war mit dieser Aufgabe zwar nicht direkt betraut, doch es war nicht unwesentlich seinem verbindlichen Wesen und diplomatischen Geschick zuzuschreiben, daß schließlich eine Einigung erzielt wurde. Immerhin galt es, nicht nur die chinesische Regierung, die nach Westen, in die Provinz Schensi, ausgewichen war, an den Verhandlungstisch zu bringen, sondern auch die Rivalitäten der Siegermächte, die das Prinzip der »offenen Tür« bedrohten, zu schlichten. Freilich konnte auch er nicht verhindern, daß zwar die kaiserliche Regierung vor dem völligen Zusammenbruch bewahrt wurde, sie aber dennoch durch die Bedingungen, die die Sieger ihr auferlegten, so sehr an Macht und Einfluß einbüßte, daß es nur noch eine Frage der Zeit war, bis es dennoch zum Umschwung kam. Der Boxeraufstand, anstatt das alte China vor dem Neuen zu bewahren, gab ihm letztlich seinen Todesstoß.

Nichts beweist mehr die Erniedrigung des einstigen Reiches der Mitte und seines Herrschers, des Himmelssohns, als die Forderung, die die Deutschen stellten und durchdrückten: Das Kaiserhaus hatte sich persönlich bei Wilhelm II. zu entschuldigen, für das Unrecht, das dem deutschen Volke widerfahren war. Auch beharrte man deutscherseits darauf, daß nicht nur der Mörder von Kettelers, ein Soldat namens En Hai, hingerichtet, sondern auch an der Stelle, wo das Attentat sich ereignete, ein Denkmal errichtet wurde, auf dem in deutscher und chinesischer Sprache das Bedauern des Kaisers über den Vorfall zum Ausdruck gebracht wurde.

Erschießung von Boxern durch Kommandos der Marine-Infanterie

Diesem, Kaiser Kuang-hsü, der ohnehin nur im Schatten Tz'u-hsis regierte, blieb zwar die Schmach erspart, *selbst* nach Berlin zu gehen. Aber es war immerhin sein Bruder, Prinz Ch'un, der mit dieser Mission betraut wurde, und es war das erste Mal, daß ein Mitglied der Mandschu-Dynastie den Fuß auf fremden Boden setzte. Denn war nicht alles Land jenseits der Grenzen Chinas von Barbaren bewohnt gewesen?

»Das Glockenspiel der Potsdamer Garnisonkirche ließ ›Üb' immer Treu und Redlichkeit‹ erklingen«, berichtet ein Augenzeuge, der Prinz Ch'uns Einzug - am 4. September 1901 - miterlebte, »als sich vom Bahnhof her eine Reihe einfacher, zweispänniger Landauer näherte. Sie wären nicht weiter aufgefallen, wenn nicht in jedem dieser fünf Wagen vier Chinesen gesessen hätten - mit schwarzen Käppchen, bunt-seidenen Gewändern und langen Zöpfen.

Einige Freunde, die mit mir diese Auffahrt sahen, wußten, um was es sich handelte: Es war die chinesische Sühne-Gesandtschaft unter Führung des Prinzen Tschun.

Die Landauer fuhren ohne militärische Eskorte. Vor dem Neuen Palais gab es auch keine - sonst bei hohen Besuchen übliche - Empfangszeremonie. Im Neuen Palais überreichte Prinz Tschun Kaiser Wilhelm II. das Entschuldigungsschreiben der chinesischen Regierung.«

Vorher mußte er sich allerdings verbeugen, zum *Kotau*, dem traditionellen chinesischen Unterwerfungszeichen. Wilhelm II. konnte zufrieden sein: er hatte am Ende doch noch seinen Triumph errungen.

»Danach«, berichtet der Augenzeuge weiter, »trat der Kaiser mit dem Prinzen vor das Schloß, und jetzt erst - nachdem der ›Fall‹ durch die Entschuldigung beigelegt war - schritt Wilhelm II. mit seinem Gast unter den Klängen des Preußischen Präsentiermarsches die Front einer Kompanie des 3. Garde-Ulanregiments ab. Der Schlußstrich unter die dramatischen Ereignisse von Peking war damit gezogen.«

IX. KAMPF UM SAMOA

Schiedsspruch des Papstes

Kiautschou, das durch den Boxeraufstand direkt nicht berührt wurde, war nicht die letzte Kolonie, die die Deutschen erwarben. Ein Jahr nachdem sie sich in China festgesetzt hatten, ließen die Deutschen sich auch in Mikronesien nieder. Und im gleichen Jahr, 1899, kam auch noch Samoa hinzu.

Mikronesien wurde ein Teil der Kolonie »Deutsch-Neuguinea«. Hier hatten – wir erinnern uns – die Deutschen 1884 die Flagge des Reiches gehißt. Zunächst im sogenannten Kaiser-Wilhelms-Land, dem nordöstlichen Teil Neuguineas, dann auf dem vorgelagerten Bismarck-Archipel und schließlich auf den sich anschließenden Admiralitäts-Inseln. Auch die Salomonen waren – 1886 – hinzugekommen, als Großbritannien – in einem Vertrag, der die Grenzen in Neuguinea festlegte – auf die beiden nördlichen Inseln der Gruppe, Choiseul und Bougainville, verzichtete. Damit waren die Deutschen Herr des ganzen nördlichen Teils *Mela*nesiens.

In *Mikro*nesien, das aus den Inselgruppen der Karolinen, der Marianen, der Palau- und der Marshall-Inseln besteht, hatten die Deutschen gleichfalls einen frühen Versuch unternommen, sich dieses Gebietes, das eine Brücke zu China und Japan bildet, zu bemächtigen. Doch während ihnen dies im Osten, auf den Marshall-Inseln, wo sie am 15. Oktober 1884 in Jaluit die Flagge hißten, gelang, trafen sie im Westen, auf den Karolinen, wo sie auf der Insel Jap das gleiche versuchten, auf den Widerstand der Spanier, die auf den Philippinen saßen und auch die vorgelagerten Inseln als ihr Eigentum betrachteten. Sie führten ihren Anspruch auf jenen Schiedsspruch des Papstes, der – Ende des 15. Jahrhunderts – die Welt zwischen den beiden iberischen Mächten, Portugal und Spanien, aufgeteilt hatte, zurück und meinten, dieser Spruch habe auch dann Gültigkeit, wenn man dem Auftrag des Papstes, der mit diesem Schiedsspruch verbunden war – nämlich die Welt für den christlichen Glauben zu gewinnen –, nicht nachgekommen war. Außer einigen zaghaften Missionsversuchen im 18. Jahrhundert hatten die Spanier nie den ernsthaften Versuch unternommen, die mikronesische Inselwelt zu besiedeln oder auch nur in ihren Herrschaftsbereich aktiv einzubeziehen. Ja, als im 19. Jahrhundert die wirtschaftliche Durchdringung des Pazifik begann, ließen sich auch hier die Hanseaten und andere europäische Händler nieder, und als die spanische Regierung schließlich, 1875, erste Restriktionen erließ, mobilisierten die Kaufleute ihre heimatlichen Regierungen, und diese - England und Deutschland - zwangen Spanien zwei Jahre später eine Verzichtserklärung ab, die - ohne daß die Hoheitsfrage endgültig geklärt war - fortan einen freien Handel gewährleistete.

All das änderte sich nun, als mit dem Ausbruch der imperialistischen Expansion in den achtziger Jahren nicht nur die Deutschen, sondern auch die Spanier von diesem Fieber erfaßt wurden. Die einen wie die anderen sandten Kriegsschiffe aus, und die Deutschen kamen den Spaniern nur deshalb zuvor, weil der Kommandant des spanischen Geschwaders angeblich noch mit der Herstellung eines Altars beschäftigt war, während die Deutschen, die glaubten, auf das Kreuz verzichten zu können, die Flagge hißten. Die Folge war ein Sturm der Entrüstung, der sich nicht nur in den spanischen Zeitungen breitmachte, sondern auch die Volksmassen erfaßte, die die Deutsche Botschaft in Madrid demolierten.

Bismarck, von dieser Haltung überrascht, doch in der Einsicht, daß der ganze Streit den Einsatz nicht wert sei, lenkte ein und schlug eine Überprüfung des Falles durch eine unabhängige Instanz vor. Für die Spanier war auch das ein Ansinnen, doch dem Druck der anderen Mächte gaben sie schließlich nach und willigten ein - den Papst als Schiedsrichter zu akzeptieren. Bismarck ging darauf ein - es war ihm wirklich nicht so sehr um die Karolinen zu tun, da man die Marshall-Inseln ohne jeden Widerstand kassiert hatte -, und der Papst, Leo XIII., fällte den Spruch zugunsten Spaniens, wie zu erwarten war, doch mit dem Zusatz: das versäumte Zivilisationswerk, das heißt, den Aufbau einer geordneten Verwaltung, nun endlich nachzuholen und im übrigen den Deutschen - und den anderen Interessenten - die Freiheit des Handels zu belassen.

Damit war letztlich beiden geholfen: Die Spanier hatten ihr Gesicht gewahrt, was ihnen ohnehin wichtiger war, und die Deutschen, die das - als aufstrebende Weltmacht, während Spanien im Niedergang begriffen war - nicht nötig hatten, konnten weiter ihre Geschäfte treiben.

So ruhte die Angelegenheit 13 Jahre, bis zum Ausbruch des Spanisch-Amerikanischen Krieges. Dieser, zunächst um Kuba entbrannt, zog schließlich auch die Besitzungen der Spanier im

Pazifik in Mitleidenschaft, da die Amerikaner – nicht minder als die übrigen Industriestaaten an einer Ausweitung ihrer Einflußsphäre interessiert – sich nicht nur mit der Karibik zufriedengaben, sondern auch nach Asien blickten, wozu ihnen die Philippinen – und Guam – als günstige Ausgangsbasis erschienen. Diese Erkenntnis dämmerte auch den Deutschen, die bereits 1896 mit den Aufständischen auf den Philippinen, die wie jene in Kuba sich von den Fesseln der verrotteten spanischen Herrschaft befreien wollten, Kontakt aufgenommen hatten. 1898 hatten diese sich jedoch auf die Seite der Amerikaner geschlagen, die – wie in Kuba – zunächst als Befreier gefeiert wurden, nur um sich dann als eine neue Besatzungsmacht zu entpuppen.

Diese Schmach blieb den Deutschen erspart, wiewohl sie auch 1898 mit einem Geschwader in Manila zur Stelle waren. Doch boten sie eifrig mit, als das einst stolze Spanien zum Ausverkauf seiner letzten Kolonien schritt: Während die USA, als Siegermacht, die Philippinen für 20 Millionen Dollar erstanden, erleichterten die Deutschen Madrid, das dafür nun keine Verwendung mehr hatte, um die Karolinen, die Marianen (außer Guam) und die Palau-Inseln. Der Kaufpreis betrug 16,75 Millionen Mark.

So kamen die Karolinen samt Anhängsel doch noch heim ins Reich, und just zu dem Zeitpunkt, wo man – da man inzwischen ja auch in China aktiv geworden war – einen Brückenkopf nach Norden brauchte. Sie bildeten nun – wir erwähnten es schon – zusammen mit den deutschen Besitzungen in Melanesien eine Einheit, zu der sich – 1906 – dann auch noch die Marshall-Inseln gesellten, die bis dahin getrennt verwaltet worden waren. Sitz der Regierung war die Station Herbertshöhe, zentraler als in Neuguinea auf der zum Bismarck-Archipel gehörenden Insel Neupommern gelegen.

Obwohl Deutschland nun den gesamten westlichen Teil der pazifischen Inselwelt beherrschte, war die tatsächliche Landfläche doch nur gering: Sie betrug nur rund 240 000 Quadratkilometer und war damit zwar größer als Togo, das nur ein Drittel dieser Fläche ausmachte, reichte aber bei weitem nicht an die anderen deutschen Kolonien in Afrika heran, die bei 800 000 bis eine Million Quadratkilometer lagen. Der größte Teil – rund 180 000 Quadratkilometer – entfiel auf Kaiser-Wilhelms-Land, also Neuguinea, das jedoch erst relativ spät erschlossen wurde.

Schuld daran war nicht nur die Unwirtlichkeit des Geländes – und die Feindschaft der Eingeborenen –, auch die Tatsache, daß die Verwaltung bis 1899 in den Händen der Neuguinea-

Kompanie lag, die sich mehr dem Bismarck-Archipel zugewandt hatte, führte zu einer Vernachlässigung des eigentlichen Kerngebietes der Südsee-Kolonie. Erst 1909, als die Grenze zwischen dem englischen und deutschen Anteil auf der Insel vermessen wurde, kam es zur Errichtung einer Station im Süden von Kaiser-Wilhelms-Land. Auch die Grenze nach Westen – gegen den holländischen Besitz Neuguineas – wurde erst 1910 endgültig festgelegt.

Um den Verkehr zwischen den Inseln zu festigen und damit den Aufbau der Verwaltung zu erleichtern, wurde 1903 der Regierung von Neuguinea ein eigenes Schiff, der »Seestern«, zur Verfügung gestellt, der fortan in regelmäßigen Abständen die Runde machte. Zwar ging er 1909 in einem Sturm verloren, doch wurde er schließlich durch einen neuen Dampfer, die »Komet«, ersetzt. Damit hielt man bis zum Ende die deutsche Herrschaft aufrecht.

Herbertshöhe (Neu-Pommern): Festakt anläßlich des 25jährigen Bestehens der Kolonialherrschaft in der Südsee

»In jüngster Zeit häuften sich in erschreckendem Maße die an Europäern begangenen Morde, und bei nicht wenigen Leuten setzte sich daher die Überzeugung fest, daß diese verruchten Schwarzen, die nichts anderes können als unschuldige Weiße abzuschlachten, so bald wie möglich mit Stumpf und Stiel auszurotten sind. In Wirklichkeit liegt die Schuld an diesen traurigen Vorkommnissen stets ausschließlich auf Seiten der Weißen, die ohne mit den Anschauungen der Eingeborenen vertraut zu sein, sich blind in die Gefahr begeben, auch häufig genug durch ihr Auftreten die empfindlichen Seiten des Schwarzen aufs schlimmste reizen. Da sind in erster Linie die Paradiesvogeljäger, welche das Eigentum des Schwarzen, die Vögel des Waldes, herunterknallen und ... mit den Eingeborenen in Konflikt geraten. Da sind ferner die Goldsucher, die in der Jagd nach dem Glück jede andere Rücksicht zurückstellen. Endlich macht der Haß der Schwarzen sich auch in Angriffen auf Ansiedelungen der Weißen und in Mordtaten Luft, wenn sie sehen, daß man ihnen das Land abnimmt, sie zu Fronarbeiten zwingt und ihre alten Bräuche nicht mehr dulden will.«

Professor Neuhauß, der diese Anklage 1914 erhob, stützte sich auf eigene Erfahrungen, denn er hatte »Unsere Kolonie Deutsch-Neu-Guinea«, wie er seinen Bericht nannte, in einer längeren Forschungsreise besucht. Es war auch hier das gleiche Bild wie überall in den deutschen Kolonien - und denen der anderen: Der Weiße Mann, auch wenn man anfangs Zutrauen zu ihm gefaßt haben mochte, entpuppte sich auf die Dauer als Ausbeuter und Unterdrücker, der zwar hehre Prinzipien auf den Lippen führte, doch im Grunde nur an einem interessiert war - Geld zu machen. Das war in Afrika so wie in der Südsee, und deshalb ging es auch hier - wie dort - nicht ohne Zwang ab. Doch im Gegensatz zu Afrika - und China - hatten die Südsee-Insulaner keine Chance, den Kampf auch nur in Ansätzen zu gewinnen: Sie waren nicht in mächtigen König- oder gar Kaiserreichen zusammengefaßt, die den Eindringlingen einen konzentrierten Widerstand leisten konnten. Ihre Stämme waren zersplittert, über eine Unzahl von Inseln zerstreut, und selbst dort, wo sie in größerer Zahl anzutreffen waren - in Neuguinea -, bekriegten sie sich lieber untereinander, als vereint gegen den gemeinsamen Feind vorzugehen. Die Folge war, daß den Deutschen - und den übrigen Mächten, die sich in der Südsee niederließen - jene blutigen Kriege erspart blieben, die sie sonst führen mußten, um ihre Kolonien zu »befrieden«.

Die Eroberung der Südsee war – von einigen lokalen Erhebungen abgesehen – nur ein Feilschen auf dem Verhandlungstisch: Der Westen den Deutschen, der Süden den Engländern, der Norden den Amerikanern und der Osten den Franzosen. Wie in Afrika – oder China – bekam jeder etwas ab: Die Eingeborenen wurden nicht gefragt, sie mußten sich fügen.

Doch so leicht den Deutschen auch ihre Besitzungen in der Südsee in den Schoß fielen – und so gering die Kosten waren, die damit (im Gegensatz zu den Eroberungskriegen in Afrika und China) verbunden waren –, auch hier erwartete sie eine bittere Enttäuschung: Das Geschäft, das man aufzog, rentierte sich nicht.

Die Neuguinea-Kompanie, die seit der Gründung der Kolonie quasi eine Monopolstellung innehatte, zahlte erstmals 1913 eine Dividende aus: Sie betrug ganze fünf Prozent. Gewinnbringender arbeitete da schon die Jaluit-Gesellschaft, ein zwar kleineres Unternehmen, das 1887 zur Ausbeutung der Marshall-Inseln gegründet worden war, doch hier nicht nur Handel und Plantagenanbau betrieb, sondern auch – auf der Insel Nauru – reiche Phosphat-Lager abbaute. Ihre Dividenden beliefen sich schon im Jahre 1900 auf zwölf Prozent, und 1910 erreichten sie sogar 25 Prozent. Doch auch ihr war auf die Dauer nicht möglich, was Bismarck allgemein erwartet hatte: Die Kosten für die Verwaltung konnte sie nicht tragen, und so übernahm das Reich – wie zuvor schon bei der Neuguinea-Kompanie und all den anderen Kolonialgesellschaften, die sich als Fehlschlag erwiesen – auch von der Jaluit-Gesellschaft die Hoheitsrechte und kam nun – seit 1906 – allein für die Verwaltung der gesamten Kolonie, von Neuguinea bis zu den Marianen und von den Palau- bis zu den Marshall-Inseln, auf. Wenngleich auch – durch die Einführung von Steuern und Zöllen – sich die Einnahmen der Kolonie allmählich erhöhten, so lagen sie doch noch 1914 – mit 2,1 Millionen gegenüber 3,8 Millionen Mark – um fast die Hälfte *unter* den Ausgaben. Mit anderen Worten: Es war – für den Staat – ein Zusatzgeschäft. Aber da er glaubte – im Gegensatz zu Bismarck –, daß er durch Kolonien an Prestige gewann, ließ sich Wilhelm II. sein Hobby etwas kosten.

Freilich zahlte dafür nicht nur der *deutsche* Steuerzahler, auch die Eingeborenen – in Afrika wie in der Südsee – wurden für den Segen der Zivilisation zur Kasse gebeten. 1907 wurde auch in Neuguinea die Kopfsteuer eingeführt, und wie in Afrika hatte sie auch hier einen doppelten Sinn: einmal die Regierung für ihre »Wohltaten« zu entschädigen, zum andern die Schwarzen, das »faule Pack«, zur Arbeit anzuhalten. Denn nur durch

Weihnachtsfeier bei einem Kolonialbeamten in Kaiser-Wilhelms-Land (Neuguinea)

Arbeit konnte man zu Höherem erzogen werden - und nur durch Löhne die Steuern bezahlen.

Der lachende Dritte waren die Pflanzer, auf deren Feldern sich die Eingeborenen - nicht anders als in Afrika - verdingen mußten. Da aber auch deren Gewinn - durch das ungünstige Klima, schlechte Bodenverhältnisse und fehlende Absatzmärkte - gering war, speiste man die Arbeiter auch hier nur mit dem allernötigsten ab. »Die Regierung«, berichtet Neuhauß, »gibt sich die erdenklichste Mühe, Übergriffe bei der Anwerbung, Behandlung und Ablohnung der Arbeiter zu verhindern; sie kann aber nicht überall dabei sein, und es kommt daher manches Ungesetzliche vor.« Er führt den Fall eines Anwerbers an, der »jüngst einem Häuptling bei Braunschweighafen die Vorderzähne ausschlug aus Ärger darüber, daß er in jenem Dorfe niemand anwerben konnte«. Und er schreibt weiter: »Auch bei der Ablohnung werden zuweilen statt der notwendigen Beile und großen Buschmesser den Leuten Sachen aufgeschwatzt, die für sie vollkommen wertlos sind, besonders Haufen von bunten Lappen. Letztere - das erbärmlichste Spinnengewebe - kauft der Dienstherr billiger ein als Eisengerät. Als ich mich in Sissanu aufhielt, wurden dort vier Arbeiter abgesetzt, welche ihre

Dienstzeit vollendet hatten. In jedem ihrer Koffer befanden sich über 100 m jenes jämmerlichen Gewebes. Die Dorfbewohner, welche auf einen Kasten mit Beilen und Buschmessern gerechnet hatten, waren wütend und schworen, niemals wieder einen der Ihrigen den Anwerbern herzugeben.«

Die Steuer – wie Kopfgeld auf jeden ausgesetzt – zwang sie dennoch dazu, und wenn sie sich wehrten, den Pflanzer erschlugen oder eine Regierungsstation überfielen, sandte man eine Strafexpedition gegen sie aus: »Das große Wamba-Dorf wurde unter Feuer genommen«, heißt es in einem offiziellen Bericht, »und eingeäschert. Die Wamba-Leute hatten etwa 40 Tote.«

Der Bericht bezieht sich zwar auf einen Fall, bei dem ein Vogeljäger ums Leben gekommen war, doch waren Anlaß und Ausgang eines Streites stets die gleichen: Der Weiße verletzte Besitz- oder Persönlichkeitsrechte eines Eingeborenen, und wenn dieser sich wehrte, wurde er niedergemacht, mit »Stumpf und Stiel«.

Was nun jenen Vogeljäger – einen Deutschen namens Richards – anbetrifft, so ist anzumerken, daß die Vogeljagd durchaus keine exzentrische Betätigung war. Wie beim Gold – das freilich nur vereinzelt gefunden wurde – versprach auch die Vogeljagd einen hohen Gewinn: »Für den professionellen Jäger«, berichtet Neuhauß, »kommen als Jagdbeute nur Paradiesvögel in Betracht. Ein geschickter und ausdauernder Jäger kann sich hiermit ein kleines Vermögen zusammenschießen, denn die Vögel stehen dank der Fraueneitelkeit gut im Preise. Allerdings ist letzterer sehr wechselnd. Für einen Paradisea minor (gelber Paradiesvogel) oder Paradisea Auguste-Victoria (roter Paradiesvogel), die für Damenhüte vorwiegend in Betracht kommen, wird dort in normalen Zeiten 15 bis 20 Mk. gezahlt. Haben aber die Veranstalter der Hutmoden beschlossen, daß der Paradiesvogel ›Mode‹ werden soll (z. B. 1909), so schnellen die Preise auf 50 bis 60 Mk. in die Höhe.«

1912 wurden immerhin 9837 Vogelbälge – Bälge von Paradiesvögeln – aus Kaiser-Wilhelms-Land ausgeführt, und da dies seit 1909 immerhin eine Steigerungsrate von 200 Prozent bedeutete, war zu befürchten, daß »das herrlichste Naturdenkmal in Gottes Schöpfung«, wie Neuhauß es nennt, binnen kurzem ausgestorben sein würde. Denn der Paradiesvogel, der zwar in einer Vielzahl von Arten auftritt, kommt nur in Neuguinea und den benachbarten Inseln vor. Die deutsche Regierung entschloß sich deshalb – unter dem Protest der Vogelschützer –, die Jagd auf Paradiesvögel einstweilen zu verbieten. Die Jagd auf *Menschen* ging unterdessen weiter.

Nicht nur in Neuguinea, auch auf Samoa, wiewohl hier in erster Linie Amerikaner und Engländer in die Schußlinie gerieten. Erkühnten sie sich doch – 1877 –, die Inseln, die in strategischer Lage zwischen Melanesien und Polynesien liegen, nacheinander zu amerikanischem und britischem Besitz zu erklären. Und dies, obwohl die Deutschen – unter dem seligen Godeffroy – nicht nur die erste Handelsniederlassung in Samoa errichtet, sondern auch den Grundstein für die Plantagenwirtschaft gelegt hatten. War diese Herausforderung auch durch einen Vertrag – 1879 –, in dem man die Unabhängigkeit Samoas anerkannte und den drei Rivalen gleiche Rechte zugestand, beigelegt worden, so konnte die Ablehnung der Samoa-Vorlage – ein Jahr später – die Engländer und Amerikaner nur in ihrem Glauben bestärken, daß die Deutschen es doch nicht ernst mit ihrem Anspruch auf Samoa meinten. Jedenfalls setzten die Reibereien sich fort und fanden erst 20 Jahre später eine endgültige Regelung.

Allerdings raufte man sich auch in der Zwischenzeit, sozusagen auf halbem Wege, noch einmal zusammen, denn nicht nur litten die Geschäfte unter dem ewigen Streit, auch die Eingeborenen, die Samoaner, die nicht minder streitsüchtig – untereinander wie gegen die Fremden – waren, befanden sich auf dem Kriegspfad. 1881 war nämlich ihr König Talavou gestorben, der noch eine unbestrittene Stellung hatte einnehmen können. Sein Nachfolger, Laupepa, geriet jedoch zunehmend in das Fahrwasser der Amerikaner und Engländer, worauf die Deutschen auf die Karte seines Rivalen, Tamasese, setzten. Laupepa rächte sich dafür, indem er eine Geburtstagsparty, die im Namen des Kaisers – Wilhelm I. – gefeiert wurde, überfiel, worauf die Deutschen Genugtuung forderten: Nicht weniger verlangten sie als die Absetzung des gewählten Königs und an seiner Statt die Einsetzung ihres Protegés. Die Engländer und Amerikaner protestierten zwar, doch sie ließen es zu, als Laupepa schließlich in die Hände der Deutschen fiel, daß sie ihn aburteilten und ins Exil schickten: zunächst nach Kamerun, dann nach Hamburg und schließlich nach Jaluit, auf den Marshall-Inseln.

Damit waren die Kontrahenten um einen weniger. Doch an die Stelle Laupepas trat bald darauf, von den Amerikanern und Engländern auf den Schild gehoben, der Häuptling Mataafa, den man zum Gegenkönig ausrief. Es entspann sich ein neuer Kampf, in den nun – da Mataafa die Oberhand zu gewinnen drohte – erstmals auch deutsche Truppen eingriffen: Sie landeten auf der Pflanzung Vailele und versuchten, die Aufständischen von einem Angriff auf Apia, den Sitz der ausländischen Vertretungen, abzuhalten. Doch der Übermacht der Samoaner war die kleine Marineeinheit nicht gewachsen, und so erlitten die Deutschen - am 18. Dezember 1888 - eine empfindliche Niederlage. Als dann auch noch - einen Monat später - das deutsche Konsulat in Flammen aufging, womit Mataafa seinen Siegeszug krönte, geriet der deutsche Vertreter, Dr. Knappe, außer sich und erklärte allem und jedem den Krieg. Da damit auch die Amerikaner und Engländer gemeint waren, die zwar mit Mataafa unter einer Decke steckten, doch gleichfalls Kriegsschiffe auffahren ließen, beeilte sich Bismarck, der schon einmal wegen Samoa eine Schlappe erlitten hatte, die Situation zu entschärfen und rief, indem er das voreilige Handeln seines Vertreters als *morbus consularis*, »diplomatisches Fieber«, deklarierte, den Konsul zurück und entsandte statt dessen einen verdienten Veteranen, um die Wellen zu glätten.

Doch bevor dieser, ein gewisser Dr. Stübel, der sich bei einem früheren Aufenthalt mit großem Interesse den Überlieferungen der Eingeborenen gewidmet hatte, in Aktion treten konnte, ereignete sich etwas, das allen Beteiligten die Lust am Streit vergehen ließ: »Obwohl ich im März 1889 erst zwölf Jahre alt gewesen bin«, berichtet ein Augenzeuge, »erinnere ich mich an alle Einzelheiten noch sehr genau. Die Reede lag in jener Zeit wie gewöhnlich voll von Kriegs- und Handelsschiffen. Als am 15. März ein sehr starker Wind einsetzte, ist die Lage dieser Schiffe auf dem felsigen Grund zwischen Riffen bereits sehr gefährlich gewesen. Es ging aber noch alles gut. Am Abend wurde es plötzlich windstill, und die Nacht verlief ziemlich ruhig. Mit Sonnenaufgang aber brach ein Orkan von ungeheurer Wucht los. An Land wußte man, was er zu bedeuten hatte. Der Strand füllte sich, als der Wind etwas nachließ, mit Menschen. Ich sah auch Konsul Knappe, der verfolgte, was bei der hohen Dünung mit unseren Schiffen geschah. Die Wellen gingen haushoch, und eine ungeheure Brandung entstand. Hielten die Ankerketten? Das war die Frage, die unsere Herzen zittern ließ.

Gegen acht Uhr sahen wir mit Entsetzen, daß die deutschen Kanonenboote ›Eber‹ und ›Adler‹, die leider kein Feuer unter den Kesseln hatten, auf das Land zutrieben. Es kamen Augenblicke ungeheurer Spannung, denn der Wind spielte mit den Schiffen, als ob sie ohne Gewicht seien. Plötzlich ein ungeheurer Schrei! – Der ›Eber‹ war unter das Kap-Horn-Riff gedrückt worden! – Man sah noch ein paar Menschen auf den Wellen – vier sind lebend ans Land gekommen – alle anderen, sechs Offiziere und einundsiebzig Mann, waren verloren. Jetzt hefteten sich alle Augen an den ›Adler‹. Er trieb gleichfalls auf das Riff zu, wurde aber nicht daruntergedrückt, sondern daraufgeworfen. Dort hieben die riesigen Wellen auf das Wrack ein. Wen sie fortrissen, der ertrank.

Der Kreuzer ›Calliope‹ hatte noch Feuer unterm Kessel, da er zuletzt in den Hafen gekommen war. Er ging mit höchster Kraft aus dem Hafen, was bei diesem Sturm ein seemännisches Meisterstück war. Die Matrosen auf dem amerikanischen Admiralsschiff ›Trenton‹ ehrten das durch drei Hipp-Hipp-Hurras. Es wurde später behauptet, die ›Calliope‹ [ein englisches Schiff] habe die Ankerkette des ›Trenton‹ bei der Ausfahrt zerrissen. Ich weiß nicht, ob das richtig ist. Jedenfalls trieb ›Trenton‹ nun gleichfalls auf den Strand zu, wo die amerikanischen Schiffe ›Vandalia‹ und ›Nipsic‹ inzwischen mit ungeheuerer Wucht aufliefen. Man sah viele Menschen im Wasser, und die Haie, die in der Bucht von Apia nichts Seltenes sind, schossen zwischen ihnen herum.«

93 Deutsche kamen bei dem Orkan von Apia ums Leben. Die Amerikaner verloren sogar 117 Mann. Allein die Engländer – und die Samoaner – kamen mit dem Schrecken davon. Doch es reichte, um alle an den Verhandlungstisch zu bringen: In Berlin und Washington hämmerte man einen Vertrag zusammen, der – das Abkommen von 1879 wiederaufwärmte. Mehr war es nicht, der Vertrag, der am 14. Juni 1889 von den drei rivalisierenden Mächten unterzeichnet wurde: Samoa neutral und unabhängig, alle Parteien die gleichen Rechte, als Schiedsrichter – ein Schwede, der in Apia seinen Sitz nahm, und als König – Laupepa, den die Deutschen aus der Verbannung entließen. Am 5. Dezember – 1889 – wurde er wieder gekrönt und ratifizierte die Samoa-Akte.

Am Rande des Krieges

Es war letztlich eine *gemeinsame* Schutzherrschaft, auf die man sich geeinigt hatte. Aber auch das konnte auf die Dauer nicht gutgehen: Die alten Streitereien brachen unter den Samoanern wieder aus, und die drei Signatarmächte mißtrauten einander wie eh und je. Zwar starb Tamasese 1891, und damit war einer der Thronrivalen aus dem Rennen, doch der andere, Mataafa, gab keine Ruhe, und es kam 1893 erneut zu offenen Kämpfen. Sie gingen für den Rebellen jedoch mit einer Niederlage aus, da deutsche und englische Schiffe auf seiten Laupepas eingriffen, und so blieb Mataafa schließlich nichts anderes übrig, als sich zu ergeben – und das gleiche Schicksal zu erleiden wie einst sein Gegenspieler: Man verfrachtete ihn auf den Kreuzer »Sperber« und schickte ihn in die Verbannung, nach Jaluit.

Nun sah ein anderer, Tamasese der Jüngere, der Sohn des Verstorbenen, eine Chance und griff seinerseits zu den Waffen, um die Ehre seines Vaters wiederherzustellen. Doch auch mit ihm machte man kurzen Prozeß: Seine Stellung wurde bombardiert und seine Truppe aufgerieben, und darauf trat Ruhe ein, die freilich durch fortwährende Agitation chauvinistischer Kolonialkreise in Deutschland und Neuseeland, in Australien und den USA gekennzeichnet war.

Immerhin, der äußere Frieden hielt vier Jahre. Dann, 1898, trat eine neue Krise ein: König Laupepa starb, und wie üblich kam es zu einem Streit um die Nachfolge. Doch diesmal wechselte man die Partner: Die Deutschen, die sich inzwischen mit Mataafa verbündet hatten, brachten ihren Schützling aus dem Exil zurück, und die Engländer und Amerikaner, die ursprünglich auf Mataafa gesetzt hatten, versuchten es nun mit Tanumafili, Laupepas Sohn. Es kam zur Wahl, bei der Mataafa von den versammelten Häuptlingen die meisten Stimmen erhielt. Doch Mr. Chambers, der Oberrichter, der nicht mehr Schwede, sondern Amerikaner war, erklärte die Wahl, da sie gegen die Bestimmungen des Vertrages von 1889 verstoße, für ungültig und setzte statt Mataafa Tanumafili als rechtmäßigen König ein. Das geschah am letzten Tag des Jahres 1898.

»Wir feierten den Silvesterabend wie üblich mit zahlreichen Gästen«, berichtet Otto Riedel, ein Angestellter der Handels- und Plantagengesellschaft, die die Nachfolge des Unternehmens von Godeffroy angetreten hatte. »Ich hatte aber das Feuerwerk abgesagt, denn mir schien, die damit verbundene Knallerei könne leicht mißdeutet werden. Es scharten sich nämlich nun auch in Matautu bereits die Tanuleute zusammen. Man erkannte sie daran, daß sie rote Tücher um den Kopf trugen. Die Anhänger Mataafas hatten weiße. Diese äußere Kennzeichnung, die nach samoanischer Auffassung übrigens auch nicht aus Kriegslist jemals geändert werden durfte, war das untrügliche Zeichen, daß es bald zu Feindseligkeiten kommen werde.«

Sie brachen denn auch am folgenden Tag, dem ersten des neuen Jahres, aus und endeten – drei Monate später – mit einem Feuerwerk, das tatsächlich jede Silvesterparty in den Schatten stellte. Denn inzwischen hatte sich die Lage derart zugespitzt, daß man erneut Kriegsschiffe entsandte: »Am 6. März«, erinnert sich Riedel, »rauschte das amerikanische Schlachtschiff

›Philadelphia‹, ein für damalige Ansprüche sehr stattlicher Kasten, in unseren Hafen. Es kam vom spanisch-amerikanischen Kriegsschauplatz auf den Philippinen und wurde von einem Admiral Kautz befehligt, an dessen Wiege die Grazien gestreikt hatten. Ich ging an Bord und sah mich in der Kommandantenmesse einem Mann gegenüber, dem alles zuzutrauen war. Selbstverständlich wußte Herr Kautz von samoanischen Verhältnissen überhaupt nichts. Seine Gewährsmänner waren vor allem Maxse [der englische Konsul] und Chambers. Ich denke mir, daß man Kautz darüber informiert hatte, daß England nunmehr Deutschland aus Samoa hinausdrängen wolle. Die amerikanische Marine hatte damals sehr unfreundliche Gefühle gegen unsere Flotte wegen unseres Verhaltens im Spanisch-Amerikanischen Krieg. Es war also nicht schwer, diesen amerikanischen Heißsporn aufzuhetzen.«

Und genau dies geschah: man berief eine Konferenz auf der »Philadelphia« ein und beschloß, Mataafa, der sein Recht inzwischen mit Erfolg verteidigt hatte, gewaltsam abzusetzen. Und wenn die Deutschen, die ihn stützten, sich dagegen sträubten, dann würde man eben auch gegen sie mit entsprechenden Mitteln vorgehen. Es war in der Tat eine delikate Situation: »Wir fühlten alle«, schreibt Riedel, »daß jetzt bei uns Kanonen losgingen, auf die in Europa und Amerika geantwortet werden würde!« Tirpitz, der Admiral und Schöpfer der deutschen Flotte, fürchtete, daß die Ereignisse in Samoa der Auftakt zu einem Weltkrieg sein könnten, denn die Engländer fürchteten ihrerseits, daß die Deutschen, wenn sie ihr Werk vollendeten, ihnen ihre Vormachtstellung auf den Weltmeeren streitig machen würden. Deshalb war ein Präventivschlag nicht auszuschließen, und die Deutschen, in Samoa, mußten deshalb sorgsam taktieren.

»Da kein Zweifel bestand«, berichtet Riedel weiter, »daß es den Amerikanern mit der Beschießung unserer Plantagen Ernst sei, gingen wir jetzt an Bord des ›Falke‹. Herr Kautz hatte uns mitgeteilt, es ließe sich nicht garantieren, daß nicht einmal eine Granate in eines unserer Geschäftshäuser falle. (Tatsächlich ist ein Schuß sogar in das amerikanische Konsulat gegangen. Garantieren konnte Kautz also wirklich nicht, wohin er traf.) Ich war so Zeuge der schwersten Zumutung, die an Kapitän Schönfelder gestellt wurde und die darin bestand, er solle sein Schiff zur Seite legen, damit die ›Philadelphia‹ besser in unser Eigentum hineinschießen könne. Nun kamen einige kritische Minuten. Dann überwand sich Kapitän Schönfelder und kam der Aufforderung nach. Hätte er es nicht getan, so wäre – das haben wir später eingesehen, obwohl wir ihn damals nicht verstanden – vermutlich der Krieg unvermeidlich gewesen.«

Mit dem »Falke«, einem Kleinen Kreuzer, der nur über acht Kanonen und 160 Mann Besatzung verfügte, aus dem Wege, konnte die Flotte der Alliierten nun – am 23. März 1899 – mit der Bombardierung von Apia beginnen: »Sobald der ›Falke‹ seinen Platz geräumt hatte«, berichtet Riedel, »begann das Bombardement, das selbstverständlich in der Hauptsache unseren Bestand an Kokospalmen verwüstete. Auf Stevensons früherer Besitzung, die jetzt dem Hamburger Gustav Kunst von der Firma Kunst & Albers gehörte, wehte die schwarz-weiß-rote Flagge. Das ärgerte Herrn Kautz anscheinend besonders, denn er richtete das Feuer einiger Geschütze dorthin und hat damit eine auch seinem und dem englischen Volke wertvolle Erinnerungsstätte schwer beschädigt.«

Robert Louis Stevenson, der englische Schriftsteller, war 1887 nach Samoa gekommen. In der Nähe von Apia hatte er sich eine Pflanzung gekauft und war dort bis zu seinem Tode, 1894, geblieben. Der Friede, der Zauber der Südsee, den er gesucht, wurde nun endgültig zerstört.

»Als die Amerikaner mit dem Schießen aufhörten«, berichtet Riedel weiter, »knallten die Engländer los. Es läßt sich nicht schildern, welche Qualen wir alle damals empfanden. Man konnte schon verstehen, daß mancher gern mit unseren Geschützen auf die Verwüstung unserer Arbeit geantwortet hätte, mochte daraus kommen, was wollte.«

Doch man hielt sich zurück – und erntete dafür den Lohn, der den Angreifern versagt blieb: Des ewigen Kämpfens müde, der – da die Anhänger Mataafas sich tapfer wehrten – auch unter den Amerikanern und Engländern Verluste forderte, einigte man sich – in Berlin, in London, in Washington – auf eine gemeinsame Kommission, die die explosive Lage in Samoa entschärfen sollte. An einer Ausweitung des Krieges war letztlich doch keiner interessiert: die Deutschen nicht, weil sie mit dem Bau ihrer Schlachtflotte noch nicht fertig waren, die Amerikaner nicht, weil sie sich mit der Okkupation der Philippinen einen Aufstand der Eingeborenen aufgeladen hatten, und die Engländer schließlich nicht, weil sie in Südafrika – wo im Herbst 1899 der Burenkrieg ausbrach – in eine neue Krise gerieten. So ließ man denn die Kommission an Ort und Stelle nach dem Rechten sehen und war bereit, ihrer Empfehlung, das Königtum, das Anlaß zu ewigem Streit gegeben hatte, abzuschaffen und obendrein die Eingeborenen zu entwaffnen, nachzukommen und schließlich auch den letzten Schritt zu tun: die

Herrschaft direkt zu übernehmen und – zwischen den Deutschen und Amerikanern aufzuteilen. Die Engländer gingen freilich nicht leer aus: Für ihren Verzicht auf Samoa handelten sie sich – von den Deutschen, denen die beiden größten samoanischen Inseln, Upolu und Sawaii, überlassen wurden – Gebietserweiterungen auf den Tonga-Inseln, den Salomonen und in Westafrika ein. Die Amerikaner erhielten den kleineren – östlichen – Teil des Samoa-Archipels, wo sie im Hafen von Pago Pago seit längerem eine Station besaßen. So endete – im Dezember 1899 – ein Streit, der ein halbes Jahrhundert geschwelt hatte und nur durch die Drohung eines Krieges entschärft werden konnte.

Bis zum bitteren Ende

Samoa, über das der kaiserliche Schutz offiziell am 17. Februar 1900 erklärt wurde, war die letzte Kolonie, die das Deutsche Reich erwarb. Mit einer Fläche von 2572 Quadratkilometern war sie – nach Kiautschou – die kleinste der deutschen Kolonien, doch erbrachte sie immerhin so viel Gewinn, daß der Staat keine Zuwendungen aufbringen mußte. Sonst war nur noch Togo in dieser günstigen Lage.

Die Übernahme der Verwaltung erfolgte am 1. März. »Ganz Apia«, berichtet Riedel, der auch Zeuge dieses denkwürdigen Ereignisses wurde, »war am Morgen des 1. März festlich geschmückt. Überall wehten schwarz-weiß-rote Fahnen. Aus allen Teilen von Upolu, Savaii, Manono und Apolima waren blumengekränzte Samoaner gekommen. Man schätzte ihre Zahl auf fünftausend. Der Hafen wimmelte von Booten, und die Schiffe hatten über die Toppen geflaggt.

Der feierliche Akt selbst sollte auf dem Platz vor dem ›Königspalaste‹ in Mulinuu stattfinden, der dafür besonders hergerichtet war. Um neun Uhr rückte mit klingendem Spiel eine Matrosenabteilung an und nahm mit Front zum Flaggenmast Aufstellung. An der rechten Seite des Platzes stellten sich die Schulen und die Mitglieder des Munizipalrates auf. Vor dem Flaggenmast standen der Gouverneur und der Kommandant sowie die Ehrengäste – darunter auch in sehr würdiger Haltung der weißhaarige Mataafa und seine höchsten Häuptlinge. Neben ihnen fanden die Deutschen und die Angehörigen der anderen Nationen ihre Plätze. Dahinter drängten sich dann die Samoaner, für die dies ungewohnte Schauspiel natürlich eine ungeheure Anziehungskraft besaß.

Doktor Solf hatte sich mit Hilfe des Bordschneiders der ›Cormoran‹ eine Gouverneursuniform herstellen lassen, die zwar nur behelfsmäßig und nicht ganz vorschriftsmäßig, aber mit ihren Admiralsepauletten recht prunkvoll gewesen ist. Dazu trug er einen Tropenhelm, so daß er höchst kriegerisch aussah. In dieser großen Gala eröffnete er die Feier mit folgenden sehr sachlichen Worten: ›Ich erfülle die ehrenvolle Pflicht, Ihnen Kunde zu geben von dem Allerhöchsten Erlaß, durch welchen Seine Majestät der Kaiser im Namen des Reiches die Inseln Upolu, Savaii, Manono und Apolima als deutsches Schutzgebiet erklärt hat. Der Wortlaut des Allerhöchsten Erlasses ist folgender: Wir Wilhelm von Gottes Gnaden Deutscher Kaiser, König von Preußen usw. tun kund und fügen hiermit zu wissen: Nachdem die Vereinigten Staaten von Amerika und Großbritannien auf ihre Rechte und auf die westlich des 171. Längengrades gelegenen Inseln der Samoagruppe zugunsten Deutschlands verzichtet haben, nehmen wir hiermit im Namen des Reiches diese Inseln unter unseren kaiserlichen Schutz. Gegeben Jagdschloß Hubertusstock, den 17. Februar 1900.‹

Darauf übergab Vizekonsul Grunow den beiden Herren, die mit der Hissung der Flagge beauftragt waren, die Dienstflagge des Reiches, die bisher auf dem Generalkonsulat geweht hatte. Während ›Heil dir im Siegerkranz‹ erklang, die Ehrenwache

Flaggenhissung auf Samoa

präsentierte und der Kreuzer im Hafen Flaggensalut schoß, stieg die deutsche Flagge hoch.«

Die erste Amtshandlung Dr. Solfs, des Gouverneurs, bestand darin, Mataafa, der den weitaus größten Teil der Samoaner hinter sich hatte, zum Oberhäuptling zu erklären. Das Königtum war, wie gesagt, abgeschafft. An Mataafas Seite trat ein Rat, der sich aus Distriktsvorstehern und Vertretern der angesehenen – samoanischen – Familien zusammensetzte. Eine *direkte* deutsche Herrschaft war nicht vorgesehen; sie beschränkte sich nur auf die Zentralgewalt: den Samoanern beließ man das Recht auf Selbstverwaltung.

Die Kriege hörten nun zwar auf, doch gänzlich ohne Widerstand erfolgte auch in Samoa nicht die Eingliederung dieser Kolonie in das Deutsche Reich. Zwar folgte man willig dem Appell, die Waffen – die einst die Händler den Eingeborenen verkauft hatten – wieder abzuliefern, und man schluckte auch die Verordnung, die darauf folgte, fortan eine Kopfsteuer von vier Mark pro erwachsenem Mann zu zahlen, doch als 1904 die Preise für Kopra, das Hauptausfuhrprodukt, auf dem Weltmarkt fielen, regte sich doch ein erster Unmut über die Bevormundung und mehr noch über den Verlust durch den Zwischenhandel. Warum nicht die Produkte, die man anbaute und abliefern mußte, selbst verkaufen und dafür die Güter, die man benötigte, direkt erwerben? Eine Gesellschaft nach Art einer Konsumgenossenschaft zu gründen, das wäre die Lösung, doch behagte sie natürlich den Deutschen nicht: Dr. Solf ließ die Anstifter dieses zündenden Gedankens, der die koloniale Wirtschaft auf den Kopf zu stellen drohte, festnehmen und schickte sie in die Verbannung. Da zum Glück auch die Kopra-Preise sich wieder erholten, war der Fall damit erledigt.

Zu neuen Unruhen kam es erst 1909 wieder: Diesmal ging es um die Wiederherstellung des Königtums, die Lauati, ein Häuptling der Sawaii-Insel, forderte. Obwohl man die deutsche Oberhoheit nicht in Frage stellte, war doch die Einschränkung der Selbstbestimmung, die Solf aufgrund der Vorfälle 1904 vorgenommen hatte, auf den Widerstand breiter Bevölkerungsteile gestoßen, und was damals vermieden worden war, schien nun bevorzustehen: ein allgemeiner Aufstand. Um ihn abzuwenden, war der Einsatz der Marine notwendig, die vor den Inseln eine eindrucksvolle Machtdemonstration veranstaltete und – nachdem die Samoaner die Ausweglosigkeit ihres Unterfangens eingesehen hatten – den »Rädelsführer«, Lauati, und zehn seiner Anhänger deportierte. Danach kehrte Ruhe ein, die bis zum Ausbruch eines anderen, des großen Kriege, währte.

Häuptling Mataafa an Bord S. M. S. »Cormoran«

Mataafa, der sich als ein folgsamer Gewährsmann der Deutschen erwiesen hatte – vielleicht, weil er wußte, was ihn in der Verbannung erwartete –, starb 1912. »Er wurde auf kostbaren Matten aufgebahrt, und in endlosem Zuge erwiesen ihm die Samoaner die letzte Ehre.«

Das Abtreten des letzten der ursprünglichen Thronprätendenten war ein willkommener Anlaß, mit dem Spuk des samoanischen Königtums endgültig Schluß zu machen. Dr. Schultz-Ewerth, Solfs Nachfolger, entschied, daß auch die Würde eines Oberhäuptlings, die letztlich doch der eines Königs entsprach, nicht vererblich sei, und ernannte anstelle eines einheimischen Oberhauptes nur noch zwei Häuptlinge, die ihm beratend zur Seite standen. Damit hatten die Deutschen auch in Samoa die absolute Herrschaft errungen.

EXKURS: DER KAISER

»Für immer und ewig gibt es nur einen wirklichen Kaiser in der Welt, und das ist der Deutsche Kaiser, ohne Ansehen seiner Person und Seiner Eigenschaften, einzig durch das Recht einer tausendjährigen Tradition.«

Um diese Tradition, zu der er sich bekannte, wiederaufleben zu lassen, unternahm Wilhelm II. im Jahre 1898 eine Pilgerfahrt in den Orient. Das Ziel war Palästina, das Heilige Land, doch ließ er es sich nicht nehmen, auch in Konstantinopel, beim Sultan, vorzusprechen, denn bei aller christlichen Inbrunst übersah der Kaiser doch nie das Gebot der weltlichen Macht.

Wilhelm II. gilt als Inbegriff des deutschen Imperialismus: Was Bismarck nur zögernd und widerwillig duldete – wenn auch zu eigenem Nutzen –, das förderte der Kaiser – der ihn nicht zuletzt auch deshalb entließ – mit aller Kraft: dem Deutschen Reich zu Weltgeltung zu verhelfen, auf daß jeder aufhorchte und sich fragte: »Was sagt und was denkt der deutsche Kaiser?«

Er sagte viel und dachte wenig, denn er war von Jugend auf daran gewöhnt, vor sich und der Welt zu beweisen, daß er mehr war, als er schien. Seine Mutter, eine Tochter der englischen Queen, hatte ihren mißgestalteten Sohn stets nur mit Verachtung behandelt, und da auch ihr Mann, der spätere Kaiser, der nur 99 Tage regierte, unter ihrem Einfluß stand, hatte der Kronprinz allein in Bismarck eine Stütze gefunden, die ihm Kraft und Selbstvertrauen gab und den Stolz auf die preußische Tradition, die seine Mutter so sehr verachtete. Geduckt und ungeliebt mußte sich der junge Kaiser, der seinem unglücklichen Vater folgte, erst behaupten, und er tat dies, indem er in allem nach dem Höchsten strebte – und dabei auch mit seinem Mentor, Bismarck, in Konflikt geriet: Denn für zwei Herrscher, Kanzler und Kaiser, war kein Platz.

So dankte der Alte ab und verließ das Schiff, das nun – seines Steuermannes ledig – ziellos umherirrte, bis es kenterte und zu sinken begann. Doch der Kaiser, geblendet von dem Glanz, in dem er nun allein stand, sah die Klippen nicht, auf die er zutrieb. Er und die übrige Welt.

Denn das Weltmachtstreben des Kaisers, die Suche nach einem »Platz an der Sonne«, wie es sein Staatssekretär, Fürst von Bülow, formulierte, riß nicht nur Europa in den Strudel, sondern auch die übrige Welt: Afrika, Asien und die Südsee.

Der Nahe Osten spielte dabei nicht die geringste Rolle: Wilhelm II. maß dieser Region, die ein Relikt des Osmanischen

Reiches war, das immerhin noch vom Bosporus bis zum Persischen Golf reichte, eine Schlüsselstellung bei, bot doch die Türkei - und Arabien, das es umschloß - nicht nur ein bedeutendes Wirtschaftspotential, das Reich des Sultans war auch die Drehscheibe zwischen Ost und West. So war es nicht nur christlicher Glaubenseifer - wiewohl er sich auch die gebührende Weihe versprach -, der den Kaiser seine Pilgerfahrt unternehmen ließ: Er reiste auch im Dienste der Strategen und Händler, die ihm die Erfüllung seiner Träume verhießen.

Bereits im Jahre 1839 war Graf von Moltke, der spätere Sieger von Sedan, in den Dienst des Sultans getreten, und die Firma Krupp hatte 1873 mit der Hohen Pforte ein lukratives Geschäft abgeschlossen. Schließlich hatte Bismarck, 1878 - nach einem verlorenen Krieg gegen Rußland -, seine vermittelnden Dienste angeboten und den »kranken Mann am Bosporus« vor einer endgültigen Auflösung seines Reiches bewahrt. Den Deutschen war - im Gegensatz zu den Russen, aber auch den Engländern und Franzosen, die ihre kolonialen Besitzungen ausdehnen wollten - an einer Zerschlagung des Osmanischen Reiches, die ihre Rivalen nur gestärkt und ihren wirtschaftlichen Interessen geschadet hätte, nicht gelegen, und sie hatten deshalb eine günstige Ausgangsposition, als Wilhelm II. auf dem Plan erschien.

Vor allem der Gedanke einer Bahnverbindung vom Bosporus bis Bagdad hatte es ihm angetan, ihm wie auch Abdul Hamid, dem Sultan, der darin eine Sicherung seiner Herrschaft - gegen Aufstände im Innern - sah. Ein Teilstück dieser Strecke, die sogenannte Anatolische Bahn, befand sich bereits im Bau, und als der Kaiser nun auf der ersten Station seiner Reise mit dem Sultan zusammentraf, erhielt er die Zusage, daß die Deutschen, die den ersten Teil der Bagdad-Bahn erstellt hatten, auch den Rest übernehmen dürften. Ein Jahr später, 1899, erfolgte die offizielle Vergabe der Konzession, und 1903 wurde mit dem eigentlichen Projekt begonnen.

Von Konstantinopel reiste der Kaiser weiter nach Haifa, wo er mit seinem Gefolge - darunter der Kaiserin, von Bülow und einer stattlichen Anzahl Geistlicher - an Land ging. Nach beschwerlichem Ritt, wobei man nachts am Wege kampierte, erreichte der Zug am 29. Oktober Jerusalem. Es war das erste Mal seit den Kreuzzügen, daß ein christlicher Herrscher die Heilige Stadt betrat.

Hoch zu Roß saß der Kaiser, in einem weißen Mantel, auf dem Kopf ein Helm, von einem Adler gekrönt. Wie einst Kaiser Barbarossa war er ausgezogen, doch er hatte sein Ziel erreicht und ließ sich segnen, in der Erlöserkirche, deren Einweihung der offizielle Anlaß seiner Reise gewesen war.

Derart in seiner Macht, die nun göttlichen Ursprungs war, bestätigt, zog er weiter nach Damaskus und verkündete daselbst, am 8. November: »Möge der Sultan und mögen 300 Millionen Mohammedaner, die, auf der Erde verstreut lebend, in ihm ihren Kalifen verehren, dessen versichert sein, daß zu allen Zeiten der deutsche Kaiser ihr Freund sein wird.«

Kreuzritter war er denn doch nicht, Wilhelm II.: Er arrangierte sich mit den Ungläubigen und erhob gleichzeitig den Anspruch, von Gottes Gnaden Herrscher der Welt zu sein. Den Sultan, der seinerseits den Absolutheitsanspruch aufgegeben hatte, verdroß das nicht, und England und Rußland, gegen die die Spitze gerichtet war – denn ein Großteil jener Mohammedaner, denen der Kaiser seinen Schutz versprochen hatte, standen unter ihrer Hoheit –, waren einstweilen nicht in der Lage, dem Schachzug des Kaisers Pari zu bieten. Er hatte zwei Fliegen mit einer Klappe geschlagen.

Ein schweres Geschütz

Bei seiner Rückkehr wurde der Kaiser von Vertretern der Industrie und des Handels begeistert empfangen. Auch die Presse erging sich in Lobeshymnen: »Es sind Hoffnungn geweckt, große Hoffnungen«, schrieb die »Deutsche Zeitung«, und die »Welt am Montag« verkündete: »Nur die Türkei kann das Indien Deutschlands werden.«

Impliziert in der Prophezeiung ist die Kritik, »daß unsere Sandbüchsen in Afrika verzweifelt wenig Wert haben«. So die »Welt« im gleichen Artikel, datiert vom 21. 11. 1898.

Die »Welt (am Montag)« war kein Gegner der Kolonialpolitik, verkündete sie doch des weiteren: »Der Sultan muß unser Freund bleiben, natürlich mit dem Hintergedanken, daß wir ihn ›zum Fressen gern‹ haben.« Und weiter: »Die Türkei bietet unendliche Absatzgebiete für deutsche Industrie und deutsches Kapital, aber auch für landwirtschaftliche Ansiedler. Das Osmanische Volk stellt die besten Untertanen, die sich ein Staat wünschen kann.«

Anders die Kolonien, die man schon besaß: Sie erfüllten *nicht* die Hoffnungen, die man in sie gesetzt hatte. Nicht nur hatten sie nicht den »Überschuß« des deutschen Volkes aufgenommen – 1904 lebten in einem Gebiet, das fünfmal so groß wie das Deutsche Reich war, nur 5495 Deutsche –, sie erwiesen sich auch wirtschaftlich als unrentabel: Der Anteil der Kolonien am deutschen Außenhandel machte nie mehr als 0,5 Prozent aus, und von den Auslandsanlagen des Reiches entfielen auf die Kolonien 1914 nur 3,8 Prozent. Weit davon entfernt, das goldene Kalb, als das man sie anbetete, zu sein, erwiesen sich die deutschen Kolonien als Zusatzgeschäft: Die Summe, die sie dem Reich schuldeten, erreichte schließlich 200 Millionen Mark.

Es war also verständlich, daß die Kritik, die bereits am Anfang die – erste – Samoa-Vorlage zu Fall gebracht hatte, nicht verstummte: »Und wird etwa durch die Kolonialpolitik etwas ... erreicht?« fragte Wilhelm Liebknecht, ein Wortführer der Sozialdemokraten, am 4. März 1885 im Reichstag. »Nein, meine Herren. Sie [die Kolonialenthusiasten] exportieren einfach die soziale Frage. Sie zaubern vor die Augen des Volkes eine Art Fata Morgana auf dem Sande und auf den Sümpfen Afrikas. Aber glauben Sie denn, daß damit wesentlich etwas genützt wird?« Er verwies auf das Beispiel Englands, das klassische Land des Kolonialismus: »Sehen Sie, daß in England keine Überproduktion besteht? Sie haben dort die Überproduktion genau so wie in Deutschland und noch schlimmer; Sie haben auch die Überbevölkerung genau so wie in Deutschland. Und warum? Weil die sozialen und ökonomischen Zustände, durch welche bei uns Überproduktion und Überbevölkerung erzeugt werden, auch in England, und zwar in noch höherem Maße vorhanden sind. Das Beispiel England sollte Ihnen zur Lehre dienen, daß durch Kolonialpolitik die soziale Frage nicht gelöst, der Überproduktion und allen sonstigen Übeln, die Sie mit Ihrer Kolonialpolitik beseitigen wollen, nicht abgeholfen werden kann. Einzelne Individuen werden durch die Kolonialpolitik bereichert, aber auf Kosten des Volkes.«

Prophetische Worte, die sich bewahrheiten sollten: »Ist es nicht ein Hohn auf die ganze seitherige Kolonialpolitik«, verkündete Matthias Erzberger von der Zentrumspartei, anläßlich des Herero-Aufstandes im Reichstag, »wenn man folgende Tatsachen feststellen muß? Die Deutsche Kolonialgesellschaft für Südwestafrika hat in zwanzigjähriger Friedenstätigkeit nie einen Pfennig Dividende verteilen können; sie kann aber im Jahre 1905, wo ein Krieg herrscht, sofort 20% Dividende ausschütten! Die Deutsche Südwestafrika-Gesellschaft zeichnet ihre Kollis [Frachtstücke] mit SWG; in Südwestafrika machte man nun den guten Witz – ich war nie dort, aber so etwas erfährt man auch in Berlin –, das bedeute: ›Sandwuchergesellschaft‹. Wer bezahlt denn diese 20% Dividende? Zu 90% das Deutsche Reich selbst. Die Herren rühmen sich ihres Patriotismus. Worin bestand dieser Patriotismus? Daß sie die Notlage des Reiches in unerhörter Weise ausgenützt haben! Woermann hat es in seiner Verteidigungsschrift selbst mitgeteilt. Diese Gesellschaft und ihre Filiale Scholz hatten das Recht des Landungsmonopols in Lüderitzbucht. Sie war unfähig, dieses Recht auszuführen, sie ist ihren Verpflichtungen nicht nachgekommen. Anstatt daß man nun gesagt hätte: wenn ihr mit der Erfüllung eurer Pflichten im Verzug bleibt, ist der Vertrag einfach gebrochen, hat man sich darauf eingelassen, dieser Firma für jede Tonne entladenen Materials eine Gebühr von einer Mark zu zahlen, und zwar bis 1. Februar 1906. Wenn wir in Lüderitzbucht wenig verfrachtet haben, so waren es sicher 200 000 Tonnen; das macht dann ein Geschenk von 200 000 Mark für eine solche unfähige Gesellschaft zu Lasten des Reiches.«

Und Woermann, der mit an dem Krieg verdiente? Er hatte seine Dampferflotte nach Südwest ausgedehnt und verlangte Transportkosten, die 50mal über dem Normaltarif lagen: »So zahlen wir z. B. für die Fracht von Kapstadt nach Lüderitzbucht, zwei Tage Fahrtdauer, pro Tonne 31,50 Mark«, fährt Erzberger in seinen Erläuterungen fort und stellt dem gegenüber: »Von Hamburg nach Wladiwostock bei einer Fahrtdauer von 55 bis 60 Tagen werden pro Tonne 23,50 Mark im Schiffsverkehr gezahlt ... und von Hamburg nach Valparaiso, 50

General von Schlieffen schreitet Front der Truppen ab, die zur Niederschlagung des Aufstandes nach Südwest geschickt werden, 1905

Tage Fahrtdauer, zahlt man pro Tonne 22 Mark. Also für eine Fracht von zwei Tagen 31,50 Mark, wo sonst im gewöhnlichen Schiffsverkehr rund 20 Mark und etwas darüber bei einer Fahrtdauer von 50 bis 60 Tagen gezahlt werden. Da kann mir niemand weismachen, daß hier das Reichsinteresse genügend gewahrt sei.«

Doch das war noch nicht alles: »Der einzelne Soldat in Südwest (14 500 Mann) kommt uns derzeit auf 10 000 Mark im Jahr zu stehen«, rechnete Erzberger weiter aus. »Wer steht denen nun gegenüber? 300 Hottentotten stehen [nach der Niederwerfung des Herero-Aufstandes] noch im Felde; um sie zu bekämpfen, müssen wir im Jahre 90–100 Millionen Mark ausgeben, mit anderen Worten: jeder fechtende Hottentotte verursacht dem Reiche im Jahre 300 000 Mark Ausgaben! Wie lange aber soll dies fortdauern? Der Krieg soll in ›absehbarer Zeit‹ zu Ende sein; aber dann müßten noch, so teilten die Kommisare in der Budgetkommission mit, auf ›längere Zeit‹ mindestens 5000 Mann Schutztruppen dort sein, für welche Kasernen zu bauen seien. Das kostet allein 50 Mill. Mark! Für diese Kolonie allein.«

Ja – wie wir gesehen haben – fiel keine Kolonie dem Deutschen Reich wie ein reifer Apfel in den Schoß: Sie mußten gepflückt werden, mit äußerster Anstrengung, und waren eine bittere Frucht. Dennoch, sie *wurden* gepflückt. Was gab dem Reich die Ausdauer?

Deutsche in der Heimat und in der Fremde! Indem wir Euch einladen, an diesen Arbeiten teilzunehmen, sind wir durchdrungen von der Überzeugung, daß unser Volk, indem es die Erhaltung und Ausbreitung deutschen Geistes auf der Erde betreibt, damit am wirksamsten auch den Bau der Weltgesittung fördert. Denn unsere deutsche Kultur bedeutet den idealen Kern menschlicher Denkarbeit, und jeder Schritt, welcher für das Deutschtum errungen wird, gehört demnach der Menschheit als solcher und der Zukunft unseres Geschlechts.

So hieß es in einem Aufruf, den der »Allgemeine Deutsche Verband« bei seiner Gründung 1891 an das deutsche Volk richtete. Es war dies ein Zusammenschluß patriotischer und kolonialer Kreise, die sich folgendes Ziel setzten:

1. Belebung des vaterländischen Bewußtseins in der Heimat und Bekämpfung aller der nationalen Entwicklung entgegengesetzten Richtungen.

2. Pflege und Unterstützung deutsch-nationaler Bestrebungen in allen Ländern, wo Angehörige unseres Volkes um die Behauptung ihrer Eigenart zu kämpfen haben, und Zusammenfassung aller deutschen Elemente auf der Erde für diese Ziele.

3. Förderung einer tatkräftigen deutschen Interessenpolitik in Europa und über See, insbesondere auch Fortführung der deutschen Kolonialbewegung zu praktischen Ergebnissen.

Ausgangspunkt war der Helgoland-Sansibar-Vertrag, den die Kolonialenthusiasten als Ausverkauf deutscher Interessen hingestellt hatten: »Eine Hose gegen einen Hosenknopf« eingetauscht zu haben, warfen sie Caprivi vor, der – trotz des Zipfels, den er erwarb – eine Ausdehnung in Übersee nicht für erstrebenswert hielt.

Gegen solche und alle übrigen Meinungen, die angeblich der Entfaltung des Deutschen Reiches schadeten, machte der Allgemeine Deutsche Verband Stimmung. Er blies damit in das gleiche Horn wie die selige Kolonialgesellschaft, die das erste größere Sprachrohr der Kolonialenthusiasten gewesen war. Und wie auch diesen der Kolonialpionier Peters den nötigen Auftrieb gegeben hatte, so trat er mit seinen Mannen auch dem neuen Vehikel, das das alte freilich nicht ersetzte, nur erweiterte, bei, welches Ereignis gebührend gewürdigt wurde, indem man – wie den alten – auch den neuen Verein in »Alldeutscher Verband« umbenannte. Als solcher trat er nun seinen Siegeszug an und wurde erst, 1938, aufgelöst, als die Nationalsozialisten ihn ihrerseits überholt hatten.

Der Alldeutsche Verband war die treibende Kraft: Er sorgte mit einer Flut von Pamphleten und Büchern dafür, daß die koloniale Begeisterung nicht versiegte, ja, indem er zum Kolonialismus, der sich als trügerisch erwies, auch den Imperialismus – das Streben nach Weltherrschaft – auf seine Fahnen schrieb, gab er der Kolonialbewegung neuen Auftrieb, so daß die Kolonien nicht abgestoßen, sondern erweitert wurden und man schließlich auch an die Eroberung der restlichen Welt dachte. In Wilhelm II. fanden die »Alldeutschen« ihren glühendsten Verfechter, und daß er der Kaiser war, bewirkte, daß man ihnen nicht nur im eigenen Lande, sondern auch im Ausland Beachtung schenkte. Die Folge war, daß ein unheilvoller Prozeß in Gang geriet: die Überschätzung der eigenen Kräfte und die Furcht – der anderen –, daß sie dennoch die Welt in ein Chaos stürzen könnten.

Gegen die vereinten Kräfte der Nationalchauvinisten und Kolonialenthusiasten vermochten die wenigen, die das Blendwerk durchschauten, nichts auszurichten. Doch sie gaben nicht auf, auch wenn ihre Front – indem der rechte Flügel der Sozialdemokraten sich zum Revisionismus bekannte – zerbrach, und am Ende errangen sie doch noch einen Sieg: Carl Peters wurde der Prozeß gemacht, und in Schimpf und Schande wurde er entlassen.

Wir entsinnen uns, Peters hatte sich auf seinen Eroberungszügen wie ein Konquistador aufgeführt, und dieses Verhalten fand Dr. Kayser, der Leiter der Kolonialabteilung im Auswärtigen Amt, der die Verwaltung der Kolonien unterstellt war, auch ganz in Ordnung: »Wenn man eine ganze Reihe von Jahren«, erklärte er, als der »Fall Peters« im Reichstag zur Sprache kam, »amtlich und außeramtlich mit den bekannteren Afrikanern verkehrt, dann findet man es erklärlich, wie in früheren Jahrhunderten die ersten Entdecker wie Christoph Kolumbus, Amerigo Vespucci, und wie sie alle hießen, allmälig in einen gewissen Gegensatz zu ihren Landsleuten und auch zu ihrer Regierung gekommen sind. Denn diese Männer, die jahrelang in der Wildnis lebten, die durch eine lange Reihe von Tagen und Monaten den größten Gefahren ausgesetzt waren, die für ihr eigenes Leben und für das Leben ihrer Angehörigen zu sorgen hatten, sie fassen häufig das als Heldenthaten und als Maßnahmen gerechter Notwehr auf, was diejenigen Leute, die zu Hause sitzen und berufen oder nicht berufen sind, diese Dinge zu kritisieren, als Grausamkeiten oder Akte ungerechtfertigter Härte hinstellen. Meine Herren, heute sind wir noch nicht in der Lage, obwohl wir auf dem ganz objektiven und unparteiischen Standpunkt der Geschichte stehen, zu sagen, ob in jenen Zeiten die Auffassung des Amerigo Vespucci und des Cortez oder die der anderen eine gerechte gewesen ist. Und ich meine, bei einer gerechten Beurteilung dieser Dinge sollten wir uns vor allem hüten, daß wir die Verhältnisse nicht von dem grünen Tisch der Wilhelmstraße Nr. 76, noch viel weniger von dem helleren Tisch dieses hohen Hauses beurteilen, sondern daß, wenn wir streng rechtlich verfahren wollen, wir uns in jene Verhältnisse versetzen müssen, unter deren Zwang und unter deren Not solche Dinge vorgekommen sind.«

Er redete wie die Katze um den heißen Brei, der Kolonialdirektor, und aus gutem Grund: Er kannte den Sachverhalt zur Genüge, und der war so brisant, daß er auch um seinen eigenen

Kopf fürchten mußte. Hatte er doch, als Peters von seiner gescheiterten Emin-Pascha-Expedition zurückkehrte, ihn zum Reichskommissar für das Kilimandscharo-Gebiet ernannt und ihm dann, obwohl inzwischen schwere Vorwürfe gegen Peters erhoben worden waren, einen noch lukrativeren Posten am Tanganjika-See angeboten. Diesmal hatte er freilich seinen Schützling nur noch abschieben wollen, denn es war zu befürchten, wenn er in der Heimat bliebe, daß die Sache doch noch hochkommen würde. Vorsorglich hatte man sie zu einem Staatsgeheimnis erklärt, was bedeutete, daß der »Fall« jeglicher Untersuchung entzogen war. Auch versäumte man nicht, nachdem die Sache eine Weile geruht hatte, jenen Rudolf Hofmeister, den wir – im Zusammenhang mit der Behandlung der Eingeborenen – bereits an anderer Stelle erwähnten und der – wegen seiner humanen Gesinnung – aus dem Heer entlassen worden war, unter Polizeiaufsicht zu stellen, als er – 1895 – die Sache erneut zur Sprache brachte. Doch damit war der Stein endlich ins Rollen gekommen, und da Peters das Angebot des Kolonialdirektors ablehnte – er erstrebte nichts Geringeres als den Gouverneursposten von Ostafrika –, war der Skandal nicht mehr aufzuhalten.

Was Dr. Kayser in seiner Rede vor dem Reichstag noch zu verharmlosen versucht hatte, wurde nun in der Erwiderung August Bebels, des Führers der Sozialdemokraten, endgültig an den Tag gebracht: »Ende 1891«, wußte er aus verläßlicher Quelle zu berichten, »befand sich Dr. Peters auf einer Expedition nach dem Kilima-Ndscharo. Er ließ sich dort für einige Zeit nieder, und das erste, was er neben der Errichtung seiner eigenen Hütte tat, war die Errichtung eines Galgens, um gewissermaßen seine Herrscherstellung in jener Gegend zu dokumentieren. Nun hatte Dr. Peters zu jener Zeit, wie das bei den Zivilisatoren drüben in Afrika mit Ausnahme der Missionare, wie ich wieder hervorhebe, fast ausnahmslos die Regel ist, eine Eingeborene als Beischläferin erworben. Wie er sie erworben hat, lasse ich dahingestellt. Diese Beischläferin war ein sehr schönes Dschaggamädchen, namens Gidschagga, die Schwester des Häuptlings Manamia in Mamba. Gidschagga mochte von den erzwungenen Zärtlichkeiten des Dr. Peters nicht sehr befriedigt sein und knüpfte daher ein intimes Verhältnis an mit einem seiner Diener mit Namen Mabrucki. Das erfuhr Dr. Peters, und jetzt gab er sofort den Befehl, das junge Mädchen und den jungen Mann an den Galgen zu hängen, weil das junge Mädchen ihm gegenüber einen Vertrauensbruch begangen habe. Der Offizier der betreffenden Expedition, der Leutnant Bronsart von Schellendorff, der noch jetzt in Ostafrika ist, wurde beauftragt, die Exekution an den beiden jungen Leuten zu vollziehen. Er weigerte sich dessen, er sagte sich wohl: es handelt sich um einen Mord, darauf lasse ich mich nicht ein, das verträgt sich mit meiner Offiziersehre, mit meiner Ehre als Mensch nicht, ich gebe mich nicht dazu her, – er weigerte sich also. Darauf wurde der Lazarettgehülfe kommandiert, und obgleich die beiden jungen Leute kniefällig um ihr Leben bitten, – es hilft nichts, sie werden aufgehängt.«

Daß die Hinrichtungen stattfanden, daran besteht kein Zweifel: Dr. Kayser mußte dies schließlich selbst eingestehen. Nur über die Gründe war man unterschiedlicher Meinung. Die Regierung vertrat die Auffassung – und berief sich dabei auf eigene Untersuchungen, die sich mit den Aussagen Peters' deckten –, daß der Reichskommissar kraft seines Amtes als Ordnungshüter gehandelt habe: Mabrucki, der Diener, sei in Wirklichkeit ein Dieb und Gidschagga, die Geliebte, eine Spionin gewesen. Dem hielt Bebel einen Brief entgegen, den Peters angeblich selbst geschrieben hatte: »Kurze Zeit darauf«, berichtete er weiter, »wollte Dr. Peters einen Besuch bei der englischen Mission in Moschi machen. Darauf schreibt ihm der Bischof Tucker als Leiter der dortigen Mission, mit einem Mörder wolle er nichts zu tun haben. Der Bischof lehnte also den Verkehr mit Dr. Peters ab, indem er ihn des Mordes bezichtigte. Dr. Peters ist natürlich diese Sache sehr unangenehm und schreibt darauf an den Bischof Tucker einen Brief folgenden Inhalts, daß er mit dem aufgehängten Mädchen gewissermaßen nach afrikanischem Gebrauch verheiratet gewesen sei und daß ihm nach afrikanischem Recht zustand, die Ehebrecherin mit dem Tode zu bestrafen.«

Die Ironie, die in diesem Eingeständnis liegt, blieb Bebel natürlich nicht verborgen: »Meine Herren«, fuhr er in seiner Rede fort, »das Wunderbare an diesem Briefe ist, daß ein Vertreter der deutschen Kultur und deutscher Zivilisation in Afrika auf einmal afrikanische Rechte für sich in Anspruch nimmt, sich auf den Boden der Barbaren stellt und sagt: ich bin ja hier euresgleichen, ich handle so wie ihr handelt; jetzt verlange ich dasselbe Recht zu haben wie ihr; das Mädchen hat mir gegenüber, da ich eigentlich ihr Mann war, die Ehe gebrochen, und da habe ich das Recht, den Übeltäter an den nächsten Baum zu hängen, wie ich es getan habe.«

Peters hatte – wenn dieser Brief tatsächlich geschrieben wurde – sein eigenes Werk *ad absurdum* geführt: War er nicht hinausgezogen, um ein Reich für die *christliche Zivilisation*, die höhere Kultur der Weißen, zu erobern? Die Farce und Fadenscheinigkeit seines Unterfangens konnte – bei ihm und seinesgleichen – nicht deutlicher zum Vorschein kommen!

Und letztlich ist es belanglos, ob er die Negerin und ihren Geliebten aus Eifersucht oder »um Ruhe und Ordnung zu schaffen« erhängen ließ: Es blieb Mord, was er an den Afrikanern beging, denn sie hatten sich in keinem Fall eines Kapitalverbrechens schuldig gemacht.

Peters mit Frau in späteren Jahren

So lautete denn auch das Urteil, das man bereits am ersten Tag der Verhandlung im Reichstag, am 13. März 1896, fällte: »Und ich bin weiter der Meinung«, erklärte Dr. Lieber, der Führer der Zentrumspartei, »der Herr Direktor hat dem Dr. Peters einen schlechten Dienst erwiesen, wenn er, um ihn zunächst im allgemeinen zu verteidigen, ihn mit einem Amerigo Vespucci, einem Fernando Cortez und – es fehlte ja nur noch der edle Dritte im saubern Bunde – mit Francisco Pizarro verglich. Der Herr Ministerialdirektor irrt meiner Auffassung nach vollständig, wenn er annimmt, man dürfe solche Eroberer bis dahin unzivilisierter Erdteile nicht nach unserem Maßstab beurteilen, sondern man müsse an sie anlegen den Maßstab der Verhältnisse, in die sie durch ihre Eroberungszüge geraten. Ich bin der ganz entschiedenen Meinung, das Urteil der Mitwelt, vor allen Dingen aber auch das Urteil der Nachwelt, der Geschichte, wird diese Männer nach den ewig unerschütterlichen und unverrückbaren Grundsätzen des Rechts und der Sittlichkeit zu richten haben und sich durch nichts beirren lassen, sie *nur* nach diesen Grundsätzen zu beurteilen. Und ich hatte bis hierher geglaubt, die deutsche Kolonialverwaltung am Ende des neunzehnten Jahrhunderts steht auf einer anderen Stufe, als daß sie heute noch einen Cortez, Pizarro, Almagro und andere ›Helden‹ früherer Jahrhunderte von gleichem Wert entschuldigen möchte. Nein, meine Herren, *darum* haben wir – meine politischen Freunde und ich wenigstens; ich nehme aber an: auch andere Parteien – *darum* haben wir in der That uns für die Kolonialpolitik nicht interessiert, um am Ende des neunzehnten Jahrhunderts *deutsche Cortez und deutsche Pizarros* zu züchten!«

Nicht nur Peters, auch Dr. Kayser mußte gehen! Es war wahrlich ein Triumph, den die Kritiker der Kolonialpolitik errangen.

Der Panthersprung

Peters wurde am 24. April 1897 von der Kaiserlichen Disziplinarkammer »wiederholten Dienstvergehens« für schuldig befunden und zum Verlust seines Titels und seiner Stellung verurteilt. Das Urteil wurde – auf eine Berufung der Staatsanwaltschaft hin – am 15. November bestätigt, und Peters verließ das Land. Er siedelte nach England über und widmete sich hier seinem alten Traum, das legendäre Ophir zu suchen. Er fand es schließlich, das Goldland, in Rhodesien, wo die Ruinen von Simbabwe noch heute von dem einstigen Reichtum des Landes zeugen.

Expeditionen in dieses Gebiet unternahm er mehrfach, bis er schließlich wieder nach Deutschland zurückkehrte: 1907 wurde die Aberkennung seines Titels aufgehoben, und 1914 setzte ihm der Kaiser - in Anerkennung seiner Verdienste um die Gründung der Kolonie Ostafrika - eine jährliche Pension aus, die er bis zu seinem Tode, 1918, bezog.

Er wurde also rehabilitiert, der »große« Kolonialpionier, auch wenn er - just in dem Moment, wo er seine letzte Ehrung erfuhr - mitansehen mußte, wie sein Werk endgültig zugrunde ging.

Der Kaiser, der in Peters all das verkörpert sehen mußte, was ihm selbst versagt blieb, beschleunigte das Ende, indem er nicht nur im Orient, sondern auch in Nordafrika seine Rivalen forderte: Hier war es nicht England - und Rußland -, sondern Frankreich, das seinen Einfluß auf Marokko ausdehnen wollte. Aufstände gegen den Herrscher nutzend, zwang Frankreich diesem, Sultan Abd al-Aziz, 1902 erste Zugeständnisse ab, die praktisch auf ein Protektorat über das Grenzgebiet zu Algerien hinausliefen. Damit jedoch noch nicht zufrieden, forderte Frankreich drei Jahre später auch die Kontrolle über den Rest des Landes. Der Sultan - in seiner Ohnmacht - hätte nachgeben müssen, wenn dies nicht die Deutschen auf den Plan gerufen hätte.

Sie beriefen sich auf einen Vertrag aus dem Jahre 1880, der die Neutralität Marokkos festgelegt hatte. Doch die eigentliche Garantiemacht, Großbritannien, das der größte Handelspartner Marokkos war, stimmte in den Protest nicht ein, denn es war im Jahr zuvor - 1904 - zu einem geheimen Abkommen - der sogenannten Entente Cordiale - zwischen England und Frankreich gekommen, das letzterem freie Hand in Nordafrika ließ. Es war dies ein Ausgleich, den die Engländer den Franzosen zugestanden, weil diese auf den Sudan, wo sie - in einem Wettlauf um die Quellen des Nil - plötzlich in Faschoda aufgetaucht waren, verzichtet hatten. Die Franzosen gedachten nun - ähnlich wie die Engländer mit ihrem Plan, eine Verbindung zwischen dem Kap und Kairo herzustellen -, ein Kolonialreich in Afrika zu gründen, das vom Mittelmeer bis zum Kongo reichte. Marokko, das als das reichste der noch nicht »vergebenen« Länder galt, war der krönende Abschluß.

Die Deutschen, die befürchteten, bei dieser Aufteilung zu kurz zu kommen, erhoben Einspruch: Nicht daß sie ihrerseits Ambitionen auf Marokko hatten, doch waren ihre - wirtschaftlichen - Interessen an diesem Lande, das reiche Bodenschätze versprach, hinreichend genug, daß man sich entschloß, ein Exempel zu statuieren: Der Kaiser, der sich auf eine seiner regelmäßigen Mittelmeerreisen vorbereitete, ließ sich überreden, in Tanger Station zu machen. Die Idee, so sehr sie ihm, der große Gesten liebte, auch auf den Leib geschrieben war, stammte nicht von ihm: Holstein, die »Graue Eminenz«, ein enger Berater des zum Reichskanzler avancierten von Bülow, riet zu einem Präventivschlag gegen die Franzosen, um dadurch die Entente, die als eine Bedrohung Deutschlands angesehen wurde, zu sprengen. Eine Machtdemonstration der Deutschen in Marokko würde die Schwäche der anglo-französischen Allianz offenbaren und einen Keil zwischen die beiden Verbündeten treiben. Auch würde dies, da die Franzosen allein gegen das Vordringen der Deutschen nichts ausrichten konnten, zu einer Regierungskrise in Frankreich führen. Und schließlich, wo war sie, die vielgepriesene Freundschaft, die der Kaiser den Mohammedanern in Damaskus verkündet hatte?

Wilhelm II., sosehr er sich auch dagegen wehrte – er war zu der Überzeugung gekommen, daß die Expansion der Franzosen in Übersee sie von dem Verlust der linksrheinischen Gebiete, die ein Preis für den Frieden von Sedan gewesen waren, abbringen würde –, gab schließlich nach und wagte sich in das Wespennest Tanger. Denn auch das hatte ihn von einer Wiederholung seines Kreuzzuges in den Orient abgehalten: »Der Besuch«, so schreibt er in seinen Erinnerungen, »fand unter großen Schwierigkeiten auf der Reede von Tanger statt – nicht ohne freundliche Beteiligung von italienischen und südfranzösischen Anarchisten, Gaunern und Abenteurern.« Die »Hamburg«, ein Dampfer der HAPAG, der für die Reise des Kaisers gechartert worden war, sprengte die Proportionen des Hafens von Tanger, und so mußte der Kaiser bei hohem Wellengang in einer Barkasse an Land setzen. Aber auch hier war die Gefahr noch nicht vorüber: »Ich bin Ihnen zuliebe«, erklärte er später Bülow, »weil es das Vaterland erheischte, gelandet, auf ein fremdes Pferd trotz meiner durch den verkrüppelten linken Arm behinderten Reitfähigkeit gestiegen, und das Pferd hätte mich um ein Haar ums Leben gebracht.« Es war ein arabisches Vollblutpferd, das man dem hohen Gast zur Verfügung stellte, doch er bezwang es – und überlebte auch die Schüsse, die aus der Menge, die seinen Weg säumte, wie ein Feuerwerk erklangen. Ob aus Jubel oder Protest, jedenfalls hatte der Sultan ein Spalier aus Soldaten bilden lassen, und an der Seite des Kaisers schritt ein Mann, in dunklem Mantel und mit Melone, der die Hände in den Taschen hielt und die Augen überall hatte. Den Bewohnern von Tanger war er als Gastwirt bekannt, doch in

Wahrheit war er ein britischer Agent: Deutlicher konnte den Franzosen nicht bewiesen werden, daß ihr Bündnis mit den Engländern einstweilen noch auf tönernen Füßen stand.

Nach zwei Stunden, nachdem der Kaiser dem Sultan, dem Vertreter Frankreichs und dem deutschen Geschäftsträger die Zusicherung gegeben hatte, daß Marokko ein freies Land bleibe, zog er sich auf sein Schiff zurück, und die Machtdemonstration, die in Wirklichkeit eher eine Komödie war, wiewohl sie ihre Wirkung nicht verfehlte, war zu Ende. Anders sechs Jahre später, 1911, als es zur zweiten Marokko-Krise kam: Diesmal setzte das Reich seine Flotte in Bewegung, und es kam zum berüchtigten »Panthersprung«.

Der »Panther« war ein deutsches Kanonenboot, das am 1. Juli 1911 in Agadir, einem marokkanischen Hafen an der Atlantik-Küste, aufkreuzte. Drei Tage später traf der Kreuzer »Berlin« ein, und damit hatten die Deutschen ein Faustpfand, um ihren Forderungen Nachdruck zu verleihen. Denn die sogenannte Algeciras-Akte, die, indem sie die Politik der offenen Tür auch für Marokko bekräftigte, die erste Krise beigelegt hatte, war von den Franzosen verletzt worden, als sie dem Aufruf Mulai Hafiz', des Nachfolgers Abd al-Aziz', folgten und Truppen in Marokko landeten, um einen Aufstand der Berber niederzuschlagen. Die Deutschen verlangten nun eine endgültige Regelung, doch lehnten sie es noch immer ab, sich selbst in Marokko festzusetzen, obwohl sie auch diesmal – von den Aufständischen – um Schutz gebeten wurden. Statt dessen schlugen sie in einem Abkommen mit Frankreich eine Erweiterung ihrer Besitzungen in Kamerun heraus, das – zum Kongo hin – um mehr als die Hälfte vergrößert wurde. Damit war der Streit um Marokko, das nun – 1912 – offiziell französisches Protektorat wurde, beigelegt. Die Franzosen hatten ihr Ziel erreicht, und die Deutschen richteten nun ihren Blick auf »Mittelafrika«, wo sie nun ihrerseits – auf der Achse Kamerun–Ostafrika – ein zusammenhängendes Kolonialreich gründen wollten. Doch die Wellen, die das schneidige Auftreten in Marokko aufgeworfen hatte, ließen diesen Traum nicht mehr Wirklichkeit werden.

DRITTER TEIL

AUF DER HÖHE DES RUHMES

X. IM NAMEN DES FORTSCHRITTS

Zwischen zwei Stühlen

»Meine Herren: Wie hat man früher kolonisiert? Es kam der Händler, es kam die Adventurers Company und sie verkauften dem Eingeborenen, was er am liebsten haben wollte, den Schnaps, das ›Feuerwasser‹, die Feuerwaffen. Man hat damit den Grund zur Zerstörung großer Massen gelegt. Es ist ja zweifellos, daß manche Eingeborenenstämme geradeso wie manche Tiere in der Zivilisation untergehen müssen, wenn sie nicht degenerieren und Staatspensionäre werden. In unseren deutschen Kolonien sind wir erfreulicherweise mit diesen Elementen nicht zu stark belastet. Aber die Geschichte der Kolonisation der Vereinigten Staaten, doch des größten Kolonisationsunternehmens, das die Welt jemals gesehen hat, hatte als ersten Akt, die nahezu vollständige Vernichtung der Ureinwohner. Demgegenüber ist es eine Freude, zu konstatieren, daß mit dem kulturellen Fortschritt in der Welt auch die Kolonisationsmethoden eine große Wandlung haben durchmachen können. *Hat man früher mit Zerstörungsmitteln kolonisiert, so kann man heute mit Erhaltungsmitteln kolonisieren, und dazu gehören ebenso der Missionar, wie der Arzt, die Eisenbahn, wie die Maschine, also die fortgeschrittene theoretische und angewandte Wissenschaft auf allen Gebieten.*«

Was Geheimrat Dernburg, seit kurzem Leiter der Kolonialabteilung im Auswärtigen Amt, auf einer Versammlung von Gelehrten und Künstlern am 8. Januar 1907 verkündete, war mehr eine Absichtserklärung denn eine Erfolgsmeldung: Man hatte zwar nicht die Eingeborenen ausgerottet – mit Ausnahme derer, die bei den Aufständen in Ostafrika und Südwest vernichtet worden waren –, aber eine dem Fortschritt der Zivilisation angemessene Kolonialpolitik hatten auch die Deutschen bislang noch nicht betrieben. Zumindest war sie – vor lauter Kämpfen und Verhandlungen am grünen Tisch – noch nicht zum Zuge gekommen. Das sollte nun anders werden, wiewohl für die Erfüllung von Dernburgs Versprechen nicht mehr viel Zeit blieb.

Die formelle Besitzerklärung der Kolonien war recht schnell vonstatten gegangen. Doch diesen »Besitz« auch tatsächlich zu okkupieren, Verträge, die häufig nicht einmal auf dem Papier bestanden, in die Tat umzusetzen, das hatte 20 Jahre gedauert. Bis zum Ende, das sich bereits am Horizont abzeichnete, blieben noch sieben Jahre. Im Falle Neukameruns, jenes Teils der deutschen Kolonie, den man im Ausgleich für Marokko erworben hatte, waren es gar nur noch drei Jahre. Das reichte kaum, um auch hier noch die Grenzen festzulegen.

Wofür andere - namentlich die Engländer, aber auch einst die Spanier - Jahrhunderte zur Verfügung hatten, die eroberten Länder zu erschließen, wirtschaftlich zu nutzen und schließlich auch eine kulturelle Aufbauarbeit zu leisten, dafür blieb den Deutschen nur eine kurze Zeitspanne, die nicht ausreichte, nicht ausreichen konnte, das Werk, das sie begonnen hatten, zu vollenden. Nicht nur war die Zeit zu kurz, auch das Reich - in Übersee -, das sie erworben hatten, war zu groß - und zu weit verstreut -, als daß man es noch recht in den Griff hätte bekommen können. Immerhin waren die Deutschen - so spät sie auch gekommen waren - die drittgrößte Kolonialmacht: Nur England und Frankreich übertrafen sie. Allein in Afrika, worauf sich freilich der Kern des deutschen Kolonialreiches konzentrierte, umfaßten die vier Kolonien - Ostafrika, Südwest, Kamerun und Togo - eine Fläche, die fünfmal so groß war wie das »Mutterland«. Hinzu kamen - allerdings kleinere - Besitzungen in Ostasien und der Südsee, die - wenn auch zu drei Kolonien zusammengefaßt: Kiautschou, Neuguinea und Samoa - nicht nur am anderen Ende der Welt lagen, sondern auch über ein weites Gebiet - praktisch über den gesamten Pazifik - verstreut waren. Dieses gewaltige, zersplitterte Reich mit dem Mutterland zu verbinden, war allein schon verkehrstechnisch ein Problem. Weit schwieriger aber war, das Konglomerat heterogener Länder und Völker zu einer Einheit zusammenzuschweißen.

Zwar machte die Zahl der »Kolonisierten« - am Ende, 1914 - noch immer nur ein Fünftel der Bevölkerung in Deutschland aus (in England war das Verhältnis 10:1), doch schwankte die Skala vom Buschmann in der Kalahari bis zum Mandarin in China. Dazwischen waren Kopfjäger (in Neuguinea), Pygmäen am Kongo und Kannibalen in der Südsee. Sie alle, ob Jäger oder Pflanzer, Häuptling oder König, mußten - nachdem man sie nun bezwungen hatte - in die Wirtschaft und Verwaltung eingegliedert werden, und dies nicht nur zu ihrem Nachteil: »Kolonisation, ganz gleichgültig, ob es sich um Plantagenkolonien oder um Ansiedlungskolonien handelt«, so bekräftigte Dernburg seine Absicht, *»heißt die Nutzbarmachung des Bodens, seiner*

Schätze, der Flora, der Fauna und vor allem der Menschen zugunsten der Wirtschaft der kolonisierenden Nation, und diese ist dafür zu der Gegengabe ihrer höheren Kultur, ihrer sittlichen Begriffe, ihrer besseren Methoden verpflichtet.«

Die Schwierigkeit lag nicht nur darin, die unterworfenen Völker zu ihrem »Glück« zu zwingen, sondern auch die Siedler, die gegen sie gekämpft hatten und auf ihre Arbeit angewiesen waren, davon zu überzeugen, daß Kolonisation nicht nur Ausbeutung war. Wie schon bei den Spaniern und auch bei den Engländern waren die Kolonial*regierungen* - nachdem sie einmal die Verantwortung übernommen hatten - letztlich um einen Ausgleich zwischen Kolonisierten und Kolonisten bemüht: Sie traten als Mittler auf, in einem Konflikt, der freilich nie gelöst wurde.

Neuer Anfang

Dernburg war von Reichskanzler von Bülow auf seinen Posten berufen worden, um der wachsenden Kritik im Reichstag zu begegnen. Denn im Gegensatz zu seinem Vorgänger - Prinz Hohenlohe-Langenburg, der ebenso desinteressiert wie ineffektiv gewesen war - versprach Dernburg, dem der Ruf, Spezialist für heruntergewirtschaftete Gesellschaften zu sein, vorauseilte, neuen Wind in die Kolonialabteilung zu bringen. Als Bankfachmann, der seine ersten Sporen in den USA verdient hatte, schien er der richtige Mann, auch die Wirtschaft in den Kolonien auf Vordermann zu bringen. Doch bevor er diese Aufgabe in Angriff nahm, räumte er erst einmal in Berlin auf.

Da war zunächst der Reichstag, der - aufgrund der Skandale und Mißwirtschaft - nicht gewillt war, zusätzliche Mittel für den Unterhalt der Kolonie in Südwestafrika, wo noch immer der Aufstand tobte, zu bewilligen. Also löste man ihn kurzerhand auf, den Reichstag, und schrieb neue Wahlen - im Volksmund »Hottentotten-Wahlen« - aus, die eine solide Mehrheit für Kanzler von Bülow - und damit die Kolonialpolitik - brachten. Mit diesem Erfolg gerüstet, ging Dernburg daran, die Kolonialabteilung, die bislang ein stiefmütterliches Dasein im Auswärtigen Amt gefristet hatte, in ein eigenes Ressort, das sogenannte Reichskolonialamt, umzuwandeln - und sich als ersten Staatssekretär dieses Amtes bestätigen zu lassen. Dies - Wahlen und Schaffung der neuen Instanz - ging 1907 über die Bühne.

Als nächstes ging Dernburg auf Reisen, zunächst nach London, wo er im Colonial Office die Verwaltungspraktiken der Engländer studierte, dann nach Ost- und Südwestafrika, um

Dernburg in Ostafrika: Empfang des Sultans von Sansibar

sich vor Ort mit der Situation der Kolonien vertraut zu machen, und schließlich in die USA, wo er den Anbau von Baumwolle inspizierte. Nachdem er derart sich mit der einschlägigen Praxis vertraut gemacht hatte, ging er daran, seine Erkenntnisse in die Tat umzusetzen: Als erstes teilte er das neugeschaffene Kolonialamt in vier Abteilungen – je eine war fortan zuständig für a) Politik und Verwaltung, b) Verkehr und Finanzen, c) Personal und d) Militär. Das entsprach zwar nicht dem englischen Vorbild, das nicht nach Sachgebieten, sondern regional gegliedert war, erfüllte aber die Anforderungen eines modernen, nach »wissenschaftlichen« Gesichtspunkten (wie Dernburg sich ausdrückte) ausgerichteten Geschäftsunternehmens.

Sodann wurde der Kolonialrat, ein seit 1891 bestehendes konsultatives Organ, das jedoch den neuen Aufgaben nicht mehr gewachsen war, aufgelöst und durch spezielle Kommissionen, die aus Sachverständigen bestanden, ersetzt. Sie erlangten jedoch nie die Bedeutung – eine »Ständige wirtschaftliche Kommission« wurde beispielsweise erst 1911 eingerichtet –, die man von ihnen erhofft hatte.

Das Haus im Reich geordnet, ging Dernburg nun daran, auch in den Kolonien saubere Verhältnisse zu schaffen. Da wurden nicht nur Gouverneure, darunter von Puttkamer, dem man Ausschreitungen gegen die Eingeborenen vorwarf, entlassen, auch das Rechtswesen, das bislang einseitig die Deutschen begünstigt hatte, wurde einer gründlichen Reform unterzogen, derart, daß man versuchte, die Rechtsprechung des Reiches mit den Traditionen der Eingeborenen in Einklang zu bringen. Das setzte freilich voraus, daß die Beamten, die in den Kolonien für Ruhe sorgten, auch wußten, wie der »andere« Teil ihrer Untertanen lebte. Zu diesem Zweck wurde – auf Anregung Dernburgs – in Hamburg ein Kolonialinstitut gegründet, dessen Aufgabe es nicht nur war, Informationen über die Kolonien zu sammeln, sondern diese auch dahingehend zu nutzen, daß Anwärter für den Dienst in Übersee hier eine Spezialausbildung erhielten. Gelehrt wurde das gesamte Spektrum von Nationalökonomie und Öffentliches Recht bis zu Sprachen und Kulturen Afrikas, Ostasiens und des Orients. War das Hamburger Kolonialinstitut auch keine vollwertige Kolonialschule, wie sie England und Frankreich, aber auch die Niederlande besaßen, so war mit seiner Gründung – und der des Hamburger Instituts für Schiffs- und Tropenkrankheiten, die allerdings schon im Jahre 1900 erfolgt war – doch ein erster Anfang gemacht, die Vorbereitung der Kolonialbeamten auf eine solide Grundlage zu stellen.

Praktische Fächer – wie Landwirtschaft und Militär – wurden an anderer Stelle gelehrt. Letzteres war freilich von besonderer Bedeutung, denn bei allen guten Absichten, die Dernburg in die Kolonialpolitik einzubringen versuchte, würde es ganz ohne die Präsenz der Macht auch wohl in Zukunft nicht gehen. Die Schutztruppen blieben bestehen, allerdings wurden keine zusätzlichen eingerichtet. Das heißt: In den Kolonien, wo es im Zuge der Eroberung zu Kriegen und Aufständen gekommen war – also in Ostafrika, in Südwest und in Kamerun –, waren Schutztruppen auch weiterhin stationiert. Es gab sie jedoch nicht in der Südsee, weder in Neuguinea noch auf Samoa, und für Kiautschou war das Marineamt zuständig. Nicht nur militärisch, sondern auch in seiner Zivilverwaltung, denn anders als die übrigen Kolonien war Kiautschou letztlich als Flottenbasis entstanden, wo von Anfang an Tirpitz regierte.

Die Schutztruppen – in Afrika – beliefen sich schließlich auf 6400 Mann, wovon 4000 Farbige, Askaris, waren. Sie hatten ein gemeinsames Oberkommando in Berlin, das jedoch vom Heer unabhängig und dem Kolonialamt unterstellt war. Auch die Kommandeure der Schutztruppen in den Kolonien mußten den Anweisungen der Gouverneure folgen, so daß die militärische der zivilen Gewalt untergeordnet war. Es ergibt sich somit für die Kolonien in Afrika, die – wie gesagt – den Kern des deutschen Kolonialreiches bildeten, folgendes Organogramm:

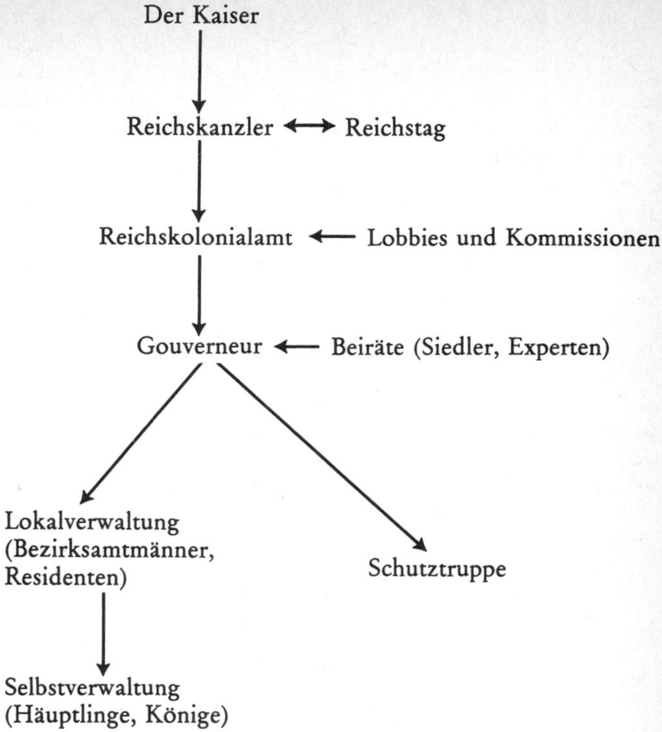

Der Kaiser war wie im Reich auch in den Kolonien oberster Landesherr, doch da die Kolonien staatsrechtlich nur Protektorate waren, war die einheimische Bevölkerung zwar dem Kaiser untertan, besaß aber nicht die deutsche Staatsangehörigkeit. Die Eingeborenen waren also schon *per definitionem* nur Bürger zweiter Klasse. Allerdings beließ man ihnen – wir erwähnten es schon – weitgehend ihre eigene Rechtsprechung und versuchte dort, wo die alten Strukturen erhalten geblieben waren – wie in Ruanda und Burundi, aber auch im nördlichen Kamerun –, ein größtmögliches Maß an Selbstverwaltung aufrechtzuerhalten, das nur der Kontrolle eines Residenten unterlag. Auf diese Weise, indem man den Anspruch auf Oberhoheit mit einer indirekten und aufgeklärten Regierungsweise verband, gelang es den Deutschen – wie ihren Rivalen, den Engländern –, auch in ihren Kolonien Ruhe und Ordnung einkehren zu lassen.

Wurden die gröbsten Exzesse, in Justiz und Verwaltung, mit der Zeit auch beigelegt, eines jedoch blieb auch weiterhin bestehen, die Fronarbeit: »Wichtig ist nunmehr auch«, verkündete Dernburg in einem zweiten Vortrag, den er am 11. Januar 1907 vor dem Deutschen Handelstag hielt, »die Bevölkerung ins Auge zu fassen, und man kann dabei sagen, daß Deutschland hierbei nicht schlecht gefahren ist. Die westafrikanischen Kolonien, Togo und Kamerun, wenn sie auch zurzeit noch eine moralisch sehr minderwertige Bevölkerung tragen, haben doch dasjenige Menschenmaterial, welches in den Vereinigten Staaten zurzeit die Baumwollproduktion allein besorgt. Und wenn auch die klimatischen Verhältnisse sehr verschieden sind und demnach die Arbeitsleistung der Eingeborenen in den tropischen und überaus feuchten westafrikanischen Kolonien nie sehr hoch wird gespannt werden können, so findet dies doch einen Ausgleich in den außerordentlich fruchtbaren Gebieten, die eben eine so intensive Arbeit nicht erfordern. In Ostafrika haben wir im allgemeinen ein nicht unbrauchbares Menschenmaterial, welches über das Gebiet allerdings sehr ungleich verteilt ist. In dem großen südwestafrikanischen Besitz ist leider der wichtigste und, wie sich wohl behaupten läßt, auch für die Arbeit brauchbarste Stamm der Hereros in dem Kriege der letzten 2 Jahre dezimiert worden. Immerhin wird sich auch dieses Volk unter verständiger Fürsorge retablieren können.«

Nun war es freilich angebracht, vor Vertretern des deutschen Handels und der Industrie, die die Wirtschaft in den Kolonien ankurbeln sollten, eine andere Sprache zu sprechen als vor einer Versammlung von Gelehrten und Künstlern, bei denen es eher um die Mobilisierung jener geistigen Kräfte ging, die das Sendungsbewußtsein der Deutschen speisten. Doch sosehr dies auch Ausdruck einer geschickten diplomatischen Propaganda war, die Tatsache läßt sich nicht abstreiten: Dernburg war Geschäftsmann und das *raison d'être* der Kolonien die Wirtschaft. Das hatte schon Fabri gesehen, dem Traum der Alldeutschen und des Kaisers von einem Weltreich zum Trotz.

Dernburg vertrat die Ansicht, daß es weniger wichtig sei, nach neuen Kolonien zu streben, als vielmehr die bestehenden zu entwickeln. Bislang waren sie tatsächlich nur Sandbüchsen gewesen, doch im Gegensatz zu den Kritikern – Alldeutschen wie Sozialisten – führte er dies auf das Versäumnis zurück, das *Potential* der Kolonien zu nützen. Die Schuld gab er vor allem den Konzessionsgesellschaften, die – indem sie eine Monopolstellung einnahmen, obwohl sie keinen Gebrauch davon machten – die Entwicklung in den Kolonien hemmten. Die Kapitalisten, die hinter diesen Gesellschaften standen, zögerten, ihr Geld in Gegenden zu investieren, die noch nicht einmal erschlossen waren, und zogen es vor, sich dem lukrativen Geschäft in Europa und dem Orient zuzuwenden. Also mußte man sie – die Gesellschaften – ihrer Konzessionen entkleiden, ihnen das Land, das sie besaßen, abkaufen, wie ja auch der Staat das Hoheitsrecht, das sie einst ausübten, schließlich in allen Kolonien zurückerwarb.

Eine Kommission wurde eingesetzt, die die Landfrage untersuchen sollte. Sie nahm es schließlich mit neun der großen Monopolgesellschaften auf, doch nicht immer war der Staat – und die Vernunft – der Sieger. Der Einfluß der Gesellschaften war zu groß, als daß man ein leichtes Spiel gehabt hätte: Bis zum Ende blieb der Streit bestehen.

Die Landfrage – und der Kapitalmangel – war das eine Problem. Das andere waren – die Arbeiter. Denn da – entgegen den Prognosen und Erwartungen – keine *deutschen* Arbeiter auswanderten, zumindest nicht in die *deutschen* Kolonien, blieb nur das schwarze »Menschenmaterial«, um die Kolonien – im Verein mit Investitionen – produktiv zu machen. Investiert aber wurde so lange nicht, solange die Arbeiterfrage nicht gelöst war.

Arbeiter benötigte man für die Pflanzungen und Bergwerke, aber auch für den Transport der Produkte, die man dort gewann: »Der bisherige Export«, führte Dernburg in seinem – zweiten – Vortrag aus, »aus unseren Kolonien wird auf den Köpfen von etwa 2 Millionen Negern in 4 bis 5 Tagereisen, bei wertvollen Gütern auch 40 bis 50 Tagereisen an die Küste gebracht. Aus dem Innern des Landes können bisher überhaupt nur wertvolle, durch Okkupation gewonnene Güter, wie Kautschuk, Elfenbein, Wachs usw., gebracht werden, und gerade im Innern des Landes befindet sich zumeist die Eingeborenenkultur und sind die für Ölfrüchte, Baumwolle usw. geeigneten Böden zu suchen. Um das Produkt von 150 ha vorzüglichen Baumwollenlandes im Innern Togos nach der Küste zu schaffen, sind nicht weniger als 1000 Mann vier Wochen lang damit beschäftigt, und die Tonne Produkte aus dem Innern ist deshalb bereits im Hafen mit 400 Mark Fracht belastet.«

Die Lösung war freilich die Eisenbahn: »Wenn man dem«, fuhr Dernburg in seinen Ausführungen fort, »gegenüberstellt das hochentwickelte Eisenbahnwesen in den Südstaaten von Nordamerika, so wird man sich nicht wundern, daß unsere großen Baumwollländereien bis jetzt noch nicht viel tragen und daß man unserem geringen Baumwollenexport von Togo mit einer Frachtermäßigung auf der Dampferlinie nach Deutschland nachhelfen mußte. Noch schlimmer liegen die Verhältnisse in Ostafrika, wo eine Tonne Last aus dem Innern nach der Küste z. Z. eine Karawane von Trägern und 2500 Mark Frachtkosten beansprucht, während die gleiche Last von einer Eisenbahn in kurzer Zeit und mit einem Frachtaufwand von 45 Mark an die Küste gebracht werden könnte.«

Die Krux war: Wer sollte die Eisenbahnen bauen? Auch dafür mußte schließlich der Staat herhalten: Mit seiner Hilfe verdoppelte sich allein in Afrika, in den Jahren 1906 bis 1910, das Schienennetz auf über 2500 Kilometer.

Doch mit Kapital allein war es nicht getan: 22000 Arbeiter waren bereits vor 1911 in Ostafrika beim Bau der Eisenbahn im Einsatz, 5400 weitere sorgten für den Betrieb der schon fertigen Strecken. Da der Export natürlich weiterging, vergrößerte sich die Nachfrage nach Arbeitern noch, anstatt abzunehmen. Es kam zu erheblichen Engpässen, in Ostafrika ebenso wie in den anderen Kolonien.

Man versuchte Abhilfe zu schaffen, indem man zwar die offene Sklaverei, die abzuschaffen man sich ja feierlich auf der Kongo-Konferenz verpflichtet hatte, vermied, doch praktisch sonst jede andere Form des Arbeitszwangs tolerierte. Auch nach den Aufständen, die er provoziert hatte, und trotz allgemeiner

Beim Eisenbahnbau in Togo, 1895

Verordnungen zum Schutze der Arbeiter, die in den Jahren 1907 bis 1909 erlassen wurden. Da gab es auch weiterhin die »Wanderarbeit«, worunter die Rekrutierung von Arbeitern in entlegenen Gebieten und zuweilen auch die Umsiedlung ganzer Dörfer zu verstehen ist. Dann zahlte man weiter jene Steuer, die - neben dem Beitrag, die sie zur Sanierung des kolonialen Haushalts leistete - die Eingeborenen zur Arbeit erziehen sollte. Und schließlich mußten die Schwarzen in Usambara, in Ostafrika, ein kleines Büchlein bei sich tragen, in dem vermerkt war, ob sie tatsächlich alle vier Monate 30 Tage auf den Plantagen gearbeitet hatten, wie es das überkommene Recht, das zwar kritisiert, aber nicht abgeschafft wurde, vorsah.

Es war eine sehr dünne Linie, die echtes von verdecktem Sklaventum trennte. Doch die Schuld lag nicht nur bei den Deutschen - weniger bei der Regierung als bei den Siedlern -: Die traditionellen Autoritäten, ob Häuptlinge oder Könige, kooperierten, nachdem sie einmal entmachtet waren, nur zu willig mit den Kolonialherren. Indem sie - gegen Prozente - die Arbeitskontingente stellten, wurden sie zu Verrätern ihres eigenen Volkes, nicht anders als es die Kaziken im spanischen Amerika gewesen oder die indischen Maharadschas noch immer waren.

650 Millionen Mark

Was aber wurde nun erreicht mit dieser Knebelung der Eingeborenen? Daß das Geschäft sich nicht lohnte, zumindest nicht derart, wie man es erwartet hatte, erwähnten wir schon. Wie aber sah die Bilanz im einzelnen aus? Zwei Erwartungen hatte man an die Kolonien gestellt: Erstens, sie sollten das Mutterland mit Rohstoffen versorgen, und zweitens, sie sollten ihm Märkte verschaffen. Außerdem sollten die Kolonien überschüssige Arbeitskräfte aufnehmen, um dadurch soziale Spannungen im Mutterland abzubauen. Doch letztere Erwartung hatte man, da die Kolonien, die man erworben hatte, im Gegensatz zu Australien und Nordamerika vorwiegend in den Tropen lagen, schon um die Jahrhundertwende aufgegeben.

Was nun die Versorgung mit Rohstoffen betrifft, so hatte Dernburg noch die Hoffnung geäußert, daß die Kolonien dem Reich einmal zur Autarkie verhelfen würden. Dieses Ziel wurde nicht erreicht: 1910, als er abtrat, bezog das Deutsche Reich aus seinen Kolonien keinen Rohstoff, der mehr als ein Siebtel seines Bedarfs ausmachte. Die Zahlen schwankten zwischen 0,25 Prozent für Baumwolle und 13,6 Prozent für Kautschuk. Bis zum

Ende der Kolonialzeit stiegen zwar die Ausfuhren, doch nahm zur gleichen Zeit der Anteil des Deutschen Reiches am Handel mit seinen Kolonien ab: von durchschnittlich 35,2 Prozent in den Jahren 1894 bis 1903 auf 26,6 Prozent im folgenden Jahrzehnt. Mit anderen Worten: 1913, am Vorabend des Verlustes der Kolonien, war das Deutsche Reich nur noch zu einem Viertel am Handel mit *seinen* Kolonien beteiligt. Die Konkurrenz waren nicht nur politisch, auch wirtschaftlich – die Engländer.

Weder wurde die Selbstversorgung mit Rohstoffen erreicht, noch eine Erschließung der kolonialen Märkte: 1913, wir erwähnten es schon, betrug der Anteil der deutschen Kolonien am gesamten Außenhandel des Deutschen Reiches nur ein halbes Prozent. Deutschland führte – 1912 – beispielsweise mehr nach Westindien und Zentralamerika aus als in seine eigenen Kolonien.

Doch der Nutzen, den das Mutterland aus seinen Kolonien zieht, ist natürlich nur die eine Seite der Medaille. Wie sah es auf der anderen aus? Die Produktion stieg, das läßt sich nicht leugnen. Hier einige Beispiele: Erreichte die Ausfuhr von Kautschuk aus den deutschen Kolonien 1907 einen Wert von 10,8 Millionen Mark, so hatte er sich bis 1912 verdoppelt. Ähnlich war es mit Kopra und Palmöl, deren Ausfuhrwert von respektive 5,3 und 5,6 Millionen Mark auf 11,7 und 10,8 Millionen Mark anstieg. Zurück ging nur der Export von Elfenbein – von 1,8 auf 0,9 Millionen Mark –, wohingegen mit der Entdeckung von Diamanten in Südwestafrika – 1908 – eine beachtliche Einnahmequelle hinzukam, die sich 1912 auf über 30 Millionen Mark belief. Diamanten nahmen damit – ihrem Wert nach – die erste Stelle unter den Produkten der deutschen Kolonien ein.

Da diese – ganz gleich, wohin die Güter ausgeführt wurden – an der Zunahme der Produktion verdienten, ist es nicht verwunderlich, daß eines wenigstens erreicht wurde: eine weitgehende Sanierung des Kolonialbudgets. Zwar stimmt es, daß sich nur Samoa und Togo ganz freischwammen, das heißt, auf staatliche Zuschüsse schließlich verzichten konnten, doch näherten sich auch die anderen Kolonien diesem Ziel: Seit 1909 mußte das Reich nur noch die Kolonie Deutsch-Neuguinea und Kiautschou sowie die drei Schutztruppen in Afrika subventionieren. Die Zivilverwaltungen in Ostafrika, Südwest und Kamerun waren gleichfalls von Zuwendungen des Staates unabhängig geworden.

Dennoch ist es nicht uninteressant zu erfahren, was denn das koloniale Unternehmen insgesamt den deutschen Steuerzahler gekostet hat: 650 Millionen Mark ließ sich das Reich die Expansion nach Übersee kosten. Der Löwenanteil entfiel dabei auf Deutsch-Südwest: mit 278 Millionen Mark fast die Hälfte. Am bescheidensten war Samoa: Es »kostete« nur 1,5 Millionen Mark.

Was es teuer machte, die Kolonien zu unterhalten, waren nicht nur die Kriege, die man zu ihrer Sicherung führen mußte, sondern auch die »Erschließungskosten«: Nicht nur Eisenbahnen, auch Dampferlinien wurden subventioniert, wobei letztere – da sie nur indirekt den Kolonien zugute kamen – in die offizielle Statistik gar nicht einflossen. Die Eisenbahnen hingegen wurden anfangs aus dem Etat der Schutzgebiete finanziert, also durch Reichszuschüsse, die nicht rückzahlbar waren. Erst unter Dernburg wurden diese Zuschüsse – für die Eisenbahnen – in Anleihen umgewandelt, für die der Staat freilich die Bürgschaft übernahm.

Und was wurde mit diesen Geldern – gleich die erste Anleihe, 1908, belief sich auf 157 Millionen Mark – gebaut? Immerhin, bis Ende 1913, eine Gesamtstrecke von 4176 Kilometer, wovon die Hälfte – 2104 Kilometer – auf Südwest- und 1435 Kilometer auf Ostafrika entfielen. Die Strecken in Togo und Kamerun umfaßten hingegen jeweils kaum mehr als 300 Kilometer.

Im Vergleich zur Gesamtlänge der Eisenbahnlinien in Afrika, die 1911 etwas über 40000 Kilometer betrug, machte der deutsche Anteil demnach ungefähr ein Zehntel aus. Den Löwenanteil stellten die Engländer, die – in der Realisierung der Linie Kap–Kairo – allein in Ägypten, 1911, 6000 Kilometer Schienen verlegt hatten, während das Streckennetz im gesamten südlichen Afrika, das sie bis zum heutigen Sambia beherrschten, 15000 Kilometer umfaßte. Bis auf 3500 Kilometer – die im Sudan und in Zentralafrika fehlten – hatten sie sich ihrem Ziel genähert.

Die Deutschen waren – in Ostafrika – immerhin bis zum Tanganjika-See vorgedrungen, wo sie – im Februar 1914, kurz vor Toresschluß – Kigoma erreichten. Und in Südwest war Windhuk, die Hauptstadt, am Ende nicht nur mit Swakopmund, dem Haupthafen, sondern auch – über Keetmanshoop, im Süden – mit der Lüderitzbucht verbunden, in deren Nähe man die Diamantenfelder fand.

Die Diamanten halfen der Deutschen Gesellschaft für Südwestafrika zu dauerndem Erfolg, die Dampfersubventionen der Linie Woermann. Denn wenn die Kolonien auch für den Staat – und für das Reich insgesamt – kein Erfolg waren, so profitierten die Kolonial*gesellschaften* am Ende doch. Die Diamanten halfen der Kolonialgesellschaft für Südwest just in dem Augenblick, wo zu befürchten stand, daß durch die Beendigung des Krieges – gegen die Herero und Hottentotten – die Quellen, die der Staat gespeist hatte, wieder versiegen würden. Hatte die Dividende, die die Gesellschaft ausschüttete, im Geschäftsjahr 1907/08 noch 20 Prozent betragen, so kletterte sie im folgenden auf 25 Prozent und erreichte 1909/10 64 Prozent! Danach ging es zwar wieder abwärts – denn der Staat sicherte sich in einem Vertrag vom 7. Mai 1910 gegen das Zugeständnis dauernder Abbaurechte eine Gewinnbeteiligung –, doch lag die Dividende 1912/13 immer noch bei 40 Prozent. Zu dieser Zeit – 1913 – machte die Gewinnung von Diamanten in Südwestafrika ein Fünftel der Weltproduktion aus, soweit es die Menge betraf. Dem *Wert* nach erhöhte sich dieser Anteil sogar auf ein Viertel.

Auch die Deutsche *Ostafrika*-Gesellschaft war seit 1908 aus dem Schneider: Mit Pflanzungen, Handel und Bankgeschäften erreichte sie 1912 immerhin eine Dividende von 9 Prozent. Die Neuguinea-Kompagnie schließlich, die dritte im Bunde der drei klassischen deutschen Kolonialgesellschaften, schaffte es erst im Geschäftsjahr 1912/13, ihren Anteilseignern einen Gewinn zu bescheren. Ihre Stärke waren Kokospalmen, von denen sie genau 727777 Exemplare besaß. Sie brachten eine Dividende von fünf Prozent.

Die erste Lokomotive erreicht den Tanganjika-See, 1914

Diamantengewinnung in Südwest

Ob Diamanten oder Kaffee, Kautschuk oder Kopra, die Erzeugnisse der Kolonien mußten in alle Welt transportiert werden. Was das Deutsche Reich, das Mutterland, betraf, so war hier vor allem Woermann, *junior*, am Werke, der nicht nur ein rühriger Kaufmann und Kolonialpolitiker war, sondern auch ein erfolgreicher Reeder. Im gleichen Jahr, 1884, als er Deutschland zu Kamerun verhalf, gründete er auch eine »Afrikanische Dampfergesellschaft«, die – schließlich nur noch als »Woermann-Linie« bekannt – die Westküste Afrikas befuhr, während an der *Ost*küste die sogenannte Deutsche Ostafrika-Linie verkehrte, die – gleichfalls auf Woermanns Initiative – 1890 entstanden war.

Fernost und die Südsee bediente der Norddeutsche Lloyd, doch war dies zumeist ein mühsames Unternehmen, da man in Hongkong oder Sydney auf Zweiglinien überwechseln mußte. Bis nach Samoa konnte das alles in allem zehn Wochen dauern, weshalb Reisende die Strecke über Nordamerika vorzogen. Dieser Weg verkürzte die Reise um die Hälfte.

Womit wir bei den Menschen angelangt sind. Denn nicht nur Waren wurden produziert. Die Deutschen waren ja auch ausgezogen, um die Welt zu »zivilisieren«.

Da gab es zunächst den Sklavenhandel, jene Geißel des afrikanischen Kontinents, die zwar die Europäer nicht begründet hatten – schon in der Antike gab es sie –, der sie aber – seit der Entdeckung Amerikas – einen bedeutenden Aufschwung gegeben hatten. Wie wir gehört haben, waren daran – unter dem seligen Kurfürsten – auch die Deutschen beteiligt gewesen.

Inzwischen war freilich – mit der Abschaffung der Sklaverei in Amerika – der schwunghafte Handel über den Atlantik zum Erliegen gekommen, und der Schwerpunkt des Sklavenhandels hatte sich von Westen nach Osten verlagert, wo an die Stelle der Europäer die Araber getreten waren, die afrikanische Sklaven nach Nordafrika und in den Orient vertrieben. Dem Geschäft mit dem »schwarzen Elfenbein« hatte zwar schon die Kongo-Konferenz – in Berlin – den Kampf angesagt, doch war eine zweite Zusammenkunft der »Kulturstaaten« notwendig, um hochtrabenden Erklärungen konkrete Taten folgen zu lassen. Diese sogenannte Antisklavereikonferenz fand – auf Anregung der Engländer – in Brüssel statt, wo Delegationen der europäischen Großmächte, aber auch kleinerer Staaten sowie der USA, der Türkei und Sansibars im November 1889 zusammentraten und nach langwierigen Verhandlungen am 2. Juli 1890 ein Programm verabschiedeten, das das Übel an der Wurzel angreifen sollte. So wurde gefordert, Expeditionen auszurüsten, um die Sklavenhändler aufzuspüren, die Karawanenwege zu überwachen, einen Einfuhrstopp für Feuerwaffen und Munition, aber auch Alkohol zu verhängen, die Küsten zu patrouillieren und in Sansibar ein Kontrollzentrum einzurichten. Auch Deutschland legte sich durch dieses Programm fest.

Doch die Deutschen taten sich etwas schwer, der Sklaverei in ihren Kolonien ein Ende zu bereiten. Weniger weil sie selbst Arbeitsbedingungen einführten, die an die Exzesse der Sklaverei gemahnten, als vielmehr aus Furcht, daß ein zu energisches Vorgehen zu Unruhen führen könnte wie jenen, die im Araberaufstand gipfelten. Dieser war letztlich ja auch um die Sklavenfrage entbrannt, zumindest wurde er unter diesem Vorwand niedergeschlagen. Doch auf eine Forderung des Reichtags vom 28. März 1892, durch gesetzliche Bestimmungen die Sklaverei einzuschränken, erwiderten die Gouverneure der afrikanischen Kolonien – Sklaven*handel* gab es vornehmlich in Ostafrika, die Sklaven*haltung* aber auch noch in Togo und Kamerun –, daß ein solches Unterfangen im Augenblick noch zu gefährlich sei.

Erst 1896 kam es zu einer ersten Verordnung, in Kamerun,

derzufolge es künftighin verboten war, weibliche Personen wegen Schulden anderer, namentlich der Ehemänner, in Pfand, Haft oder Dienst zu nehmen. Ein weiterer Schritt folgte dann in den Jahren 1901/02, als – durch Erlaß des Reichskanzlers – jegliche Art der Neugründung eines Sklavenverhältnisses – also, nach der Abschaffung von Kriegen und Sklavenjagden, durch Verkauf, Schulden oder Ehebruch – untersagt wurde. Für Togo und Kamerun erging gleichzeitig die Anweisung, daß die Kinder von Haussklaven frei seien. In Ostafrika kam es erst 1904 zu einer entsprechenden Gesetzgebung.

Langsam, aber sicher war damit die Auflösung der Sklaverei vorgezeichnet. Dennoch drängte der Reichstag noch 1912 auf eine völlige Abschaffung dieses Schandflecks der Kolonien, doch der Krieg kam der Erfüllung dieser Forderung zuvor.

War der Kampf gegen die Sklaverei nur ein halber Erfolg, so ernteten die Deutschen in einem anderen Feldzug um so größere Lorbeeren: »Seit etwa zehn Jahren«, berichtete Robert Koch in einem Vortrag vor der Deutschen Kolonialgesellschaft, »hat sich im Innern von Afrika eine mörderische Seuche entwikkelt, die man nach demjenigen Symptom, welches am auffallendsten ist, Schlafkrankheit genannt hat. Hauptsächlich herrscht diese Krankheit im Kongogebiet und an der Nordküste des Victoria-Njansa. Hunderttausende von Menschen sind schon von ihr dahingerafft worden, und die Krankheit befindet sich immer noch im Fortschreiten. Auch Deutsch-Ostafrika geriet in Gefahr, weshalb unsere Regierung eine wissenschaftliche Expedition dorthin sandte, um die Krankheit einem sorgfältigen Studium zu unterziehen und, wenn möglich, die unserer Kolonie drohende Gefahr noch abzuwenden. Die Führung der Expedition wurde mir übertragen. Wir schlugen unseren Sitz auf den Sesse-Inseln auf, wo die Schlafkrankheit besonders verbreitet ist. Vor Ausbruch der Seuche waren auf den Inseln 30000 Menschen vorhanden; in wenigen Jahren starben davon 20000, so dass jetzt kaum noch 10000 Menschen dort leben werden. Es ist aber mit Sicherheit anzunehmen, dass von den Ueberlebenden mindestens die Hälfte bereits infiziert ist und der Krankheit zum Opfer fallen wird, insoweit es der ärztlichen Kunst nicht noch gelingt, sie zu heilen.«

Robert Koch – da denkt man an den Entdecker der Tuberkulose-Bakterien. Daß er darüber hinaus auch ein Pionier der Tropenmedizin war, ist heute weitgehend vergessen. Bereits 1883 nahm er an einer Expedition nach Indien teil, die zur Entdeckung des Cholera-Erregers führte. Weitere Reisen führten ihn nach Ägypten, Süd- und Ostafrika und Neuguinea. Dabei gelang ihm nicht nur, die Ursachen für einige der verheerendsten Seuchen und Epidemien in den Tropen - darunter, neben der Cholera, auch Pest, Malaria und schließlich die Schlafkrankheit - aufzudecken, sondern auch - wie bei der Tuberkulose - Mittel zu entwickeln, die diesen Peinigern der Menschheit Einhalt geboten. Bei seinem Aufenthalt in Neuguinea - im Jahre 1900 - wandte er erstmals das Chinin als Heilmittel gegen Malaria an, und sieben Jahre später - 1906/07 - leitete er jene Expedition, die zur Eindämmung der Schlafkrankheit führte.

Was war das für eine Seuche, die da plötzlich aus dem Innern Afrikas hervorgebrochen war und den Rest des Kontinents zu überschwemmen drohte? »Wenn ein Mensch«, berichtet Koch, »von einer infektiösen Fliege gestochen wird, dann bricht die Krankheit nicht sofort aus, sondern erst nach Wochen oder Monaten und mitunter selbst erst nach Jahren. Das erste, was bei solchen Kranken auffällt, sind Anschwellungen der Lymphdrüsen, besonders am Nacken; aber auch an andern Stellen können solche Anschwellungen entstehen, z. B. an den Augenlidern. Wenn die Krankheit weitere Fortschritte macht, dann stellt sich lähmungsartige Schwäche in den Beinen ein, die Kranken können dann nicht mehr gehen, ja, nicht einmal stehen. Bei manchen zeigt sich eine grosse Aufregung; dann laufen sie zwecklos umher, gehen ins Wasser oder rennen in den Wald und kommen nicht wieder zurück. Wenn diese Unruhe zunimmt, können sie sogar in Tobsucht verfallen und dabei viel Unheil anrichten. Um sich dagegen zu schützen, legen ihre Angehörigen ihnen die sogenannte Sklavengabel an. [Es] . . . ist dies ein dicker, schwerer Baumast, dessen eines Ende sich gabelt. Diese Gabel wird dem Kranken von vorn her um den Hals gelegt und hinten geschlossen. So muss der Kranke ständig diesen schweren Klotz mit sich herumschleppen und wird durch ihn an schnellen und heftigen Bewegungen gehindert. Zur größeren Sicherheit wird er noch an Baststricken geführt. Zur Zeit der Sklavenmärkte wurden die Sklaven in dieser Weise gefesselt und nach der Küste gebracht.«

Das war das einzige Mittel, die Sklavengabel, das die Eingeborenen kannten. »Die Krankheit ist absolut tödlich«, fährt Koch in seinen Ausführungen fort. »Nicht ein einziger Fall ist uns bekannt geworden, dass ein Kranker von selbst genesen wäre. Ganze Dörfer fanden wir ausgestorben; die letzten Bewohner waren meistens geflüchtet. In solchen verlassenen Dörfern waren nur noch die zerfallenen Hütten zu sehen, und die vernachlässigten Bananenpflanzungen liessen erkennen, dass die Bewohner schon lange Zeit fort waren.«

Was war zu tun? Koch hatte sein Lager auf den Sesse-Inseln, im Victoria-See vor der Küste von Uganda, aufgeschlagen, am Rande des Brandherdes also, denn Uganda war das Epizentrum der Seuche. Ihre Ausweitung, ein Übergreifen auf die gegenüberliegende Küste – in Deutsch-Ostafrika – zu verhindern, war seine Aufgabe, und dazu war es zunächst einmal erforderlich, Näheres über diese Fliegen in Erfahrung zu bringen, die offensichtlich diese Krankheit übertrugen. Wo nisteten sie, wovon ernährten sie sich, woher stammten die Erreger?

»Die Ufer des Sees«, berichtet Koch, »sind von einem verhältnissmässig schmalen Saume von Urwald eingefasst, durch den man sich aber nur schwer einen Weg bahnen kann. Deshalb schlagen die Eingeborenen Lichtungen hindurch, um Landungsstellen für ihre Boote zu gewinnen ... Ausserdem werden nach Bedarf Fusspfade hindurchgelegt ... Nach dem Innern des Festlandes zu schneidet der Wald in der Regel ganz scharf ab ... Die Wasserkante dieses Uferwaldes ist es nun, wo sich jene Fliegen aufhalten, welche den Menschen die Schlafkrankheit einimpfen. Diese Fliegen, Glossina palpalis genannt, leben ausschließlich von Blut. Alle paar Tage müssen sie Gelegenheit haben, Blut zu saugen. Aber was für Blut ist dies? Das festzustellen, war eine wichtige Aufgabe der Expedition. Menschen kommen nicht so häufig nach dem See und nach dem Urwald, um den Glossinen ausreichende Gelegenheit zum Blutsaugen zu bieten. Es musste also etwas anderes sein. Zuerst vermuteten wir, dass es die zahlreichen Wasservögel sein würden, weil wir die Fliegen und die Vögel ständig zusammen antrafen. Um diese Frage zu entscheiden, wurden mehr als tausend Glossinen an verschiedenen Stellen gefangen und ihr Mageninhalt untersucht. Aber nicht das erwartete Vogelblut wurde gefunden, sondern fast alle hatten Blut von Krokodilen gesogen. Nun blieb natürlich nichts anderes übrig, als auch die Krokodile zu untersuchen, da es jetzt sicher war, dass das Krokodil irgendeine Rolle bei der Schlafkrankheit spielen musste. Es war sogar mit der Möglichkeit zu rechnen, dass die Krokodile, welche von den Glossinen gestochen werden, in ihrem Blute das Trypanosoma, den Parasiten der Schlafkrankheit, beherbergen konnten ... Sie mussten daher hierauf untersucht werden.«

Also mußte Geheimrat Koch – da die Eingeborenen mit ihren Speeren dazu nicht in der Lage waren – höchstpersönlich ein Krokodil erlegen. Man pirschte sich an ein Nest mit Eiern heran und wartete: »Bald kam auch«, schreibt Koch, »ein mächtiges Krokodil aus dem Wasser herangerauscht. Eine Kugel, die ins Gehirn traf, streckte es dicht vor dem Neste nieder.«

Die Untersuchung zeigte, daß das Blut des Krokodils zwar Trypanosomen enthielt, aber nicht jene, die die Schlafkrankheit erzeugten. Immerhin ließ sich – anhand kleiner, lebender Krokodile, die man den Fliegen »zum Fraß vorwarf« – der Nachweis erbringen, daß letztere sich tatsächlich – wenn auch nicht ausschließlich, so doch hauptsächlich – vom Blut der Krokodile ernährten.

Nun hätte man folgerichtig alle Krokodile am und im Victoria-See erlegen müssen, um der Glossina palpalis – auch Tsetse-Fliege genannt – den Nährboden zu entziehen. Doch es gab auch noch eine andere Lösung: »Um die Schlafkrankheit nicht aufkommen zu lassen«, resümierte Koch am Ende seines Berichtes, »ist es nötig, die Glossinen aus dem Bereiche von Muansa fern zu halten, und das kann geschehen dadurch, dass man am Seeufer einen breiten Gürtel freihält von solcher Vegetation, welche die Glossinen zu ihrem Gedeihen gebrauchen.«

Muansa war die Station auf deutscher Seite, am südlichen Ufer des Sees, und indem man dem Rat des großen Arztes und Forschers folgte, konnte in der Tat verhindert werden, daß die Seuche sich ausbreitete.

Doch nicht nur präventiv, auch kurativ wurde der Feldzug gegen die Schlafkrankheit gewonnen. *Atoxyl,* ein Arsenpräparat, hieß das Mittel, das die Sklavengabel ersetzte. Seine Entwicklung war gleichfalls Robert Koch zu verdanken.

Und wie die Schlafkrankheit gebannt wurde, so zog man auch gegen die Pocken zu Felde: Allein in den Jahren 1909 bis 1913 wurde in Ostafrika die Hälfte der Bevölkerung – mehr als drei Millionen – gegen Pocken geimpft. Zur gleichen Zeit wurden auch in Kamerun und Togo Impfkampagnen durchgeführt, die jeweils ein Viertel der Bevölkerung erfaßten. Auch Hospitäler und Krankenstationen wurden errichtet, und deutsche Ärzte und Gesundheitshelfer waren in immer größerer Zahl in den Kolonien tätig: Im Geschäftsjahr 1912/13 behandelten sie über 100 000 Patienten.

Der Grundstein für ein modernes Gesundheitswesen war gelegt, auch wenn erst in unseren Tagen die Seuchen der Tropen endgültig bezwungen werden sollten.

Heiliger Geist

Einen nicht unwesentlichen Anteil an der medizinischen Aufbauarbeit in den Kolonien leisteten die Missionen. Ja, sie waren es, da sie zumeist noch vor den Kolonialherren unter den Völkern Afrikas aufgetaucht waren, die die moderne Medizin in Übersee begründeten. Im Institut für Ärztliche Mission in Tübingen, das 1906 gegründet wurde, erhielten Missionsärzte schließlich eine eigene Ausbildung.

Doch anders als bei den staatlichen Gesundheitsmaßnahmen war die ärztliche Mission letztlich nur ein Mittel zum Zweck: Sie war dem eigentlichen Anliegen der Missionen – der Christianisierung – untergeordnet, die Medizin ebenso wie das Bildungswesen. Denn auch auf letzterem Gebiet leisteten die christlichen Missionen Pionierarbeit, und ihr Einfluß im Grundschulbereich überwog noch am Ende der Kolonialzeit. Allein die katholischen Missionen unterhielten 1912 in den deutschen Kolonien 1557 Schulen; die Zahl ihrer Schüler betrug 86 500.

Dagegen verblaßt der Aufwand der Regierung: Sie brachte es – 1911 – auf gerade 100 Schulen mit wenig mehr als 5000 Schülern. Diese Zahl bezieht sich freilich nur auf die *Eingeborenenschulen*: Die Regierung unterhielt weiterhin sogenannte Europäerschulen, die für die Kinder der deutschen Siedler und Beamten vorgesehen waren. Aber da die Auswanderung, wie gesagt, nur schleppend vor sich ging, machten diese Schulen – 1912 – nur insgesamt 26 aus, wovon 20 auf Südwest- und sechs auf Ostafrika entfielen. In den übrigen Kolonien gab es zwar Eingeborenen-, aber keine Europäerschulen.

Eingeborenenschule in Ostafrika

Quantitativ war die Arbeit der Missionen im Bereich des Bildungswesens der des Staates weit überlegen. Doch was die Qualität dieser Bildung anbetraf, den Inhalt dessen, was gelehrt wurde, so sah die Sache freilich ganz anders aus. In den Missionsschulen wurden zumeist Lesen und Schreiben nur deshalb erteilt, um den Text der Bibel zu studieren. Praktische Fächer wie Naturwissenschaften oder auch Handwerk wurden hingegen nicht gelehrt. Darin aber lag ein besonderes Schwergewicht der staatlichen Schulen, die – in den Lehrplänen der Grundschulen – nicht nur Erdkunde, Geschichte und Mathematik brachten, sondern auch – in besonderen Fachschulen – Pädagogik, Landwirtschaft und Verwaltung lehrten. Daß sie, die staatlichen Schulen, darüber hinaus auch ein besonderes Gewicht auf die deutsche Sprache legten – mit der die Missionare, denen der Geist, in welcher Sprache auch immer, genügte, es nicht so eilig hatten –, versteht sich von selbst, diente die ganze Anstrengung letztlich doch – wie bei der Mission der Offenbarung – der Verbreitung jener Kultur, die die Kolonialschwärmer als die höchste priesen.

Damit aber auch die Missionare – bei ihrem christlichen Bekehrungswerk – sich der Sprache der neuen Herren bedienten, setzte die Regierung Prämien aus: Wer Deutsch – als Zweitsprache – in den Lehrplan mit aufnahm, erhielt Zuschüsse aus einem Fonds, der 1914 immerhin 140000 Mark ausmachte. Auf diese Weise war gewährleistet, daß die deutsche Sprache – und über sie das große Erbe des deutschen Volkes – bis in den hintersten Winkel der Erde drang.

So hielt sich am Ende das Wirken der Mission und Regierung doch die Waage, denn was die eifrigen Glaubensbrüder an traditioneller Religion zerstörten, das löschten die Beamten mit ihrem Feldzug gegen die Eingeborenensprachen aus. Das Ergebnis waren züchtige Sängerknaben, die zwar nicht Goethe lasen, aber doch schon so weit »zivilisiert« waren, daß sie der Regierung – als Schreiber, Steuereintreiber oder Polizist – unter die Arme greifen konnten. Und damit war das Ziel erreicht.

Akkulturation hieß die Devise, Anpassung, damit, wie eine gängige Formel lautete, »in den Faktoreien und dergleichen die in den Tropen besonders kostbare Kraft der Weißen« nicht über Gebühr strapaziert wurde. Am besten, sie machten alles selber, die Schwarzen, freilich nicht in eigener Regie und zum eigenen Nutzen, aber doch anstelle der Deutschen, die doch so ungern in ihre Kolonien zogen.

Zweischneidig wie die Regierung war auch die Rolle der Mission. Doch was sie zerstörte, war nicht in jedem Falle erhaltenswert. Hören wir dazu noch einmal Professor Neuhauß, eine der kritischeren – zeitgenössischen – Stimmen der deutschen Kolonialpolitik: »Da es vielerorts, auch in den Kolonien, zum guten Ton gehört, auf die Missionen zu schimpfen, und nicht wenige Reisende, die sich nur kurze Zeit im Lande aufhielten, in ihren Berichten denselben Ton anschlagen, so ist es ganz unmöglich, aus den Erzählungen anderer sich ein richtiges Bild von dem Wirken und den Erfolgen der Missionare zu machen. Ein zutreffendes Urteil gewinnt man nicht innerhalb acht Tagen, vier oder sechs Wochen. Meine nachfolgenden Ausführungen beziehen sich daher ausschließlich auf die lutherische Neuendettelsauer Mission, in deren Wirkungskreise ich mich ungefähr anderthalb Jahre aufhielt. Ich weilte auch im Gebiete der anderen Missionen, aber nicht hinreichend lange, um mir ein eigenes Urteil zu bilden.

Von vornherein sei jede Erörterung darüber ausgeschlossen, ob den Eingeborenen durch die Bekehrung eine Verbesserung ihrer Lage nach Abschluß dieses Lebens gebracht wird. Das ist Glaubenssache. Für uns bleibt bei Beurteilung der Berechtigung des Missionswesens ausschließlich die Frage, ob durch Einführung des Christentums *greifbare* Vorteile irgendwelcher Art entstehen. Diese Frage muß in bezug auf die Eingeborenen von Neu-Guinea, deren ganzes Dasein von Geisterfurcht und Zauberei beherrscht wird, entschieden bejaht werden.

In seinem auf die nächste Umgebung des Dorfes beschränkten Gesichtskreis ist der Papua zur Vorstellung einer Gottheit nicht durchdrungen. Für ihn sind die Geister der Verstorbenen, die im nächsten Umkreise des Dorfes ihr Wesen oder vielmehr Unwesen treiben, die Herrscher. Sie hausen im Dunkel des Waldes, in verrufenen Schluchten oder Höhlen und fügen dem armen Schwarzen allerhand Leid zu. Eine noch wichtigere Rolle als die Geisterfurcht spielt die Zauberei. Wenn es nicht regnet oder zu viel regnet, wenn die Feldfrüchte nicht gedeihen, die Kokospalmen nicht tragen, wenn die Schweine sterben, Jagd und Fischfang ergebnislos verlaufen, wenn die Erde bebt, eine Flutwelle das Küstendorf hinwegfegt, wenn Krankheit und Tod eintritt – niemals geht es mit rechten Dingen zu, stets ist Zauberei im Spiele. Der Zauberer, welcher den Todeszauber verursachte, muß exemplarisch bestraft werden, und dem Rachezuge fallen mehrere Menschenleben zum Opfer. Wegen der Blutrache geht das Morden weiter und immer weiter.

Nun kommen die Missionare und beweisen, daß Zauber wirkungslos ist, daß Geister nirgends vorhanden sind; sie steigen in die verrufensten Höhlen hinab, deren Betreten nach Ansicht der

Eingeborenen sofortigen Tod herbeiführt. Die *alten* Leute sagen: ›Ihr Weißen macht eine Ausnahme, euch kann weder unser Zauber etwas anhaben, noch sind die Geister in eurer Gegenwart zu ihren gewohnten Schandtaten bereit.‹ Die *Jungen* werden stutzig und bei ihrer leichten Auffassungsgabe empfänglich für die Worte des weißen Lehrers. Aber zehn Jahre waren erforderlich – in manchen Gebietsteilen die doppelte Zeit –, um vereinzelte Leute so weit zu bringen, daß sie den Glauben ihrer Väter aufgaben und zur neuen Lehre übertraten, welche sie von all den durch die Zauberei herbeigeführten Widerwärtigkeiten erlöste. Nachdem das Eis gebrochen war, machte die Ausbreitung des Christentums schnellere Fortschritte, und die Alten erkannten, daß die Rache der abgesetzten Geister ausblieb.«

Tendaguru

Die Zahl der Getauften in den deutschen Kolonien belief sich 1912 auf rund 250000, wovon etwas über 140000 Katholiken und der Rest Protestanten waren. Im Vergleich zur Bevölkerung der Kolonien, die 1914 auf 13,5 Millionen beziffert wurde, war das freilich nur ein kleiner Prozentsatz. Doch er genügte, um nicht nur die Zauberer, sondern auch die Ethnologen um ihre Existenz bangen zu lassen. Denn waren letztere – auch Völkerkundler genannt – nicht ebenso an der Erhaltung des Alten interessiert wie die bösen Zauberer? Freilich aus anderen Motiven – sie wollten die traditionelle Kultur nur erforschen, nicht etwa bewahren –, doch am Ende lief es auf das gleiche hinaus: Der Zauberer wollte *seine* Macht erhalten und der Forscher die der *Regierung* stützen.

L'art pour l'art war in den deutschen Kolonien ebenso verpönt wie in denen der Engländer. *Angewandte* Wissenschaft hieß die Devise, wie Professor Thilenius, der Nestor der deutschen Südsee-Forschung, ganz unumwunden erklärte: »Ein recht wesentlicher Grund«, schrieb er in einem Rückblick auf eine große Expedition, »für die rasche Durchführung der ethnographischen Forschung, wäre es auch auf Kosten der Vollständigkeit der Ergebnisse, liegt endlich in praktischen Erwägungen. Es ist eine Zeit lang Brauch gewesen, die reine Wissenschaft ganz besonders zu betonen und mit einer gewissen Beflissenheit die Beziehungen zu praktischen Fragen abzuweisen oder doch als geringfügig darzustellen, um auch den Anschein zu vermeiden, als könnte die Wissenschaft durch die Praxis beeinflußt werden. In der Gegenwart, der der Begriff der angewandten Wissenschaft geläufig ist, sind solche Bedenklichkeiten kaum berechtigt, jedenfalls glaube ich nicht, daß die Völkerkunde sie haben wird. Die Regierungsbeamten, Offiziere und Missionare, die ethnographisch arbeiten, sind nicht von wissenschaftlichen, sondern von praktischen Gesichtspunkten her zur Ethnographie gekommen und haben die ihnen beruflich nächstliegenden Fragen vorzugsweise behandelt, ihre Beobachtungen sind Quellen für die wissenschaftliche Bearbeitung und für die praktische Tätigkeit zugleich. Wenn heute mehr als je die Eingeborenenfrage ein wichtiger Teil der Kolonialpolitik ist, so wird auch der Ethnograph bedenken, daß seine Forschungen für die Eingeborenenpolitik nutzbar gemacht werden können und müssen. Ihr ist aber mit einer über Jahrzehnte ausgedehnten Forschung weit weniger gedient, als mit einer Untersuchungsreihe, die sie in kurzer Zeit über möglichst viele Völker so weit unterrichtet, daß auf die Beobachtungen praktische Maßnahmen gegründet werden können. Es sind wissenschaftliche und praktische Gesichtspunkte, die zur Expeditionsarbeit führen.«

An sich kein verwerfliches Ziel, in der Wissenschaft einen praktischen Akzent zu setzen. In den Naturwissenschaften war das seit je gang und gäbe, doch bei der Völkerkunde, die zu den Geisteswissenschaften zählte, war die Frage nach dem *Nutzeffekt* bislang nicht üblich gewesen. Sie ist es auch heute noch nicht, dem Plädoyer Thilenius' zum Trotz. Woraus die Irrelevanz der – heutigen – deutschen Völkerkunde resultiert, die absolut nichts für jene tut, die sie nun schon seit 100 Jahren untersucht.

Doch als wir Kolonien besaßen – so kurz das auch war –, da war das anders: Man schickte Expeditionen hinaus, die eine Grundlage erarbeiten sollten, für Entscheidungen, die die Regierung traf. Das konnte – und war es in vielen Fällen auch – zum Nachteil der Eingeborenen sein, insofern, als es die Herrschaft der Weißen festigte. Doch lag dies nicht im Ermessen der Wissenschaft: sie lieferte Fakten, über die Lebensweise der Eingeborenen, die nicht nur eine rationellere, sondern auch realistischere – und dies zum Nutzen der Eingeborenen – Politik ermöglichte. Das Für und Wider der Kolonialherrschaft stand nicht zur Debatte – wiewohl auch hier so mancher Wissenschaftler seine kritische Stimme erhob –, worum es ging, war die Frage, wie diese Herrschaft humaner gestaltet werden könnte. Wenigstens war dies ein Anliegen Dernburgs gewesen.

Wie zwiespältig auch die Rolle der Wissenschaft gewesen sein mag, so leistete sie doch – über ihren praktischen Nutzen hinaus – auch der reinen Wissenschaft so manchen Dienst, wovon die Völkerkundler in Deutschland noch heute zehren. Dies trifft nicht nur für die Südsee zu, sondern auch für Afrika, wo die Deutschen bekanntlich einen entscheidenden Anteil an der Entdeckung des Kontinents hatten. Doch während hier – während der deutschen Herrschaft – der aufsehenerregendste Fund in der Paläontologie erfolgte, war es in der Südsee jene Expedition, von der Thilenius spricht, die besondere Bedeutung erlangte. Galt es doch eine Unzahl von Inseln, die den Deutschen zugefallen waren, überhaupt erst einmal kartographisch aufzunehmen, von ihren Bewohnern, die zum Teil noch heute nicht bekannt sind, ganz zu schweigen.

Also rüstete man ein Schiff aus, die »Peiho«, die bis dahin, als Fracht- und Passagierdampfer, an der chinesischen Küste Dienst getan hatte. Mit ihr klapperte man dann – in einer zweijährigen Forschungsarbeit – die Inselwelt Mela- und Mikronesiens ab. Dabei wurde jedes Dorf besucht, dessen man ansichtig wurde: »Gegen 1 h«, heißt es im Tagebuch der Expedition, »waren die Herrn an Bord zurück, und der Dampfer fuhr weiter, um schon kurz vor 2 h wieder vor Anker gehen zu können (in 13 m). Denn hier lag ein Komplex von etwa 20 Häusern, von dem eine Anzahl Einbäume mit lebhaft gestikulierenden und schreienden Männern uns entgegenkam. An Land wurden wir von etwa 100 Männern und Knaben umringt, die schnell zutraulich wurden und auf Scherze gern eingingen. Mit Geheul, Blasen der hölzernen Rufhörner und Schlagen der großen Schlitztrommeln hatte man uns begrüßt; der unglaubliche Lärm verstärkte mehrmals die dauernd laute Aufregung während des Nachmittags und konnte durch einen einfachen Scherz beliebig hervorgerufen werden. Die Tracht war im großen und ganzen dieselbe geblieben. Perücken aus Kasuarfedern wurden schon in den letztbesuchten Ortschaften gesehen und fehlten hier ebenfalls nicht. Als Dorfname wurde uns *Kambrinum* ... genannt. Die Arbeiten der Expeditionsmitglieder waren wie gewöhnlich verteilt. *Fülleborn* [der Leiter] konnte mehrere photographische Aufnahmen erzielen. *Reche* [Anthropologe] war überrascht, daß ihm Schädel freiwillig angeboten wurden und vermochte diese günstige Sachlage für seine Sammlung auszunutzen. *Hellwigs* Tauschgeschäft [er sammelte Ethnographica] litt unter dem Andrang der aufgeregten Menge. Ein paarmal war er der Sicherheit halber gezwungen, seine Kisten zu schließen und mußte schwarze Mannschaften zuhilfe nehmen, um ihm den Rücken frei zu halten. *Müller* [der Ethnologe] schnitt bei den Hausuntersuchungen schlecht ab, weil ihm einfach der Zutritt überall verwehrt wurde. Er hatte es besonders auf ein

Zeremonialhaus abgesehen, in dem er Gegenstände mit Federschmuck wahrnahm. Wir sahen wieder viele Hühner, Schweine und Hunde und außer Kokos, Taro, Sago, Zuckerrohr und Betel reichliche Mengen getrockneter Fische und Aale. Bis 1 m im Durchmesser große Fischnetze fielen hier mehr als andernorts auf, ebenso zahlreiche Reusen. *Hellwig* konnte im Gegensatz zu den letzten Dörfern mit Fischhaken und Leinen gute Sachen kaufen, ebenso genügten Perlen, Mennige, kleine Messer; dagegen erforderten zwei größere Trommeln 1 Beil und 1 großes Messer. Nach wiederholter Aufforderung, einen Versuch zu machen, fand der Dolmetscher endlich heraus, daß sich hier eine Verständigung ausreichend erzielen ließ. Übrigens wurde, wie schon in *Angorom, Hellwig* auch hier als Erster beim Landen mit Kokoswasser aus dem Munde eines Mannes überstäubt. Gegen 6 h Nm. war die Expedition wieder an Bord, und das Schiff verlegte seinen Ankerplatz um einige Hundert Meter flußaufwärts, um aus der Region etwa infizierter Anopheles herauszugelangen. Es dauerte aber nicht lange, so stellten sich auf der vorher moskitoreinen Wasserfläche im Lee erst einzeln, dann in Wolken unsere Plagegeister wieder ein.«

Bis auf 480 Kilometer fuhr die »Peiho« den Kaiserin-Augusta-Fluß hinauf, den längsten Fluß Neuguineas, den die Expedition im Mai 1909 erforschte. Es war dies die letzte Station des ersten Teils der Reise, die zuvor bereits zu den Admiralitäts-Inseln, nach Neupommern und an die Küste Kaiser-Wilhelms-

Saurierfunde in Ostafrika, 1908

Landes geführt hatte. Im nächsten Jahr ging es – nach einer Pause in Hongkong – weiter zu den Karolinen, den Palau- und den Marshall-Inseln.

Die Ausbeute waren 23 Foliobände, die in den Jahren 1914 bis 1938 erschienen. Sie waren also dem deutschen Staat nicht mehr von Nutzen, es sei denn, daß sie den Appetit anregten, das Verlorene zurück ins Reich zu holen.

Spektakulärer noch als die Ergebnisse der Südsee-Expedition waren die Funde in Afrika: Hier grub man – zur gleichen Zeit, da die »Peiho« durch den Pazifik schipperte – 100000 Kilogramm Knochen aus. Freilich waren es nicht irgendwelche Knochen, die man im Flußbett des Tendaguru – in der Nähe von Lindi in Ostafrika – fand. Es waren die Reste von Sauriern, die einst die stattliche Länge beziehungsweise Größe von 30 Metern erreicht hatten.

Man fand sie in Herden von bis zu 50 Exemplaren, so daß der Schluß naheliegt, daß sie einst einer Katastrophe zum Opfer fielen. Die Grabungen dauerten an bis zum Kiegsausbruch und bedeuteten einen letzten Triumph der deutschen Kolonialherrschaft: Hatte man es auch nicht geschafft, in die erste Riege – der Kolonialherren – aufzurücken, so besaß man mit den Sauriern von Tendaguru immerhin die größten Landtiere, die man jemals entdeckt hatte. Stolz stellte man einige Prachtstücke im Museum für Naturkunde in Berlin aus.

XI. HERREN UND DIENER

Eine mißliche Verordnung

Am 21. September 1907 stand in der »Deutsch-Ostafrikanischen Zeitung« zu lesen:

Ein Akt der Gerechtigkeit?

Es war am 12. Juli dieses Jahres, als Herr Dernburg seinen Namen unter eine Verfügung setzte, welche die Anwendung körperlicher Züchtigung als Strafmittel gegen Eingeborene betraf.

Diese Verordnung läßt alle Hoffnungen, daß die körperliche Züchtigung der Schwarzen in vernünftiger, den Landesverhältnissen entsprechender Art vor sich gehen dürfte, daß also diesbezügliche Änderungen der früheren Bestimmungen getroffen würden, in sich zusammenfallen. -

Die Altersbestimmung der 16 Jahre, unter der die schwarzen Herrschaften nur mit dem Stöckchen eine fühlbare Lehre erhalten durften, war für die Afrikaner belächelnswert. Vielleicht jetzt auch für Herrn Dernburg.

Die Bestimmung, daß, sofern irgend tunlich, ein Arzt zugegen sein muß, wenn den Eingeborenen eine Tracht Prügel verabreicht wird, die ihnen zwar unangenehm ist, genau wie uns in der Jugendzeit, die ihnen aber andererseits außerordentlich gut bekommt, ist ja schrecklich human gedacht, aber denn doch - ganz milde gesagt - recht überflüssig.

Wie Eingeborenenrichter, Strafvollzieher und Arzt über diese Vorschriften denken, darüber schweigt man klugerweise. Die Paragraphen gewährten wenigstens den Spielraum, den Schuldigen gehörig abzustrafen.

Also die bisherigen Vorschriften wirkten nicht der Gerechtigkeit entgegen; früher gabs Prügel ohne Arzt, dann mit Arzt. Da dieser aber noch andere Beschäftigungen hat, als sich ausschließlich den strafempfangenden Körperteil der Verurteilten anzusehen, wurden Prügeltage eingerichtet, z. B. in Daressalam Dienstag und Freitag. Die geforderte Anwesenheit des Arztes bedeutet also erstens eine Strafverschärfung, da die Delinquenten sich tagelang auf die ›25‹ freuen dürfen.

Auf der anderen Seite aber zwingt sie in vielen Fällen zur Selbsthilfe, was der Verordnungsmacher doch sicher nicht beabsichtigte. Denn ein großes Kontingent der zur Bestrafung zum Eingeborenengericht gesandten Schwarzen sind Boys, Köche usw., welche ihre Prügel wegen Dienstvernachlässigungen aller Art erhalten sollen, um sofort wieder zu ihrer Arbeit zurückzukehren. Ja, sie wurden von den Behörden in vielen Fällen nach erhaltener Prügel und Vermahnung ihrem Arbeitgeber sogar unter Askari-Begleitung wieder zugestellt.

Es wird doch aber keinem Europäer im Traume einfallen, einen Schwarzen, den er stündlich braucht, wegen eines gestohlenen Brötchens oder öfteren Zuspätkommens etc. dem Bezirksamt mir nichts dir nichts drei Tage zu überlassen. Er wird, wie das häufig und meistens geschieht, durch seine anderen Leute den Übeltäter abstrafen und sich nichts gleichgültiger sein lassen, als undurchführbare Verordnungen.- Also bis dato gings noch gerecht zu. Aber die neue Veordnung wird es sehr schwer machen, ein richtiges Strafmaß zu garantieren.

Man lese folgenden Passus: ›Das Protokoll ist von dem mit der Ausübung der Strafgerichtsbarkeit betrauten Beamten oder dem hinzugezogenen Arzt zu unterschreiben. Besondere Vorkommnisse bei der Vollstreckung und Verletzungen sind zu bekunden. Protokolle, welche einen derartigen Vermerk enthalten, sind dem Gouverneur in Abschrift einzureichen.‹

Lasse man das schließlich noch gelten, wenn es auch unverständlich erscheint, was der Gouverneur damit zu tun hat. Dadurch schmerzen die Prügel nicht weniger und – es ist doch ein Arzt zugegen. Oder soll der Gouverneur, der an dem Geschehen doch nichts ändern kann, höchst eigenhändig Pflaster kleben bezw. eine Entschuldigungsrede halten?

Aber nun kommts! Also lautet der § 4: ›In Fällen, in denen eine Prügelstrafe von mehr als 15 oder eine Rutenstrafe von mehr als 10 Schlägen festgesetzt wird, ist dem Protokolle eine Begründung des Urteils anzuschließen. In der Begründung sind die für erwiesen erachteten Tatsachen anzugeben, in welchen die Merkmale der strafbaren Handlung gefunden werden. Ferner sind die Umstände anzuführen, welche für die Zumessung der Strafe bestimmend gewesen sind. Die Begründung ist von dem mit der Ausübung der Strafgerichtsbarkeit betrauten Beamten zu unterschreiben. Eine Abschrift des Protokolls ist dem Gouverneur einzureichen.‹

Dieser Passus ist nichts weniger und nicht mehr als ein Behinderungsgrund der Gerechtigkeit und im Effekt eine Herabminderung der Prügelstrafe. Er ist geschrieben entweder mit vollendetster Harmlosigkeit oder geradezu jesuitischem Raffinement. Das klingt hart und überraschend, aber ist so natürlich und bei wenigem Nachdenken klar wie das ABC.

Denn jeder, der auch nur einigermaßen mit der Eingeborenengerichtsbarkeit vertraut ist, wird sich darüber klar sein, daß sich der Beamte durch jede Unterschrift unter ein solches Protokoll den Strick drehen kann. Er wird deshalb die Peitschenhiebe über die Zahl 10 außer Aktion setzen. Dadurch werden aber die Bestrafungen für schwerere Vergehen im Verhältnis zu kleineren zu milde ausfallen. Die Gerechtigkeit erhält einen Stoß, und zugleich ist die bisherige Höhe der Prügelstrafe herabgemindert. Was zu beweisen war.

Außerdem müßte das Schreibkrams wegen der Zahl der Eingeborenenrichter verdoppelt werden, und die Selbsthilfe der Kolonisten wird Trumpf, ohne daß die Regierung etwas machen kann. Das ist das Beste.

Wir gestatten uns der Meinung zu sein, daß der Eingeborene nur dann und stets gerecht bestraft wird, wenn die Gerichtsbarkeit in den Händen landes- und sprachenkundiger Beamter liegt. Wo dies nicht der Fall ist, können die schönsten Verordnungen nicht hindern, daß der Ungerechtigkeit Tor und Tür offen bleiben.

Aber Herr Dernburg ist ja jetzt Afrikaner geworden. Vielleicht ist es also doch noch möglich, daß er den Weg zu dem tiefsten Papierkorb findet, in den diese Verordnung gehört.

Der Wunsch der Siedler ging nicht in Erfüllung, denn weder wurde die Verordnung noch Dernburg abgeschafft, doch er wirft ein bezeichnendes Bild auf die Mentalität der Kolonisten – und die Schwierigkeit, denen sich die Regierung bei der Durchführung ihrer Gesetze gegenübersah. Es war das alte Lied, mit dem schon die spanische Krone gekämpft hatte. Damals hieß es: *Obedezco, pero no cumplo!* – »Ich gehorche, aber erfülle es nicht!« Die deutschen Siedler sagten: »Die Europäer, auch die Missionare, sind fest entschlossen, gegen die Milde der neuen Verordnungen unter allen Umständen aus einfachsten Notwendigkeitsgründen zu verstoßen und zwar im vollen Bewußtsein der Gefahr der Straffälligkeit, welche sie auf sich zu nehmen gewillt sind.« So in einem Nachwort, am 2. November 1907, in der oben zitierten Zeitung.

Aber nicht nur in den Konquistadoren hatten die deutschen Siedler ihre geistigen Vorfahren. Auch die Engländer hatten sich in Indien, zumindest anfangs, nicht anders aufgeführt, und was König Leopold, der Belgier, sich im Kongo leistete, das überstieg jede Beschreibung. Es war also ein allgemeines Wesensmerkmal der Weißen – und keineswegs nur ein barbarischer Zug der Deutschen –, daß sie, wo immer sie in der farbigen Welt auftraten, sich als Herren fühlten und es den Eingeborenen fühlen ließen.

Was den Deutschen gegenüber seinen Rivalen auszeichnete, war die Gründlichkeit, mit der man selbst an die körperliche Züchtigung heranging. Da gab es nicht nur Gesetze, die die Prügelstrafe einschränkten – aber nicht aufhoben (wie hätte dies auch sein können, wo doch selbst die *eigenen* Kinder mit dem Stock traktiert wurden?) –, sondern auch genaue Vorschriften, wie das Prügelinstrument beschaffen sein sollte. Laut Runderlaß vom 22. Dezember 1905 durfte der *Schambock*, die Peitsche, in Südwest nicht länger als ein Meter sein, sollte einen Durchmesser von einem Zentimeter besitzen und war am Schlagende rund und glatt zu halten. Eine entsprechende Verfügung erging am 6. Juli 1906 für Ostafrika, wo die Peitsche *Kiboko* genannt wurde. In Kamerun und Togo hingegen, wo es nicht oder nur wenig zu Aufständen gekommen war, begnügte man sich mit einem Tauende, das – soweit es Togo betraf – laut Anordnung des Gouverneurs vom 2. Juli 1909 eine Länge von 60 Zentimeter und eine Stärke von zwei bis zweieinhalb Zentimeter haben sollte. Vor erstmaligem Gebrauch war das Tauende mit einem Hammer oder Holzscheit weich zu klopfen, während man in Südwest darauf achten sollte, daß die Peitsche keine Knoten oder sonstigen Unebenheiten aufwies. Auch war es hier untersagt, Draht in das Leder einzunähen.

Es war also eine Art Wissenschaft, die die Deutschen in der Behandlung der Eingeborenen entwickelten. Wobei die Beschaffenheit der Züchtigungsinstrumente, die in allen Kolonien zur Anwendung kamen, natürlich nur ein Aspekt – wenn auch nicht der geringste, eben weil sie so verbreitet waren – des die Eingeborenen betreffenden Gesetzeskodex war.

Blaue Jungs

Rassendünkel – bei den Deutschen noch potenziert durch den Anspruch, die Welt zu beherrschen (was in Wirklichkeit nur die Engländer taten, deren Rassismus deshalb eher gerechtfertigt, wenn auch nicht entschuldbar war) – und das strenge preußische Erziehungsideal waren nicht der einzige Grund, weshalb die Deutschen zur Peitsche griffen. Es war – nicht anders, als es bei den Engländern oder den anderen Kolonialherren war – die

Aufbruch zur Reise (Ostafrika)

Angst vor den Massen der Farbigen, die man nur durch sklavenhalterische Zucht in ihren Grenzen halten zu können glaubte. War doch der Aufruf Fabris ungehört verhallt: Ganze 20000 waren in die Kolonien ausgewandert. Sie standen - am Ende - einer Übermacht von fast 14 Millionen gegenüber.

Die Unlust der Deutschen, in ihre Kolonien auszuwandern, war in erster Linie eine Folge der Beschaffenheit dieser Kolonien. Waren sie - von Südwest abgesehen - doch keine eigentlichen Siedlungskolonien: Die meisten lagen in tropischen Breiten, waren - wie Kiautschou und die Südsee-Inseln - zu klein und hatten obendrein auch noch eine kriegerische Bevölkerung, die ständig in Aufruhr war. Hinzu kam, daß es kaum Mittel gab, die Auswanderung zu fördern, was zur Folge hatte, daß es nicht nur für die Überfahrt, sondern auch in den Kolonien an Startkapital fehlte. Schließlich hatten sich auch die Investoren so sehr zurückgehalten, daß - neben der Landwirtschaft, die man selbst hätte aufbauen müssen - auch die Industrie keine Erwerbsquelle bot. Man zog es deshalb vor, in die USA zu gehen, wo nicht nur das Klima, sondern auch die Arbeitsbedingungen günstiger waren.

Nicht nur als Handels-, sondern auch als Siedlungskolonien erwiesen sich die deutschen Besitzungen in Übersee als Enttäuschung. In nennenswerter Zahl ließen sich Deutsche nur in Südwest nieder, das zu den subtropischen Breiten gehörte und durch die schon genannte Siedlungsgesellschaft einen ersten Anreiz erfuhr. Auch blieben viele Ausgediente der Schutztruppe, die ja überwiegend aus Weißen bestand, in Südwest, so daß es nur an weiblichen Einwanderern fehlte, ein Problem, dessen sich schließlich die Deutsche Kolonialgesellschaft annahm. So wuchs das deutsche Kontingent in Südwest auf immerhin 12 292 im Jahre 1913, im Vergleich zu den 78 810 Eingeborenen, die durch die Kriege stark dezimiert worden waren, ein nicht unbedeutender Prozentsatz.

Die meisten Deutschen widmeten sich in Südwestafrika der Viehzucht, was ja auch schon die Einheimischen, die sie verdrängt hatten, getan hatten. Für die Landwirtschaft fehlte es an ausreichender Bewässerung, und in der Industrie zeichnete sich erst am Ende ein Aufschwung ab. 1913 gab es 1331 Farmen in Südwest, die zum Teil aber auch von Buren betrieben wurden, die ja noch vor den Deutschen eingewandert waren, von diesen aber bevölkerungsmäßig überflügelt wurden.

»Meine Stammherde«, berichtet Joachim Cranz, einer der deutschen Pioniere in Südwest, »bestand aus etwa hundert Köpfen, darunter 45 Kühe. Es waren alles schwarze und schwarzbunte Tiere. So hatte ich sie mir beim Händler ausgesucht. Auch ein Friesenbulle war dabei. Mein Plan war, in dem weiten Steppengelände des Nossob [im Südosten des Landes] Friesen zu ziehen. – Es war ein hübscher Anblick, als anderen Tages die Herde gravitätischen Schrittes, die gewaltigen Hörner wiegend, angeführt von der bösen Kuh ›Satan‹, auf der Ansiedlung eintraf. Die kleinsten Kälber zottelten hinterdrein. Die größeren gallopierten übermütig hin und her, verfolgt von den besorgten Mutteraugen. Die Herde wurde in den großen, dichten Dornkraal eingetrieben. Die Kälber kamen in einen besonderen Verhau, denn abends wollten wir die Kühe melken. Später wurde das Vieh in die schöne Weide getrieben, die jetzt fast trocken war. Wir hatten ja die kalte Zeit, also unseren Winter. Erst kurz vor Weihnachten setzt wieder der Regen ein. Die Jahreszeiten liegen gerade umgekehrt wie in der deutschen Heimat, während die Tageszeit fast mit der in Deutschland übereinstimmt.

Meine Hütte war fertig bis auf den Verputz. Jetzt, da das Vieh gekommen, hatten wir auch den nötigen Mist. Die Weiber machten sich daran, das Geflecht mit dem hier üblichen Brei aus Kuhmist und Lehm zu verschmieren. Appetitlich klingt das nicht und appetitlich sah es auch nicht gerade aus, wie sie damit hantierten. Aber in der Sonne trocknet dieses Gemisch dann schnell und wird ganz geruchlos. Es hat den Vorteil, daß es später weniger abregnet, wie es mit Lehm allein geschehen würde.

An manch einem Sonntag machte ich Besuche in der Nachbarschaft. Die nächste Farm war nur sechs Kilometer entfernt. Ein Vergnügen ist es nicht, in Südwest zu Fuß zu gehen. Man will aber wieder einmal weiße Menschen sehen, braucht Anregung und muß als Neuling manches erfragen und besichtigen. Ich hatte natürlich auch dann und wann Besuch. Alle vier Wochen kam eine berittene Polizeipatrouille auf die Farm.«

Ein hartes und entbehrungsreiches Leben, zu dem sich nicht selten auch noch ein Rückschlag gesellte: »Vierzehn Tage später«, berichtet Cranz weiter, »stand plötzlich die ganze Welt um uns in Flammen. Vom Osten zog ein riesenhafter Steppenbrand herauf. Mit Windeseile sauste er, vom Sturm gepeitscht, auf meine Farm zu. Von überallher kamen zu Pferde und Wagen die Nachbarn mit ihren Leuten herbeigeeilt. Was aber bedeuten dreißig Farbige und fünf Weiße solch einem Steppenbrand gegenüber? Man kann ihm nur mit Zweigen zu Leibe gehen – und auch das nur, wenn der Wind sich legt. Zwei Drittel meiner Farm brannten in jenen Tagen ab. In acht Jahren folgten weitere fünf Brände. Im hohen Gras der afrikanischen Steppe findet jedes Feuer reichliche Nahrung. Ein wundervoller Anblick ist es, wenn das weite Feld in hohen Flammen steht. Bei jedem Windstoß schießen sie meterweit voraus. Grüne Laubbüsche fallen ihnen prasselnd zum Opfer. Allenthalben wälzen sich undurchdringlich schwarze Qualm- und Rauchsäulen dahin – dazwischen ganze Züge von roten, gierigen und vorwärtsstürmenden Flammeninseln. Die Ruhe nach jedem Winde wird benutzt, um mit den Zweigen dreinzuschlagen. Die Eingeborenen feuern sich mit wahrem Niggergeheule gegenseitig an. Männer und Frauen kämpfen um die Wette gegen den Brand. So wird dann Kilometer um Kilometer ausgelöscht.«

Da hatten es die Deutschen auf Samoa doch schon leichter. Samoa, vier Inseln des Archipels, die den Deutschen zugefallen waren, stand am anderen Ende der Skala: Hier lebten im Jahre 1913 nur 329 Deutsche, im Gegensatz zu einer Eingeborenenbevölkerung von 34124. Sie, die Deutschen, waren überwiegend Pflanzer und Händler, zumeist Angestellte der Handels- und Plantagengesellschaft der Südsee, die die Nachfolge der Firma Godeffroy angetreten hatte.

Der Filialleiter der Gesellschaft auf Samoa war der schon erwähnte Hamburger Kaufmann Otto Riedel, der im Jahre 1905 immerhin einen Reingewinn von einer halben Million Mark erwirtschaftete. Das kam natürlich nicht von ungefähr: »Im übrigen«, schreibt Riedel in seinen Erinnerungen, »wurde bei uns sehr auf Ordnung im Dienst gehalten. Punkt neun Uhr saß jeder Angestellte auf seinem Platz und hatte bis ein Uhr flott zu tun. Dann läutete es zum Lunch. Auch die Handwerker und Arbeiter machten jetzt Pause bis zwei Uhr. Wir versammelten uns im Eßsaal. Es gab meist ein warmes Gericht und eine kalte Platte, wozu alkoholfreie Getränke gereicht wurden. Danach kam eine kurze Siesta, und um zwei Uhr rief die Glocke wieder zur Arbeit. Gewöhnlich wurde um fünf Uhr Schluß gemacht. Nun gingen wir baden, ritten oder fuhren, als die Wege besser geworden waren, im Wagen spazieren. Pünktlich um sieben Uhr mußte jeder in tadellosem weißem Anzug im Eßsaal sein. Auf diese Sitte habe ich auch als Leiter sehr gehalten.«

Nach dem Dinner spielte man Skat im Kasino, besuchte den Kegelklub oder ging zum Tanz in den Biergarten. Das Kasino, das die Gesellschaft unterhielt, war der Mittelpunkt des geselligen Lebens in Apia: »Zu den offiziellen Veranstaltungen der ›Firma‹«, berichtet Riedel, »wollte jeder geladen sein, der in Apia etwas zu gelten glaubte. Die großartigste davon ist der traditionelle Silvesterball gewesen, bei dem unser ganzes Haus und der Garten festlich ausgeschmückt wurden. An Palmen hingen Lampions, und eine Half-Caste-[Mischlings-]Kapelle bemühte sich, eine rauschende Musik zu machen. Sogar deutsche Walzer wurden gespielt.«

Der Kegelklub, der »den Zusammenschluß unter uns Deutschen« fördern sollte, tagte alle acht oder 14 Tage, während der Biergarten besonders dann auflebte, wenn die Marine für Stimmung sorgte: »Was die Möglichkeiten für die private Unterhaltung anlangt«, erinnert sich Riedel, »so war die harmloseste davon der Besuch von ›Lindenau‹, wie ein deutscher Biergarten außerhalb von Apia hieß, wo es Pschorrbräu in Temperaturen gab, die einen deutschen Biertrinker zu Wutausbrüchen hätten hinreißen können. Dort spielten oft die Kapellen unserer Kriegsschiffe zum Tanze auf, wenn die Mannschaften an Land kamen. Da konnte man denn beobachten, wie unsere ›blauen‹, richtiger ›weißen‹ Jungens ihr Vaterland in der Südsee repräsentierten. Ich will nicht behaupten, daß jeder einen Heiligenschein verdient, aber gemessen an den Besatzungen der Schiffe anderer Nationen, benahmen sie sich wie vollendete Gentlemen. Die hübschen Mädchen, mit denen sie tanzten, wußten das sehr zu schätzen und zwängten sich sogar Schuhe über die Füße, um für die deutschen Tänzer gut hergerichtet zu sein.«

Mischlinge, die zuweilen Folge einer derartigen Begegnung waren, waren in der Südsee keine Seltenheit. Auf Samoa – dem deutschen Teil – gab es 1914 immerhin über 1000 dieser sogenannten Half-Castes. Das war – nach Südwest, wo man 1912

1746 Mischlinge registrierte – die höchste Zahl in den deutschen Kolonien. »Die jungen unter den Half-Caste-Frauen«, berichtet Riedel, »waren oft sehr anziehend, und auch die älteren hatten häufig in hohem Maße Witz und Intelligenz. Man darf übrigens nicht denken, daß die weiblichen Half-Castes lokkere Sitten gehabt hätten. Sie sind meist sehr treue Gatinnen gewesen. Das Schwierige bei einer Ehe mit einer Eingeborenen war, daß man in Samoa die ›Ainga‹, das ist die Verwandtschaft, in noch viel höherem Maße mitheiratet, als es bei uns mit den viel bewitzelten Schwiegermüttern der Fall ist. Das neue Familienmitglied hat allerdings auch an den Ehren der eingeborenen Familie teil, aber es muß dafür die Pflichten der Gastfreundschaft und das Mitbeteiligtsein der ganzen Familie an allen Annehmlichkeiten auf sich nehmen. Auch unser Arzt, Doktor Funk, hatte in zweiter Ehe eine Samoanerin geheiratet, die klug und gewandt war, auch gut deutsch sprach und einem Haushalt ausgezeichnet vorzustehen wußte.«

Auch den Chinesinnen sagt man einen besonderen Reiz nach, doch die Deutschen kamen hier – in ihrem Stützpunkt Kiautschou – vor lauter Arbeit nicht mehr dazu, auch die angenehmeren Seiten des Lebens zu genießen. Galt es doch, am Rande Chinas einen Stützpunkt zu errichten, der das gewaltige Land der Mitte dem deutschen Handel eröffnete.

Für 30 Millionen Mark bauten die Deutschen den Hafen von Tsingtau aus, der ursprünglich ein kleines Fischerdorf gewesen war, und die Schantung-Bahn, die die Deutschen bis nach Tsinanfu, die Hauptstadt der Provinz, ausbauten, war über eine Zweiglinie sogar mit der Transsibirischen Eisenbahn verbunden, die ihrerseits eine direkte *Land*verbindung nach Europa herstellte. Die Schantung-Bahn endete in der *Stadt* Tsingtau, die sich südlich an den Hafen anschloß. Dazwischen lag die Chinesenstadt Tapautau, 1913 mit über 50000 Einwohnern.

In der *weißen* Stadt, überragt vom Bismarck-Berg, waren vor allem die Marineeinheiten stationiert, die sich – 1913 – auf 2400 Mann beliefen. Hinzu kamen rund 2000 *zivile* »Kaukasier«, wie damals die *Weißen* genannt wurden, so daß die Gesamtzahl der Weißen im Schutzgebiet 4470 betrug. Dem stand eine chinesische Bevölkerung von 187000 gegenüber, die sich – neben Tapautau – auf 274 Dörfer verteilte.

Tsingtau – der Hafen – stand 1910 an sechster Stelle unter den 45 dem freien Handel geöffneten Plätzen Chinas. Seine Zolleinnahmen betrugen 1,2 Millionen *tael*, was etwa dem dreifachen Betrag in Mark entspricht. 1912 war Tsingtau sogar auf den zweiten Platz unter den Häfen *Nord*chinas gerückt.

Doch der Anteil der Deutschen am Gesamthandel Tsingtaus - von dem des übrigen China ganz zu schweigen - machte 1911 (ohne Edelmetalle) nur 50 Prozent aus. Immerhin belief sich der Wert der - deutschen - Einfuhren im Geschäftsjahr 1912/13 auf fast 18 Millionen Mark, während die Ausfuhren nach Deutschland - 1912 - bei 5,6 Millionen Mark lagen. Stärkster Konkurrent waren - wie in Afrika - auch in China die Engländer, die ihren Handelsanteil in Tsingtau von 29 Prozent 1909 auf 35 Prozent 1911 erhöhen konnten. Unter den übrigen Nationen waren nur noch die Japaner im Rennen, die 1911 einen Anteil von 12 Prozent aufwiesen.

Die Anstrengungen der Deutschen hatten sich also gelohnt (wenn auch nicht unbedingt für sie selbst, denn der Reichszuschuß für Kiautschou betrug 1913/14 immerhin 9,5 Millionen Mark), und Tsingtau stand im Ruf, das Preußen des Ostens zu sein. Nicht nur florierte der Handel, Tsingtau - die Stadt - war auch für alle Europäer im Fernen Osten ein beliebter Erholungsort. Da gab es nicht nur ein feudales Grand-Hotel, einen Badestrand und Grünanlagen, der ganze Ort mit Kirche, Villen und Straßenbeleuchtung wirkte wie eine deutsche Kleinstadt. Wer Chinese war, mußte abends mit einer Laterne durch die Straßen ziehen.

Tsingtau

Immerhin hatten die Deutschen in Tsingtau eine Universität gegründet, und die Bibliothek der Stadt, die zunächst im Gericht untergebracht war, ehe sie in das Amtsgebäude des Gouverneurs überwechselte, umfaßte schließlich 11000 Bände. Wenngleich sie auch mit dem Ziel gegründet worden war, »zur Förderung der geistigen Entwicklung und zur Belebung deutscher Gesinnung auf fremdem Boden beizutragen«, so diente die Bibliothek doch schließlich dem Zweck, ein Hort der Literatur über Ostasien zu sein. Freilich konnte, wer wollte, sich auch im Lesesaal an 89 meist deutschen Zeitungen und Zeitschriften delektieren, von denen drei über Sibirien bezogen wurden.

Kölnisch Wasser

Der Kuli in den Bergwerken von Schantung, die die Deutschen betrieben, verdiente eine halbe Mark pro Schicht. Das war 1/100 dessen, was man dem Gouverneur - in Kiautschou - zugestand: Er verdiente 18000 Mark im Jahr, wozu freilich noch 12000 Mark Kolonialzulage kamen sowie 10000 Mark für Repräsentation. Er verfügte also über einen Betrag von 40000 Mark, was auf den Kuli bezogen sogar das 200fache ausmachte.

Ob er tasächlich soviel mehr leistete, sei dahingestellt, jedenfalls reichte der Lohn, den man dem Kuli in China oder dem Plantagenarbeiter in Afrika zahlte, nicht aus, um sich - geschweige denn seine Familie - zu ernähren. Dafür sprachen nicht nur die Sterbeziffern, die - wie in Kamerun, wir erwähnten es schon, 75 Prozent erreichten -, sondern auch der Unwillen der Eingeborenen, sich freiwillig auf den Betrieben der Deutschen zu verdingen.

Doch waren die niedrigen Löhne, die die Deutschen zahlten (um neben den Profiten, die sie machten, auch konkurrenzfähig zu sein) nicht der einzige Grund, daß die eingeborene Bevölkerung in den Kolonien zum Teil rapide abnahm. Verläßliche Daten liegen zwar nur für den weißen Bevölkerungsanteil vor, doch ergeben selbst Schätzungen, die erst gegen Ende der Kolonialzeit durch genauere Zählungen ersetzt wurden, ein aufschlußreiches Bild: Danach sank beispielsweise die Zahl der Eingeborenen in Südwest während der deutschen Kolonialherrschaft um fast die Hälfte, von 130000 am Vorabend der Eroberung auf 75000 im Jahre 1912. Darin sind freilich nicht die Ovambo - im Norden des Landes - berücksichtigt, die durch die Einwirkungen der Kolonialherrschaft nur marginal betroffen wurden.

Was für Südwest – und Kamerun – zutrifft, ist auch für die Südsee typisch. Dort waren ganze Stämme vom Aussterben bedroht, so daß die Kolonialverwaltung sich veranlaßt sah, eigens zu dem Zwecke Expeditionen auszusenden, die Gründe für den Bevölkerungsschwund zu untersuchen. Doch sie kamen nur zu dem Ergebnis, was auch in Afrika nicht unerheblich war, daß es in erster Linie Krankheiten waren, die den Rückgang der Bevölkerung verursachten. Vor allem die hohe Kindersterblichkeit sei an der Kalamität schuld. Doch war es natürlich nicht nur diese, die verhinderte, daß es mit den Eingeborenen wieder aufwärts ging: »Stark hemmend«, berichtet Professor Neuhauß, der Mediziner, »wirkt auf die Vermehrung des Volkes auch die große Kindersterblichkeit, besonders infolge von Malaria und unzweckmäßiger Ernährung. Durch die Malaria müssen sich die Kinder hindurchseuchen, wozu die ersten acht bis zehn Lebensjahre erforderlich sind. Hierbei gehen viele zugrunde. Den durch die Malaria ohnehin sehr geschwächten Kindern wird von den ersten Lebenstagen an alles mögliche in den Mund gestopft. Hierzu kommen die vielen Erkältungskrankheiten (Bronchialkatarrhe und Lungenentzündungen), denen Kinder und Erwachsene in den zugigen Hütten und bei den häufigen Regengüssen ausgesetzt sind. Ferner spielt der Selbstmord eine nicht zu unterschätzende Rolle. Auch die gelegentlich epidemisch auftretende Ruhr und die von den Europäern mitgebrachte Influenza nebst den Pocken tun das ihrige. Pocken sind zweifellos schon vor Ankunft der Europäer, wahrscheinlich durch die Malayen wiederholt eingeschleppt. Als neueste Errungenschaft der Zivilisation spielen eine verderbliche Rolle die Tuberkulose, der Aussatz und die Geschlechtskrankheiten, welche wir der Arbeiteranwerbung verdanken. Letztere wirkt auf die Zunahme der Bevölkerung überhaupt recht ungünstig. Für drei Jahre werden die jungen kräftigen Leute, von denen ein erheblicher Prozentsatz bereits verheiratet ist, ihren Familien entzogen. Wenn sie dann mit Beinkleid, Jacke, Hut, Regenschirm und Flasche kölnisch Wasser in ihr Heimatdorf zurückkehren, fühlen sie sich als große Herren und wollen überhaupt nicht mehr arbeiten. Was noch viel schlimmer ist, sie bringen Geschlechts- und andere Krankheiten mit. Bei den Fällen von Tuberkulose und Aussatz, die ich in Neu-Guinea beobachtete, waren sämtliche Kranke Plantagenarbeiter gewesen und mit Chinesen, Malayen usw. in Berührung gekommen.«

Die Plantagenarbeit war das größte Unheil, das die Eingeborenen traf. Die Plantagenarbeit und der Krieg. Letzterer ist für den Bevölkerungsrückgang in Südwest verantwortlich, der – da dadurch die Stammesländer frei wurden – die deutsche Einwanderung anlockte. Erstere, die Arbeit auf den Plantagen (und in den Bergwerken, in China und in Südwest), brachte nicht nur Krankheiten, die jene, gegen die Robert Koch zu Felde zog, wieder aufwogen, sie führte auch zur Zersetzung der sozialen Bande, nicht nur, was den engeren Kreis der Familie betraf, sondern auch die Dorfstruktur und schließlich den ganzen Stamm.

Am Ende stand die Proletarisierung, die freilich nicht im Sinne Marxens zu verstehen ist, denn dazu fehlte es zumal den Papuas an Klassenbewußtsein. Nicht nur waren sie – wie auch die afrikanischen Völker – zersplittert (in Kamerun beispielsweise in 130 verschiedene Ethnien), sie ahnten auch nicht, daß es so etwas wie Gewerkschaften gab, die man immerhin den Arbeitern in Europa konzediert hatte. Von der Schutztruppe in Schach gehalten und von korrumpierten Häuptlingen, die mit der Kolonialmacht kollaborierten, drangsaliert, war das Los für die meisten, die unter dem Joch der deutschen – wie aber auch der englischen, französischen oder belgischen – Kolonialherrschaft standen, nicht besser, als es zuvor – im Zeitalter der Sklavenjagden und Stammesfehden – gewesen war. Ja, dort, wo die Bevölkerung gegenüber früher zurückging, war es offensichtlich noch schlimmer.

Freilich war der Grad der Ausbeutung nicht für alle Kolonisierten gleich. Wie sonst wäre es zu verstehen gewesen, daß von Puttkamer, der Gouverneur von Kamerun, auf einer Inspektionsreise in den Norden des Landes vom Sultan von Bornu freudig empfangen wurde? Dominik, der Haudegen, hatte in dieser Gegend noch bitter zu kämpfen gehabt. »Unser Zug«, berichtet Puttkamer unter dem 27. Oktober 1903, »macht sich mit den neuen Anzügen und den flatternden Fähnchen recht stattlich, als wir über die weite, der Stadt Dikoa vorgelagerte Ebene traben. Diese Flächen sind in der Hochwasserzeit überschwemmt und bilden in der Trockenzeit einen eigentümlich rissigen, mit dünnem Gras bestandenen grauen Boden, Firki genannt. Weit vor dem Tore der Stadt ist die Heeresmacht Sandas in zwei Gliedern in Parade aufgestellt, auf dem rechten Flügel der Schutztruppenkompagnie unter Oberleutnant Strümpell. Sanda und Strümpell reiten mir entgegen, die Kompagnie präsentiert, die Feldzeichen der Dikoaner senken sich und wir reiten die Fronten ab, zuerst die Kompagnie, dann wohl an 600 Reiter, die mit ihren vielen wehenden Standarten, ihren farbenprächtigen Gewändern und Pferdedecken einen sehr malerischen Eindruck machen, endlich 2000 Mann Fussvolk, vielfach mit Steinschlossgewehren. Wir galoppieren auf den rechten Flügel zurück und ziehen in die Stadt ein, voran Sultan Sanda mit seiner Leibwache und Musik, dann ich mit meinen Reitern und Offizieren, dahinter unsere Fusstruppe, zum Schluss das gesamte Kriegsheer von Bornu. Nicht nur Strassen und Plätze, sondern auch Mauern und Dächer sind mit wimmelnden Menschenmassen angefüllt; besonders zeichnen sich die Weiber durch ihr gellendes Begrüssungsgeschrei aus. Es geht durch einen grossen Teil der Stadt hindurch, vorbei an dem Grabe des französischen Forschers Béhagle und am Schädel Fad-el-Allahs über den gewaltigen Marktplatz hinweg zum alten Rabehpalast, wo das Quartier der Kompagnie und auch mein Unterkommen ist. Wir stellen uns vor dem Tore des Palastes unter einem Schattenbaum auf, und nun findet unter dem Gejubel einer vieltausendköpfigen Menge ein Vorbeimarsch des ganzen Zuges statt, hernach Vorstellung sämtlicher Grossen des Landes und der Heerführer mit Gefolge, unter denen mein Freund Ibrahim eine besonders glänzende Rolle spielt. Sanda versäumt nicht, mir seine uralte von ihm hochgeehrte Mutter vorzustellen. Um 9 Uhr ist alles vorüber und wir beziehen Quartier in den hohen, luftigen Räumen der Rabehburg.«

Rabeh, wir entsinnen uns, war jener ägyptische Abenteurer, der sich - vor der Jahrhundertwende - ein ausgedehntes Reich geschaffen hatte, das auch Bornu, dessen Herrscher er besiegt hatte, einschloß. Nachdem er jedoch seinerseits - von den Franzosen - geschlagen worden war, war es - im Verein mit den anderen europäischen Mächten - zur Aufteilung seines Reiches gekommen, wobei der östliche Teil Bornus - südlich des Tschad-Sees - den Deutschen zugefallen war, während der westliche - mit der alten Hauptstadt Kuka - an die Engländer fiel. Dikoa war die Residenz Rabehs gewesen, und so setzten die Deutschen, die von den Engländern das System der indirekten Herrschaft übernahmen, hier einen Erben der Herrscher von Bornu ein, jenen Sultan Sanda, der den deutschen Gouverneur so freundlich empfing. Dies hatte einst auch Scheich Omar getan, als er dem Gesandten des preußischen Königs, Gustav Nachtigal, eine Audienz gewährte. Doch darin lag der Unterschied: Nachtigal war gekommen, um dem Scheich den Gruß des Königs zu entbieten, Puttkamer kam, um die Huldigung des Sultans entgegenzunehmen. Er war nicht mehr sein eigener Herr, sondern nur noch ein Vasall, ein Herrscher von des Kaisers Gnaden. Doch da dieser - das heißt, der Gouverneur, der in seinem Namen regierte - fernab an der Küste, in Buea, residierte und die Geschäfte im Norden - wie auch in Ruanda und

Burundi – einem Residenten überließ, so war die Herrschaft der Deutschen in Bornu erträglich, ja, sie hatte zur Wiederbelebung der Dynastie geführt.

Anders in Duala, das von Anfang an im Schnittpunkt der deutschen Interessen gelegen hatte. Beherrschten sie doch – die Duala – den lukrativen Küstenhandel, der – da die Engländer ihn bedrohten – der Anstoß zur Schutzerklärung durch die Deutschen gewesen war. Doch dieser Schutz, den man in feierlichen Verträgen den Duala zugesagt hatte, verwandelte sich schon bald in sein Gegenteil: Nicht Wohlstand und die Errungenschaften der Zivilisation brachten die Deutschen, sondern Elend und Unterdrückung, die schließlich – nachdem man ihr Handelsmonopol gebrochen hatte – in der Vertreibung aus ihrem eigenen Stammesgebiet gipfelten. Unter dem Vorwand, die Stadt Duala, die – an der Stelle der ursprünglichen Dörfer – zum wichtigsten Umschlagplatz des Landes geworden war, zu sanieren, begann man – wie es auch in Kiautschou und andernorts geschehen war – mit der Umsiedlung der Eingeborenen. Widerstand war zwecklos, das hatte die Marine schon beim ersten Aufmucken, im Dezember 1884, als sie die Kamerun-Bucht unter Beschuß nahm, bewiesen. Doch sich passiv in ihr Schicksal zu ergeben, erschien den Duala auch nicht recht: Dazu war der Verrat zu schändlich.

Also versuchten sie es auf friedlichem Wege: Mit Hilfe eines Berliner Rechtsanwaltes, der sich ihrer Sache annahm, erwirkten sie beim Reichstag die Entsendung einer Kommission, die ihre Beschwerden untersuchen sollte und zunächst jede weitere Zwangsaussiedlung suspendierte. Doch das war der einzige Sieg, den sie errangen: Unter dem Verdacht, einen Aufstand anzuzetteln, machte man ihrem Anführer, Rudolf Bell, den Prozeß – und ließ ihn hinrichten.

Das Urteil wurde am 9. August 1914 vollstreckt. Dies sind die letzten Worte des Duala-Häuptlings: »Unschuldiges Blut hängt ihr auf. Umsonst tötet ihr mich. Aber die Folge davon wird die größte sein. Ich scheide jetzt von meinen Leuten. Aber verdammt seien die Deutschen. Gott! Ich flehe Dich an, höre meinen letzten Willen, daß dieser Boden niemals mehr von Deutschen betreten werde!«

Der Wunsch ging in Erfüllung, auch wenn es Rudolf Bell nicht mehr half.

EXKURS:
DIE GÖTTERDÄMMERUNG

»Ich habe mir gelobt, auf Grund meiner Erfahrungen aus der Geschichte niemals nach einer öden Weltherrschaft zu streben. Denn was ist aus den großen sogenannten Weltreichen geworden? Alexander der Große, Napoleon der Erste, alle die großen Kriegshelden, im Blute haben sie geschwommen und unterjochte Völker zurückgelassen, die beim ersten Augenblick wieder aufgestanden sind und die Reiche zum Zerfall gebracht haben.«

Schon 1905, vor der Reise nach Tanger, äußerte der Kaiser diese Worte. Doch sie fielen auf taube Ohren, beim Reichskanzler, im Auswärtigen Amt und bei Tirpitz. Der Kaiser, so wenig man ihm das zutraute, hatte etwas gelernt: sich nicht nur im Ausdruck zu zähmen, sondern auch der Weltmacht zu entsagen, wenn dies einen Krieg implizierte. Er schwenkte zurück auf die Linie dessen, den er um dieser Friedensliebe entlassen hatte: »Das Weltreich, das ich mir geträumt habe«, so fuhr er fort, in einer Rede in Bremen, »soll darin bestehen, daß vor allem das neuerschaffene Deutsche Reich von allen Seiten das absolute Vertrauen als eines ruhigen, ehrlichen, friedlichen Nachbarn genießen soll und daß, wenn man dereinst vielleicht von einem Deutschen Weltreich oder einer Hohenzollernweltherrschaft in der Geschichte reden sollte, sie nicht auf Eroberungen begründet sein soll durch das Schwert, sondern durch gegenseitiges Vertrauen der nach gleichen Zielen strebenden Nationen, kurz ausgedrückt, wie ein großer Dichter sagte: ›Außenhin begrenzt, im Innern unbegrenzt‹.«

Nun, so ganz hatte er denn doch nicht auf seinen alten Stil verzichtet, doch die Rede in Bremen war dennoch eine Abkehr von jener, die er in Bremerhaven gehalten hatte: Als Hunnenführer Attila wollte er denn doch nicht in die Geschichte eingehen, wenngleich auch offenbleibt, wie er sich denn sonst die Erlangung der Weltherrschaft vorstellte. Jedenfalls nicht mit Hilfe eines Krieges, von dieser Schuld muß man ihn freisprechen.

»Dann habe ich«, berichtet von Tirpitz in seinen Erinnerungen, »es für mein Recht und meine Pflicht gehalten, den breiten Schichten begreiflich zu machen, welche Interessen hier auf dem Spiele standen; es galt, den verkümmerten Welthorizont des Volkes zu weiten; den durch unsere geschichtliche Entwicklung abhanden gekommenen oder doch zur Seite gedrängten Sinn für die Kulturwerte, die mit der See zusammenhingen, zu wecken; die Überzeugung zu vertiefen, daß wir gebieterisch auf diesen Weg gewiesen waren, wenn wir das zusammengedrängte

Deutschtum ohne riesige Auswanderung in der Heimat so blühend erhalten wollten, wie es seit Bismarcks Schutzzoll-Gesetzgebung glücklich gedieh. Heeringen organisierte die Nachrichtenabteilung des Reichsmarineamtes; er reiste an den Universitäten umher, wo sich fast alle Nationalökonomen bis zu Brentano hin in großartiger Weise zur Unterstützung bereit fanden. Schmoller, Wagner, Sering, Schumacher und viele andere wiesen nach, daß die Aufwendungen für die Flotte produktive Ausgaben wären, und stellten die Lage Deutschlands dar, die ungesicherte wirtschaftspolitische Grundlage unserer ganzen Kultur und Macht, die Gefahr, daß unser Menschenüberfluß statt eines Reichtums eine unerträgliche Last werden könnte. Sie zeigten, wie sehr unsere Weltstellung auf Sand gebaut war, wie die Chamberlainschen Zollpläne u. a. uns zum Vegetieren als armes Kleinvolk verurteilten, wenn wir nicht die Macht hätten, ein eigenes Wort gegenüber den Überseemächten in die Wagschale zu werfen. So kam ein Schwung in die Erörterung nationalpolitischer Fragen, der ein gesundes Gegengewicht gegen unfruchtbare sozialpolitische Utopien schuf.«

In dem Maß, wie der Kaiser nachdenklicher wurde, ergriff Tirpitz mit Schwung und Elan die Initiative. Schon sein Äußeres riß die Menge mit: Pflegte er doch einen langen weißen Bart zu tragen, in der Mitte gescheitelt, der ihm den Anschein eines alten Seebären verlieh, der er in der Tat auch war, denn schon 1865 war er in die preußische Marine eingetreten und hatte es inzwischen – 1911 – zum Großadmiral der kaiserlichen Flotte gebracht. Dazwischen lag ein unermüdliches Ringen, dem Deutschen Reich auch auf dem Meere zur Großmacht zu verhelfen. Kiautschou, das er erworben und ihm das Reichsmarineamt, dessen Staatssekretär er wurde, eingebracht hatte, war erst der Anfang gewesen: Nichts geringeres erstrebte er, als es den Engländern gleichzutun. Doch das war das Verhängnis.

England war stets auf der Seite der Deutschen gewesen, wenn auch nicht aus Freundschaft: Die koloniale Expansion der Deutschen hatte zu manchen Spannungen geführt, doch am Ende hatte sich Großbritannien immer bereit erklärt, den Wünschen der Deutschen nachzugeben. Ob das nun in Afrika war, in der Südsee oder in China. Es hatte dies nicht freiwillig getan: Der russische Bär band den englischen Löwen. Nicht nur war der Bär bis an die Grenzen Indiens vorgestoßen, er bedrohte auch, indem er zum Schlag gegen die Türken ansetzte, die Verbindungslinien über Persien und Suez.

Solange die russische Gefahr nicht gebannt war, sah man über die deutsche hinweg. Doch als es – nach dem Russisch-

Japanischen Krieg, der dem Zaren eine vernichtende Niederlage brachte - zu einem Ausgleich zwischen dem Bär und dem Löwen kam, bekamen die Engländer just in dem Moment den Rücken frei, als sie sich auch mit den Franzosen verständigten. Das Ergebnis war die sogenannte Tripelentente, ein Bündnis zwischen Großbritannien, Frankreich und Rußland, das gegen die *Tripelallianz*, Deutschland, Österreich-Ungarn und Italien, gerichtet war.

Weshalb diese Konfrontation, die zu vermeiden das Ziel des größten Staatsmannes des 19. Jahrhunderts, Bismarck, gewesen war? Schon darin liegt die Antwort: Es war ihm im 20. keiner ebenbürtig. Innenpolitisch hatte er versagt - das erwähnten wir schon: die Folge waren die Kolonien gewesen -, doch außenpolitisch verstand er es wie keiner vor oder nach ihm, den Ausgleich der Mächte zu wahren, den er freilich - durch die Schaffung des Reiches - mit einem ungünstigen Vorzeichen versah. Frankreich vergab den Deutschen nie den Sieg von 1870/71, und England wurde sich allmählich bewußt, daß durch den neuen aufstrebenden Staat nicht nur das Gleichgewicht auf dem Kontinent gefährdet war, sondern auch - durch jene Flotteninitiative von Tirpitz - seine eigene Existenz. England war - anders als Deutschland - auf eine Beherrschung der Meere angewiesen: Mit ihr stand oder fiel nicht nur das englische Weltreich, auch als Großmacht konnte sich England nicht mehr behaupten, wenn ihm ein anderer die Herrschaft auf den Meeren streitig machte. Bismarck hatte das erkannt und handelte danach. Die, die ihm folgten - darunter auch der Kaiser, dem die Flotte das liebste Spielzeug war -, beherzigten seine Lehren nicht: Die Folge war, daß sich England in die Enge getrieben sah und sich auf die Seite derer schlug, die nun ihrerseits das Deutsche Reich einkreisten.

Und das gab denn auch dem Kaiser wieder Mut: »Ich war stets ein Anhänger des Friedens«, verkündete er am 18. Oktober 1913, bei der Einweihung des Völkerschlachtdenkmals in Leipzig, »aber das hat seine Grenzen. Ich habe viel über den Krieg gelesen und weiß, was er bedeutet. Aber endlich kommt die Lage, in der eine Großmacht nicht länger zusehen kann, sondern zum Schwert greifen muß.«

Jeder Zehnte

Was er meinte, der Kaiser, war die Furcht, von den »Slawen« hinweggefegt zu werden, also Rückkehr zu seinem alten Wahn.

Denn nicht an der Westfront, sondern an der Ostfront ging das große Völkermorden los.

Am 28. Juni 1914 wurde in Sarajewo der österreichische Thronfolger, Erzherzog Franz Ferdinand, ermordet. Die Schuld schob man den Serben zu, die seit geraumer Zeit gegen die Donau-Monarchie intrigierten, da diese ihren Einfluß auf dem Balkan auszudehnen versuchte. Doch wenngleich auch Serbien, das sich unlängst aus der Umklammerung des Türkischen Reiches befreit hatte, an dem Attentat, das bosnische Nationalisten verübt hatten, nicht beteiligt war, so ging es doch – auf Anraten der Russen, mit denen es verbündet war – auf ein Ultimatum der Österreicher, das Genugtuung forderte, ein, um dadurch einen Krieg abzuwenden. Doch dazu war nicht nur Österreich-Ungarn, sondern auch das Deutsche Reich bereit, das vor allem fürchtete – wie die Engländer die Deutschen –, daß die Russen, die sich von ihrem Schlag im Osten erholt hatten, zu stark werden könnten, um sich ihrer in einem späteren Krieg, von dem man annahm, daß er kommen würde, noch erwehren zu können. Denn das Deutsche Reich war ja in der mißlichen Lage, im Falle eines solchen Krieges an zwei Fronten kämpfen zu müssen, gegen Frankreich im Westen und Rußland im Osten, wozu dann noch die Bedrohung seitens England kam. Einen solchen Krieg zu gewinnen, war nur möglich, wenn man an der Westfront – in einem schnellen Vorstoß nach Paris, wie ihn bereits 1905 der damalige Generalstabschef von Schlieffen geplant hatte – einen schnellen Sieg gewann, um sich dann mit aller Macht der »slawischen Gefahr« widmen zu können. Dabei war es entscheidend, daß die Russen bei dem plötzlichen Ausbruch eines Krieges nicht einsatzbereit waren, man also die Zeit, die sie zur Mobilisierung benötigten, für den Schlag im Westen nutzen konnte. Diese Chance wurde aber durch eine forcierte Aufrüstung der Russen immer geringer, deshalb riet die deutsche Heeresführung, die Gelegenheit, die Serbien bot, zu nutzen und – auf das Risiko eines größeren Krieges hin, der dann jedoch ein Präventivkrieg sein würde – den Österreichern grünes Licht zu geben. Diese, mit dem Schutz des Reiches im Rücken, wiesen denn auch das Entgegenkommen der Serben zurück und erklärten dem Land am 28. Juli, genau einen Monat nach dem Attentat, den Krieg. Rußland mobilisierte daraufhin, wie vorausgesehen, seine Truppen, was das Deutsche Reich veranlaßte, dem Zaren wie Frankreich am 2. August den Krieg zu erklären. Dies beantwortete England mit einer Kriegserklärung am 4. August. Das Inferno war entflammt.

Dennoch glaubte jeder – nicht nur die Deutschen –, daß der

Krieg bald, spätestens zu Weihnachten, vorüber sei. Doch es lief alles anders als erwartet: Der Schlieffen-Plan im Westen funktionierte nicht, und die Russen im Osten waren stärker, als man befürchtet hatte. Nicht nur war es nicht ein kleiner Balkan-Krieg, es wurde ein Weltenbrand, der die ganze Erde zu verzehren drohte. Konzentrierten sich auch die Kämpfe, die schließlich vier Jahre lang dauerten, auf Europa, das völlig verwüstet wurde, so griff der Krieg doch über die Grenzen des eigentlichen Schlachtfeldes hinaus und entzündete sich schon bald an neuen Fronten, die von Afrika bis China reichten. Selbst die USA wurden mit hineingezogen, und erst das gab dem Krieg eine Wende. Von nun an hatten die Deutschen, die praktisch gegen die ganze Welt kämpften, keine Chance mehr, und das Grauen war endlich vorüber.

Der Kriegseintritt der USA war eine Folge des uneingeschränkten U-Boot-Krieges, den die Deutschen, um England in die Knie zu zwingen, im Frühjahr 1917 starteten. Die große Flotte - über Wasser -, die den Totentanz beschleunigt hatte, war nur einmal zum Einsatz gekommen, bei der Schlacht am Skagerrak, wo die Deutschen zwar einen Sieg errangen, aber die Vorherrschaft der Engländer in der Nordsee, die sich nun auf eine Blockade verlegten, nicht brechen konnten. Die »schimmernde Wehr«, wie der Kaiser sie nannte, hatte sich als ebenso verhängnisvolles wie nutzloses Spielzeug erwiesen.

Die Amerikaner brachten - 1917 - 3,8 Millionen Mann an die Front. Rußland hatte bereits 13 Millionen mobilisiert, Großbritannien 9,5 und Frankreich 8,2. Insgesamt standen 43 Millionen Soldaten, die fast ein Dutzend Staaten der Entente ins Feld schickten, einer Streitmacht von nur 25 Millionen gegenüber, die die sogenannten Mittelmächte - neben Deutschland und Österreich-Ungarn nur noch die Türkei und Bulgarien (Italien schwenkte auf die Linie der Alliierten ein) - aufbrachten. Deutschland stellte mit 13250000 Mann das absolut größte Kontingent.

Die Schlacht in Europa ging verloren, und auch jene im Nahen Osten. Zwar gelang es den Türken - mit deutscher Hilfe -, einen Vorstoß auf Gallipoli, in den Dardanellen, der das Osmanische Reich gespalten hätte, abzuwehren, und auch am andern Ende des - türkischen - Reiches, in Mesopotamien, geriet der Vormarsch der Engländer ins Stocken. Doch mit Hilfe der Araber, die der legendäre Lawrence gegen die Türken aufwiegelte, gelang schließlich ein Vorstoß nach Palästina, wo es am 19. September 1918 im biblischen Meggido zur Entscheidungsschlacht kam: die Engländer siegten, und das Türkische Reich, das einst vom Persischen Golf bis Gibraltar gereicht hatte, wurde aufgeteilt – in jenes Pulverfaß Nahost, das es bis heute geblieben ist.

Der kranke Mann am Bosporus war verschieden. Das gleiche Schicksal ereilte auch den Zaren, der – am 15. März 1917 – der Russischen Revolution weichen mußte. Der Krieg hatte das Land ausgeblutet und jene sozialen Konflikte an die Oberfläche gebracht, die auch das Deutsche Reich erschütterten: Doch während es hier keinen eigentlichen Umsturz gab – man wartete, wie einst die Franzosen, auf die Revanche –, kam es dort zu einer entscheidenden Wandlung. Sie veränderte, mehr noch als der »Große Krieg«, der ihr Geburtshelfer war, das Gesicht der Welt: Nicht nur war Europa aus ihrem Mittelpunkt entschwunden, die Welt war fortan geteilt zwischen Ost und West.

Dies alles, das Leid und die neue Bürde, weil Bismarck es einst versäumt hatte, neben dem Ausgleich nach außen hin auch jenen im *Innern* zu schaffen? Statt Demokratie und Mitbestimmung den Ausweg jenseits Europas, in den Kolonien, suchte? Den Vorwurf haben wir erhoben, und wenngleich Bismarck die Entwicklung, die er durch sein Versäumnis auslöste und die – wie wir gesehen haben – vom Kolonialismus zum Imperialismus und damit zur Katastrophe führte, auch nicht voraussehen konnte, so spricht ihn – anders als den Kaiser, der letztlich nur im Sog der Zeit schwamm – die Geschichte doch nicht ganz frei von dem Vorwurf, sich nicht nur gegen die farbigen Völker vergangen zu haben, sondern auch gegen die weißen. Acht Millionen Tote forderte der Krieg; das war mehr als jeder Zehnte, der auszog, ihn zu gewinnen.

VIERTER TEIL

FÜR DIE FREIHEIT DER VÖLKER

XII. DER LÖWE VON AFRIKA

Auf verlorenem Posten

Der Kampf in den Kolonien hatte keinen entscheidenden Einfluß auf den Ausgang des Krieges. Es waren nur kleine Geplänkel, im Vergleich zu den blutigen Schlachten in Verdun, an der Somme oder Marne, die – *jede für sich* – eine halbe Million, ja, über eine Million Menschenleben kosteten. Dennoch verdient zumindest der Kampf um Ostafrika eine besondere Würdigung: Denn hier hielten die Deutschen länger als selbst in Europa aus.

Es war nicht die Absicht der Deutschen gewesen, den Krieg auch nach Übersee zu tragen, denn sie wußten, daß sie dort keine Chance hatten. Nicht nur waren sie überall von Feinden umgeben, es stand auch zu befürchten, daß es im *Innern* der Kolonien zu neuen Unruhen kommen könnte, wenn die Truppen gegen einen äußeren Feind gebunden waren. Außerdem würden die Briten, die nach wie vor die Meere beherrschten, die Deutschen in den Kolonien von ihrem Nachschub abschneiden, und damit wäre ein Kampf ohnehin bald beendet. Deutschland versuchte also, das drohende Schicksal, das in den Kolonien noch offensichtlicher war, abzuwenden, indem es sich auf die Kongo-Akte, jenen Vertrag, der die Aufteilung Afrikas besiegelt hatte, berief. Doch vergeblich: Es war letztlich ein Gentleman's Agreement gewesen, ein unverbindliches Versprechen, im Falle eines Krieges das Kongo-Becken zu einer neutralen Zone zu erklären. Deutschland, ein Vertragspartner, hatte – wenn auch im fernen Europa – die Kampfhandlungen eröffnet, und da man – wenn auch zu Unrecht – fürchtete, daß die Deutschen nun auch zum Schlag in Übersee ausholten – hatten sie dies nicht bereits in Marokko und im Nahen Osten bewiesen? –, kam man nun seinerseits der angeblichen Gefahr durch einen Präventivangriff zuvor.

Er erfolgte an allen Fronten, von Togo bis Samoa und von Südwest bis Kiautschou. Engländer und Franzosen, Portugiesen und Belgier, aber nicht nur die europäischen Rivalen waren die Feinde: Japan erklärte am 29. August, 1914, dem Deutschen Reich den Krieg, und am selben Tag besetzten neuseeländische

Polizeitruppe bei Gefechtsübungen in Togo, 1914

Verbände, die von australischen Kriegsschiffen begleitet wurden, den deutschen Teil Samoas. Zwei Wochen später, am 11. September, überrannten die Australier auch Rabaul, den Sitz der deutschen Verwaltung in Neuguinea. Zu diesem Zeitpunkt war bereits auch Togo gefallen, das sich – da es wie Samoa und Neuguinea einer Schutztruppe entbehrte – einer anglo-französischen Expedition ergeben mußte.

Es war also kein rühmlicher Auftakt, der den Kampf um die deutschen Kolonien signalisierte, weder auf seiten der Deutschen, die den Angreifern nichts entgegenzustellen hatten – außer Polizeistreitkräften und in aller Eile bewaffneten Pflanzern –, noch auf seiten des Gegners, der verbündet und in Übermacht über die Deutschen herfiel. Doch so leicht die Anfangserfolge auch waren, in den übrigen Kolonien kämpften die Deutschen um so erbitterter: Nicht nur in Ostafrika – das wir gesondert behandeln wollen –, auch in Kamerun, in Südwest und in Kiautschou.

In Kamerun hatten die Deutschen den Vorteil, daß das Land – immerhin anderthalbmal so groß wie Deutschland – genügend Ausweichmöglichkeiten bot, um, selbst wenn man zurückgeschlagen werden sollte, so lange auszuhalten, bis der Krieg in Europa beendet war und damit die Kolonie nicht verloren. Diese Strategie verfolgte man auch in den anderen Kolonien, die sich zur Wehr setzten, doch nur in Ostafrika hatte sie tatsächlich Erfolg, wenngleich sie auch hier am Ende nichts bewirkte. In Kamerun zogen sich die Deutschen, als sie von der Küste vertrieben wurden, nach Jaunde zurück, das sie zu einer Festung ausbauten. Die Duala, deren Gefolgschaft sie sich durch den Mord an ihrem Führer endgültig verscherzt hatten, empfingen die Engländer, die die Küste blockierten, als Befreier. Doch die Stämme im Innern, die das Joch der Kolonialherrschaft weniger zu spüren bekommen hatten, hielten weiter zu den Deutschen, so daß sie dem Vormarsch des Gegners - neben den Engländern, die von Westen her vorstießen, auch die Franzosen und Belgier, die von Gabun im Süden und dem Kongo im Osten einfielen - bis Anfang 1916 standhielten. Erst dann mußten sie der Übermacht weichen, wobei es ihnen jedoch gelang, dem Feinde noch ein letztes Schnippchen zu schlagen und - mit einem Troß von 14000 Eingeborenen - auf neutralen Boden nach Río Muni, der spanischen Enklave an der Küste, zu entkommen.

Günstiger noch ging die Schlacht um Südwest aus: Zwar verloren auch hier die Deutschen ihre Souveränität, aber sie durften wenigstens im Lande bleiben - was die Lösung des Problems erschwert, dem sich das Land heute gegenübersieht. Der Gegner war hier weniger England als Südafrika, das sich von dem Aderlaß des Buren-Krieges erholt und - 1910 - zu einer Union, die die Buren-Provinzen mit der Kap-Kolonie vereinte, zusammengeschlossen hatte. Doch waren die Buren, die holländischer Abstammung waren, nicht alle damit einverstanden, daß man nun als Dominion ein Teil des britischen Empire war, und so suchten die Unzufriedenen im einstigen Oranje-Freistaat einen Ausgleich mit den Deutschen, was diese der Gefahr entledigte, im Süden eine Invasion zu gewärtigen. Doch es war nur ein kurzes Zusammengehen, das letzte in einer Reihe wiederholter Annäherungen zwischen den Deutschen und den Buren: Botha, der Ministerpräsident, der - obwohl er einst gegen die Engländer gekämpft hatte - nun mit ihnen stritt, schaffte Ordnung im eigenen Haus und setzte dann - Ende 1914 - zur Eroberung des deutschen Nachbarn an. Zunächst im Westen Swakopmund erobernd, was die Deutschen von ihrem Nachschub abschnitt, stießen die Südafrikaner dann von Süden vor, überrannten das Nama-Land, wiegelten die Bastards von Rehoboth auf und standen schließlich vor Windhuk, das am 11. Mai 1915 fiel. Den Deutschen blieb nur ein Ausweichen nach Norden, doch vom Feinde verfolgt, ergaben sie sich schließlich im Minengebiet von Otavi, das die Südafrikaner am 30. Juni besetzten.

Zu dieser Zeit war auch schon Kiautschou gefallen, doch war die Schlacht um Tsingtau die erbittertste, die in diesem Kampf um die Kolonien geschlagen wurde: »Unablässig donnern die großen Geschosse«, berichtet ein Augenzeuge, der Missionar Voskamp, »gegen die Eisenbetonwandungen der Iltishuk-

Batterie. Sobald das Feuer auf den fernen Schiffen aufzischt, springen unsere Artilleristen in die bombensicheren Stände und zählen langam 1, 2, 3, 4, 5, 6 und, wie das Krachen des Jüngsten Tages, kommt es auf die Batterie nieder. Sofort stehen sie aber wieder an ihren Haubitzenmörsern, noch rasch einen Blick in den Spiegel, ob die Kimming recht steht, wieder zurück, eine Feuersäule schlägt auf wie aus einem Glutofen: Hurra, hurra, und ausgelassen wie die Knaben, denen ein guter Wurf gelungen, springen unsere pulvergeschwärzten Kanoniere auf. Drüben auf dem Kriegskoloß steigt eine schwere Feuer- und Rauchwolke auf, und an der Seite des Schiffes fahren zischend Eisenstücke in die See. Man sieht, wie die Masse in Schwanken gerät und sich etwas zur Seite neigt. Es dauert etwas länger, bis wieder aus seinen Stückpforten der Feuerstrahl übers Meer fährt, der Schuß hat gesessen, und drüben liegen zerschmetterte Menschenglieder!«

Doch nicht nur der Angreifer, die Japaner und Engländer, bekommt die Entschlossenheit der Verteidiger zu spüren, auch die Chinesen, unschuldige Zeugen, werden Opfer des Krieges: »Und dann steigen blitzschnell andere Bilder auf«, berichtet der Missionar weiter, »wie ich sie fast jede Nacht sehe: Die grauenvolle Finsternis wird punktartig erleuchtet von unseren aufschlagenden Geschossen, die auf die dunklen Höhen vor uns gesetzt werden in blitzähnlicher, furchtbarer Schrift des Todes. Und die chinesischen Dörfer dahinter sind schwelende Trüm-

Küstenartillerie in Kiautschou

merhaufen, und die armen Frauen und Kinder irren in der Nacht und im Gebirge umher und verkriechen sich frierend und zitternd vor dem kalten Regen in Löcher und Klüfte und wimmern und schreien.«

Auch in Kiautschou griff der Feind von zwei Seiten an: Die japanische Flotte, unterstützt von englischen Einheiten, blokkierte die Bucht von Kiautschou, und ein Expeditionskorps, unter General Kamio, schloß Tsingtau vom Land her ein. Die *deutsche* Flotte, das sogenannte Ostasien-Geschwader, das von Tsingtau aus, dem einzigen befestigten Flottenstützpunkt der Deutschen in Übersee, operierte, war noch rechtzeitig entkommen: Es kreuzte in der Südsee, als der Krieg ausbrach, konnte aber auch hier den Verlust der Kolonien nicht verhindern und ging schließlich - in dem vergeblichen Bemühen, die damals strategisch noch wichtigen Falkland-Inseln zu besetzen - in einer Schlacht gegen die Engländer verloren.

Kiautschou war also sich selbst überlassen: Es stand einer zehnfachen Übermacht gegenüber und hielt ihr dennoch zehn Wochen lang stand. Dann, nachdem 17000 Japaner gefallen waren, während die Deutschen nur 150 Mann verloren, fiel auch diese Bastion: »Abends um 7 Uhr«, berichtet Richard Wilhelm, ein anderer Missionar, »beginnt der letzte Kampf. Die ganze Nacht hört man furchtbar heftiges Feuern, ein dauerndes Hämmern der Granaten, das Rattern der Maschinengewehre. Man sieht das Aufblitzen der explodierenden Geschosse, das Leuchten der Scheinwerfer und den Widerschein all der Aufregung am dunklen Nachthimmel.«

Am Morgen, in der Frühe des 7. November 1914, ist alles vorüber: die letzten Stellungen der Deutschen sind im Sturm genommen, und: »Um 6 Uhr 23 Minuten wird auf dem Observatorium die weiße Flagge gehißt.«

Durch Urwald und Sümpfe

»Im Jahre 1929 luden mich die britischen Ostafrikakämpfer nach London zu einem kameradschaftlichen Abend ein, dem Feldmarschall Smuts präsidierte. Meine Frau und ich wohnten bei Colonel Meinertzhagen, der in Ostafrika der Leiter des Intelligence Service gewesen war und auch bei Tanga mitgefochten hatte. Ihm verdanke ich wichtige Mitteilungen, die mir manche Vorgänge überhaupt erst verständlich machten. Es war mir klar gewesen, daß die Landung in einem ganz fremden Gebiet notgedrungen ihre Schwächen hat, die der Verteidiger durch

Oberst v. Lettow-Vorbeck

schnelles, entschlossenes Zufassen ausnutzen kann. Die Engländer haben diese Schwächen noch dadurch vergrößert, daß sie am 2. und 3. November nur Teillandungen vornahmen, die von unseren zuerst bei Tanga eingetroffenen Kompanien zurückgewiesen wurden. Als ich in der Nacht vom 3. zum 4. November mit meinen Hauptkräften eintraf, fand ich aber zu meinem Erstaunen die deutsche Truppe westlich von Tanga vor, so daß dieser Ort zwischen beiden Gegnern lag. Erst meine persönliche Erkundung auf dem Fahrrad stellte fest, daß der Ort unbesetzt vom Feinde war, worauf noch in der Nacht die deutsche Wiederbesetzung erfolgte. Inzwischen war ich mit wenigen Begleitern weiter feindwärts geradelt, durch die indischen Vorposten hindurch, bis heran an den feindlichen Landungsplatz, wo ein britischer Kreuzer hell erleuchtet lag. Mit Tagesanbruch erfolgte nun die Landung des gesamten britischen Expeditionskorps. Mittags schätzten wir 6000 Mann, und die Landungen gingen noch weiter.«

Er wurde von Freund und Feind geehrt, der deutsche General von Lettow-Vorbeck, und manchmal sah es so aus, als ob die Engländer, denen seine taktische Überlegenheit imponierte, ihn höher schätzten als seine Landsleute, zumindest sein Vorgesetzter, der Gouverneur Schnee, der es für eine verlorene Sache hielt, sich dem Feind zu widersetzen. So unrecht hatte der Gouverneur freilich nicht, denn als der Krieg ausbrach, gab es in Ostafrika nicht eine einzige Kanone. »Das schlimmste aber war«, berichtet von Lettow-Vorbeck in einem Rückblick auf sein Leben, »die Frage der Bewaffnung. Die Truppe war 1914 ohne eine Kanone ins Feld gezogen. Nach und nach war es ihr gelungen, sich eine moderne Feldartillerie zu beschaffen bzw. zu besorgen. Zweimal hatte die Heimat uns geholfen. Zwei Hilfsschiffe, die von Wilhelmshaven ausgefahren waren, hatten die britische Blockade in der Nordsee durchbrochen, dann Schottland und Afrika in großem Bogen umfahren und waren zum zweiten Male an der ostafrikanischen Küste durch die britischen Bewachungsschiffe hindurch gelangt. Sie hatten uns an Artilleriematerial vier moderne Feldhaubitzen, zwei Gebirgsgeschütze und acht 6-cm-Landungsgeschütze mit Munition gebracht. Dazu waren die Kanonen des Kleinen Kreuzers ›Königsberg‹ gekommen. ›Königsberg‹ hatte im Indischen Ozean Kreuzerkrieg geführt, hatte den britischen Kreuzer ›Pegasus‹ bei Sansibar überrascht und zusammengeschossen und war dann in die Rufiji-Mündung geflüchtet. Doch wurde ›Königsberg‹ im Juli 1915 von weit überlegenen britischen Seestreitkräften angegriffen und ging in ehrenvollem Kampfe zugrunde. Von dem Wrack wurden die Geschütze heruntergeholt, an Land auf fahrbare Lafetten gesetzt und dann an Langtauen durch Hunderte von Menschen über Berg und Tal, durch Wald und Sumpf gezogen, um bei Daressalam, bei Tanga, am Kilimandscharoberge, am Victoriasee und auf dem Tanganjikasee und auch jetzt im äußersten Süden wertvolle Dienste zu leisten. Auch von den Feinden, Engländern, Belgiern, Portugiesen, waren verschiedene Geschütze erbeutet worden. Der schwache Punkt dieser Artillerie war die Munitionsfrage. Wir hatten nicht die Möglichkeit, selbst Munition herzustellen. So verschoß eine Kanone nach der anderen ihre letzte Ladung und wurde vernichtet. Die mühsam aufgebaute Artillerie schrumpfte zusammen bis auf eine leichte Feldkanone mit 40 Schuß.«

Aber nicht nur in der Bewaffnung waren die Deutschen unterlegen: Sie, die kaum 15 000 Mann ausmachten – 11 000 Askaris und 3000 Deutsche, zumeist Pflanzer, die man eingezogen hatte –, standen einer Armee gegenüber, die – selbst nach englischen Quellen – das Zwanzigfache erreichte: »Für die feindlichen Stärken«, schreibt Lettow-Vorbeck in einem anderen Werk, seinen »Erinnerungen aus Ostafrika«, »stehen mir authentische Angaben nicht zur Verfügung, und ich muß den englischen Offizieren und den Pressemeldungen, auf die ich mich berufe, die Verantwortung für die Richtigkeit überlassen. Nach diesen haben über 130 Generale gegen uns im Felde gestanden, die Gesamtstärke der feindlichen Soldaten betrug rund 300 000; die Verluste an europäischen und indischen Toten 20 000, an Pferden und Maultieren 140 000. Diese Zahlen, besonders die Zahl der Generale, scheinen mir allerdings selbst etwas zu hoch gegriffen; ich kann deswegen nur wiederholen, daß sie aus englischer Quelle stammen. Jedenfalls sind es aber recht achtbare Verluste gewesen. Und unter Berücksichtigung des Umstandes, daß die Zahl der gefallenen und gestorbenen schwarzen Soldaten nicht bekannt gegeben ist, dürfte die Gesamtzahl der feindlichen Toten nicht unter 60 000 Soldaten betragen. Der Gefechtskalender weist schon heute, obwohl die Nachrichten von Tafel und Wintgens noch fehlen, mindestens tausend Gefechte auf.«

Wieviel Generale es auch gewesen sein mögen, auf deutscher Seite war es wie mit den Kanonen: Nicht ein einziger stand – in Ostafrika – im Felde, sieht man vom Gouverneur, der zwar diesen Rang bekleidete, aber nur der Form halber, denn er war eigentlich Zivilist, einmal ab. Lettow-Vorbeck, der Kommandeur der Schutztruppe, die dem Gouverneur unterstellt war, hatte es bislang nur zum Oberstleutnant gebracht, und man hätte vermutlich nie etwas von ihm gehört, wenn nicht der Krieg seine besonderen Fähigkeiten hervorgekehrt hätte. Allerdings war er nicht ganz unvorbereitet, als die Kampfhandlungen begannen, denn er war ein Veteran nicht nur das China-Feldzuges, wo er an der Seite von Trothas gekämpft hatte, sondern er war diesem auch nach Südwest gefolgt, um an der Niederwerfung des Herero- und Nama-Aufstandes mitzuwirken. So war er nicht nur mit dem Buschkrieg, sondern auch mit der Gefechtsweise der Engländer vertraut, entscheidende Erfahrungen, die ihm – wenn auch nicht den Sieg – so doch einen Triumph ermöglichten.

Die Kampfhandlungen begannen – am 8. August 1914 – mit der Beschießung des Funkturms in Daressalam. Das Nachrichtennetz der Deutschen, das – im Gefolge der Kolonien – weltumspannend und deshalb besonders gefürchtet war, war stets das erste Ziel der Engländer, in Ostafrika ebenso wie in Togo, wo der Hauptangriff der Großfunkstelle in Kamina galt. Hier wie dort erreichten die Engländer ihr Ziel nicht: Es waren die Deutschen, die – um zu verhindern, daß die Stationen in die Hände des Feindes fielen – die Funktürme selbst sprengten. In Togo war damit der Kampf zu Ende gewesen, in Ostafrika fing er nach diesem Ereignis eigentlich erst an: Denn wenn der Gouverneur auch aufgeben wollte, so war Lettow-Vorbeck doch anderer Meinung – und bekehrte ihn mit jener Schlacht in Tanga, die seinen, Lettow-Vorbecks, Ruhm begründen sollte: »Das bisherige Gefecht«, berichtet Lettow-Vorbeck über die entscheidende Phase dieser Schlacht, »hatte gezeigt, daß der Feind sich mit seiner in der Flanke ungesicherten Front nicht weiter nach Süden ausdehnte, als der rechte Flügel unserer Front reichte. Hier also mußte ihn der Gegenstoß vernichtend treffen, und jedem Teilnehmer wird der Moment unvergeßlich sein, als hier die Maschinengewehre der 13. Kompagnie mit ihrem Dauerfeuer einsetzten und den sofortigen Umschwung des Gefechts herbeiführten. Die ganze Front raffte sich auf und stürzte sich mit jubelndem Hurra vorwärts. Inzwischen war auch die 4. Kompagnie eingetroffen; wenn sie infolge eines Mißverständnisses auch nicht noch weiter über die 13. ausholend eingesetzt wurde, sondern sich zwischen dieser und unserer Front einschob, so kam sie doch noch vor Dunkelheit zum wirksamen Eingreifen. In wilder Flucht floh der Feind in dicken Klumpen davon, und unsere Maschinengewehre, aus Front und Flanken konzentrisch auf ihn wirkend, mähten ganze Kompagnien Mann für Mann nieder. Mehrere Askari kamen freudig strahlend heran, über dem Rücken mehrere erbeutete englische Gewehre und an jeder Faust einen gefangenen Inder. Die Handfesseln aber, die wir bei diesen vorfanden, zum Gebrauch an deutschen Gefangenen, wandte niemand von uns ihnen gegenüber an.«

Der Feind verlor 2000 Mann, ein Viertel der Truppe, die er

an Land gesetzt hatte, um Tanga, einen wichtigen Hafen, da er zugleich Ausgangspunkt der Bahnlinie noch Moshi, dem Zentrum des Plantagenanbaus, war, zu besetzen. Die Deutschen hatten eine zehnfache Übermacht mit nur 800 Mann aufgehalten, und es schien, als sei der Kampf nicht nur nicht verloren, sondern auch ein Sieg nicht ausgeschlossen.

Doch es kam anders: Kaum hatten die Südafrikaner die Deutschen in Südwest bezwungen, da setzten die Alliierten auch zum Gegenschlag in Ostafrika an: Unter General Smuts, wie Botha ein Held des Buren-Krieges, der es nun gleichfalls mit den Engländern hielt, wurde in Britisch-Ostafrika, dem heutigen Kenia, eine Streitmacht von 70000 Mann zusammengezogen, die – mit schweren Waffen und Fahrzeugen ausgerüstet – im Frühjahr 1916 eine Generaloffensive startete. Sie richtete sich zunächst gegen Moshi, das am 13. März eingenommen wurde, und rückte dann in einer Zangenbewegung auf die Mittellandbahn vor, den Nerv *Deutsch*-Ostafrikas, der Daressalam, den Sitz der Regierung, mit Kigoma, am anderen Ende der Kolonie am Tanganjika-See, verband. Lettow-Vorbeck konnte, mit seiner unterlegenen Truppe, den Vormarsch nicht aufhalten und zog sich allmählich nach Süden zurück, wo er sich auf einen Guerilla-Krieg verlegte, der es ihm erlaubte, sich bis Ende 1917 auf deutschem Boden zu halten. Doch dann – im November dieses Jahres – entschloß er sich, nach Mozambique, der portugiesischen Kolonie, überzusetzen, um dadurch dem Feind ein Schnippchen zu schlagen: »Es galt«, so berichtet er, »alles, was in Deutsch-Ostafrika eingesetzt war an englischen Truppen, an Kolonnen, an Magazinen, an Lazaretten, alles, alles abzubauen, zurückzuführen zu den deutschen Häfen, dort auf Schiffe zu packen, nach den portugiesischen Häfen von Porto Amelia, von Mozambique und von Quelimane zu fahren, auszupacken, von neuem zu erkunden, Straßen anzulegen, Magazine, Lazarette zu bauen und ganz neue Operationen zu beginnen. Eine solche Umgruppierung erfordert Kräfte, Verluste und Zeit; sie erfordert Monate, und da jetzt gerade die große Regenzeit eingesetzt hatte, wo Afrika in einen großen Sumpf verwandelt wird, der für die schweren Fahrzeuge der Engländer, für Geschütze und Automobile, unpassierbar ist, so lag es auf der Hand: Vor Schluß der großen Regenzeit, also vor April 1918, konnte die neue Operation nicht wirksam werden. Es entstand für uns also eine Erholungspause, die wir benutzten, die Truppe Kräfte sammeln zu lassen, in der Ausbildung mancherlei nachzuholen und uns mit dem unbekannten Kriegsschauplatz vertraut zu machen. Wochen und Monate waren unsere

Patrouillen, unsere Topographen unterwegs, machten Wegeaufnahmen, überfielen feindliche Stationen, sammelten Nachrichten, Karten und Literatur. All das wurde zu einer Kriegskarte verarbeitet. Diese wurde dauernd verbessert, und auch hierbei mußte der Feind mithelfen. Er erbeutete gelegentlich unsere Aufnahmen, verarbeitete sie bei sich. Wir erbeuteten die so verbesserten englischen Geländeaufnahmen, arbeiteten diese in unsere Karte hinein, und so entstand durch gemeinsame Arbeit der beiden Gegner im Laufe des Jahres 1918 eine ganz ausgezeichnet Karte des bis dahin wenig bekannten Landes.«

Man kann verstehen, daß die Sache auch den Engländern Spaß machte, die für wagemutige Heldenstücke etwas übrig haben. Doch sie wurden auf eine harte Probe gestellt: Kaum hatten sie ihre sieben Sachen in Mozambique zusammen, da wichen die Deutschen wieder nach Norden aus – und das Ein- beziehungsweise Auspacken begann von neuem: »Es war dies ja alles nur Kombination«, erläutert Lettow-Vorbeck seinen neuen Coup, »hatte aber viel Wahrscheinlichkeit für sich. Je konsequenter wir die Richtung auf Tabora einhielten, um so wahrscheinlicher wurde es, daß der Gegner sich in Deutsch-Ostafrika zum Empfang aufstellen würde, wahrscheinlich in einem Bogen, in den wir hineinmarschieren sollten, was wir natürlich nicht taten.«

Nein, die deutsche Truppe lief ihnen nicht ins Garn, den Engländern. Weder in Mozambique noch in Ostafrika. Sie schwenkte erneut ein, diesmal nach Rhodesien: »Als wir in unseren nordwärts gerichteten Märschen die Nordspitze des Nyassasees überschritten hatten, machten wir links um und marschierten in die britische Kolonie Rhodesien hinein. Hier, 1200 Kilometer von der Küste entfernt, war es ausgeschlossen, daß der Gegner von seiner zur Zeit bestehenden hundertfachen Überlegenheit einheitlichen Gebrauch würde machen können. Er hatte 120000 Mann und 12000 Automobile, wir rund 1200 Soldaten.«

Hundert zu eins, so war am Ende das Verhältnis. Doch sie hätten in der Tat wohl auch länger ausgehalten, wären womöglich bis nach Angola durchgekommen – was dann wohl selbst die Engländer aus der Fassung gebracht hätte –, wenn nicht plötzlich die Kunde vom Ende des Krieges auch bis in die entferntesten Winkel Afrikas gedrungen wäre: »Am 13. November 1918«, berichtet Lettow-Vorbeck nicht ohne Bedauern, »erhielten wir, gerade im Begriff, am Bangweolosee eine englische Station zu überrumpeln, die Nachricht vom Waffenstillstand, der auch für die Schutztruppe für Deutsch-Ostafrika die kriegerischen Handlungen beendete. Am 25. November legte die Truppe bei dem Städtchen Abercorn, südlich des Tanganjikasees, die Waffen nieder.«

Die Kolonie hatte man verloren, doch der Gegner hatte eine ganze Armee dafür aufwenden müssen und hatte am Ende doch den Feind nicht bezwungen. Solange er wie ein Löwe ungezähmt durch die Wildnis streifte, war nicht nur nicht Ostafrika, sondern auch *Süd*afrika nicht sicher. Erst der Friede in Europa änderte das.

In guter Gesellschaft

Der Krieg in Ostafrika war natürlich nicht nur ein heroisches Abenteuer. Er hatte - wie alle Kriege, ob in Europa oder in den Kolonien - auch seine Schattenseiten: Eine halbe Million Zivilisten kamen bei dem Ringen in Ostafrika ums Leben. Hunger, Krankheit und Zwangsrekrutierungen rissen noch größere Wunden, als sie selbst der Maji-Maji-Aufstand hinterlassen hatte. Doch die Schuld daran, an diesem Elend, das über die afrikanische Bevölkerung kam, allein den Deutschen in die Schuhe zu schieben, wie es noch heute im anderen Teil Deutschlands getan wird, wäre unfair: Es war - in Ostafrika ebenso wie in Südwest, in Kamerun wie in Kiautschou - ein Kampf um die Kolonien, und mit dem gleichen Recht, mit dem man die »Durchhaltestrategie« der Deutschen verurteilt, wäre auch die Unnachgiebigkeit des Gegners anzuprangern: Dem einen wie dem andern ging es nicht um hehre Ideale - Freiheit und Selbstbestimmung -, sondern um die Behauptung beziehungsweise Erweiterung seiner Interessen. Wie sonst hätten die Engländer einen Krieg rechtfertigen können, der allein auf ihrer Seite 250000 Trägern das Leben kostete?

Immerhin, die Engländer wie auch die Franzosen und die Amerikaner waren nicht um der Eroberung willen in den Krieg eingetreten. Es war ein Akt der Selbstverteidigung gewesen, der Versuch, das Gleichgewicht in Europa wiederherzustellen, das durch das Großmachtstreben der Deutschen gestört worden war. Insofern hatten die Deutschen schuld am Ausbruch des Krieges, wenngleich sie sich auch ihrerseits durch die Fronten, die sich gegen sie gebildet hatten, bedroht fühlten. Es war letztlich eine Folge der Reichsgründung in Versailles: Sie schuf einen Moloch im Herzen Europas, den zu zähmen auch dem Diktat des Friedens, das man dem deutschen Volk im gleichen Versailles auferlegte, nicht gelang.

Die Friedensverhandlungen in Versailles zogen sich ein halbes Jahr lang hin. Sie begannen am 18. Januar 1919 und endeten – was das Deutsche Reich betrifft – am 28. Juni, als die Vertreter Deutschlands das Vertragswerk unterzeichneten, das über die Bedingungen des Friedens entschied. Es war ein zähes Ringen gewesen, nicht anders als auf dem Schlachtfeld: Doch die Deutschen, die Verlierer, waren nicht dabei. Ihre Interessen vertrat – Lloyd George, der englische Premier. Seine Gegner: Clemenceau, der französische Ministerpräsident, und Wilson, Präsident der USA. Clemenceau beziehungsweise die französische Reaktion, die die Schmach von Sedan nicht verwunden hatte, wollte das Deutsche Reich zerschlagen, ihm so viele Bedingungen auferlegen, daß es zurück an seinen zweiten Platz verwiesen wurde und den ersten wieder Frankreich überließ. Wilson ging nicht ganz soweit: Er trat als der große Friedensapostel auf, der zwar im Deutschen den Hort alles Bösen sah, ihm aber in seinem 14-Punkte-Programm, das die Grundlage des Friedens bilden sollte, Gerechtigkeit versprach. Lloyd George, nicht wie Wilson ein Visionär, sondern ein Pragmatiker, sah die Gefahr voraus, die eine zu große Demütigung der Deutschen hervorrufen mußte. Nicht nur, daß sie sich womöglich mit dem Bolschewismus arrangierten, der – in der Nachfolge des zaristischen Bären – in Rußland sein rotes Banner erhob, sie würden auch auf Vergeltung sinnen, einen neuen Krieg entfachen, was dann auch tatsächlich geschehen ist.

Der Frieden, den man dem deutschen Volk aufzwang, war letztlich ein Kompromiß: Frankreich bekam Elsaß-Lothringen wieder, das Heer wurde eingeschränkt, und für die Zerstörungen des Krieges mußten die Deutschen zahlen. Aber damit war der Riese zwar fürs erste geknebelt – zumal eine Besatzungsmacht die Grenze nach Frankreich sicherte –, doch auf die Dauer nicht gebändigt. Unter dem Vorwurf, ungerecht behandelt zu sein, sprengte er seine Fesseln und brachte noch größeres Unglück über die Welt.

Eine der Klagen, doch nicht die wichtigste, die die Deutschen erhoben, betraf die Kolonien. Hatte es doch im Artikel 119 des Pariser Friedensvertrages geheißen:

Deutschland verzichtet zugunsten der Alliierten und Assoziierten Hauptmächte auf alle seine Rechte und Ansprüche bezüglich seiner überseeischen Besitzungen.

Mit anderen Worten, man hatte den Deutschen auch *de jure* aberkannt, was sie *de facto* – durch die Eroberungen der anderen –

ohnehin verloren hatten. Dennoch, als sie im Mai den ersten Entwurf des Vertrages vorgelegt bekamen, erhoben sie auch gegen diese Verfügung Einspruch: Die Kolonien seien für das Reich eine Lebensfrage, man benötige sie als Märkte und Siedlungsraum, und was die Eingeborenen betreffe, so habe sich Deutschland stets »um ihr Wohlergehen« bemüht. Doch *das* war der springende Punkt. In der Erwiderung auf die Klage der Deutschen heißt es in einer Antwortnote vom 16. Juni 1919:

Bei dem Verlangen, daß Deutschland auf alle Rechte und Ansprüche über seine überseeischen Besitzungen verzichte, haben die Alliierten und Assoziierten Mächte in allererster Linie die Interessen der eingeborenen Bevölkerung berücksichtigt, für die Präsident Wilson im fünften seiner 14 Punkte der Botschaft vom 8. Januar 1918 eingetreten ist. Es genügt, auf die deutschen amtlichen und privaten Zeugnisse vor dem Kriege und auf die im Reichstag besonders von den Herren *Erzberger* und *Noske* erhobenen Anklagen Bezug zu nehmen, um ein Bild von den kolonialen Verwaltungsmethoden Deutschlands, von den grausamen Unterdrückungen, den willkürlichen Requisitionen und den verschiedenen Formen von Zwangsarbeit zu erhalten, die weite Strecken in Ostafrika und Kamerun entvölkert haben, ganz abgesehen von dem aller Welt bekannten tragischen Schicksal der Herero in Südwestafrika.

Deutschlands Versagen auf dem Gebiete der kolonialen Zivilisation ist zu deutlich klargestellt worden, als daß die Alliierten und Assoziierten Mächte ihr Einverständnis zu einem zweiten Versuch geben und die Verantwortung dafür übernehmen könnten, 13 bis 14 Millionen Eingeborener von neuem einem Schicksal zu überlassen, von dem sie durch den Krieg befreit worden sind.

Außerdem haben die Alliierten und die Assoziierten Mächte sich genötigt gesehen, ihre eigene Sicherheit und den Frieden der Welt gegen einen militärischen Imperialismus zu sichern, der darauf ausging, sich Stützpunkte zu schaffen, um gegenüber anderen Mächten eine Politik der Einmischung und Einschüchterung zu verfolgen.

Die Deutschen waren also nicht fähig, Kolonien zu betreiben, sie hatten sich ihrer zivilisatorischen Mission nicht würdig erwiesen. Sie selbst hatten dieses Urteil gefällt; man brauchte es nur noch zu übernehmen.

In der Tat waren die Angriffe, die im Reichstag gegen die Kolonialpolitik erhoben wurden, die wirksamste Waffe der Gegner. Wenn sie schon selbst an ihrem Tun zweifelten, die Deutschen, wie schlimm mußte es dann erst für einen neutralen Beobachter sein. Doch den gab es freilich nicht: Wer von denen, die als Richter über die Deutschen, die deutschen Kolonialherren, nach Versailles kamen, hatte eine *eigene* reine Weste? Die Franzosen? Sie begingen in Nordafrika, in Indochina die gleichen Verbrechen, wie sie die Deutschen - das läßt sich nicht abstreiten - in Afrika oder in der Südsee begangen hatten! Oder die Engländer? Wer hatte im indischen Aufstand die Eingeborenen vor Kanonen gebunden? Wer hatte die Tasmanier, die Ureinwohner Australiens, ausgerottet? Wer hatte - im Buren-Krieg - als erster das Konzentrationslager erfunden? Und die Amerikaner? Mr. Wilson mochte persönlich integer sein, wiewohl er es als Jurist und Historiker, der er vor seiner Präsidentschaft gewesen war, eigentlich hätte besser wissen müssen: Wer hatte, wenn nicht die USA, die nordamerikanischen Indianer in die ewigen Jagdgründe befördert? Wer verbot ihnen - bis 1933 -, ihre eigene Religion auszuüben? Wer raubte ihnen ihr Land, zwang sie zur Umsiedlung wie auf jenem »Pfad der Tränen«, der 4000 Cherokee das Leben kostete? Und wenn die Deutschen ihren Peters (und die Engländer ihren Cecil Rhodes) hatten, so hatten die Amerikaner ihren General Custer. Und nicht nur diesen: Theodore Roosevelt, der immerhin zur gleichen Zeit wie Wilhelm II. regierte, gebrauchte zwar keine Peitsche, aber dafür einen »großen Stock«, mit dem er nicht nur einzelne Völker, sondern einen ganzen Kontinent tyrannisierte.

Nein, die Deutschen waren in guter Gesellschaft. Mochten sie auch eine halbe oder gar eine ganze Million Menschen - in den Kolonien - auf dem Gewissen haben, die Amerikaner taten es ihnen gleich: Von 850000 zur Zeit der Gründung der USA sank die Zahl der Indianer in der Union - als Folge von Krieg, Krankheit und Alkohol - auf 235000 im Jahre 1900. Und wer hat jene gezählt, die sie im Namen von Freiheit und Fortschritt in Kuba und auf den Philippinen, in Nikaragua und Vietnam ihren ureigensten Interessen - der Ausdehnung ihrer Wirtschaft und politischen Macht - geopfert haben?

Nein, die Deutschen brauchten sich nicht zu verstecken hinter den Greueln der anderen: Die Idee, Steuern einzuführen, damit die Eingeborenen arbeiten, hatten zuerst die Holländer - in Indonesien - gehabt, und dort wurden die Einheimischen ebenso geschlagen wie in Ostafrika. Nur hatten die Deutschen darüber Buch geführt. Und das wurde ihnen zum Verhängnis.

Sie verloren die Kolonien, und man schanzte sie den anderen zu. Das war ein Verlust - doch mehr an Prestige als an wirtschaftlichem Nutzen –, doch entgingen die Deutschen dadurch dem Umstand, sich – wie die anderen – noch mehr Schuld aufzuladen. Denn das bleibt festzuhalten: Schuldig waren sie alle, auch die Deutschen. Nur hatten sie das Glück, sich nicht noch weiter in den kolonialen Sumpf zu verstricken.

Least developed

Die Siegermächte erhielten allerdings die deutschen Kolonien nicht einfach als Beute zugewiesen: Sie wurden ihnen übertragen als Mandat des Völkerbundes. Diese Organisation, ein Vorläufer der Vereinten Nationen, war auf Wilsons Initiative entstanden, um den Frieden, den man um einen so hohen Preis an Menschenleben erkauft hatte, zu wahren und gleichzeitig den Völkern Recht und Schutz zu sichern. Da sich jedoch die USA nicht mit dem Friedensvertrag von Versailles einverstanden erklärten, da darin die 14 Punkte Wilsons, die eine Grundlage dieses Friedens bilden sollten, nicht genügend berücksichtigt worden waren, traten die Vereinigten Staaten dem Völkerbund nicht bei, so daß Großbritannien und Frankreich die eigentlichen Sachwalter von Wilsons Erbe wurden. Damit wurde die Aufsichtsfunktion des Völkerbundes *ad absurdum* geführt, denn Großbritannien und Frankreich waren zugleich auch die Mandatsträger der deutschen Kolonien, so daß sie sozusagen sich selbst kontrollierten. Denn das war mit der Übernahme der Mandate verbunden: die Pflicht, die Länder und Völker, die angeblich noch nicht in der Lage waren, sich selbst zu regieren, behutsam an die Erfordernisse der modernen Welt anzupassen und schließlich, wenn sie den nötigen Grad der Reife erlangt hatten, in die Unabhängigkeit zu entlassen. Es waren also keine Kolonien im üblichen Sinne mehr, die die Engländer und Franzosen, aber auch die Belgier und Japaner, die Australier und Neuseeländer von den Deutschen erbten. Es war ein Auftrag, mit dem Ernst zu machen, was man schon auf der Berliner Kongokonferenz verkündet hatte: die farbigen Völker an den Segnungen der Zivilisation teilhaben zu lassen. Im Eifer des Gefechts, dem Wettlauf um die letzten Kolonien, den die Konferenz in Berlin ausgelöst hatte, war dieses hehre Prinzip unter den Tisch gefallen: Jetzt galt es, das Versäumte nachzuholen, zumindest, was die ehemaligen deutschen Kolonien betraf, denen es angeblich besonders schlecht ergangen war.

In der Theorie war der Völkerbund, dem – 1926 – auch Deutschland beitrat, ein vernünftiges Instrument, Ordnung in einer chaotischen Welt zu schaffen. In der Praxis erwies er sich jedoch als ebenso wirkungslos wie sein Nachfolger, die Vereinten Nationen: Niemand hatte die Macht oder das Interesse, die Ideale, die in seiner Satzung standen, in die Tat umzusetzen. Und so gelang es ihm nicht nur nicht, einen neuen Weltkrieg, den zweiten, zu verhindern, er schleppte auch die Last der deutschen Kolonien ewig mit sich herum und bürdete sie schließlich der UNO auf, die noch heute damit zu kämpfen hat.

Nicht nur in Südwest, dem heutigen Namibia, auch in Mikronesien.

Hier waren es zunächst die Japaner, die – wie auch in China – das Erbe der deutschen Kolonialherrschaft antraten. Doch während sie Kiautschou 1922 wieder abtraten – China, das Deutschland immerhin den Krieg erklärt hatte und inzwischen eine Republik war, konnte man schlecht als Mündel betrachten –, dehnten sie ihren Einfluß im Pazifik im Zweiten Weltkrieg sogar noch bis Neuguinea aus, das – soweit es das ehemalige Kaiser-Wilhelms-Land und das Bismarck-Archipel betrifft – nach dem *Ersten* Weltkrieg den Australiern als Mandat überlassen worden war. Sie, die Japaner, beherrschten nun, 1942, das gesamte Gebiet, das einst Deutsch-Neuguinea gewesen war. Doch bereits im Oktober 1944 hatten die Amerikaner sie aus dem Pazifik zurückgedrängt, und im Auftrag der Vereinten Nationen, die das Ergebnis des *Zweiten* Weltkrieges waren, übernahmen die USA Mikronesien als Treuhandgebiet, während das nordöstliche Neuguinea – zusammen mit dem südöstlichen Teil der Insel – wieder der Verwaltung Australiens unterstellt wurde. Als *Papua-Neuguinea* erlangten diese beiden UNO-Mandate 1975 ihre Unabhängigkeit.

Das »Treuhandgebiet der Pazifik-Inseln«, das ursprünglich aus den Marianen, den Karolinen, den Palau- und den Marshall-Inseln bestand, hat seit 1947 eine traurige Berühmtheit erlangt: In diesem Jahre begannen die Amerikaner auf den nördlichen Atollen der Marshall-Inseln mit ihren Atombombenversuchen, die bis 1958 andauerten und dazu führten, daß die betreffenden Inseln – Bikini und Eniwetok – geräumt werden mußten. War dies schon eine flagrante Verletzung des Mandatsauftrages, so nahm die »Treuhänderschaft« der Amerikaner schließlich skandalöse Formen an, als sich 1978 herausstellte, daß die besagten Eilande, die man 1970 zur Wiederbesiedlung freigegeben hatte, noch immer radioaktiv verseucht waren. Was die Bewohner der Marshall-Inseln anbetrifft – und sicher auch so manches Volk auf den Nachbarinseln –, so waren sie vom Regen in die Traufe gekommen.

Die Marianen haben sich dennoch – 1975 – für einen Anschluß an die USA entschieden, während das übrige Mikronesien die Konsequenz gezogen hat und als ein »föderierter Staat« die Unabhängigkeit anstrebt. Diese hat inzwischen auch Samoa erhalten, das heißt, der einst deutsche, westliche Teil der Inseln (der östliche ist noch immer in amerikanischer Hand), den die Neuseeländer, die ihn seit 1920 verwalteten, 1962 in die Freiheit entließen. Seitdem herrscht hier – auf Westsamoa – wieder ein König: Malietoa Tanumafili II.

Könige gab es bis vor kurzem auch noch in Ruanda und Burundi: Hier hatten die Deutschen sie – im Gegensatz zu Samoa – nicht abgesetzt, und dieses *indirekte* System der Herrschaft hatten auch die Belgier beibehalten, die – vom Kongo vorstoßend – die beiden Königreiche besetzt und – als Mandat des Völkerbundes und dann der UNO – bis 1962 verwaltet hatten. Doch der Bürgerkrieg, der nach der Entlassung in die Unabhängigkeit in beiden Ländern ausbrach, zeigt, daß die Kolonialherrschaft – die deutsche ebenso wie die belgische – letztlich nur dazu diente (abgesehen von dem Nutzen, den die »Mutterländer« daraus zogen), die Herrschaft eines – einheimischen – Erobervolkes, der Watussi, über das Gros der Bevölkerung, die Bantu, zu stützen. In einem blutigen Aderlaß wurden die Monarchien, die mit dem Makel der Kollaboration mit den Fremden behaftet waren, gestürzt, und an die Stelle des Königtums trat eine präsidiale Republik.

Wie im Falle Samoas dauerte es 40 Jahre, bis man die Kolonisierten in die Freiheit entließ. Das war genau doppelt so lang, wie die deutsche Herrschaft gedauert hatte. Doch nicht nur mit der Gewährung politischer Rechte ließ man sich Zeit (und erzielte – im Falle Ruandas und Burundis – katastrophale Erfolge), auch auf dem wirtschaftlichen Sektor kam man nicht nennenswert voran: Burundi, Ruanda und Samoa, aber auch Tansania gehören noch heute zu den *least developed countries*, den am wenigsten entwickelten Ländern der Erde.

Tansania, das frühere Deutsch-Ostafrika, mit dem Ruanda und Burundi einst verbunden waren, war allerdings unter den Engländern, die es sich – nach dem Sieg über Lettow-Vorbeck – zusprechen ließen, besser gefahren als die meisten anderen deutschen Kolonien. Die Engländer setzten nicht nur die Aufbauarbeit der Deutschen fort, wenngleich sie auch mit einem großangelegten Erdnußprojekt, das – im Südosten des Landes – den Bau eines Hafens und einer Eisenbahnlinie einschloß, wenig Erfolg hatten. Sie begannen auch – als Wegbereiter des Parlamentarismus waren sie dazu ja eigentlich auch ganz besonders verpflichtet – ihrer politischen Verantwortung gerecht zu werden, indem sie – wenn auch erst nach dem Zweiten Weltkriege – allen drei Rassen in Ostafrika, nicht nur den Weißen, auch den Afrikanern und den Indern, eine paritätische Mitbestimmung ermöglichten, die schließlich in der Gründung einer afrikanischen Massenpartei gipfelte, die die erste ihrer Art auf dem afrikanischen Kontinent war. Unter ihrem Führer, dem in England geschulten Julius Nyerere, erlangte sie – in friedlichem Übergang – 1961 die Unabhängigkeit für das damalige Territorium »Tanganjika« und erreichte schließlich – nachdem auch Sansibar in die Freiheit entlassen worden war – einen Zusammenschluß mit dieser Insel, womit – 1964 – wieder der Zustand hergestellt war, wie er vor der deutschen Machtübernahme geherrscht hatte.

Freilich ist Nyerere kein Sklavenhändler, wie es die Sultane von Sansibar gewesen waren. Er gilt vielmehr als der angesehenste afrikanische Politiker, der nicht nur in seinem eigenen Land ernste Anstrengungen macht, die Wunden der kolonialen und *vor*kolonialen Zeit zu heilen, sondern sich auch mit aller Kraft für die Freiheit der anderen Völker einsetzt, die das koloniale Joch noch nicht überwunden haben. Zu diesem Zweck wurde 1963 in Daressalam ein Koordinationsbüro der OAU, der Organisation für die Einheit Afrikas, eingerichtet, das speziell der Befreiung der afrikanischen Völker dient.

Die Engländer traten »Tansania« (eine Verbindung des Namens der beiden früheren Kolonien Tanganjika und Sansibar) freiwillig ab. Die Franzosen hingegen gaben erst nach längeren Kämpfen auf. Nicht nur in Indochina und in Algerien, auch in Kamerun, das sie sich – unter dem Deckmantel des Völkerbundes – zugeschanzt hatten. Nur ein kleines Gebiet an der westlichen Grenze hatten sie den Engländern überlassen, die es ihrer Kolonie Nigeria zuschlugen. Die Engländer erbten in diesem Gebiet – in Westafrika – auch einen Teil Togos, der in der Goldküste, dem heutigen Ghana, aufging. Die Franzosen begnügten sich mit zwei Dritteln Togos und vier Fünfteln Kameruns, was sie immerhin mit einem Gebiet, das größer war als das Deutsche Reich, entschädigte. Verständlich, daß sie sich daran – in Parlamentarismus und Demokratie weniger erfahren– auch dann noch klammerten, als es 1956 – in Kamerun – zu einem Aufstand kam. Fünf Jahre wehrten sie sich, in Mißachtung ihres Mandats. Dann erst, 1960, gaben sie Kamerun – wie auch Togo – frei.

Länger hielten beziehungsweise halten freilich die Südafrikaner aus. Nicht nur am Kap, auch in Südwest.

Hier scheint die Zeit stillzustehen, und wahrlich, die Südafrikaner meinen, sie hätten einen Freibrief für die Ewigkeit: Beharren sie doch auf der juristischen Fiktion, sie hätten noch immer ein Mandat des *Völkerbundes,* und da dieser sein Leben ausgehaucht hat, ergäben sich für sie auch keine weiteren Verpflichtungen. Die UNO ist freilich anderer Meinung, sie betrachtet sich als Nachfolger des Völkerbundes, und wie sie die anderen Mandate übernahm und als Treuhandgebiete neu vergab, so erhebt sie den Anspruch, auch über Südwest die Kontrolle auszuüben. Jedenfalls hat sie 1966 das Mandat für aufgelöst erklärt, 1968 die ehemalige deutsche Kolonie in Namibia umbenannt und 1971 – durch den Internationalen Gerichtshof – die Präsenz Südafrikas in Südwest als illegal deklarieren lassen. Im übrigen erkennen die Vereinten Nationen – wie auch die Organisation für afrikanische Einheit – nur die SWAPO als rechtmäßigen Vertreter des Volkes von Namibia an.

Dieses besteht heute – wie eh und je – mehrheitlich aus Farbigen: Die letzte Zählung – 1981 – ergab rund eine Million Schwarze und 75 000 Weiße. Gegenüber 1970 – der vorletzten Zählung – bedeutet dies einen Zuwachs der farbigen Bevölkerung um 260 000, während die Zahl der Weißen um 15 000 sank. Nicht nur im Verhältnis zu den Farbigen, auch *absolut* geht die weiße Bevölkerung in Südwest zurück: Die Weißen, von denen wiederum nur ein Viertel deutscher Abstammung sind, machen heute nur noch 7,5 Prozent der Gesamtbevölkerung aus.

Die zahlenmäßig stärkste Gruppe in Namibia sind die Ovambo, jenes Bantu-Volk an der Grenze zu Angola, das von der – deutschen – Kolonialherrschaft weitgehend verschont blieb. Sie stellen mit über 500 000 heute rund die Hälfte der Bevölkerung in Namibia. So ist es nicht verwunderlich, daß sie – die Ovambo – und nicht die Herero oder Nama, die sich von ihrer Dezimierung niemals erholt haben, heute den Ton in der SWAPO angeben: Die »Organisation des südwestafrikanischen Volkes«, die der Kolonialmacht, Pretoria, den Kampf angesagt hat, wird mehrheitlich von den Ovambo getragen, und nicht nur ihr Führer, Nujoma, auch Kalangula, der kürzlich die regierende sogenannte Demokratische Turnhallen-Allianz verließ und eine neue Partei, die »Christlich-Demokratische Aktion für soziale Gerechtigkeit«, gründete, ist ein Ovambo.

Die Turnhallen-Allianz unter Dirk Mudge, einem Weißen,

ist ein Zusammenschluß verschiedener Gruppierungen, die zwar das ethnische Spektrum repräsentieren, doch einen *getrennten* Weg anstreben. Das Modell ist der Mentor, Südafrika, das durch einen »Generaladministrator«, dem die eigentliche Exekutive obliegt, vertreten ist: keine einheitliche, gemischtrassige Entwicklung, wie es die SWAPO fordert, sondern eine Spaltung in »Homelands«, die Atomisierung der Gesellschaft in einzelne Kasten, die den Weißen vor dem Untergang im Meer der Schwarzen bewahrt. Apartheid also, auch in Südwest, wobei hier allerdings die Weißen nicht ganz allein stehen: Auch die anderen ethnischen Gruppen, die eine *Minorität* bilden, fürchten das Übergewicht der Ovambo und sind deshalb zur Kollaboration mit den Weißen bereit.

Die einstigen und heutigen Kolonialherren sind noch immer Farmer und Minenbesitzer. Vor allem letztere beherrschen die Wirtschaft – und sträuben sich deshalb, ihren Einfluß in der Politik aufzugeben –, denn nicht nur Blei und Kupfer werden weiter gewonnen, auch Gold, Silber und Uran – und natürlich die Diamanten. 5000 Karat beträgt die tägliche Ausbeute an Diamanten: Das macht einen Jahresumsatz von 2 Milliarden DM.

Die Deutschen sind natürlich nicht mehr im Geschäft: De Beers, der südafrikanische Minengigant, kaufte die deutschen Schürfrechte auf und ließ das gesamte Gebiet zwischen Lüderitzbucht und der Oranje-Mündung zum Sperrgebiet erklären. Von Flugzeugen aus der Luft bewacht, wird hier nicht nur die Küste umgepflügt, sondern auch – durch Deiche – dem Meer neues Land abgerungen, denn die Adern der funkelnden Edelsteine setzen sich unter dem Atlantik fort. Von dem Boom, den einst die Deutschen gründeten, zeugt nur noch eine Geisterstadt, Kolmannskuppe, wo heute die Dünen der Namib durch das einst feudale Kasino wehen.

Die Herrschaft der Deutschen ist vorüber, auch in Südwest. Zwar sind ein Drittel des Viertels der Weißen, das deutscher Abstammung ist, auch deutsche Staatsbürger, doch die Bundesrepublik beschränkt sich auf eine vermittelnde Rolle: Sie ist Mitglied der sogenannten Kontaktgruppe, einer Initiative fünf westlicher Staaten, die sich um einen Ausgleich in Namibia bemüht. Doch bislang ohne Erfolg: Südafrika – nach dem Verlust von Rhodesien ohnehin auf dem Rückzug – fürchtet, mit Südwest das letzte Bollwerk zu verlieren, und die SWAPO, die aus dem Grenzgebiet in Angola operiert, lehnt sich – je mehr Südafrika sich weigert, ihre Forderungen anzuerkennen – immer mehr an das sozialistische Lager an. So sprechen einstweilen nur die Waffen, und ein Ende des Kampfes ist nicht in Sicht.

EPILOG

»Er hatte einen rein nordisch gebildeten Kopf mit schöner, rückwärts weit ausladender Schädelwölbung, schmalem Antlitz und leicht gebogenem Nasenrücken. Die Augen waren blau, das Haar scheint mittelblond gewesen zu sein. Auffallend ist an dem Gesichte der ganz stark ausgeprägte nordrassische Ausgriff in die Weite, der stets gewillt und sich bewußt war, mit dem Gegenüber seines Ichs in Auseinandersetzung zu treten. Es ist das Antlitz eines Wikings und Frondeurs, der gar nicht anders kann, als sich, und sei es in Widerspruch zu allem Hergebrachten, durchzusetzen, koste es, was es wolle.«

Die edlen Züge, die hier gerühmt werden, gehörten keinem anderen als Carl Peters. War er doch der Begründer dessen gewesen, was einmal Deutschlands Größe in der Welt gewesen war. Was lag also näher, als seinen erhabenen Geist zu beschwören und erneut auszuziehen und die Welt zu erobern?

Doch zunächst mußte das verlorene Terrain in Europa wieder wettgemacht werden, und da man dabei nicht minder forsch vorging wie einst der stürmische Peters, endete auch dieses Abenteuer in einem Fiasko. Zu einem neuen Anlauf in Übersee kam man erst gar nicht mehr: Der Traum war zu Ende, noch ehe er recht begann.

Der Zweite Weltkrieg war eine Konsequenz des Ersten. Doch wie weit waren die Kolonien daran schuld? »Einst wird kommen der Tag, da die Flagge des Deutschen Reiches wieder wehen wird auf dem heißen Sand von Afrika!« So verkündete es – 1937 – das »Buch der deutschen Kolonien«.

Doch wie im Ersten so waren die Kolonien auch im Zweiten Weltkrieg nicht das eigentliche Ziel. Sie schwammen mit auf der Woge des Nationalsozialismus, der einem gedemütigten Deutschland zu neuer Weltgeltung verhelfen wollte. Doch über verbale Attacken kam die Forderung nach der Rückgabe der Kolonien nicht hinaus.

Anders verhält es sich mit der Frage, inwieweit die Kolonien *indirekt* zum Ausbruch des Krieges – des Ersten wie des Zweiten – beitrugen. Hier fällt die Antwort weniger günstig aus: Indem sie als Katalysator dienten, der Bismarcks Krisenmanagament in Wilhelm II. Weltmachtstreben umwandelte, hatten sie sehr wohl eine verhängnisvolle Funktion. Sie waren das Bindeglied in einer Kette, die von der Reichsgründung - 1871 - bis zur endgültigen Zerschlagung des Reiches - 1945 - reichte. Ohne ein Ausweichen nach Übersee wäre es wahrscheinlich schon *vor* der Jahrhundertwende zu einer sozialen Reform gekommen, die der Entstehung des Kolonialismus wie auch seiner übersteigerten Form, des Imperialismus, im Wege gestanden hätte. Nicht nur, daß die Kolonien den Deutschen nicht wirtschaftlich nützten, sie schadeten ihnen auch *politisch.*

Auf Deutschland bezogen, ist die Bilanz negativ. Wie aber sieht es mit den Kolonien aus? Die Deutschen suchten nicht nur Märkte und Siedlungsland, sie erhoben auch den Anspruch, Barbaren die Zivilisation zu bringen. Hatten sie wenigstens dieses Ziel erreicht?

Die Analphabetenrate in Südwest beträgt noch heute 60 Prozent, und die Kindersterblichkeit in Ostafrika liegt bei 160 pro 1000 Lebendgeburten (in der Bundesrepublik bei 23). Krankheit und Unwissenheit wurden offensichtlich nicht beseitigt. Doch dazu hatten die Deutschen - das muß man ihnen zugestehen - auch gar keine Zeit: Ihre Herrschaft machte kaum mehr als 30 Jahre aus. Davon entfielen die beiden ersten Jahrzehnte auf den Erwerb der Kolonien, bei dem es mit einer Erklärung der »Schutzherrschaft« ja nicht getan war: Nicht anders als die Kolonien der anderen Kolonialmächte mußten auch die der Deutschen erobert werden. Erst dann konnte mit dem Aufbau dessen begonnen werden, was man zerstört hatte. Im Falle Kameruns - in jenem Teil, den die Franzosen abgetreten hatten - hatte man dazu genau drei Jahre Zeit.

Das konnte - selbst wenn man sich ins Zeug gelegt hätte - nicht ausreichen, Zerstörung *und* Rückstand zu beseitigen. Auch die Nachfolger - der Deutschen - haben dies nicht geschafft, wiewohl sie nicht nur mehr Zeit hatten, sondern auch auf den Vorarbeiten der Deutschen aufbauen konnten.

Doch waren die Völker, die man kolonisierte, überhaupt »rückständig« gewesen? Im Falle der deutschen Kolonien kann dies nicht in Bausch und Bogen abgeleugnet werden. Nicht nur gab es Menschenfresser und Kopfjäger - in der Südsee -, auch in Afrika handelte man mit Sklaven. Und Kriege gab es überall, ob in Südwest, wo die Herero und Nama sich bekämpften, oder in Samoa, wo man um die Königswürde stritt. Selbst Kolonialherren - farbige - gab es, bevor die deutschen auftraten. Nicht nur in Sansibar, auch in Kamerun.

Bevor die Deutschen kamen, herrschte also keineswegs überall Idylle, was ihnen freilich noch nicht das Recht gibt, kräftig mitgemischt zu haben. Nur, *allein* schuld am Elend der Dritten Welt ist der Weiße nicht!

Er brachte, so rühmt er sich, wenn auch nicht Freiheit, so Frieden und Fortschritt: Er baute Straßen, schuf eine Verwaltung und führte das Gesundheitswesen ein. All dies taten auch die Deutschen. Doch muß man auch hier andererseits wieder relativieren: Straßen beziehungsweise Eisenbahnen wurden zur Küste gebaut; dadurch wurde das Land dem Weltmarkt eröffnet, was – auch wenn es viele noch nicht einsehen wollen – nicht nur positive Auswirkungen hat. Denn was wird aus- beziehungsweise eingeführt? Monokulturen einerseits und Luxusartikel andererseits. Das Volk geht zumeist leer aus. Nur Nyerere hat versucht, das zu unterbinden.

Ähnlich ist es mit der Verwaltung: Deutsche Sprache und deutsches Denken mußte erlernen, wer an der Regierung teilhaben wollte. Dauerte sie – bei den Deutschen – auch nicht lange, so ist sie auch *nach* der Unabhängigkeit zumeist noch immer französisch oder englisch. Was zur Folge hat, daß die Herrscher – die eingeborenen – heute noch mehr vom Volk entfernt sind, als sie es schon immer waren.

Und der Gesundheitsdienst? Auch hier ist das Bild ein wenig getrübt, denn die Weißen brachten nicht nur die moderne Medizin, sie schleppten auch neue Krankheiten ein. Dennoch – was die Deutschen betrifft – haben sie hier wohl ihren größten Triumph errungen: Der Schlafkrankheit fielen – wie dem Sklavenhandel – Hunderttausende zum Opfer. Robert Koch wog am Ende Carl Peters auf.

Ob es besser gewesen wäre, wenn die Deutschen nicht gekommen wären? Sie selbst hätten sich viel Unheil erspart, doch am Schicksal der Kolonien hätte das nichts geändert: Es wären andere gekommen, wie sie drohten zu kommen, bevor die Deutschen kamen, und wie sie kamen, als sie gingen. Der Wettlauf um den Besitz der Welt hätte auch ohne den Startschuß, den die Deutschen gaben, stattgefunden.

ANHANG

ZITIERTE QUELLEN

Die Reihenfolge entspricht jeweils dem Vorkommen im Text.

EINFÜHRUNG

Gröben, O. von der, Orientalische Reisebeschreibung. Marienwerder 1964
Beelitz, (Major), Die Deutschen Colonisationen an der Westküste Afrika's. Köln 1885

ERSTER TEIL: UNTER DEN SCHUTZ DES REICHES

Erklärung des Häuptlings Josef Fredriks und seines Rates v. 31. 12. 1883. Reichskolonialamt, Akten-Nr. 2010 (heute im Deutschen Zentralarchiv Potsdam)
Bericht de Missionars C. G. Büttner an den deutschen Konsul in Kapstadt v. 12. 11. 1879. Reichskolonialamt, Akten-Nr. 2098
Schreiben der Rheinischen Missions-Gesellschaft an das Auswärtige Amt v. 3. 6. 1880. Reichskolonialamt, Akten-Nr. 2098
Bericht des Missionars Büttner an Bismarck v. 28. 6. 1885. Reichskolonialamt, Akten-Nr. 2152
Cape Argus, Kapstadt, 7. 2. 1885
Nachtigal, Gustav, Sahara und Sudan, Bd. I. Berlin 1879
Zöller, Hugo, Die deutschen Besitzungen an der westafricanischen Küste, Bd. III (Kamerun). Berlin – Stuttgart 1885
Buchner, Max, Aurora colonialis. Bruchstücke eines Tagebuchs aus dem ersten Beginn unserer Kolonialpolitik 1884/85. München 1914
Auszug aus einem Gedicht zu Ehren Nachtigals von Johannes Trojan. In: Kladderadatsch, Nr. 21. Berlin 1885
Peters, Carl, Die Gründung von Deutsch-Ostafrika (1906). In: Carl Peters, Gesammelte Schriften, Bd. I. München – Berlin 1943
Peters, Carl, Lebenserinnerungen (1918). In: Carl Peters, Gesammelte Schriften, Bd. I. München – Berlin 1943
Tägliche Rundschau, Berlin, 17. 4. 1884
Peters, Carl, Die Usagara-Expedition (1885). In: Carl Peters, Gesammelte Schriften, Bd. I. München – Berlin 1943
Koenig, Harry, Über See! S. M. S. »Elisabeth« Weltreise. Berlin 1926
Neuhauß, Richard, Unsere Kolonie Deutsch-Neu-Guinea. Weimar o. J.

EXKURS: BERLIN

Fabri, Friedrich, Bedarf Deutschland der Colonien? Gotha 1879
Bericht des Berliner Korrespondenten der »Times« über die Eröffnung der Kongokonferenz, zitiert in der »Neuen Preußischen Zeitung« v. 20. 11. 1884
Bericht über die Schlußsitzung der Kongokonferenz in der »Neuen Preußischen Zeitung« v. 28. 2. 1885

ZWEITER TEIL: ZUR SICHERUNG DER GRENZEN

Auszug aus einem Schreiben des Sultans von Sansibar an Bismarck v. 2. 6. 1889. Reichskolonialamt, Akten-Nr. 388
Auszug aus einem Schreiben Hermann Wissmanns an Bismarck v. 13. 10. 1889. Reichskolonialamt, Akten-Nr. 742
Peters, Carl, Die Deutsche Emin-Pascha-Expedition (1891). In: Carl Peters, Gesammelte Schriften, Bd. II. München - Berlin 1943
Aufruf des Emin-Pascha-Komitees v. 17. 9. 1888. In: Carl Peters, Die Deutsche Emin-Pascha-Expedition ...
Bericht des Bezirksvorstehers Meyer an den Gouverneur in Daressalam v. 23. 3. 1905. Reichskolonialamt, Akten-Nr. 118
Bericht von Rudolf Hofmeister über Deutsch-Ostafrika aus dem Jahre 1895. Reichskolonialamt, Akten-Nr. 7249
Götzen, Graf von, Deutsch-Ostafrika im Aufstand 1905/06. Berlin 1909
Merker, Moritz, Über die Aufstandsbewegung in Deutsch-Ostafrika. In: Militärwochenblatt, Bd. 91. Berlin 1906
Brief des Hererohäuptlings Manasse an Hauptmann von François v. 13. 7. 1891. In: Curt von François, Deutsch-Südwest-Afrika. Berlin 1899
François, Curt von, Deutsch-Südwest-Afrika. Berlin 1899
Brief Hendrik Witboois an Major Leutwein v. 18. 8. 1894. In: Theodor Leutwein, Elf Jahre Gouverneur in Deutsch-Südwestafrika. Berlin 1908
Leutwein, Theodor, Elf Jahre Gouverneur in Deutsch-Südwestafrika. Berlin 1908
Auszug aus einem Schreiben der Rheinischen Mission an Gouverneur Leutwein v. 21. 4. 1902. In: Theodor Leutwein, Elf Jahre Gouverneur in Deutsch-Südwestafrika. Berlin 1908
Schreiben Samuel Mahareros an Hendrik Witbooi v. 11. 1. 1904. In: Theodor Leutwein, Elf Jahre Gouverneur in Deutsch-Südwestafrika. Berlin 1908
Aufruf General von Throthas an das Volk der Herero v. 2. 10. 1904. In: »Vorwärts«, Berlin, 16. 12. 1905
Zöller, Hugo, Die deutschen Besitzungen an der westafricanischen Küste, Bd. III (Kamerun). Berlin - Stuttgart 1885
Dominik, Hans, Vom Atlantik zum Tschadsee. Berlin 1908
Auszug aus einer Enquete der »Deutschen Reichs-Post« vom 15. 8. bis 12. 9. 1900 über die Situation in Kamerun. Reichskolonialamt, Akten-Nr. 7249
Zöller, Hugo, Die deutschen Besitzungen an der westafricanischen Küste, Bd. I (Togo). Berlin - Stuttgart 1885
Rede Wilhelm II. vor dem Ostasiatischen Expeditionskorps in Bremerhaven am 27. 7. 1900. In: A. v. Müller, Die Wirren in China und die Kämpfe der verbündeten Truppen, Bd. I. Berlin 1900

Note des amerikanischen Außenministers John Hay an den Botschafter in London v. 6. 9. 1899. In: D. N. Rowe, Kleine Geschichte des Modernen China. Gütersloh o. J.
Brief Freiherr von Richthofens v. 19.–23. 10. 1868. In: Ferdinand von Richthofen's Tagebücher aus China, hrsg. v. E. Tiessen. Bd. I, Berlin 1907
Bericht des deutschen Gesandten in Peking, von Ketteler, v. 31. 5. 1900. In: A. v. Müller, Unsere Marine in China. Berlin o. J.
Bericht des Feldmarschalls von Waldersee an den Kaiser v. 17. 10. 1900. In: Denkwürdigkeiten des General-Feldmarschalls Alfred Grafen von Waldersee, hrsg. v. H. O. Meisner. Bd. III, Stuttgart - Berlin 1923
Neuhauß, Richard, Unsere Kolonie Deutsch-Neu-Guinea. Weimar o. J.
Neuhauß, Richard, Deutsch-Neu-Guinea. Bd. I. Berlin 1911
Riedel, Otto, Der Kampf um Deutsch-Samoa. Berlin 1938

EXKURS: DER KAISER

Auszug aus einer Rede Wilhelm Liebknechts vor dem Reichstag am 4. 3. 1885. In: Stenographische Berichte über die Verhandlungen des Reichstags, 6. Legislaturperiode, 1. Session 1884/85, Bd. III
Erzberger, Matthias, Die Regierungspolitik im Reichstag. Berlin 1907
Auszug aus dem Gründungsaufruf des Allgemeinen Deutschen Verbandes. In: Mitteilungen des Allgemeinen Deutschen Verbandes, Berlin 1891
Auszug aus einer Rede Dr. Kaysers vor dem Reichstag am 13. 3. 1896. In: Offizielle Reichstagsberichte, Session 1895/96, Sitzung 59
Auszug aus einer Rede August Bebels vor dem Reichstag am 13. 3. 1896. In: Offizielle Reichstagsberichte, Session 1895/96, Sitzung 59
Auszug aus einer Rede Dr. Liebers vor dem Reichstag am 13. 3. 1896. In: Offizielle Reichstagsberichte, Session 1895/96, Sitzung 59

DRITTER TEIL: AUF DER HÖHE DES RUHMES

Auszug aus einem Vortrag Dernburgs v. 8. 1. 1907. In: Bernhard Dernburg, Zielpunkte des Deutschen Kolonialwesens. Berlin 1907
Auszüge aus einem Vortrag Dernburgs v. 11. 1. 1907. In: Bernhard Dernburg, Zielpunkte des Deutschen Kolonialwesens. Berlin 1907
Koch, Robert, Ueber meine Schlafkrankheitsexpedition. Berlin 1908
Neuhauß, Richard, Unsere Kolonie Deutsch-Neu-Guinea. Weimar o. J.
Thilenius, Georg, Die hamburgische Schiffsexpedition. In: Georg Thilenius (Hrsg.), Ergebnisse der Südsee-Expedition 1908–1910, Bd. I. Hamburg 1927
Hellwig, F. E., Tagebuch der Expedition. In: Georg Thilenius (Hrsg.), Ergebnisse der Südsee-Expedition 1908–1910, Bd. I. Hamburg 1927
Deutsch-Ostafrikanische Zeitung, Daressalam, 21. 9. 1907
Cranz, Joachim, Farmerleben. In: Das Buch der deutschen Kolonien, hrsg. v. Heinrich Schnee u. a. Leipzig 1937
Riedel, Otto, Der Kampf um Deutsch-Samoa. Berlin 1938
Puttkamer, Jesko von, Gouverneursjahre in Kamerun. Berlin 1912

EXKURS: DIE GÖTTERDÄMMERUNG

Tirpitz, Alfred von, Erinnerungen. Leipzig 1920

VIERTER TEIL: FÜR DIE FREIHEIT DER VÖLKER

Tagebuchaufzeichnung des Missionars C. A. Voskamp v. 20. 10. 1914. In: Das Buch der deutschen Kolonien, hrsg. v. Heinrich Schnee u. a. Leipzig 1937
Lettow-Vorbeck, General von, Mein Leben. Biberach 1957
Lettow-Vorbeck, General von, Meine Erinnerungen aus Ostafrika. Leipzig 1920

EPILOG

Banse, Ewald, Unsere großen Afrikaner. Berlin 1942
Das Buch der deutschen Kolonien, hrsg. v. Heinrich Schnee u. a. Leipzig 1937

VERGLEICHENDE

	Deutsches Reich	Die deutsche[n]		
		Togo	Kamerun	Südwest
1870				
	1871 Gründung des Deutschen Reiches 1871–90 Bismarck Reichskanzler 1873–79 Wirtschafts-krise			
				1878 Großbritannien annektiert Walfisch-bucht
1880				1880–90 Krieg zwischen Herero und Nama
	1882 Gründung des Deutschen Kolonialvereins			
	1882–86 Wirtschafts-krise			

ZEITTAFEL

Kolonien				
Ostafrika	Neuguinea	Samoa	Kiautschou	
				1870–1914 Zeitalter des Imperialismus
				1874 Großbritannien annektiert Fidschi-Inseln
				1878 Gladstone löst Disraeli ab
		1879 erstes Samoa-Abkommen zwischen Deutschland, Großbritannien und USA		
		1880 Ablehnung der Samoa-Vorlage		

	Deutsches Reich	Die deutsche		
		Togo	Kamerun	Südwest
				1883 Lüderitz erwirbt Angra Pequena
	1884/85 Kongo-Konferenz in Berlin	1884 Küstengebiet unter deutschen Schutz	1884 Flaggenhissung im Küstengebiet; Aufstand der Duala	1884 Lüderitz-Erwerbungen ur ter Reichsschutz
		1885 Errichtung einer Polizeitruppe		1885 Gründung de Deutschen Kolonialgesellschaft für Südwestafrik 1885–90 Dr. Goering Reichskommissar
			1886–92 Zintgraff erkundet Hinterland	
				1887 Goldfunde
	1888 Gründung der Deutschen Kolonialgesellschaft 1888–1918 Wilhelm II.	1888 Vorstoß in das Mossi-Gebiet		

Kolonien				
Ostafrika	Neuguinea	Samoa	Kiautschou	
1884/85 Peters schließt erste Verträge	1884 Gründung der Neuguinea-Kompanie; Flaggenhissung in Neuguinea und auf Bismarck-Archipel und Marshall-Inseln			
1885 Gründung der Deutsch Ostafrikanischen Gesellschaft (DOAG); DOAG erhält Schutzbrief; Handelsvertrag mit dem Sultan von Sansibar	1885 Neuguinea-Kompanie erhält Schutzbrief; dtsch.-engl. Vertrag begrenzt Einflußsphären auf Neuguinea; Karolinen durch päpstlichen Schiedsspruch Spanien zugesprochen			
	1887 Gründung der Jaluit-Gesellschaft	1887–89 Bürgerkrieg		
1888 Sansibar tritt Küstengebiet an DOAG ab 1888–90 Aufstand im Küstengebiet	1888 Erwerb Naurus			

	Deutsches Reich	Die deutsche[n]		
		Togo	Kamerun	Südwest
1890	1890 Rücktritt Bismarcks; Einrichtung der Kolonialabteilung im Auswärtigen Amt 1890–94 Caprivi Reichskanzler 1890–96 Dr. Kayser Leiter der Kolonialabt.			
	1891 Gründung des Allgemeinen Deutschen Verbandes (seit 1894 »Alldeutscher Verband«)	1891–95 v. Puttkamer Reichskommissar	1891 Errichtung einer Polizeitruppe	1891–94 v. François Reichskommissar
				1892 Gründung einer Siedlungsgesellschaft für SWA; Gründung von Swakopmund
			1893 Aufstand der eingeborenen Polizeitruppe	1893/94 Aufstand der Nama unter Witbooi

Kolonien				
Ostafrika	Neuguinea	Samoa	Kiautschou	
1889/90 Peters unternimmt Emin-Pascha-Expedition		1889 zweiter Samoa-Vertrag		1889 erste Orient-Reise Wilhelm II. 1889/90 Internationale Anti-Sklaverei-Konferenz in Brüssel 1889–98 Kaiser Kuang-hsu in China
1890 Gründung der Deutschen Ostafrika-Linie				1890 Helgoland-Sansibar-Vertrag
1891 Übernahme der Landeshoheit durch das Reich; Errichtung der Schutztruppe 1891–1911 Bau der Usambara-Bahn				

	Deutsches Reich	Die deutschen		
		Togo	Kamerun	Südwest
	1894 Beginn des Schlachtflottenbaus			1894–1905 Leutwein Gouverneur
			1895 Errichtung der Schutztruppe 1895/96 Aufstand der Jaunde 1895–1906 v. Puttkamer Gouverneur	1895 Errichtung der Schutztruppe 1895/96 Aufstand der Herero und Nama
		1896 Feldzug gegen die Mossi		
	1897–1916 Tirpitz Staatssekretär des Reichsmarineamtes	1897 Lome wird Regierungssitz	1897 Gründung der Westafrikanischen Pflanzungsgesellschaft Viktoria	1897 Rinderpest 1897/98 Aufstand der Nama 1897–1902 Bau der Eisenbahnlinie Swakopmund–Windhuk
	1898 Gründung des Deutschen Flottenvereins		1898 Beginn der Kakao-Ausfuhr	1898 Einführung von Eingeborenenreservaten

Kolonien				
Ostafrika	Neuguinea	Samoa	Kiautschou	
				1894/95 Chinesisch-Japanischer Krieg
1895–1913 Bau der Zentralbahn				
1897 Einführung der Hüttensteuer			1897 Besitzergreifung	
1898 Beginn der Ausfuhr von Sisalhanf			1898 Abschluß des Kiautschou-Vertrages	1898 zweite Orientreise Wilhelm II.; Faschoda-Krise; Span.-Amerikan. Krieg; Großbritannien, Frankreich u. Rußland schließen Pachtverträge mit China

	Deutsches Reich	Die deutsche[n …]		
		Togo	Kamerun	Südwest
			1899 Aufstand der Bule; Beginn der Ausfuhr von Edelhölzern 1899–1901 Aufstand der Bangwa	1899 erste Kupfererze ausgeführt
1900	1900 Gründung des Instituts für Schiffs- und Tropenkrankheiten in Hamburg 1900–09 v. Bülow Reichskanzler	1900 Beginn der Kakao-Ausfuhr		
			1901 Regierungssitz von Duala nach Buea verlegt 1901/02 Dominik unterwirft Nordregion	1901 Aufstand der Bastards
	1902 erster deutscher Kolonialkongreß in Berlin	1902 erste Baumwollausfuhr; Einschränkung der Sklaverei 1902–04 Bau der Landungsbrücke in Lome	1902 Einschränkung der Sklaverei	

Kolonien				
Ostafrika	Neuguinea	Samoa	Kiautschou	
1899 Annexion Ruandas und Urundis	1899 Erwerb der Karolinen, Marianen und Palau-Inseln; Übernahme der Landeshoheit durch das Reich 1899/1900 R. Koch unternimmt Malaria-Expedition	1899 Aufteilung in deutsches und amerikanisches Hoheitsgebiet	1899 Gründung der Schantung-Eisenbahngesellschaft und Schantung-Bergbaugesellschaft	1899 USA propagieren »Politik der offenen Tür« in China 1899–1901 Boxeraufstand 1899–1902 Burenkrieg
	1900 Einführung der Kopfsteuer auf den Marianen	1900–11 Dr. Solf Gouverneur		
1901 Einschränkung der Sklaverei 1901–06 Graf Götzen Gouverneur		1901 Einführung der Kopfsteuer		1901–09 Theodore Roosevelt Präsident der USA
1902 erste Baumwollausfuhr	1902 Abschaffung des Muschelgeldes 1902–14 Dr. Hahl Gouverneur			
1903 erste Kakaoausfuhr		1903 Beginn der Kakaoausfuhr; erste Einfuhr chinesischer Kontraktarbeiter		1903 Beginn des Baus der Bagdad-Bahn

Deutsches Reich	Die deutschen		
	Togo	Kamerun	Südwest
	1904/05 Bau der Küstenbahn	1904 Aufstand der Anjang	1904–08 Aufstand der Herero und Nama
1905 erste Reichstagsfahrt in die Kolonien	1905 Gründung der Deutsch-Westafrikanischen Bank		1905–08 Bau der Bahnlinie Lüderitzbucht–Keetmanshoop
1906 Gründung des Deutschen Instituts für ärztliche Mission in Tübingen			
1907 Gründung des Reichs-Kolonialamtes; Peters-Prozeß in München	1907 Einführung der Kopfsteuer	1907 Beginn der Kautschukausfuhr	
1907/08 Wirtschaftskrise 1907–10 Dernburg Staatssekretär des Kolonialamtes			
1908 Gründung des Hamburger Kolonialinstituts			1908 Entdeckung der Diamantenfelder
		1909 Beginn des Baus der Mittellandbahn	

Kolonien				
Ostafrika	Neuguinea	Samoa	Kiautschou	
	1904 Unruhen auf dem Bismarck-Archipel		1904 Eröffnung der Bahn Tsingtau–Tsinanfu	
1905 Einführung der Kopfsteuer; Gründung der Deutsch-Ostafrikan. Bank 1905–07 Maji-Maji-Aufstand				1905/06 erste Marokko-Krise
1906/07 R. Koch unternimmt Schlafkrankheit-Expedition	1906 Marshall-Inseln dem Gouvernement von Deutsch-Neuguinea unterstellt			
	1907 allgemeine Einführung der Kopfsteuer			
	1908 Beginn der Phosphatausfuhr 1908–11 Hamburger Südsee-Expedition			
		1909 Unruhen auf Savaii	1909 Eröffnung der Deutsch-Chinesischen Hochschule	

	Deutsches Reich	Die deutschen		
		Togo	Kamerun	Südwest
1910			1910 Aufstand der Maka	1910–12 Bau der Bahnlinie Keetmanshoop–Windhuk
			1911 Erwerbung Neukameruns; Beginn der Tabakausfuhr	
		1914 Einmarsch engl. und franz. Truppen	1914 Hinrichtung Rudolf Bells	1914 Gefecht bei Sandfontein
				1915 Schutztruppe kapituliert
			1916 Schutztruppe zieht sich zurück	

Kolonien				
Ostafrika	Neuguinea	Samoa	Kiautschou	
	1910 Sitz der Regierung nach Rabaul verlegt 1910/11 Aufstand in Ponape (Karolinen)	1910 Verdoppelung der Kopfsteuer		1910 Gründung der Südafrikanischen Union
				1911 zweite Marokko-Krise; Revolution in China
1912–18 Dr. Schnee Gouverneur				
			1913 Fusion der Schantung-Eisenbahn mit der Schantung-Bergbaugesellschaft	1913–21 Wilson Präsident der USA
1914 Seekrieg vor Sansibar	1914 Rabaul von Australiern, Marshall-Inseln von Japanern besetzt	1914 Besetzung durch neuseeländische Truppen	1914 Übergabe Tsingtaus an die Japaner	1914–18 Erster Weltkrieg
1916 Einmarsch der Alliierten; Kämpfe dauern bis Ende des Krieges				
				1917 Kriegseintritt der USA; Ausbruch der Russischen Revolution

	Deutsches Reich	Die deutschen		
		Togo	Kamerun	Südwest
	1918 Abdankung Wilhelm II.			

Kolonien				
Ostafrika	Neuguinea	Samoa	Kiautschou	
				1919 Versailler Vertrag; Gründung des Völkerbundes

Kolonie	Zeitpunkt des Erwerbs	Maximale Ausdehnung (in qkm)	Bevölkerung	
			Einheimische	Weiße insgesamt
Togo	1884–1899	87000	1031715	368
Kamerun	1884–1911	795000	2648610*	1781
Südwest	1884–1890	835000	78810	14830
Ostafrika	1884–1899	995000	7645000	5336
Neuguinea	1884–1899	242000	600000	1427
Samoa	1899	2570	34124	557
Kiautschou	1897	550	187000	4470

* ohne Neukamerun

KOLONIEN IM ÜBERBLICK

(1913)	Haupt-ausfuhrartikel (1913)	Reichs-zuschüsse (bis 1914), in Mill. Mark	Mandatsträger (ab 1920)	Erlangung der Unab-hängigkeit
Weiße Deutsche				
320	Palmöl, Kautschuk, Baumwolle	3,5	Großbritannien, Frankreich	1960
1643	Kautschuk, Palmkerne, Kakao	48	Frankreich, Großbritannien	1960
12292	Diamanten, Kupfer	278	Südafrikanische Union; Großbritannien	
4107	Sisal, Kautschuk, Häute, Baumwolle	122	Großbritannien; Belgien, Portugal	1961 (Rwanda, Burundi 1962)
1005	Kopra, Phosphat, Kautschuk	19	Australien, Großbritannien; Japan	1975 (Papua-Neuguinea)
329	Kopra, Kakao	1,5	Neuseeland	1962
4256	Erdnußkerne, Seide, Kohle	174	Japan (1914 annektiert)	1922 an China zurück

VERZEICHNIS DER KARTEN UND ABBILDUNGEN

AUSGEWÄHLTE SEKUNDÄRLITERATUR

GESAMTDARSTELLUNGEN

Albertini, R. v., Europäische Kolonialherrschaft, 1880–1940. Zürich-Freiburg i. Br. 1976

Ansprenger, Franz, Auflösung der Kolonialreiche. München 1966

Bade, K. J., Friedrich Fabri und der Imperialismus in der Bismarckzeit. Freiburg i. Br. 1975

Balfour, Michael, The Kaiser and His Times. London 1964 (»Kaiser Wilhelm II. und seine Zeit«, Frankfurt/M.-Berlin-Wien 1979)

Bastin, Paul, La rivalité comerciale anglo-allgemande et les origines de la Première Guerre Mondiale, 1871–1914. Brüssel 1959

Baumgart, Winfried, Deutschland im Zeitalter des Imperialismus (1890–1914). Frankfurt/M.-Berlin-Wien 1976

Berlin, Dorothea, Erinnerungen an Gustav Nachtigal. Berlin 1887

Bertaux, Pierre, Afrika: Von der Vorgeschichte bis zu den Staaten der Gegenwart. Frankfurt/M. 1966

Boelcke, W. A., So kam das Meer zu uns: Die preußisch-deutsche Kriegsmarine in Übersee 1822 bis 1914. Frankfurt/M.-Berlin-Wien 1981

Bohner, Theodor, Die Woermanns. Vom Werden deutscher Größe. Berlin 1935

Bridgman, John, u. Clarke, D. E., German Africa: A Selected Annotated Bibliography. Stanford 1965

Brunschwig, Henri, L'expansion allemande outre-mer du XVIe siècle à nos jours. Paris 1957

Büttner, Kurt, Die Anfänge der deutschen Kolonialpolitik, Berlin (Ost) 1959

Coppius, Adolf, Hamburgs Bedeutung auf dem Gebiete der deutschen Kolonialpolitik. Berlin 1905

Cornevin, Robert, Histoire de la colonisation allemande. Paris 1969 (»Geschichte der deutschen Kolonisation«, Goslar 1974)

Cowles, Virginia, The Kaiser. London 1963 (»Wilhelm II. – Der letzte deutsche Kaiser«, München 1981)

Diehn, Otto, Kaufmannschaft und deutsche Eingeborenenpolitik von der Jahrhundertwende bis zum Ausbruch des Weltkrieges. Hamburg 1956

Eyck, Erick, Bismarck and the German Empire. London 1950 (»Bismarck und das Deutsche Reich«, Zürich 1955)

Fieldhouse, David, Die Kolonialreiche seit dem 18. Jahrhundert. Frankfurt/M. 1965

Fischer, Fritz, Griff nach der Weltmacht. Königstein 1979

Foss, Max, Der See- und Kolonialkrieg 1914–1916. Halle 1919

Gann, L. H., u. Duignan, Peter, The Rulers of German Africa, 1884–1914. Stanford 1977

Giesebrecht, Franz, Ein deutscher Kolonialheld: Der Fall »Peters« in psychologischer Beleuchtung. Zürich 1897

Giesebrecht, Franz (Hrsg.), Die Behandlung der Eingeborenen in den deutschen Kolonien. Berlin 1898
Gifford, Prosser, u. Louis, W. R. (Hrsg.), Britain and Germany in Africa. Imperial Rivalry and Colonial Rule. New Haven-London 1967
Guenther, Konrad, Gerhard Rohlfs - Lebensbild eines Afrikaforschers. Freiburg i. Br. 1912
Guillen, Pierre, L'Allemagne et le Maroc, 1870-1905. Paris 1967
Hagen, M. v., Bismarcks Kolonialpolitik. Stuttgart 1923
Hartau, Friedrich, Wilhelm II. in Selbstzeugnissen und Bilddokumenten. Reinbek 1978
Hassert, Kurt, Deutschlands Kolonien. 2 Bde., Leipzig 1910
Helbig, Ludwig, Imperialismus - Das deutsche Beispiel. Frankfurt/M.-Berlin-München 1976
Henderson, W. O., Studies in German Colonial History. London 1962
Herrfurth, Kurt, Fürst Bismarck und die Kolonialpolitik. Berlin 1909
Jerussahinski, A. S., Die Außenpolitik und die Diplomatie des deutschen Imperialismus Ende des 19. Jahrhunderts. Berlin (Ost) 1954
Kruck, Alfred, Geschichte des Alldeutschen Verbandes, 1890-1939. Wiesbaden 1954
Leutwein, Paul (Hrsg.), Dreissig Jahre deutsche Kolonialpolitik. Berlin 1922
MacLean, Frank, Germany's Colonial Failure. New York 1918
Maroger, Gilbert, L'Europe et la question coloniale: revendications coloniales allemandes. Sirey 1938
Meyer, Hans (Hrsg.), Das Deutsche Kolonialreich. 2 Bde., Leipzig-Wien 1914
Müller, F. F., Kolonien unter der Peitsche. Berlin (Ost) 1962
Nussbaum, Manfred, Vom »Kolonialenthusiasmus« zur Kolonialpolitik der Monopole. Zur deutschen Kolonialpolitik unter Bismarck, Caprivi, Hohenlohe. Berlin (Ost) 1962
Onken, Emely, Panthersprung nach Agadir. Düsseldorf 1981
Pönicke, Herbert, Die Hedschas- und Bagdadbahn. Düsseldorf 1958
Rohden, L. v., Geschichte der Rheinischen Mission. Barmen 1888
Rohrbach, Paul, Machen wir unsere Kolonien rentabel. Halle 1907
–, Deutschlands koloniale Forderung. Hamburg 1935
Schiefel, Werner, Bernhard Dernburg, 1865-1937. Zürich 1974
Schmokel, W. W., Dream of Empire: German Colonialism (1919-45). New Haven 1964 (»Der Traum vom Reich«, Gütersloh 1967)
Schnee, Heinrich, Unsere Kolonien. Leipzig 1914
–, Die koloniale Schuldlüge. München 1927
–, Die deutschen Kolonien unter fremder Mandatherrschaft. Leipzig o. J.
– *(Hrsg.)*, Deutsches Koloniallexikon. 3 Bde., Leipzig 1920
Schneller, Ludwig, Die Kaiserfahrt durchs Heilige Land. Leipzig 1900
Schoen, W. v., Auf Vorposten für Deutschland. Unsere Kolonien im Weltkrieg. Berlin 1935
–, Deutschlands Kolonialweg. Die Geschichte unserer Schutzgebiete. Berlin 1939
Schorn, H. T., Dr. Carl Peters. Großenwörden o. J.
Schottelius, Herbert, u. Deist, Wilhelm, Marine und Marinepolitik im kaiserlichen Deutschland, 1871-1914. Düsseldorf 1972
Schramm, P. E., Deutschland und Übersee. Braunschweig 1950
Schück, Richard, Brandenburg-Preußens Kolonial-Politik unter dem Großen Kurfürsten und seinen Nachfolgern (1647-1721). 2 Bde., Leipzig 1889
Schüssler, Wilhelm (Hrsg.), Weltmachtstreben und Flottenbau. Witten 1956
Schwabe, Kurd, u. Leutwein, Paul (Hrsg.), Die deutschen Kolonien. Berlin 1924

Sherwood, N. S., German Policy in Southern Marocco during the Agadir Crisis of 1911. Ann Arbor 1979
Spellmeyer, Hans, Deutsche Kolonialpolitik im Reichstag. Stuttgart 1931
Steltzer, H. G., Mit herrlichen Häfen versehen - Brandenburgisch-preußische Seefahrt vor dreihundert Jahren. Frankfurt/M.-Berlin-Wien 1981
Stoecker, Helmuth (Hrsg.), Drang nach Afrika. Berlin (Ost) 1977
Stuhlmacher, Walther, Bismarcks Kolonialpolitik. Halle 1927
Taylor, A. J. P., Germany's First Bid For Colonies, 1884-1885. London 1938
Timm, Uwe (Hrsg.), Deutsche Kolonien. Königstein 1981
Townsend, M. E., Origin of Modern German Colonialism, 1871-1885. New York 1921
-, The Rise and Fall of Germany's Colonial Empire. New York 1930 (»Macht und Ende des deutschen Kolonialreiches«, Leipzig 1932)
Vietor, J. K., Geschichtliche und kulturelle Entwicklung unserer Schutzgebiete. Berlin 1913
Washausen, Helmut, Hamburg und die Kolonialpolitik des Deutschen Reiches, 1880-90. Hamburg 1968
Wehler, H.-U., Das deutsche Kaiserreich: 1871-1918. Göttingen 1975
-, Bismarck und der Imperialismus. München 1976
- *(Hrsg.)*, Imperialismus. Königstein-Düsseldorf 1979
Wiese, Josef, Gustav Nachtigal. Berlin 1914
Zimmermann, Alfred, Geschichte der Deutschen Kolonialpolitik. Berlin 1914

EINZELDARSTELLUNGEN

2.1. Kamerun und Togo

Aymérich, J. G., La conquête du Cameroun. Paris 1933
Full, August, Fünfzig Jahre Togo. Berlin 1935
Gorges, E. H., The Great War in West Africa. London 1930
Hausen, Karin, Deutsche Kolonialherrschaft in Afrika. Wirtschaftsinteressen und Kolonialverwaltung in Kamerun vor 1914. Zürich-Freiburg i. Br. 1970
Knoll, A. J., Togo under Imperial Germany, 1884-1914. Stanford 1978
Mandeng, Patrice, Auswirkungen der deutschen Kolonialherrschaft in Kamerun. Hamburg 1973
Moberly, F. J., Military Operations: Togoland and Cameroons, 1914-1916. London 1931
Rudin, H. R., Germans in the Cameroons, 1884-1914. London 1938
Stoecker, Helmuth (Hrsg.), Kamerun unter deutscher Kolonialherrschaft. 2 Bde., Berlin (Ost) 1960/1968
Student, Erich, Kameruns Kampf, 1914-1916. Berlin 1937
Trierenberg, Georg, Togo: Die Aufrichtung der deutschen Schutzherrschaft und die Erschließung des Landes. Berlin 1914
Weithas, M. L. J. E., La conquête du Cameroun et du Togo. Paris 1931

2.2. Deutsch-Südwestafrika

Bley, Helmut, Kolonialherrschaft und Sozialstruktur in Deutsch-Südwestafrika 1894-1914. Hamburg 1968
Blumhagen, Hugo, Südwestafrika einst und jetzt. Berlin 1934
Drechsler, Horst, Südwestafrika unter deutscher Kolonialherrschaft. Berlin (Ost) 1966
Hennig, Richard, Deutsch-Südwest im Weltkrieg. Leipzig 1925
Hintrager, Oskar, Südwestafrika in der deutschen Zeit. München 1955

Leutwein, Paul, Afrikanerschicksal: Gouverneur Leutwein und seine Zeit. Stuttgart 1929
Loth, Heinrich, Die christliche Mission in Südwestafrika. Berlin (Ost) 1963
Lüderitz, C. B. (Hrsg.), Die Erschließung von Deutsch-Südwestafrika durch A. Lüderitz. Oldenburg 1945
Patte, Henri, Le Sud-Ouest africain allemand: révolte des Hereros. Paris 1907
Rayner, W. S., How Botha and Smuts Conquered German South West. London 1916
Rohlfs, Gerhard, Angra Pequena, die erste deutsche Kolonie in Afrika. Leipzig 1884
Sander, Ludwig, Geschichte der Deutschen Kolonialgesellschaft für Südwestafrika. 2 Bde., Berlin 1912
Schüssler, Wilhelm, Adolf Lüderitz - Ein Deutscher in Süd-Afrika, 1883–1886. Bremen 1936
Schwabe, Kurd, Der Krieg in Deutsch-Südwestafrika, 1904–1906. Berlin 1907
Seitz, Theodor, Südafrika im Weltkrieg. Berlin 1920
Sudholt, Gert, Die deutsche Eingeborenenpolitik in Südwestafrika. Hildesheim 1975

2.3. Deutsch-Ostafrika

Arning, Wilhelm, Deutsch-Ostafrika gestern und heute. Berlin 1942
Bald, Detlef, Deutsch-Ostafrika 1900–1914. München 1970
Gardner, Brian, German East. The Story of the First World War in East Africa. London 1963
Iliffe, John, Tanganyika under German Rule, 1905–12. Cambridge 1969
Listowell, Judith, The Making of Tanganyika. London 1965
Louis, W. R., Ruanda-Urundi, 1884–1919. Oxford 1963
Müller, F. F., Deutschland-Zanzibar-Ostafrika. Berlin (Ost) 1959
Peters, Carl, Die Gründung von Deutsch-Ostafrika. Berlin 1906
Schmidt, Rochus, Geschichte des Araberaufstandes in Ost-Afrika. Frankfurt/Oder 1892
Schnee, Heinrich, Deutsch-Ostafrika im Weltkriege. Leipzig 1919
Stienon, Charles, La campagne anglo-belge de l'Afrique orientale allemande. Paris 1917
Tetzlaff, Rainer, Koloniale Entwicklung und Ausbeutung. Wirtschafts- und Sozialgeschichte Deutsch-Ostafrikas 1885–1914. Berlin 1970

2.4. Deutsch-Neuguinea und Samoa

Fischer, Hans, Die Hamburger Südsee-Expedition. Frankfurt/M. 1982
Grapow, M. v., Die deutsche Flagge im Stillen Ozean. Berlin 1916
Hahl, Albert, Deutsch-Neuguinea. Berlin 1936
Herkner, Walther, Drei Systeme kolonialer Herrschaft auf Samoa. Erlangen 1951
Hesse-Wartegg, E. v., Samoa, Bismarck-Archipel und Neuguinea. Drei deutsche Kolonien in der Südsee. Leipzig 1902
Kennedy, P. M., The Samoan Tangle. Dublin 1974
Kirchhoff, Alfred, Die Südseeinseln und der deutsche Südseehandel. Heidelberg 1880
Krämer, Augustin, Die Samoa-Inseln. 2 Bde., Stuttgart 1903
Paul, Carl, Die Mission auf den deutschen Südsee-Inseln. Dresden 1908
Plischke, Hans, Der Stille Ozean: Entdeckung und Erschließung. München-Wien 1959
Schmack, Curt, J. C. Godeffroy und Sohn. Leistung und Schicksal eines Welthandelshauses. Hamburg 1938

Suggs, R. C., The Island Civilizations of Polynesia. New York 1960
Tischner, Herbert, Kulturen der Südsee. Hamburg 1958
Wegener, Georg, Deutschland im Stillen Ozean. Leipzig 1903
Weymann, Horst, Unsere Südsee: Ein unentbehrlicher Bestandteil der deutschen Volkswirtschaft. Berlin 1917

2.5. Kiautschou

Ch'en, Jerome, China and the West. London 1979
Fleming, Peter, The Siege at Peking. London 1959
Franke, Herbert, u. Trauzettel, Rolf, Das Chinesische Kaiserreich. Frankfurt/M. 1968
Irmer, A. J., Die Erwerbung von Kiatschou, 1894 bis 1898. Köln 1930
Mabire, Jean, L'été rouge de Peking. Paris 1978 (»Blutiger Sommer in Peking«, Bergisch Gladbach o. J.)
Müller, A. v., Die Wirren in China und die Kämpfe der verbündeten Truppen. 2 Bde., Berlin 1900/1902
O'Connor, Richard, The Spirit Soldiers. New York 1973 (»Der Boxeraufstand«, München 1980)
Plüschow, Gunther, Die Abenteuer des Fliegers von Tsingtau. Berlin 1916
Purcell, Victor, The Boxer Uprising. Cambridge 1963
Richthofen, Ferdinand Freiherr von, Schantung und seine Eingangspforte Kiautschou. Berlin 1898
Schrecker, J. E., Imperialism and Chinese Nationalism. Germany in Shantung. Cambridge (USA) 1971
Steiger, G. N., China and the Occident: The Origin and Development of the Boxer Movement. New Haven 1927
Stoecker, Helmuth, Deutschland in China im 19. Jahrhundert. Berlin (Ost) 1958
Warner, Marina, The Dragon Empress. Life and Times of Tz'u-hsi, 1835–1908. London 1972 (»Die Kaiserin auf dem Drachenthron«, Würzburg 1974)

BELLETRISTIK

Edwards, Samuel, 55 Days at Peking. New York 1963 (»55 Tage in Peking«, München 1963)
Esler, Anthony, Forbidden City. New York 1977 (»Liebe in Gefahr«, München 1981)
Frenssen, Gustav, Peter Moors Fahrt nach Südwest. Berlin 1906
Horbach, Michael, Das deutsche Herz. München 1978
Smith, Wilbur, Shout at the Devil. London 1970
Stevenson, William, The Ghost of Africa. London 1981
Timm, Uwe, Morenga. München 1978

PERSONEN- UND SACHREGISTER

Die mit * versehenen Seitenzahlen beziehen sich auf Karten und Abbildungen.